本书为国家社会科学基金西部项目"跨境民族塔吉克族同源节日民俗与文化认同研究"(项目批准号：17XMZ098)的阶段性成果。

通往学术志业之路
——人类学术业撷石

主　编　刘　明
副主编　郭世杰　方静文

学苑出版社

图书在版编目（CIP）数据

通往学术志业之路——人类学术业撷石 / 刘明，郭世杰，方静文主编 . — 北京：学苑出版社，2021.5

ISBN 978-7-5077-6159-7

Ⅰ. ①通… Ⅱ. ①刘… ②郭… ③方… Ⅲ. ①学术研究 Ⅳ. ① G30

中国版本图书馆 CIP 数据核字（2021）第 088625 号

责任编辑：	周　鼎
出版发行：	学苑出版社
社　　址：	北京市丰台区南方庄 2 号院 1 号楼
邮政编码：	100079
网　　址：	www.book001.com
电子信箱：	xueyuanpress@163.com
联系电话：	010-67601101（营销部）、010-67603091（总编室）
印 刷 厂：	北京建宏印刷有限公司
开本尺寸：	787×1092　1/16
印　　张：	20.5
字　　数：	360 千字
版　　次：	2021 年 5 月第 1 版
印　　次：	2021 年 5 月第 1 次印刷
定　　价：	98.00 元

FOREWORD 前言

这本文集与《通往文化传播之路》《通往学术传承之路》为同系列作品。全书分为医学人类学、海外人类学、学术观察、艺术人类学和语言文化传播五个部分。

医学人类学以健康的社会梯度、社会文化建构、生物权利论和地方生物学为起点或参照。在这一组论文中，共有3篇文章。《中国农村疾病谱的变迁及其解释框架》：以20世纪早期至新中国成立初期、20世纪70年代末、20世纪90年代至今作为分析农村慢性病的时代背景，研究问题开宗明义——中国农村的疾病谱在近百年里经历了怎样的变化？这种变化的内在逻辑和机制何在？基于定县实验、新中国卫生防疫和传染病问题、改革开放后的农村卫生调查，我们对中国农村疾病谱的认识才能有一个全貌性的轮廓。更为巧妙的是，文章将其置于生命历程分析框架，从已有文献的"生物-社会文化视角"和"社会苦难视角"中洞察"好日子"（过量摄取类慢性病）和"苦日子"（过度损耗类慢性病）。在以上寨为质性分析材料时，将苦日子的记忆与身体损耗、生计转型—身体惰性—过量摄取，笔法细腻、一气呵成。驾驭近两万字的学术论文，从研究背景、研究议题到分析框架、个案分析，再到理论提升，全文资料翔实，思路明晰，中西文献驾轻就熟，交错争鸣，极富启发。《医学脱嵌于社会——当代西方社会医学化研究述评（1970—2010）》：在勾勒医学化学术史的基础上，凸显医学化的强势影响。文献追溯有条不紊，概念演化条分缕析，医学化的社会实践（如多动症、酗酒、病理性赌博、购物狂、网瘾、整容手术、性存在、进食障碍、失眠症、出生到死亡）分门别类，越来越多的行为、过程、状态被医学化、异化。由此，作者强调遏制和治理医学化意识的泛滥应当提上议事日程，避免无意识的偏见和展开自我保护运动。

海外人类学已然成为当代中国人类学的热门话题和学术使命。在这一板块中，计有4篇田野笔记。《Umuganda运动：寻找涅槃重生中的卢旺达精神劲》：对于未曾了解和到过非洲的我们，也许以为非洲遥远而陌生，卢旺达也被标签化为"大屠杀"的静止场景。高良敏带领我们一起走进非洲卢旺达，结识胡图人和图西人，那种强烈的既视感和有关 Umuganda 互助互惠的深度思考扑面而来，这就是人类学作品的魅力，也不禁让我们感慨人类和平与发展机遇的来之不易，确实应当好好珍惜。《中医在东非：一项调查报告》：2013 年 9 月 28 日至 10 月 13 日，作者一行三人前往肯尼亚和坦桑尼亚（主要集中在内罗毕、达累斯萨拉姆和桑给巴尔）调研中医在东非的现实状况。如果你对中医在东非的疗效、中医在东非的适用性和中医在非洲的发展感兴趣的话，不妨追随孙璞玉的叙说走进东非中医现场。《肯尼亚的"讨要好处"与"遵守规则"》：但凡出过国的人相信都会有被各类"社会守门人"讨要好处的经历，齐腾飞带给我们肯尼亚索要好处的故事既令人忍俊不禁，又以"遵守规则"收尾耐人寻味。

学术观察集中反映了年轻学者田野实践和文献梳理的新近探索。在这一部分，有 3 篇文章。《能动社会的消极治理——河西走廊高地村村治模式》：在均质社会的能动机制和遭遇城市传统村落的现代适应背景下，陈靖以河西走廊高地村为田野点，通过透视在与市场博弈中产生的能动社会，其村社自治空间的治理逻辑是如何生成并运行的；从而较好地呈现出强社会与弱治理模式。这对于农村社会学/乡村人类学田野志研究来说，是极具学术启发性和穿透力的。《对话参与式民主：水环境问题的政府-民间互动》：在眼花缭乱的民主模式中：自由的民主、保护型民主、发展型民主、竞争的精英民主、多元主义民主、合法型民主、协商民主、参与制民主、直接民主等，研究者如何识别、认识，又如何发展、实践？这是摆在学者研究和民众实践面前重要的议题，陈昭和徐卓通过条分缕析地梳理民主模式理论，从"参与式民主"的学术视角考察关注北京环保问题的多方参与互动者，希冀参与式对话模式促成民间环保组织与政府的有效互动，非常发人深省。

以学术为志业，汇研学之情思。借学苑出版社一方平台，"笔砚耕学苑，弓矛战天骄"。"学苑"象征着文人聚会和向学之所。感谢学苑出版社周鼎统筹全书。感谢韩冰、车维军、赵长露、廉洁陪伴我一起风驰电掣，一起欢声笑语。此书能顺利出版，向所有关心和爱护我的师友表示由衷的谢意。不忘学术志业之心，一路艰难，几多险阻，万般辛酸，薪火永传，是为前言！

2020 年 9 月于求阙斋

CONTENTS 目录

医学人类学

中国农村疾病谱的变迁及其解释框架 ………………………… 余成普 / 003

医学脱嵌于社会
　——当代西方社会医学化研究述评（1970—2010）………… 韩俊红 / 028

民族医学何去何从？
　——以连南瑶医药为例 …………………………………………… 方静文 / 049

海外人类学

Umuganda 运动：寻找涅槃重生中的卢旺达精神劲 ………… 高良敏 / 065

中医在东非：一项调查报告 …………………………………… 孙璞玉 / 085

肯尼亚的"讨要好处"与"遵守规则" ………………………… 齐腾飞 / 098

杜尚别田野掠影 ………………………………………………… 刘　明 / 106

学术观察

能动社会的消极治理
　——河西走廊高地村村治模式 ………………………………… 陈　靖 / 123

对话参与式民主：水环境问题的政府-民间互动 …………… 陈　昭　徐　卓 / 176

"子贡赎奴"与时间银行存取失衡 …………………………… 齐腾飞　刘　明 / 189

艺术人类学

论中原文化对新疆地区建筑的影响 …………… 申艳冬　莫合德尔·亚森 / 203

艺术人类学视域下水彩创作探索 ………………………………… 郭世杰 / 215

语言文化传播

武汉来华留学生创业过程中语言服务现状调查研究 ……………… 周萍英 / 223

中亚留学生手机汉语词典 App 使用现状调查研究 ………………… 刘霁莹 / 263

医学人类学

中国农村疾病谱的变迁及其解释框架*

余成普**

（中山大学人类学系，广州 510275）

摘　要：20世纪早期至新中国成立初期，农村居民深受传染病和营养不良类疾病的困扰；在一系列干预措施的实施下，农村传染病的发病率自20世纪70年代末开始下降，至今保持在低流行水平；20世纪90年代以来，农村慢性病的患病率快速上升，慢性病已经成为困扰农村居民的主要健康问题。在生命历程的研究视角下，结合医学人类学对生物-社会文化整体性的强调，慢性病可分为过度损耗类慢性病和过量摄取类慢性病。前者主要是社会的经历铭刻在身体之上，以关节炎、椎间盘疾病等为代表的慢性病是早年"苦日子"在人们身体留下的印记；后者则是生计转型之后，物质资源的丰富和身体消耗的减少同时发生，"好日子"的快速到来使得长久遭受饥饿和劳累的身体难以适应，高血压、糖尿病等是这种不适的身体呈现。从根本上说，过量摄取类慢性病看似源自当前"生活的甜蜜"，实则是早年经历的身体再现。厘清社会制度、生计模式、文化心态、身体习性和健康疾病之间的复杂关系，持有对中国农村疾病谱转变及其内在逻辑的清醒认识，有助于农村健康促进政策的合理制定和精准实施。

关键词：疾病谱；生命历程；过度损耗；过量摄取；生物—社会文化错位

---

* 文章的早期版本曾公开发表在《中国社会科学》2019年第9期。文章在收录时略有改动。
　　基金项目：本文系国家社会科学基金青年项目"乡村慢性病人患病经历的人类学研究"（15CSH031）的阶段性成果。
** 作者简介：余成普（1982—），男，中山大学人类学系教授、博士、博士生导师，主要从事医学人类学研究。

一、问题的提出

世界卫生组织 2018 年的数据显示，以心脑血管病、癌症、呼吸系统疾病和糖尿病为代表的慢性非传染性疾病（以下简称"慢性病"），每年导致全球 4100 多万人死亡，相当于总死亡人数的 71%；每年有 1500 万 30～69 岁的人死于慢性病，这类"过早"死亡病例中的 85% 发生在低收入和中等收入国家。① 上述数据与世界卫生组织 2005 年的观点基本一致，即虽然传染性疾病、急性病以及其他意外仍然是人们死亡的重要原因，但慢性病已经成为人类健康的头号威胁；慢性病正快速成为中低收入国家和地区的主要健康问题。②

作为最大的发展中国家，中国的统计数据印证了世界卫生组织的上述警示。2013 年国家卫生服务调查显示，中国人口慢性病患病率为 245.2‰，死亡率为 5.33‰，占总死亡人数的 86.6%，导致的疾病负担占总疾病负担的近 70%。③ 毋庸置疑，慢性病已经取代传染性疾病和急性病，成为影响中国人生活质量和寿命的首要问题。面对国人疾病谱的重大转变，在《"健康中国 2030"规划纲要》的指导下，2017 年国务院办公厅发布了《中国防治慢性病中长期规划（2017—2025 年）》，进一步指明慢性病是严重威胁我国居民健康的一类疾病，已成为影响国家经济社会发展的重大公共卫生问题。④ 提高人民健康水平，加强慢性病的防治已经上升到国家的战略层面。

上述数据主要是基于疾病谱（disease pattern）⑤ 这一维度对全球和中国健康状况做出的总体描述。疾病谱是将疾病按其危害程度的高低而做出的排序。一些卫生统

---

① 世界卫生组织：《非传染性疾病》，2018 年 6 月 1 日，http://www.who.int/zh/news-room/fact-sheets/detail/noncommunicable-diseases，2018 年 11 月 3 日。
② 世界卫生组织：《预防慢性病：一项至关重要的投资》，张璐、孔灵芝译，《中国慢性病预防与控制》，2006 年第 1 期。
③ 国家卫生健康委员会（原卫生部）：《2013 年国家卫生服务调查》，2016 年 10 月 26 日，http://www.moh.gov.cn/mohwsbwstjxxzx/s8211/201610/9f109ff40e9346fca76dd82cecf419ce.shtml，2018 年 11 月 3 日；国家疾病预防控制局：《中国疾病预防控制工作进展 2015》，2015 年 4 月 15 日，http://www.nhfpc.gov.cn/jkj/s7915v/201504/d5f3f871e02e4d6e912def7ced719353.shtml，2018 年 11 月 4 日。
④ 中华人民共和国国务院办公厅：《中国防治慢性病中长期规划（2017—2025 年）》，2017 年 2 月 14 日，http://www.gov.cn/xinwen/2017-02/14/content_5167942.htm，2018 年 11 月 4 日。
⑤ 在医学领域，spectrum of disease（也常译为疾病谱）是指疾病从亚临床阶段向临床阶段转变的过程，疾病的过程最终以康复、残疾或死亡而结束。参见美国疾病预防控制中心编：《流行病学原理：公共卫生实践中的应用》，曾光、么鸿雁、施侣元等译，北京：中国协和科技大学出版社，2009 年，第 48 页。

计数据和学术文献常用死亡率①作为指标来排列疾病顺序（即死亡疾病谱或死亡谱），以此判断何种疾病对人们的健康威胁最大。②死亡无疑是对健康的最高威胁，然而用死亡率来排列疾病，容易将严重致命的疾病（比如恶性肿瘤、烈性传染病）摆在死因的首位，忽视了那些虽然不会快速致命，却广泛分布，给人们日常生活带来持久影响的疾病（比如风湿病、高血压、糖尿病等）。故而本文将疾病谱界定为按患病率或发病率③的高低而排列的疾病顺序，其目的不在于展现哪些疾病更易导致人们的死亡，而是着眼于各种疾病的发生频率、疾病的种类及其变动情况，从而有利于我们分析疾病的流行特点和风险因素，以获得居民的患病规律，为采取综合防治措施提供依据。④

总体上看，有关疾病谱的研究主要存在于公共卫生和流行病学领域。其文献大体包括两个方面：一是将疾病谱及其变迁仅仅作为研究的背景，关注的重心是在新型疾病谱下的疾病负担、医疗保障和防治策略等主题；⑤二是通过具体指标呈现出某个国家、地区或者某个医院的疾病排序，然后讨论遗传、老龄化、污染、行为等不同风险因素对疾病谱转变的影响。⑥国内有关疾病谱的研究还倾向于将"中国"作为一个数据的整体，或是因为城市既有数据的完备性，将城市居民或城市医院的疾病谱作为考察的对象。⑦上述研究的贡献在于让我们看到了疾病谱变迁对国家和社会各个层面的重大影响，以及影响疾病谱变迁的诸多风险因素。然而，一方面它们并没

---

① 死亡率，又称粗死亡率，指某地区在一定时期内死亡个体数与该地同期总人口数的比值。
② 赵建华等：《宁夏居民1994—1999年死亡疾病谱变迁》，《中华流行病学杂志》，2003，（2）；G.Yang, Y.Wang and Y.Zeng, et al., "Rapid Health Transition in China,1990-2010: Findings from the Global Burden of Disease Study 2010", The Lancet, vol.381, no.9882, 2013.
③ 患病率，指某特定时间内总人口中某病新旧病例所占比例。与之相关的发病率，则表示在一定期间内，一定人群中某病新病例出现的频率。对于病程较长且难以治愈的慢性病来说，患病率是测量疾病流行情况及对人们健康影响程度的一个有效指标。发病率可以表明新发生病例的情况。下文在统计慢性病时用患病率，在统计传染病的流行趋势和变动情况时，主要用发病率。
④ 王翔朴等主编：《卫生学大辞典》，青岛：青岛出版社，2000年，第351页。
⑤ A.Dans, N.Ng and C.Varghese,et al., "The Rise of Chronic Non-communicable Disease in Southeast Asia: Time for Action, " The Lancet, vol.377, no.9766, 2011; Z.Yang et al., "Human Behaviors Determine Health: Strategic Thoughts on the Prevention of Chromic Non-communicable Diseases in China", International Journal of Behavioral Medicine," vol.18, no.4, 2011.
⑥ R.Beaglehole, R.Bonita and R.Horton et al., "Priority Actions for the Non-communicable Disease Crisis", The Lancet,vol.377,no.9775,2011; Longde Wang, L.Kong and F.Wu, et al., "Preventing Chronic Diseases in China", The Lancet,vol.366, no.9499, 2005.
⑦ 王延中主编：《中国慢性病调查与防治》，北京：中国社会科学出版社，2011年；杜创、朱恒鹏：《中国城市医疗卫生体制的演变逻辑》，《中国社会科学》2016年第8期；吴章、玛丽·布朗·布洛克编：《中国医疗卫生事业在二十世纪的变迁》，蒋育红译，北京：商务印书馆，2016年。

有将疾病谱形成的过程作为考察的核心，对疾病谱转变的根本机制缺乏探讨；另一方面较少考虑到农村居民患病的特殊性和总体状况。① 这是本文聚焦于农村疾病谱及其解释框架的研究起点。

当前"健康中国2030""乡村振兴战略规划（2018—2022）"以及精准扶贫等国家政策正在广大农村如火如荼地开展。对于农村的振兴和发展，农村居民的健康无疑具有重要的意义。对农村疾病谱转变及其内在逻辑的清醒认识，不仅有助于健康扶贫政策有序合理地开展，也为制定精准化的农村居民健康促进策略提供明确的、具有针对性的现实依据。

为此，本文致力于回答：中国农村的疾病谱在近百年里经历了怎么样的变化，哪些疾病持久地影响着农村居民的健康？哪些疾病只是阶段性地出现？哪些疾病是当下最主要的威胁？以及这种变化的内在逻辑和机制何在？笔者将首先借助既有的统计数据展现农村疾病谱在近一个世纪的转变过程，显示农村疾病谱变迁的一般模式和规律；然后在既有文献分析的基础上对疾病（尤其是慢性病）重新做出社会类型学的划分，并提出可能的解释框架；为了验证这个框架的解释能力，本文以一个村庄为案例做出初步展演，以期看到不同因素之间复杂的动态关系以及内在逻辑。

二、中国农村疾病谱的百年变迁

中国的生命统计工作开展较晚，尽管在19世纪末，中国海关在编写《海关十年报告》时，搜集到了上海等通商口岸中的人口和疾病数据，但范围十分有限，且大多只是零星记载，缺乏系统性。直到20世纪初，我国医学界和卫生部门才开始有系统的生命统计调查。② 但这些调查主要集中在城市，数据主要来自城市的医院，聚焦城市人口的出生率、死亡率和死亡原因。对于近代中国总体的疾病状况，医学家李廷安先生曾总结道："我国幅员辽阔，地理气候不同，故除痨病、伤寒、痢疾、天花普遍存在外，尚有因地而殊之地方病，其较为显著者有广东湖南等省之钩虫病、东

---

① 邹建立：《乡村慢性病人的生存策略：基于冀南沙村的田野考察》，《思想战线》2014年第3期；方静文：《体验与存在：一个村落长期慢性病人的病痛叙述》，《广西民族大学学报》2011年第4期。

② 张大庆：《中国近代疾病社会史》，济南：山东教育出版社，2006年，第39页。

南各省之疟疾、江浙两省之日本血吸虫、华北（山西尤甚）之白喉、河北江苏之黑热病，以及上海蒙古一带之花柳病。"① 总体上看，近代中国危害人民健康最为严重的疾病是传染性疾病。对于上述部分疾病，在20世纪上半叶，相关部门曾有过专门的调查，一些调查也集中在农村开展，但这些调查往往局限于单一疾病的发病情况，尚未涉及疾病谱的状态。②

（一）定县实验：20世纪初期农村的疾病谱

20世纪初期，有资料记载的农村卫生调查主要包括1926年贾达遂在河北遵化县（今遵化市）开展的卫生调查和1929年上海卫生局在高桥区开展的卫生调查。③ 这两次调查主要集中于人口出生率、死亡率和死亡原因调查，尚未涉及以患病率或发病率为指标的乡村疾病谱状况。中国乡村建设运动中的定县卫生研究是新中国成立之前全面系统考察农村疾病谱的典范。④ 对这项研究做出最大贡献的两位学者是当年在清华大学社会学系任教的李景汉教授以及留美归国之后在北京协和医学院担任公共卫生学讲师的陈志潜先生。

李景汉1930年领导的一次对定县中一区5255户家庭（共30642人）的人口调查中涉及卫生问题。当时该地区的疾病谱（前十位）排列如表2-1。鉴于疾病调查的难度和当时调查技术的限制，这份数据不免有遗漏和重复登记的情况。然而，这次大规模的样本调查为我们史无前例地呈现了20世纪早期华北农村居民的患病状态，也为我们初步窥见当时中国农村的疾病谱提供了可能的参考。统计显示，患病人数最多的疾病是消化系统疾病（肠胃症），多因不洁净的水和食物导致的病菌感染；其次为眼病，尤其是沙眼。据当时平民教育促进会的医生估计，定县患有沙眼的人数占总人数达60%以上，皆因沙眼容易导致人与人，尤其是家庭内成员的相互传染。在这份统计列表中，皮肤病（如疮伤、疹子）、呼吸系统疾病（肺痨）、骨节炎、喉症、抽疯和其他传染病（疟疾）等也困扰着当地的村民。

---

① 李廷安：《中国乡村卫生问题》，上海：商务印书馆，1935年，第13页。
② 在血吸虫的防控方面，可参考王小军：《疾病、社会与国家：20世纪长江中游地区的血吸虫灾害与应对》，南昌：江西人民出版社，2011年。在麻风病的防控方面，可参考梁其姿：《麻风：一种疾病的医疗社会史》，朱慧颖译，北京：商务印书馆，2013年。
③ 李廷安：《中国乡村卫生问题》，上海：商务印书馆，1935年，第97—99页。
④ 景军：《现代预防医学在乡土中国的实践源头和本土化过程：定县实验》，《西南民族大学学报》，2018年第7期。

表 2-1　20 世纪初期河北定县中一区 30642 人的疾病谱（前十位）[①]

排序	疾病类别	患病人数（个）	患病率（‰）
1	肠胃症（腹泻、痢疾、肠热症等）	304	9.92
2	眼病（主要是沙眼）	200	6.53
3	疮伤	116	3.79
4	呼吸病	78	2.55
5	肺痨	67	2.19
6	喉症	57	1.86
7	骨节炎	41	1.34
8	抽风	39	1.27
9	疹子	38	1.24
10	疟疾	26	0.85

很明显，在上述疾病清单中，多数疾病是因为公共卫生（也包括个人卫生）的缺失导致的病菌感染和传播，这是陈志潜在定县开展公共卫生实验的现实背景。为此，陈志潜将他的卫生实验的重点放在改善当地的公共卫生和母婴安全上，具体包括：饮水消毒、种痘、改厕改井、卫生宣传、训练旧式接生员、培养助产士等。由于 1931 年抗日战争爆发，乡村建设运动以及卫生实验戛然而止，我们对乡村卫生实验的当时效果不得而知，然而，陈志潜的卫生实验及其建立起来的卫生防疫体系却为新中国的公共卫生模式提供了一个具有启发意义的范例。定县的数据虽然只是华北一个县域的数据，但大致可以说明当时中国农村的情况：传染病严重威胁着人们，尤其是母婴的健康和生命安全。

（二）新中国的卫生防疫与传染病问题

1949 年 11 月 1 日，中央人民政府卫生部正式成立，[②]这标志着作为新中国国家层面的卫生专门机构的建立。在 1950 年和 1952 年召开的第一届和第二届全国卫生会议上，国家确定了卫生工作的四大原则："面向工农兵、预防为主、团结中西医、卫生工作与群众运动相结合"。这四项原则成为指导当时中国卫生工作的基本准则。在上述原则的指导下，卫生部牵头的一系列国家层面的、面向人民群众的防疫措施得以展开。

与一些具体措施对应的，是从 1952 年起在全国掀起的声势浩大的爱国卫生运动。在"动员起来，讲究卫生，减少疾病，提高健康水平，粉碎敌人的细菌战争"的号

---

① 李景汉：《定县社会概况调查》，上海：上海世纪出版集团、上海人民出版社，2005 年，第 274—275 页。
② 1954 年改为中华人民共和国卫生部。

召下,诸如"除四害"和"两管五改"(管水、管粪、改井、改厕、改炉灶、改牲畜圈棚、改室内外卫生)活动得以在城乡展开。1965年毛泽东主席发出"把医疗卫生工作重点放到农村去"的指示,数以百万的"赤脚医生"作为一项创造性制度应运而生,为改变农村缺医少药的局面,对国家具体防疫措施的农村落实做出了具有历史意义的贡献。[1]

由于缺乏农村传染病长时段的数据,笔者没法绘制农村传染病发病情况的数据图。通过全国甲、乙类传染病[2]发病率的变迁过程(如图2-1)可以看出,在新中国成立初期,我国每年新增的传染病感染人数持续上升,导致传染病的发病率居高不下,到1970年达到顶峰(7061.86/10万)。从20世纪70年代末开始,传染病的发病率开始快速回落,到2017年发病率为222.06/10万。由于中国的大部分人口仍然集中在农村,所以依据全国的数据,以及结合下文20世纪80年代后国家卫生服务调查的农村部分,我们依然可以初步断定,中国农村传染病的发病情况与全国基本一致,在20世纪70年代后下滑;传染病在20世纪90年代后逐步让位于慢性病,不再构成人们患病的前几位疾病类型。

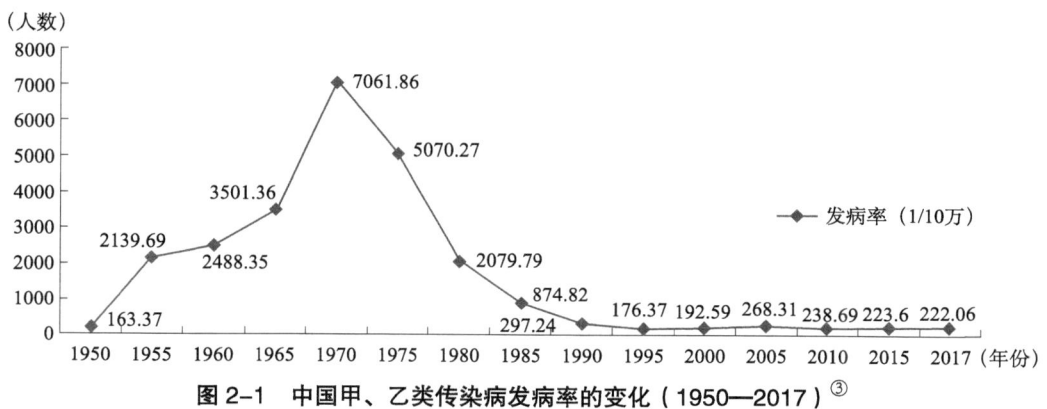

图2-1 中国甲、乙类传染病发病率的变化(1950—2017)[3]

(三)改革开放后的农村卫生调查:1985—2013年

全国农村卫生服务调查始于1985年。这次调查首次将农村人口的常见病(两周

---

[1] 吴章、玛丽·布朗·布洛克编:《中国医疗卫生事业在二十世纪的变迁》,蒋育红译,北京:商务印书馆,2016年,第283—298页。
[2] 《中华人民共和国传染病防治法》将传染病分为甲、乙、丙三类。其中甲类传染病是指鼠疫和霍乱,乙类传染病包括传染性非典型肺炎、艾滋病等疾病,丙类传染病包括流行性感冒、麻风病等疾病。
[3] 国家卫生健康委员会编:《中国卫生健康统计年鉴》(2018年卷),北京:中国协和医科大学出版社,2018年,第253页。

内主要疾病）患病率、慢性病患病率纳入调查的框架之内。尔后，从 1993 年开始，国家每五年在全国范围内开展一次规模较大的全面的居民健康调查，为城乡居民健康状况的比较提供了可能。

表 2-2 和表 2-3 综合了 1985 年到 2013 年中国农村居民常见病的患病率和慢性病患病率的情况。可以看出，在 20 世纪 80 年代初期，农村居民主要的疾病构成为普通的感冒、肠胃功能紊乱、慢性支气管炎、劳作损伤和关节炎。与 20 世纪早期华北农村（定县）的疾病谱相比，呼吸系统疾病（慢性支气管炎）和运动系统疾病（关节炎）依然威胁着农村居民的健康。变化的是，过去的鼠疫、霍乱等烈性传染病几近消灭，曾经感染率极高的沙眼已难循踪迹，仅有痢疾作为传染病尚存于人们的日常疾病中。到 20 世纪 90 年代初期，在农村居民的前六位常见病中，除流行性感冒（具有传染性）外，其他皆为一般性的急慢性疾病，如鼻咽炎、肠胃炎、气管炎和关节炎。从 20 世纪 90 年代末期开始，农村居民的高血压、糖尿病、心脏病、脑血管病等慢性病患病率逐渐上升，连同急性病（如急性上呼吸道感染和急性胃炎）和其他慢性病（如椎间盘疾病、类风湿性关节炎）构成了主要的疾病类别。

表 2-2　1985—2013 年农村居民常见病（两周内疾病）患病率（‰）[①]

排序	1985 年	1993 年	1998 年	2003 年	2008 年	2013 年
1	感冒 18.40	急性鼻咽炎 35.29	急性鼻咽炎 41.73	急性上呼吸道感染 47.5	急性上呼吸道感染 40.6	高血压 75.8
2	肠胃炎 8.30	流行性感冒 13.95	流行性感冒 14.70	急性胃炎 11.3	高血压 20.9	急性上呼吸道感染 33.6
3	痢疾 5.80	急慢性胃肠炎 11.91	急慢性肠胃炎 11.64	高血压 8.4	急性胃炎 15.4	糖尿病 14.8
4	慢性支气管炎 2.20	扁桃体气管炎 4.72	风湿性关节炎 5.23	劳作损伤与中毒 6.3	类风湿性关节炎 8.6	急性胃炎 8.6
5	外伤 2.00	慢性支气管炎 4.26	扁桃体气管炎 4.19	泌尿生殖疾病 5.5	心脏病 7.2	心脏病 7.7
6	关节炎 2.00	风湿性关节炎 4.19	高血压 3.64	心脏病 4.6	泌尿生殖疾病 6.9	脑血管病 5.9

---

① 表 2-2、表 2-3 和表 2-4，以及图 2-2 的数据来源作统一说明。其中 1985 年的农村数据和 1986 年的城市数据来自《中国卫生年鉴》编辑办公室：《中国卫生年鉴》（1987 年卷），北京：人民卫生出版社，1987 年。1993 年至 2013 年的数据来自国家卫生健康委员会（原卫生部）：《国家卫生服务调查分析报告》，2016 年 10 月 26 日，http://www.moh.gov.cn/mohwsbwstjxxzx/s8211/201610/9f109ff40e9346fca76dd82cecf419ce.shtml，2018 年 12 月 6 日。2008 年至 2013 年的数据也参考了国家卫生健康委员会编：《中国卫生健康统计年鉴》（2018 年卷），第 238—240 页。疾病名称和数据格式遵从数据源。

表 2-3　1985—2013 年农村居民的慢性病患病率（‰）

排序	1985 年	1993 年	1998 年	2003 年	2008 年	2013 年
1	慢性支气管炎 11.44	慢性肠胃炎 16.3	慢性肠胃炎 11.97	高血压 16.4	高血压 38.5	高血压 123.1
2	关节炎 8.34	风湿性关节炎 13.2	类风湿性关节炎 9.76	肠胃炎 10.5	肠胃炎 11.7	糖尿病 21.3
3	肠胃炎 5.27	慢性支气管炎 13.1	慢性支气管炎 8.81	类风湿关节炎 8.7	类风湿性关节炎 11.3	椎间盘疾病 16.1
4	高血压 4.80	高血压 5.9	高血压 7.01	慢性阻塞性肺病 7.3	椎间盘疾病 9.3	肠胃炎 13.2
5	消化道溃疡 3.43	消化性溃疡 5.5	消化性溃疡 3.60	胆结石胆囊炎 4.7	慢性阻塞性肺病 8.5	脑血管病 12.3
6	心脏病 3.15	胆结石胆囊炎 3.2	胆结石胆囊炎 3.57	脑血管病 4.4	脑血管病 8.3	类风湿关节炎 11.4

表 2-2 和表 2-3 的一个突出特点是，高血压在过去的 30 年一跃成了农村居民的首位疾病，在 2013 年，农村居民的高血压患病率高达 123.1‰。这就意味着每 10 位村民，就有一位高血压患者，每 10 位老年人有近 4 位患高血压（见表 2-4）。如果把城市和农村居民高血压患病率做出比较就可发现（图 2-2），城乡高血压的患病率在 20 世纪 80 年代初到 90 年代末，变化幅度微弱，进入 21 世纪后，患病率快速增长。虽然总体上城市居民的高血压患病率仍然高于农村居民，但在过去的 30 年，城市居民高血压的患病率增长了 3.5 倍，而农村却增长了 24.6 倍。

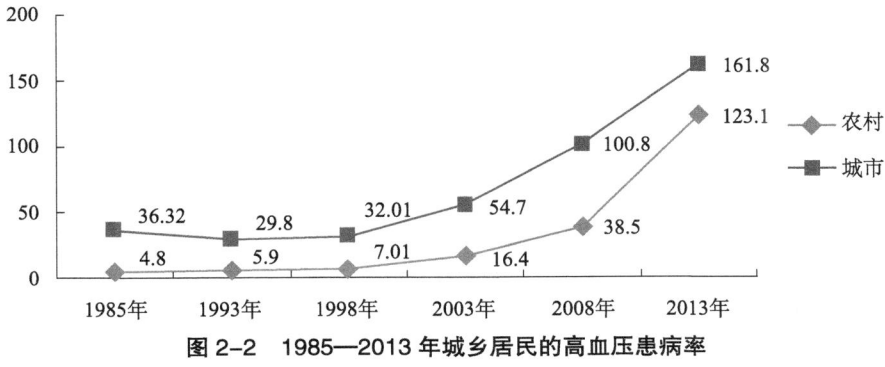

图 2-2　1985—2013 年城乡居民的高血压患病率

历年卫生统计数据显示，慢性病的患病状态有年轻化的趋势，但总体上看，随着年龄的增长，60 岁以上的老年人罹患慢性病的概率要大于年轻人。如果比较城乡老年人慢性病的患病情况就会发现（表2-4），高血压、糖尿病、脑血管病、慢性阻塞性肺部疾病成为城乡老年人的共同威胁。差别在于，在城市的老年人中，缺血性心脏病成为第三位的疾病，而农村老人更容易受到类风湿性关节炎的困扰；城市老年人糖尿病的患病率远高于农村老年人，而农村老年人的慢性阻塞性肺部疾病的患病率高于城市老年人。

表2-4 2013年城乡60岁及以上老年人慢性病患病率及构成

排序	城市			农村		
	疾病名称	患病率（‰）	构成（%）	疾病名称	患病率（‰）	构成（%）
1	高血压	380.4	47.2	高血压	276.8	45.4
2	糖尿病	110.8	13.8	糖尿病	44.5	7.3
3	缺血性心脏病	34.2	4.3	脑血管病	33.3	5.5
4	脑血管病	33.5	4.2	慢性阻塞性肺部疾病	28.0	4.6
5	慢性阻塞性肺部疾病	21.3	2.6	类风湿性关节炎	23.4	3.8
	合计		72.1	合计		66.6

综上数据，在近一百年中，中国农村疾病谱的变迁表现出如下的特征：（1）20世纪初期，农村的疾病谱以传染病为首，传染病（如沙眼、疟疾、天花、结核病）、消化系统疾病（如肠胃功能紊乱）、呼吸系统疾病（如气管炎）和运动系统疾病（如关节炎）占据了人们疾病谱的主体部分。河北定县农村疾病谱的数据为我们窥见这一患病状况提供了可能。（2）新中国成立后的数据表明，在一系列干预措施下，传染病的发病率在20世纪70年代末开始下滑，传染病逐渐在疾病谱中占据微小的份额，代之的是慢性病成为中国主要的公共健康和个人健康问题。这在农村也不例外。（3）20世纪90年代，尤其是21世纪以来，虽然城市居民慢性病的患病率仍然高于农村居民，但城市慢性病患病率趋于平缓，农村慢性病的患病率却快速上升，接近城市，以高血压、脑血管病、糖尿病为代表的慢性病已经成为困扰农村居民的主要健康问题。（4）需要引起我们注意的是，与20世纪早期影响农村居民的疾病相比，消化系统疾病（如肠胃炎）、呼吸系统疾病（如慢性阻塞性肺部疾病）和运动系统疾病（如关节炎）依旧影响着农村居民，尤其是农村老年人的生活质量。

三、生命历程与疾病的社会类型学：一个解释框架

面对农村疾病谱的变迁，有三个相关问题需要解释：一是为什么传染病发病率在 20 世纪初期居高不下，在 20 世纪 70 年代末后开始下滑，当下基本保持在较低的流行水平？二是为什么某些慢性病（如气管炎、关节炎）一直困扰着农村居民？三是以高血压、脑血管病和糖尿病为代表的慢性病为何在 20 世纪 90 年代后逐渐占据了农村疾病谱的首位，成为人们健康和生命的最大威胁？简言之，在农村疾病谱变迁的研究中，不仅要研究"变"，也要把"不变"纳入思考的范畴。

已有的文献和民族志资料显示，传染病和慢性病在采集社会甚少高发，它更偏爱于农业社会及之后的社会形态。[1]这是因为农业社会的出现及现代化过程为传染病和慢性病的大范围流行提供了历史性条件。这些历史性条件包括人口规模和人群交流的扩大为传染病的流行提供了现实基础；驯养动物导致人畜共有疾病的传播；水井和人畜粪便接触导致的病菌传染；营养不均衡（以碳水化合物为主）、两极分化、过度劳累等引起的营养不良和慢性疼痛；当下工业社会的久坐、缺乏运动、过剩营养、高糖饮食的生活方式，成为肥胖和慢性病的触发因素。诸多学术研究也表明，健康和疾病与人们出生、成长、生活、工作、医疗等环境密切相关，这些环境受到全球、国家和地方有关金钱、权力和资源分配的影响，从而导致了国与国、国家内部以及人与人之间的健康不平等。[2]如此描述，并非让我们回到采集社会中去，而是在于强调传染病和慢性病作为生物性疾病，实则具有深刻的历史和社会根源，它们是生物—社会文化交织的结果。[3]

在传染病的防控上，政治的稳定和经济的发展以及更直接的，公共卫生（尤其是免疫接种、改厕改水、母婴保健等）和个人卫生的改善、足够的营养供给等都起到了尤为关键的作用。[4]上文也提及，新中国成立后的一系列有关传染病的制度和规

---

[1] 威廉·H.麦克尼尔：《瘟疫与人》，余新忠、毕会成译，北京：中国环境科学出版社，2010 年；贾雷德·戴蒙德：《枪炮、病菌与钢铁：人类社会的命运》，谢延光译，上海：上海世纪出版集团、上海译文出版社，2006 年；尤瓦尔·赫拉利：《人类简史：从动物到上帝》，林俊宏译，北京：中信出版社，2018 年。

[2] 焦开山：《健康不平等影响因素研究》，《社会学研究》2014 年第 5 期；王甫勤：《社会流动有助于降低健康不平等吗？》，《社会学研究》2011 年第 2 期；贺寨平：《社会经济地位、社会支持网与农村老年人身心状况》，《中国社会科学》2002 年第 3 期。

[3] M. Lock and Vinh-Kim Nguyen, *An Anthropology of Biomedicine*, Oxford: Wiley-Blackwell, 2010.

[4] 余新忠：《清代江南疫病救疗事业探析——论清代国家与社会对瘟疫的反应》，《历史研究》2001 年第 6 期；曹树基：《国家与地方的公共卫生——以 1918 年山西肺鼠疫流行为中心》，《中国社会科学》2006 年第 1 期。

范的落实，卓有成效地促使传染病发病率在20世纪70年代后大幅下滑，某些传染病（如天花、霍乱、鼠疫等）基本被消灭，诸如艾滋病、"非典"等新型传染病已得到有效控制。

在慢性病的发病机理上，遗传和基因是可能的原因之一，其共同风险因素在于烟草使用、不健康饮食、缺乏身体运动和有害使用酒精等生活方式问题。① 然而，慢性病在不同时代、城乡之间的不均衡分布提示我们，它的分布与不同时空下的社会情境相关。笔者也并不满足于将慢性病简单地看成是生活方式转变的结果，因为这样既没有区分不同类型的慢性病，也极易将慢性病的发生看成是个人行为的产物，忽视了慢性病的社会文化过程，以及这些复杂过程与身体之间的内在联系。

人类学（尤其是医学人类学）对生物-社会文化整体性的强调为我们重新审视慢性病的发生过程提供了可能的路径，从而帮助我们去揭示慢性病流行和分布的政治经济、社会、文化、心理、身体因素之间复杂的动态关系。② 在人类学文献里，有两套看似矛盾的视角致力于探讨慢性病的发生机制。

第一，生物-社会文化视角。它总体上认为慢性病是"现代性疾病"。一些研究从历史变迁的角度解释了慢性病作为现代性疾病的根源。我们的文化，尤其是物质摄取，在工业革命后，发生了数量上和质量上的飞跃，造就了现代的生活方式（缺乏运动、营养过剩、高糖饮食等），但人们的身体却没有相应地适应过来，从而导致慢性病的发生。发展中国家和不发达国家（及农村）之所以也成为这些疾病的发生地，源于这里的人们快速地接受了现代生活方式。这类研究指出，慢性病的出现和传播是文化涵化的结果，是生物（身体）-社会文化错位的必然产物。③

第二，社会苦难（social suffering）视角。这种视角直指社会的不平等，认为慢性病既是社会苦难的表达，也是社会苦难的产物。这种视角源于对疾病在人群中不均衡分布的反思和批判，因为社会底层、移民人群、边缘人群等经常不成比例地被

---

① 陈冯富珍：《预防是攻克非传染病的最佳选择》，2010年2月24日，https://www.who.int/dg/speeches/2010/ncdnet_forum_20100224/zh/，2018年12月7日。

② S.Xiao and M.Kohrman, "Anthropology in China's Health Promotion and Tobacco", *The Lancet*, vol.372, no.9650,2008; E.Mendenhall, R.A.Seligman and A.Fernandez, et al., "Speaking through Diabetes: Rethinking the Significance of Lay Discourses on Diabetes", *Medical Anthropology Quarterly*, vol. 24, no.2, 2010.

③ S.Ferzacca, "Diabetes and Culture," *Annual Review of Anthropology*, vol.41, 2012；乔玉成：《错位：当代人类慢性病发病率飙升的病理生理学基础——基于人类计划过程中饮食-体力活动-基因的交互作用》，《体育科学》2017年第1期；彼得·格鲁克曼、马克·汉森：《错位——为什么我们的身体不再适应当今的世界》，李静、马晶译，上海：上海科学技术文献出版社，2009年。

某些疾病所困扰。比如糖尿病在北美地区更"偏爱"土著人群、移民和社会底层。①这种视角强调疾病的发生实则具有深刻的社会根源,建议我们应该更多地将注意力放在那些政治经济学的力量上(如殖民主义、不平等的力量、糟糕的政策等),它们通过个人的经历、行为和信念调节着生物性的指标。②

两种视角一个指向"甜蜜的生活",另一个则批判"社会的苦难",看似矛盾,实际上是从不同层面探求疾病发生的过程。生物-社会文化视角侧重于身体面对现代生活方式的不适,而社会苦难视角则指向这种不适背后的社会根源。两种视角都承认,慢性病是生物(身体)-社会文化的错位,是人们过往生命历程(或甜蜜或苦难)累积的结果。这启发我们,在探求中国农村疾病谱中慢性病的发生过程时,在医学人类学的整体关怀下,仍需借助生命历程理论理顺生物-社会文化错位的不同类型,以及它们可能的内在关联。

研究生命历程的学者通常将个人自传性的经历和事件放在他们所生活的历史时间和空间背景下分析,以期寻找一种将生命的个体意义与社会意义相联系的方式。③将生命历程引入到健康和疾病研究上来,已经成为研究者评估患病风险和健康不平等的有力路径。④比如有研究发现早期的不幸会持续地给健康造成影响,即使人们后来经历了向上的社会流动,这种负面效应也持续存在;⑤贫困经历会产生劣势积累,加大了农村老年人口的健康风险。⑥这些研究表明,在分析健康或疾病的发生过程时,不仅要关注当下的健康或患病状况,更需要把视角延伸到人们过往的,尤其是早年的生命历程,因为成年期的健康或疾病可以视为生命历程中一系列有利或不利事件、经历堆积而成的结果。

---

① 余成普:《糖尿病的生物社会性》,《思想战线》2016 年第 5 期。
② M.Rock, "Sweet Blood and Social Suffering: Rethinking Cause-effect Relationships in Diabetes, Distress, and Duress", *Medical Anthropology*, vol.22, no.2, 2003; E.Mendenhall, B.A.Kohrt, S.A.Norris,et al., "Non-communicable Disease Syndemics: Poverty, Depression, and Diabetes among Low-Income Populations", *The Lancet*, vol.389, no.10072, 2017;凯博文:《苦痛与疾病的社会根源》,郭金华译,上海:上海三联书店,2008 年。
③ 李强等:《社会变迁与个人发展:生命历程研究的范式与方法》,《社会学研究》1999 年第 6 期;包蕾萍:《生命历程理论的时间观探析》,《社会学研究》2005 年第 4 期;郑莉、曾旭晖:《社会分层与健康不平等的性别差异:基于生命历程的纵向分析》,《社会》2016 年第 6 期;等等。
④ J. Lynch and G. D. Smith, "A Life Course Approach to Chronic Disease Epidemiology", *The Annual Review of Public Health*, vol.26, 2005; K.U.Mayer, "New Directions in Life Course Research", *The Annual Review of Sociology*, vol.35, 2009.
⑤ 石智雷、吴志明:《早年不幸对健康不平等的长远影响:生命历程与双重累积劣势》,《社会学研究》2018 年第 3 期。
⑥ 孙文中、刁鹏飞:《生命历程与累积劣势:农村老年贫困人口的健康风险研究》,《学术探索》2018 年第 12 期。

将医学人类学对慢性病的探讨和生命历程理论对疾病风险的研究结合起来,就会发现,在慢性病的形成过程上,我们不仅要关注人们早期的"苦日子",也要关注生计转型之后"好日子"带来的不适。下文案例的分析将表明,好日子不仅不能抵消过往的苦日子,甚至因为过往的经历而导致另一种生物——社会文化的错位。具体来说,中国的农村居民,尤其是中老年人,在他们生命历程中,早期经历的苦日子(贫困、饥饿、劳累等)对身体造成了过度的损耗,随着年龄的增长,身体的病变(如关节炎、椎间盘突出)日益突显,此乃早期经历的身体呈现(embodiment);而生计转型带来的物质资源的丰富并没有抵消早期经历带来的不幸,它使得身体消耗的减少和身体摄取的过量同时发生,这对遭受长久饥饿和劳累的身体来说,带来了另一种错位,以高血压、糖尿病、心脑血管病为代表的慢性病是这种错位的体现。

这里权且把苦日子导致的慢性病称为"过度损耗类慢性病",把物质资源丰富后的慢性病称为"过量摄取类慢性病"。这种划分,不是表明它们的分割,因为从根本上说,过量摄取类慢性病看似源自当前生活的"甜蜜",实则是甜蜜的陷阱,它反观了过往的生命历程。生命历程观照下的疾病划分,相对于疾病的生物类型学,不仅显示了生物—社会文化错位的不同类型及其关联,也让我们看到这种错位与人们生命历程和社会情境的关系。相对于社会学家常用的健康自评量表以及将疾病作为一个整体,这种划分表明不同的生命历程不仅导致健康的不平等,它还会直接导致不同的疾病类型,以及多类型疾病的共存状态。为了完整呈现中国农村疾病谱变迁的解释框架,图3-1亦将传染病与公共卫生和个人卫生的关系呈现出来,尽管这方面内容笔者只是简要地提及。

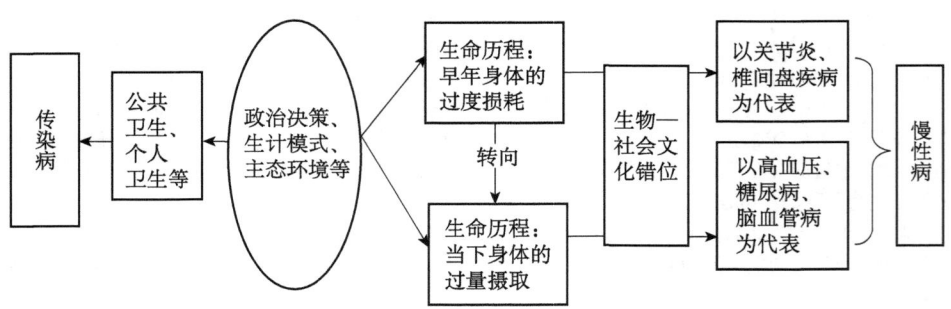

图3-1 中国农村疾病谱变迁的解释框架

四、一个村寨的案例

本文将以一个普通的村寨（化名上寨）为例，进一步展现上述框架的解释能力。2013 年 7 月初至 8 月初、2017 年 7 月中旬到 8 月中旬和 2018 年 7 月下旬到 8 月下旬，笔者曾三次到上寨做田野调查。上寨坐落在海拔 1336 米的当地圣山三省坡脚下，地处湘黔桂三省的交界处，隶属湖南通道侗族自治县。它距离通道县城 65 公里，距镇政府所在地 12 公里。据村委会的公告栏显示，2018 年全村包括 19 个村民小组，共有 675 户，总人口 2941 人，其中 97% 为侗族。上寨原本由上寨和下寨两个行政村组成，由村中十字路口的一条分界线隔开，但人们的日常生活、亲属关系并没有因此而分割。2017 年，两个行政村合并为一个行政村，统称为上寨。在国家精准扶贫政策的支持下，2017 年全村人均可支配收入为 3080 元，2018 年底已经完成"脱贫摘帽"工作。①

新中国成立后的相当长时间内，村庄常被传染病困扰。当时的集体劳作方式以及营养不良，无疑使传染病的传播速度更快。一位当年的赤脚医生②告诉笔者，他们那时的主要任务就是预防传染病和治疗常见病（感冒、腹泻之类）。一旦发现传染病苗头，就让卫生员去采草药，然后回来大锅煮药，分发给田地劳作的社员们。当时流行的传染病主要是疟疾、肺结核、肝炎、脑膜炎、天花、麻疹、丝虫病等。一份 1965 年 8 月 30 日由播阳公社（上寨 1958 年至 1961 年隶属播阳公社，1961 年后隶属独坡公社）卫生所编写的《卫生员手册》，重点介绍了当时危害当地人民健康的最严重疾病——疟疾及其防治办法，记载着"谷子黄，摆子（疟原虫）上床"，"谷黄无人收割，腹饥无人为炊"的悲惨景象。

在近 30 年的温饱生活里，村庄的疾病谱已经由过去的传染病和营养不良类疾病，逐渐转变为慢性疾病。2017 年，在原下寨行政村，总人口约 1300 人，65 岁的老人有 150 人（占总人口的 11.5%），③其中高血压患者 29 人，糖尿病患者 3 人，还有重型精

---

① 数据来自上寨村委会。
② 全国的赤脚医生制度始于 1965 年。据村里老人回忆，大寨的赤脚医生制度始于 1966 年，一般一个大队配有 1 个赤脚医生，2 个卫生员。
③ 一般认为，当一个国家或地区 60 岁以上老年人口占人口总数的 10%，或 65 岁以上老年人口占人口总数的 7%，即意味着这个国家或地区的人口处于老龄化社会。

神病患者 5 人。① 笔者走访的 60 岁左右的老人，也多抱怨有关节炎、胃病、气管炎等慢性病痛。可以断言，在当下，以关节炎、胃病、气管炎、高血压为主的慢性病，几乎困扰着村庄一半以上中老年人的身体。

（一）苦日子的记忆与身体损耗

1. 饥饿及其长期效应

侗族的传统建筑是干栏式木制房屋，多为两层，条件好或者人口多的家庭才有三层。一楼是杂物房、储物间，也是圈养家畜的地方；二楼是客厅（公共空间）、厨房，以及卧室。如果有三楼，卧室自然就在三楼。传统木制房屋有很多优势，比如通风好、干燥，建筑成本相对低廉。即使现在很多家庭盖上了砖房，一些老人还怀念过去木房子的时代。与砖房相比，木房的最大威胁是火。二楼厨房、火塘，乃至煤油灯、电线老化，都增加了发生火灾的可能性，而村寨密密麻麻的房屋则容易导致火灾的范围扩大。据村里的老人回忆，新中国成立后，村里发生大小火灾共有 6 起，以 1956 年、1959 年和 1963 年发生的三次火灾最为严重。1956 年的火灾，烧毁 100 多栋木房，烧死 1 人；1959 年和 1963 年的火灾，共烧死 2 人，将三个鼓楼② 片区的 200 多户房屋，以及他们几乎所有的家当都烧成灰烬。

20 世纪 50 年代末到 60 年代初是中国的一个特殊时期。和中国大多数村庄一样，上寨村民在经历过农业生产的互助组（1954 年前后）、初级社（1955 年前后）和高级社（1956 年春）之后，在 1958 年走向人民公社的完全集体化时代，开始了"大锅饭"的生产生活模式（1961 年下半年集体食堂又下放到家庭）。农业集体化时代的劳动积极性和效率问题自是粮食问题的一个方面，更为要紧的是，为了支持国家的建设步伐，上寨抽调了精干的年轻劳动力，去支援附近县镇的建设（主要是修铁路、修公路、栽树、钢铁生产和采矿）。村里抽调了大量的劳动力外出，而这些劳动力仍然需要在本村拿工分，分口粮。也就是说，参与生产粮食的是中老年村民，而参与分配粮食的则是所有的劳动力（包括外调人口以及村里的五保户）。加之当时种植的粮食是老品种，亩产还不足 300 斤稻谷。在先国家（国家粮）、后集体（储备粮）、再个人的分配体系下，每个人口实际上只能分到很少的粮食，难以糊口。

村里 70 岁以上的老人们，大多还对青少年时期的苦日子记忆犹新。饥饿、疾病、

---

① 这份数据来自原下寨卫生室。村医也坦言，实际的患病人数要比统计的数据高，因为这些数据仅限于那些前来卫生室看病的村民，被检查有病后登记入案的。

② 鼓楼是侗族传统的公共空间，一般是以居住区（有时与房族重合）为中心划分为不同的鼓楼片区。

死亡是这个时代带给他们生命历程中永久的伤痛。"大锅饭"只进行了三年左右的时间，不再持续，而后重新将粮食分配到各家，但集体化的劳作方式和粮食品种的限制，仍然没有改变人们的饥饿状态。长期的饥饿不仅导致营养不良类的身体疾病（水肿、干瘦病等），带来肠胃紊乱，甚至降低了妇女的生育能力。

已有研究指出，出生或成长于"三年困难时期"（1959—1961）的婴儿和儿童在他们成年阶段身高较矮小，健康和经济状况较差，且这段饥饿经历还会提高他们老年后患慢性病的概率，降低他们的认知能力。[1] 生物学家的研究假设也指出，长期的饥饿不仅导致短期内的营养不良问题，伤及消化系统，甚至会带来长期的身体效应，增加慢性病的患病风险。[2] 人们从长期的饥饿和营养不良，转向当下的饮食无忧、过量摄入、少量消耗，看似是生命历程从"苦日子"转向"好日子"，实则会导致身体在短时期内难以适应过量增长的营养供给，下文讨论的过量摄取类慢性病则是这种身体不适的可能结果之一。

2. 过度劳累的累积后果

人们在叙述过去苦日子时，往往把饥饿和劳累联系在一起。又饿又累成为集体化时代留给人们的阴影。和全国大多数村庄一样，在集体化时期，上寨的每个家庭都分配到不同的生产队里。在日常的劳动中，每日的安排都由生产队长在前一天安排好。村民们说，虽然那时也存在出工不出力的情况，但多数村民还是老实本分，辛苦干活。在人们的记忆中，一年四季，除了下雨、下雪，基本上都有安排农活。

63岁的石爷爷现在身体大不如从前，腰痛一直折磨着他。最近几年，他左腿的膝关节也开始痛了。石爷爷回忆起自己的孩童时代，觉得太辛苦了。

> （我）六七岁的时候，就用小竹桶挑水，然后回家倒到缸里。那时候四个生产队共用一个老水井，要是去晚了，就没水了，水井就干了。为了挑够一家人一天够用的水，有时候要四五点就起床。在大集体时候，白天就放牛、割草，算一两个工分。一年下来，除了冬天时候农闲一些，其他时间队长都会分配工作。种田、除草、放牛、补田埂、上山砍树这些。

---

[1] 刘亚飞：《童年饥饿经历会影响老年健康吗？》，《经济评论》2018年第6期。
[2] J. V. Neel, "Diabetes Mellitus: A 'Thrifty' Genotype Rendered Detrimental by 'Progress'?" *American Journal of Human Genetics*, vol.14, no.4, 1962; C. N. Hales and D. J. P. Barker, "Type 2 (Non-Insulin-Dependent) Diabetes Mellitus: The Thrifty Phenotype Hypothesis", *Diabetologia*, vol. 35, no.7, 1992.

长期持续的劳累带给身体的损伤，在人们年轻时不易察觉，但随着年岁增加，一些病变就突显了出来，腰痛、关节痛是这种长期劳累的岁月在人们身体上留下的痕迹，或者说这是一种早期经历的具身化过程（embodiment）。正如村里一位当年的赤脚医生所感叹的：

> 主要是太辛苦，又吃不饱。就像一台机器，每天运作，但不给加油，也会坏的。我们这里风湿病很多，很多老人都有风湿病、关节痛。他们从小就担太多、太累了，白天出去干活，晚上还得担柴回来。那时候家家户户都养牛，每天还得给牛割草，一天搞好多次。那时候一天走路走很远的，挑个担子要走几十里路。还是劳动过度，劳损，关节神经受累。

如果说在困难时期人们吃不饱，还需要承担繁重的体力劳动，加大了对身体的损耗，那么1981年村里分产到户之后，情况是不是有所改变？很多村民坦言，分产到户之后，尤其是村里引进杂交水稻之后，粮食产量大幅增加，困扰人们吃饭的问题解决了。然而，温饱问题的解决并不表示人们的辛苦程度的减轻。一位近70岁的村民告诉笔者：

> （分产到户后），自己扒（干活），才有饭吃；加油干，才有饭吃。分产到户老百姓举双手赞成，但是懒汉反对。村里有个老人家，他跟我说，他不喜欢包产到户，过去大集体时，他们家怎么也能领点口粮，杀猪了也能分点猪肉。现在什么也没有了，有时候河里有条死狗、死鸡，村民就让他去拿。那都是别人不要的给他。

也就是说，在过去干多干少一个样的集体化时代，还存在出工不出力的情况，然而，分产到户之后所谓的激发村民的积极性，其实就是要求每个家庭更加投入地参与农业生产。勤劳致富作为中华民族的美德，再一次成为人们辛勤工作的动力。这在传统农业生计里，就意味着身体的更大付出。68岁的杨爷爷最近几年关节痛得厉害，有时根本下不了床，不得不三天两头去村卫生室打止痛针。说起分产到户后的家庭生产，他一个劲地摆头：

> 辛苦得很。我们家的田靠近虾团寨（隔壁村）了，走路要1个小时。在抢收的时候，连饭都顾不上吃。要把稻挑回来，假如下雨了，稻会长芽，一家人的口粮就完了。那时候没有公路，也没车，什么都是靠肩膀。

在人们饥肠辘辘之际，哪怕是一点的体力付出，都可能觉得是对身体的莫大损耗。而在人们温饱解决之后，村民的劳累则主要归结于传统农业生计模式带来的身体损耗。一首当地侗族民谣总结了人们一年的农事安排：

> 正月砍柴堆放，二月翻地畲荒，三月浸种下秧，四月耙练田塘，五月耕牛催膘，六月薅棉薅田，七月修割田坎，八月铲油茶山，九月铡禾上晾，十月放禾归仓，冬月修补田塘，腊月齐家欢畅。①

可以看出，在一年十二个月中，除了寒冬腊月稍有休闲外，其他月份都被各种农事填充。传统的犁田、耙田以牛耕为主，假如我们计算养牛的付出，就会发现，除了冬天牛吃稻草，其他月份家庭都需要一个单独的劳力，风雨无阻地给牛准备草料，这是一个巨大的、不厌其烦的体力付出。可以肯定地说，如果农村的生计模式不改变，不引进更为机械化或便利化的种植技术，即使种田可以养活一家人，但其辛苦程度并不会随着温饱问题的解决而减轻。长久的重体力劳动实际是对身体的持续损耗，而腰痛、关节痛则是这种持续损耗的累积结果。

（二）生计转型、身体惰性与过量摄取

1. 生计、交通与身体惰性

上寨和中国其他大部分农村相似，人们生活真正好转，是在20世纪80年代初的分田到户。在劳动积极性提高以及水稻亩产量增加的前提下，饥饿问题渐渐远离村庄。正如上文所言，虽然饥饿已经被温饱所替代，但农村繁重的体力劳动一直到20世纪90年代才渐渐缓解。这得益于农村生计模式的转型，以及交通、农业技术的发展。

从20世纪90年代开始，村里的年轻人渐渐脱离传统的农业生产，远离家乡去广东、福建、浙江等经济发达地区打工，村里的中年人在农闲时期去附近的广西、贵

---

① 石佳能等主编：《独坡八寨志》，北京：中国戏剧出版社，2011年，第82页。

州等地打短工，老年人则负责照看家里，包括照顾年幼的孙子孙女。身体状态良好的老人也会挑选水源充足、路途便利的田地种些庄稼，以够留守的家人食用。年轻人常年在外，老人小孩对粮食的消耗有限，就上寨来说，种田不再是农民的主要事项，大量的田地，尤其是偏远的田地要么荒芜，要么种植其他的经济作物，如茶叶、药材等。在这个时期，很多现代农业技术被介绍到村里，包括耕田机、化肥、除草剂的使用，这使得即使种田，也要轻松很多。耕田机的引进，也让村里养牛的农户所剩无几，人们不再风雨无阻地每天给牛准备草料。回想当年，放牛、割草还是大多数农民儿时的记忆，现在仅有几户老人还在坚持养牛，不是为了耕种，而是为了贩卖。

在20世纪70年代之前，村民的出行几乎完全靠步行，而运输的工具基本是人力。1974年，以国家资助、村民投劳的方式，从独坡公社所在地途经上寨到附近一个苗寨的土路修通，可以允许中巴通行。只不过在下雨、下雪的天气，道路湿滑，车辆行驶缓慢而已，但这也比步行要快很多。从上寨到公社的时间大概为一个半小时，到县城需要三四个小时。2006年，上寨到广西独峒乡的省际公路开通，行车40余分钟，方便了两地村民的经济交往（尤其是每月农历二、五、八的赶集）。从2013年开始村里陆续修好了几条机耕道，这样三轮车直接可以到达山腰和田地，粮食和木材也就方便地运到家门口。2014年，在国家村村通公路的政策下，村里开通了到镇政府的两车道水泥路，现在开车去镇政府所在地只需要15分钟，去县城仅需90分钟。当下村里有中巴和小巴去镇政府、县城和附近的广西集镇，大多数家庭也有了摩托车，四十几户家庭有了小轿车。人们的出行、物资的交换更为方便。

由于生计的转型和交通的改善，重体力劳动几乎远离了村民。许多村民告诉笔者，过去经常爬的三省坡，已经好多年没有上去了。与曾经劳累和营养不良所引起的干瘦形象形成对比的是，村里的"胖子"渐渐多了起来。[①]这在贫困岁月是难以想象的。肥胖甚至成为生活富足的象征，因为起先村里只有一些从事清闲工作，又有稳定收入的人（比如班车司机、村干部、小学教师、医生、杂货店老板等）开始"发福"。然而，没过多久，肥胖和超重问题开始延展到普通村民。肥胖（以及其他不良的饮食习惯）与诸多慢性病之关联早已为医学界所共识，[②]而村民们在自己身上

---

① 2013年的调查显示，中国农村人口的超重和肥胖的比例为26.9%。参见国家卫生健康委员会（原卫生部）：《2013年国家卫生服务调查》，2016年10月26日，http://www.moh.gov.cn/mohwsbwstjxxzx/s8211/201610/9f109ff40e9346fca76dd82cecf419ce.shtml，2018年12月6日。

② S.J. Ulijaszek and H. Lofink, "Obesity in Biocultural Perspective", *Annual Review Anthropology*, vol.35, 2006.

看到了它们之间的关联。村里一位1.6米身高的60岁大叔，曾向笔者抱怨自己的肥胖（超重）及疾病问题。

> 记得分产到户之前只有107斤。我开始长胖在（20世纪）80年代，高峰期到140斤，现在130斤左右。人胖了，问题就多了。我前几年去检查有高血压，现在血压平稳一些了。还有糖尿病。我现在不吃糖的，每顿3两饭，菜也淡一点。

人们的超重或肥胖不仅来自生活的富足，可能也源自人们的"久坐"。笔者每次经过鼓楼或凉亭，总能看到熟悉的村民。他们几乎每天都来鼓楼"报到"，风雨无阻。他们来了后，就安静地坐在鼓楼里，甚至半天都不走动一下。鼓楼确实为男人们提供了一个排解无聊的公共空间，然而这里也成为人们"久坐"的热板凳。"久坐"经常被看成是工业化、机器化时代的身体表征，但在缺乏娱乐或是难以组织"旧业"（比如吹芦笙）的农村，它也成了中老年人的生活模式。

新中国成立后的30年相比最近的30年，人们的生命历程从一种饥饿、劳累的"苦难"走向另一种甜蜜的"苦难"。在前30年，人们食不果腹，每日辛劳，而如今本是温饱有余、安享晚年的幸福时光，却一面遭受着苦日子留下的伤痛，一面又面临着因肥胖、缺乏运动，以及不良的饮食习惯导致的慢性病痛。田野调查和已有的统计数据反映出，一些中老年村民面临着多种疾病的折磨。[①] 过度损耗类慢性病和过量摄取类慢性病在他们年老后一同出现，不仅增加了他们身体的苦痛和家庭的负担，也给治疗本身带来难题。

2. 甜蜜的"苦难"

如果问村民什么才算"好日子"，"有吃有喝"大概就是这些经历过饥饿的人的最为普遍的回答。也就是说，吃依然是摆在人们的第一基本需求，而"喝"主要是喝酒。和吃得健康相比，人们更倾向于吃得饱、有味、有油（以猪油为主），如果再喝上几碗自家酿的小米酒（当地人尤为喜欢杨梅酒），在这些从穷苦生活过来的村民看来既表明了生活的美好，也象征着生活的富足。然而，这些看似甜蜜的生活实则潜

---

① 2013年的调查显示，在农村60岁以上的老人中，患一种慢性病的比例为32.2%，患两种及以上慢性病比例的为12.7%。参见国家卫生健康委员会（原卫生部）：《2013年国家卫生服务调查》，2016年10月26日，http://www.moh.gov.cn/mohwsbwstjxxzx/s8211/201610/9f109ff40e9346fca76dd82cecf419ce.shtml，2018年12月6日。

伏着疾病的风险。也就是说，快速的收入增加和经济发展可能对人们，尤其是曾经穷苦的村民的饮食质量产生不利的影响。① 对他们来说，这不是对过去苦日子的补偿，反而增添了新的疾病风险。下文仅从有味（咸或酸）、有酒两个方面来讨论村民的饮食和健康问题。

作为人们膳食中不可缺少的调味品，盐及其咸味可以刺激人们的味觉，增加口腔唾液的分泌，从而有利于提高我们的食欲和食物的消化率。从身体所需看，盐也是我们体液的重要成分，它能维持我们人体渗透压和酸碱平衡的作用。从事体力劳动、高温作业的人们，因为出汗较多，经常需要补充盐才能维持身体的所需。像其他大多数从事农业生产的农民一样，上寨村民偏爱咸（酸）食，以腌肉、腌鱼最为常见（这两道菜现在依然是家庭的日常菜肴，也是待客的必备）。村民们向笔者介绍，越是多年的腌肉、腌鱼，口味越好。村民们喜欢生吃腌肉、腌鱼，觉得爽口、够味。腌是人们保存食物的一种传统方法。它是将新鲜的肉、鱼、蔬菜等洗净，然后上盐揉搓，以使得食物各个部分充分吸收盐，然后储藏在专门的容器里，密封保存。由于盐具有防腐的作用，用厚盐腌制的食物，往往可以保存一年半载，甚至几年时间。

在过去繁重的体力劳动时期，过咸的食物并没有成为身体的负担。然而，当农业生产日趋机械化、便利化，人们的体力劳动越来越少，闲暇时间增多，流汗的时候越来越少时，过咸的食物明显超过了身体所需，成为某些疾病的风险来源。世界卫生组织推荐的成人每日盐摄入量为5克。《中国居民营养与慢性病状况报告》（2015）显示，中国人每日烹饪用盐2002年为12克，2012年为10.5克（鉴于上述的原因，农村居民的盐摄入量可能更高），远远高于世界卫生组织建议的摄入量。② 盐的主要成分是钠，它为我们身体所必需，然而，钠（以及相关的亚硝酸钠）摄入量过高会引起一系列慢性疾病（如高血压、脑血管病、癌症等），而减少钠摄入量可以降低血压以及与此相关的慢性病的风险。③ 即便有医学和健康的警示，然而让人们放弃对腌菜以及对咸（酸）味的偏好，着实困难。一些患病的村民，即使医生建议他们改变

---

① S.Du, T.A.Mroz and F.Zhai, et al., "Rapid Income Growth Adversely Affects Diet Quality in China-Particularly for the Poor!" *Social Science & Medicine*, vol.59, no.7, 2004.

② 国家卫生计生委：《卫生计生委等介绍〈中国居民营养与慢性病状况报告(2015)〉有关情况》，2015年6月30日，http://www.gov.cn/xinwen/2015-06/30/content_2887030.htm，2018年12月8日。

③ 世界卫生组织：《成人和儿童钠摄入量》，2013年1月13日，http://www.who.int/nutrition/publications/guidelines/sodium_intake/zh/，2018年12月8日。

饮食习惯，以清淡为主，仍然难以做到。一位患有严重脑血栓的 54 岁的村民说：

> 我喜欢咸的，我们家的菜都有味。要是我去哪一家吃饭，别人烧的肉淡了，我尝了一口，剩下的也吃不下去的。医生也告诉我要我吃清淡的，但这个改不了。

列维-斯特劳斯指出，在"吃起来好"之前首先必须"想到它好"。[①] 这也就是说，"好的食物"并不是由食物的营养决定的，它主要来自个人的偏好或者说口味。当然，口味的形成与地方的自然资源、生计模式和家庭环境等密切相关。然而，口味一旦定型，就成为我们的身体习性和倾向，甚至成为人们精神气质的一部分，难以改变。[②] 这就解释了虽然我们现在保存食物的方法更为多样、新鲜食物的获得更为便捷，尤其是冰箱在村庄基本普及的情况下，人们仍然习惯腌制食物，倾向于够（咸）味食物的原因。

侗族人喜酒，尤其是用新鲜杨梅加冰糖泡制杨梅酒。酒的原料是粮食，常以籼米、玉米、糯米、红薯酿造。在粮食稀缺的困难年代，喝酒也仅限于逢年过节、待人接客、婚丧嫁娶的重要日子。而如今，几乎每家每年都会少则酿造几十斤粮食，多则几百斤粮食的米酒（以籼米酒为主，酒精度 25 度左右）。大碗大口喝着自家酿的米酒，大概已经成为侗族人一日三餐的重要部分。[③] 由于酒精度数比较低，妇女往往也参与到把酒言欢的场合中。少量的饮酒被认为具有消除压力、促进血液循环等功能。然而，频繁地过度饮酒与酒精依赖、肝脏损伤、癌症、高血压、糖尿病、脑血管病等疾病存在重要关联，[④] 这也是医生建议诸多慢性病患者戒酒或者少量饮酒的原因。村民粟爷爷 76 岁，三年前被检查出脑血栓，当时已经嘴歪眼斜，行动不便，甚至吃饭都需要别人协助，现在依然吐字不清，很吃力地向笔者诉说：

> 我以前是"酒王"，非常爱喝酒也非常能喝酒。年轻时想酒喝，没得

---

① 西敏斯：《甜与权力——糖在近代历史上的地位》，王超、朱健刚译，北京：商务印书馆，2010 年，第 20 页。
② 张光直：《中国文化中的饮食：人类学和历史学的透视》，郭于华译，尤金·N. 安德森：《中国食物》，马孆、刘东译，南京：江苏人民出版社，2003 年，第 257 页。
③ 周大鸣：《饮酒作为山地民族的一种生活方式》，《民俗研究》2018 年第 1 期。
④ 世界卫生组织：《酒精》，2018 年 9 月 21 日，http://www.who.int/zh/news-room/fact-sheets/detail/alcohol，2018 年 12 月 6 日。

喝。后来条件好了，我一天三喝，每次三碗（估计半斤以上）。但是自从得了病以后就再也不喝酒了，想到那个病现在已经不习惯了，不想喝了。现在会用营养快线和雪碧代替。以前抽烟喝酒没什么。喝完酒，出出汗，很快就挥发了。现在没什么事做，可能就对身体不好了，还是戒掉的好。

虽然一些村民也尝试调整自己的生活方式，比如"得了病以后就再也不喝酒了""现在只是不吃糖"了，但他们依然有所保留，比如食量依然很大，偏爱咸食、不能戒烟[①]等。其实，慢性病的控制不仅在于后期的治疗和调整生活方式，更为关键的在于早期的预防。而笔者对普通村民的调查发现，人们少有预防慢性病的健康理念，他们只是在生病以后，才做出调整。那些需要调整的生活方式，可能正是人们的最爱。这种最爱，来自身体的习性，也出自他们对美好生活的向往。对这些刚刚过上"好日子"的村民来说，如果建议他们回到清淡饮食、戒烟戒酒、适当运动的生活模式中去，那等于说让他们再过一次"苦日子"。这显示了医学对健康生活的倡导与人们对美好生活的认知之间的偏差，这种偏差增加了农村慢性病预防和控制的复杂性。

五、总结

上述研究对农村的健康促进和公共卫生服务将提供如下的政策启示：第一，慢性病的预防与控制不仅需要区分不同类型的慢性病，也需要明晰它的发生与社会制度、生计模式、身体习性、文化心态之间的关系。在此基础上，才有可能为疾病的预防和干预寻求到地方化的、适宜的健康促进策略。第二，当前农村的慢性病防治主要是将过量摄取类慢性病（尤其是高血压、糖尿病）纳入监控的范围，忽视了过度损耗类慢性病。这项研究提醒我们需要在深入调查农村疾病谱的基础上，厘清不同类型疾病的内在关联，整体性地对疾病进行预防和控制。第三，这项分析同时也指出，身体确实具有可塑性，然而，对身体的过度损耗或者身体的过量摄取，都可能超出了身体的可塑边界，疾病只不过是这种错位的身体表现。在农村经济发展和物质生活水平提高的现实背景下，要求我们不仅要注重农村的健康教育，也需要丰

---

① 村寨老年人的慢性支气管炎与他们偏爱旱烟不无关系，限于篇幅，本文不再展开讨论。

富农村的体育活动和娱乐文化，逐步转变人们的健康理念，将慢性病的预防作为农村健康促进的重心。

需要注意的是，疾病（谱）的复杂性和中国农村的多样性不言而喻，这就预示着没有任何一个简化的模式可以解释所有农村疾病的格局。首先农村并非一个均值的概念，在《中国卫生统计年鉴》[①]及《中国卫生服务调查》中已经注意到不同地域农村的差异性，大致将其划分为东部地区、中部地区和西部地区的农村，或是按照经济发展水平高低排序的一类至四类农村。[②]

上文的解释框架并非适合所有具体的农村，仅为研究农村疾病谱的变迁提供一个可参考的路径。其次这个解释框架源于农村疾病谱的变迁数据及对疾病的重新分类，其目的并非要解释具体的疾病，而仅就疾病谱（作为整体的疾病格局）的变迁做出初步的探索，仍有许多重要的问题需要多学科的参与和研究。比如对不同类型农村的疾病谱的比较研究；进一步探求生物-社会文化错位的微观机制，为疾病的防治提供更明确的策略；人口学及其他变量下的患病率的统计分析；以及农村居民摄取过量（脂肪、盐、酒精等）与摄取不足（水果、蔬菜）之间的关系研究。总之，农村疾病谱的研究为我们开辟了一个观察社会文化变迁与疾病格局的窗口，它需要不同学科的相互合作，共同为解开其中的逻辑和机制提供洞见，为中国农村的健康事业贡献学术力量。

---

① 2018 年书名改为《中国卫生健康统计年鉴》。
② 1993 年、1998 年、2003 年和 2008 年的中国卫生服务调查把农村分为四类：一类（相当于富裕农村）、二类（相当于小康农村）、三类（相当于温饱农村）和四类（相当于贫苦农村）。

医学脱嵌于社会
——当代西方社会医学化研究述评（1970—2010）*

韩俊红**

（中央民族大学世界民族学人类学研究中心，北京 510275）

摘　要： 医学化（medicalization）是一个医学社会学论域，其学术生命历程经历了从滥觞走向成熟、继而迈向拓展式发展的三个交替阶段。医学化凸显了现代医学话语在个体身心状态之社会定义过程中的强势影响，即特定的社会越轨行为和人体的某些自然生理过程与状态都有可能被打上病理性烙印。20世纪下半叶以来，医学化的发展和深化历程意味着医学与社会之间的关系渐趋失衡，医学脱嵌于社会并反制于社会的趋势呼之欲出。遏制和治理医学化意识形态的泛滥由此提上议事日程。

关键词： 医学化；医学社会学；医学人类学；社会批判

一、引言

一种源自西方的隐性社会意识形态自20世纪60年代以来悄然膨胀，社会学家将这种建基于排他性医学[①]专业权威的全新意识形态命名为"医学化"。本文认为，医

---

* 文章的早期版本曾公开发表在《社会学研究》2020年第2期。文章在收录时略有改动。

基金项目：本研究是国家社会科学基金项目"西方健康社会学的理论视角与核心议题研究"（19BSH011）的阶段性成果，并得到"中央民族大学青年教师科研能力提升计划"（项目编号2020QNPY05）的资助。感谢清华大学公共管理学院刘求实老师、清华大学社会学系齐腾飞博士为本文提供的文献与技术支持。特别感谢匿名审稿人的修改意见。文责自负。

** 作者简介：韩俊红，男，中央民族大学世界民族学人类学研究中心副教授、博士、硕士生导师，主要从事医学人类学研究。

① 本文中的"医学"概念如无特别说明，均特指现代医学或生物医学。

学化所导致的最为严峻的社会后果是医学逐渐异化为另一只"看不见的手",并试图凌驾于社会之上。在理解20世纪下半叶以来医学与社会之间关系逐渐失衡的过程中,一些医学社会学家和医学人类学家的学术观点起到了至关重要的作用,这些学者的相关研究成为本文的评述重点。本文将围绕医学化概念的学术历程、医学化范畴在经验维度的扩展泛化、医学化的社会后果以及针对医学化的社会批判等逻辑线索展开评述。

英文文献中首次出现医学化概念可以追溯到20世纪60年代[①]。同样是在20世纪60年代,法国社会理论家福柯出版了法语版《临床医学的诞生》(1963),在这本富有"知识考古学"色彩的学术著作英译本中,"医学化"概念不止一次地出现。[②] 福柯并不以清晰界定学术概念而闻名,而且他研究的侧重点也不是医学化本身。要想探寻医学化作为一个学术概念的发展历程,还是应该回归到社会学(尤其是医学社会学)的理论脉络中来。论及医学化概念对于医学社会学的重要性,正如弗吉尼亚大学的学者强调的那样,医学化"是医学社会学发展史中最重要也是最成功的概念之一"[③]。从学术史的角度来看,医学化概念在进入社会学话语体系之后,才得到了清晰的界定以及进一步的发展[④]。驾驭医学化这一概念工具的不仅仅是社会学家,人类学家也早已加入同一阵营中来。至于孰先孰后,诚如加拿大麦吉尔大学人类学系教授洛克(Margaret M.Lock)所言,尽管医学人类学家也乐于使用医学化这一概念,但首先创造术语的却是社会学家[⑤]。

总体而言,医学化作为一个批判性色彩十足的理论概念,其发展态势已经逐步跨越人文学科、社会科学甚至医学的学科边界,成为一个越来越值得重视的公共学术论域。在过去数十年中,社会学、人类学、历史学、医学、法学、社会工作、精神病学、生物伦理学等多学科视角下的医学化研究格局逐渐形成[⑥]。以美国为例,医学化一度是仅为少数社会学家所谈论的专业术语,时至今日,医学化的社会影响力

---

① Aronson J., "When I Use A Word Medicalization". *British Medical Journal*, 2002, 324 (7342).
② 据笔者考证,medicalization 在该书英译本的第32页曾出现过两次,第41页也曾出现过一次。
③ Joseph, E. D. "Medicalization, Social Control, and the Relief of Suffering". In William C. Cockerham (ed.), *The New Blackwell Companion to Medical Sociology*. New Jersey: Wiley-Blackwell, 2009:211.
④ De Maio, Femando, Health and Social Theory. Basnngstoke: Palgrave Macmillan. 2010:116.
⑤ Lock, M. "Medicalization and the Naturalization of Social Control". *Placenta*, 2004, 4(4):329.
⑥ Joseph, E. D. "Medicalization, Social Control, and the Relief of Suffering". In William C. Cockerham (ed.), *The New Blackwell Companion to Medical Sociology*. New Jersey: Wiley-Blackwell, 2009:211.

早已溢出象牙塔的院墙，成为家喻户晓的常识性概念[①]。

笔者通过 Elsevier 公司旗下最大文摘索引数据库 Scopus 检索发现，[②] 在 1970—2010 年间，1973 年开始有医学化研究文献出现，医学化文献分布的最小值为 1976 年，仅有 1 篇；文献分布的极大值恰好出现在 2010 年，为 40 篇。这一期间文献总量为 504 篇。最近的趋势表明，自 1998 年以来，每年发表的医学化相关文献数均保持在两位数。

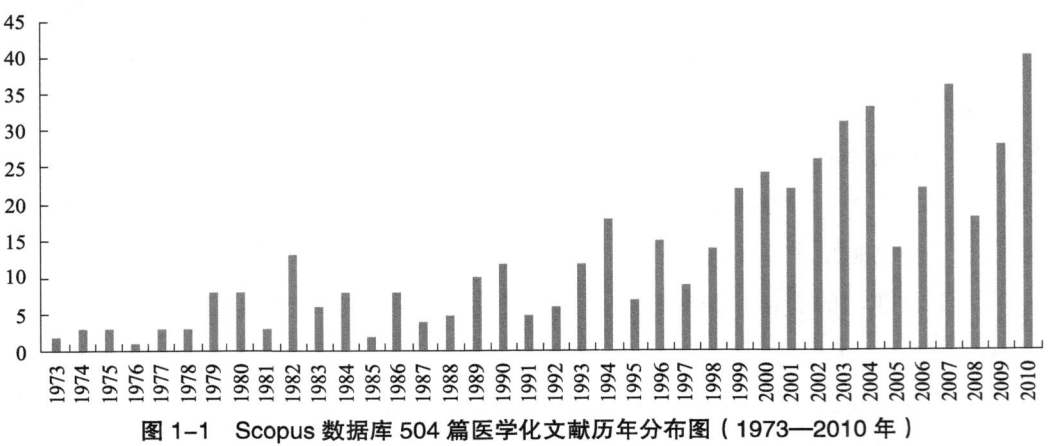

图 1-1　Scopus 数据库 504 篇医学化文献历年分布图（1973—2010 年）

从当代社会的一种社会控制手段，到"当代西方社会最为深远的社会转型后果之一"[③]，医学化究竟走过了哪些阶段性历程？我们应该从怎样的经验维度来理解医学化的蔓延和深化？当医学化的触角伸向全球各地，我们应该如何理解当下医学与社会之间的关系？本研究基于 1970—2010 年[④] 有关医学化英文文献的批判性检视，尝试回答上述问题。

[①] Conrad, P. *The Medicalization of Society: On the Transformations of Human Conditions into Treatable Disorders*. Baltimore: Johns Hopkins University Press, 2007: 145.

[②] Scopus 数据库最大程度地收录了全球科学、技术、医学以及社会科学领域的学术文献信息，以 medicalization 为检索词进行标题检索，可以获得的检索结果最多。参见 Scopus Preview（http://www.scopus.com）。

[③] Clarke, A. E., J. K. Shim, L. Mamo, J. R. Fosket & J. R. Fishman, "Biomedicalization: Technoscientific Transformations of Health, Illness, and U.S. Biomedicine". *American Sociological Review* 68, 2003: 161.

[④] 近年来诸如药学化（pharmaceuticalization）、基因化（geneticization）等与医学化密切相关的新概念不断涌现，但并未在实质上拓宽医学化概念的框架，再加上综述文献对时间范围有所限制，因此不在本文讨论之列。

二、医学化概念的演进历程

根据过去 40 年中西方医学化概念的发展过程和逻辑脉络,本文将其归纳为三个递进的阶段,即概念滥觞阶段、概念成熟阶段以及概念拓展阶段。

最早开始探讨医学的社会功能并将医学概念化为一种社会控制机制的是帕森斯。他对于"病人角色"的研究使得社会学家开始关注现代医学在社会控制方面发挥的功能,其中也包括越轨行为的医学社会控制[1]。帕森斯奠定的理论基调使得美国社会学界继续深入有关医学化议题成为可能。

(一)概念滥觞阶段

医学化概念的首创之功毫无疑问应当归功于身残志坚的美国社会学家左拉(Irving K. Zola)。左拉的原创性贡献在于他明确指出了美国社会的发展趋势,即越来越多的社会生活问题被转换成为临床医学问题的社会医学化进程。左拉提出了"日常生活的医学化"(by "medicalizing" much of daily living)和"社会的医学化"(medicalizing of society)两个具有浓厚医学社会学色彩的命题。他认为,医学化作为一种社会进程的主要表征,即现代医学将"健康"与"疾病"标签赋予了越来越多的人类境遇,医学潜力与社会需求一拍即合的直接后果就是社会的医学化。现代医学已经成为继宗教和法律之后一种主要的社会控制机制,其实现路径是将人类日常生活中更多的方面"医学化"[2]。

左拉在他的论文中继承了帕森斯和弗雷德森[3]的论点,他强调指出:医学、法律与宗教对社会行为的仲裁权几成三足鼎立之势。他还描绘了现代社会在社会控制过

---

[1] Parsons, T. *The Social System*. New York: Free Press, 1951.
[2] Zola, I. K. "Medicine as an Institution of Social Control". *Sociological Review* 1972, 20 (4). 伊利诺伊大学芝加哥分校政治学系的学者将健康主义观念在美国的流行视为医学化的一种形式,健康主义重塑了公众理念,从而导致了日常生活的医学化。Crawford, R. "Healthism and the Medicalization of Everyday Life". *International Journal of Health Services*, 1980, 10 (3). 国内也有研究表明,健康作为一种意识形态对特定人群日常生活的医学化产生了直接影响。刘仲翔:《论农民生活的医学化》,《江海学刊》2010 年第 3 期。纽约市立大学医学院的一位药理学教授则直言不讳地指出,"医学化倚仗的是生物还原论的陷阱。医学化实践背后都是科学主义理论在作祟"。Morgan, J. P. "Medicalization and Scientism". *Reason* March. 1998.
[3] Freidson, E. *Profession of Medicine: A Study of the Sociology of Applied Knowledge*. New York: Dodd, Mead. 1970: 206.

程方面所呈现的最新动态，即更多地通过医学模式来界定和控制社会越轨行为。越轨行为的去道德化与越轨行为的医学化之间呈现一种此消彼长的逻辑关系，体现了早期医学化研究的社会理论意涵。

（二）概念成熟阶段

尽管左拉在宏观社会趋势研判方面独具慧眼，但是医学化研究能否在微观社会生活层面加以具象呈现则决定了这一概念是否具有可持续的学术生命力。矢志不渝地推动医学化概念走向成熟的是左拉在布兰代斯大学的同事兼挚友康拉德（Peter Conrad）。康拉德发表的很多论著都已成为医学化研究领域的必读之作，包括可称之为"医学化三部曲"的《发现儿童多动症》①、《越轨与医学化》②、《社会的医学化》③三部专著以及发表在《社会学年度评论》上的综述文章《医学化与社会控制》④等。康拉德认为，医学化指的是非医学问题被界定成医学意义上的疾病问题（illnesses）或障碍问题（disorders）并对其加以治疗的过程⑤。

康拉德以美国社会多动症诊疗范畴的扩展历程为核心案例，夯实了医学化研究的经验基础。康拉德发现，每当越轨行为成为医学社会控制的仲裁对象时，一种全新的越轨行为病原学解释便会应运而生。就美国社会而言，多动症、酗酒、病理性赌博等越轨行为问题的医学化过程都展现了类似的社会逻辑。康拉德关于儿童"运动机能亢进"（hyperkinesis）这一医学标签出现过程的研究则直接验证了左拉关于医学化趋势日渐增强的判断⑥。

就社会医学化的程度而言，21世纪的美国俨然成为康拉德笔下的重灾区。康拉

---

① Conrad, P. *Identifying Hyperactive Children: The Medicalization of Deviant Behavior*. Burlington, VT: Ashgate. 2006.

② Conrad, P. & J. Schneider, *Deviance and Medicalization: From Badness to Sickness*（Expanded Edition）. Philadelphia: Temple University Press, 1992. 印第安纳大学社会学系学者将《越轨与医学化》誉为"本研究领域的行业标杆"（Medina & McCranie, 2011: 140）。

③ Conrad, P. *The Medicalization of Soiety: On the Transformations of Human Conditions into Treatable Disorders*. Baltimore: Johns Hopkins University Press, 2007.

④ Conrad, P. "Medicalization and Social Control". Annual Review of Sociology. 1992,18. 笔者曾于2017年5月2日通过 Web of Science 数据库（www.webofscience.com）检索医学化文献引用率排行榜，这篇综述被引用482次，被引频次独占鳌头。

⑤ Conrad, P. "Medicalization and Social Control". Annual Review of Sociology. 1992,18; Conrad, P. *The Medicalization of Soiety: On the Transformations of Human Conditions into Treatable Disorders*. Baltimore: Johns Hopkins University Press, 2007:4.

⑥ Conrad, P. "The Discovery of Hyperkinesis: Notes on the Medicalization of Deviant Behavior". *Social Problems*, 1975, 1.

德在其"医学化三部曲"的终章里罗列出酗酒、精神障碍①、阿片成瘾、进食障碍等二十多种被医学化的美国社会问题清单②。

（三）概念拓展阶段

通过左拉和康拉德的学术接力，医学化作为一个学术概念实现了从宏观到微观、从抽象到具象的里程跨越。然而，无论左拉还是康拉德，都没有将论述的侧重点放在现代医学本身的交叉学科属性与医学化之间的关系上。

医学化概念的社会演进历程在 21 世纪初叶迎来了第三个发展阶段，即概念拓展阶段。受到福柯生物权力（biopower）论说的启发，以克拉克（A. Clarke）为核心的学术团队发表了一篇纲领性论文，强调基于医学化的复合概念——生物医学化（biomedicalization）的重要性。生物医学化强调了医学化日益多点化、多维化的复杂进程，包括移植医学、分子生物学、分子技术、基因技术以及信息技术等，各种科技革新在生物医学中的运用得到了充分重视③。多种科技革新在现代医学中的广泛应用既揭示了现代医学的复杂性，也昭示了从跨学科的视角看待医学化这一社会事实的必要性和紧迫性。2010 年，为了在经验层面更好地支撑生物医学化理论的综合性特征，杜克大学出版社编辑出版了克拉克等学者所著、篇幅近 500 页的著作——《生物医学化》。克拉克等人提出了一个观点：1985 年以来，科技革新使得当代生物医学的构成、组织及实践都发生了巨大变革，由此迎来了美国医学史上第二次重要转型，发生在医学领域的这一聚合效应被统称为"生物医学化"④。美国的医学社会学研究者很少有人将生命科学和信息技术视为生物医学重组的核心，而克拉克等人则开辟了一条贯穿生物资本、生物技术、生物政治经济学的综合性生物医学化研究进路⑤。

克拉克团队主张的生物医学化理论有两个主要的拓展方向。首先是强调生物政

---

① 有学者认为，精神健康可能是人类生活中医学化程度最为彻底的方面。Maturo, A. "Medicalization: Current Concept and Future Directions in a Bionic Society". *Mens Sana Monogr*, 2012, 10. 近年来，国内社会科学界关于精神医学的反思性研究逐渐增多，详见吕小康、汪新建：《因果判定与躯体化：精神病学标准化的医学社会学反思》，《社会学研究》2013 年第 3 期；杨锃：《"反精神医学"的谱系：精神卫生公共性的历史及其启示》，《社会》2014 年第 2 期。

② Conrad, P. *The Medicalization of Soiety: On the Transformations of Human Conditions into Treatable Disorders*. Baltimore: Johns Hopkins University Press, 2007: 6.

③ Clarke, A. E., J. K. Shim, L. Mamo, J. R. Fosket & J. R. Fishman, "Biomedicalization: Technoscientific Transformations of Health, Illness, and U.S. Biomedicine". *American Sociological Review* 68, 2003: 162.

④ Clarke, A. E., L. Mamo, E. J. Fosket, J. R. Fishman & J. R. Shim (eds). *Biomedicalization: Technoscience, Health, and Illness in the U.S. Durham*, NC: Duke University Press. 2010: 1.

⑤ Clarke, A. E., L. Mamo, E. J. Fosket, J. R. Fishman & J. R. Shim (eds). *Biomedicalization: Technoscience, Health, and Illness in the U.S. Durham*, NC: Duke University Press. 2010: 21-32.

治经济学的重要性,其次是对人体机能强化或优化的关注[①]。就美国社会而言,生物医学化在种族、社会阶层、社会性别以及性存在(sexualities)等社会维度都带来了日益严峻的不平等效应[②]。尽管《生物医学化》一书立足于美国学者在本土完成的研究案例,但是克拉克同样深谙全球公共健康日益生物医学化的现实[③],因此,克拉克期待着基于生物医学化理论框架的比较研究在全球范围内的应用实践[④]。

三、理解医学化范畴的经验维度

西方学者是如何在经验维度[⑤]层面呈现当代社会的医学化景观呢?概而言之,过去40年,西方医学化范畴的发展和深化所染指的对象范围可以从两个维度来加以理解,即特定的社会越轨行为和人体的某些自然生理过程与功能状态。

(一)医学化范畴扩张的典型案例:多动症

如果说左拉将医学化论述为一种初见端倪的社会趋势[⑥],那么第一个将这种社会趋势以个案研究形式予以社会学呈现的就是康拉德。康拉德在20世纪70年代中期开始研究美国社会的多动症诊疗过程,在精神医学诊断模式仍存在重大缺陷的时代背景下,[⑦]他的博士论文通过六个半月的参与观察研究[⑧],探讨了美国多动症问题的医学

---

① Clarke, A. E., L. Mamo, E. J. Fosket, J. R. Fishman & J. R. Shim (eds). *Biomedicalization: Technoscience, Health, and Illness in the U.S. Durham*, NC: Duke University Press. 2010: 22.

② Clarke, A. E., L. Mamo, E. J. Fosket, J. R. Fishman & J. R. Shim (eds). *Biomedicalization: Technoscience, Health, and Illness in the U.S. Durham*, NC: Duke University Press. 2010: ix.

③ Clarke, A. E., L. Mamo, E. J. Fosket, J. R. Fishman & J. R. Shim (eds). *Biomedicalization: Technoscience, Health, and Illness in the U.S. Durham*, NC: Duke University Press. 2010: 385.

④ Clarke, A. E., L. Mamo, E. J. Fosket, J. R. Fishman & J. R. Shim (eds). *Biomedicalization: Technoscience, Health, and Illness in the U.S. Durham*, NC: Duke University Press. 2010: 403.

⑤ 医学社会学家对于医学化概念理论维度的概括,可参考 Conrad, P. "Medicalization and Social Control". *Annual Review of Sociology*. 1992;也可参阅国内研究者的概括,韩俊红:《21世纪与医学化社会的来临——解读彼得·康拉德〈社会的医学化〉》,《社会学研究》2011年第3期。

⑥ Zola, I. K. "Medicine as an Institution of Social Control". *Sociological Review* 1972, 20(4).

⑦ 美国精神医学界一直是国际精神医学界的风向标。1980年美国出版的《精神障碍诊断与统计手册》第三版(DSM-III)被视为国际精神医学界诊断范式革新的标志,这也是精神医学建构自身科学性的一次重要尝试。后文将提到的病理性赌博(Pathological Gambling)即始见于DSM-III。DSM-III中还有一个值得注意的去医学化实例,即在精神障碍诊断类别中永久删除了同性恋这一类别。Kawa S. & J. Giordano. "A brief historicity of the *Diagnostic and Statistical Manual of Mental Disorders*: Issues and Implications for the Future of Psychiatric Canon and Practice". *Philosophy, Ethics, and Humanities in Medicine*, 2012, 7(2).

⑧ Conrad, P. *Identifying Hyperactive Children: The Medicalization of Deviant Behavior*. Burlington, VT: Ashgate. 2006: 21.

化过程。① 表面上看，从儿童"运动机能亢进"与儿童"多动症"似乎是不同标签化的产物，但实质上都是针对儿童特定越轨行为的医学化干预。

20世纪80年代以来，西方发达国家针对多动症的诊断出现了一种重要的转向，即诊断关注的核心症状从多动行为转向注意力不集中，进而使得干预的目标人群从仅限于儿童转向开始覆盖成年人。以英国为例，1991年开出的注意力缺陷多动障碍（Attention-deficit hyperactivity disorder，ADHD）处方为18.3万个，1995年已快速增长到158万张；美国1994—1996年接受治疗的5~17岁多动症患者为260万人次，2000—2002年这个数字已达到500万人次②。多动行为以及注意力缺陷患者的井喷式增长表明，一度属于社会越轨行为理解范畴的多动症已经彻底被转换为临床医学问题。

多动症医学化的扩展经历了两个阶段。第一个阶段是诊断对象从儿童到成人的扩展，第二个阶段则是从发达国家到发展中国家的扩展。康拉德曾认为，越轨行为医学化的条件理论适用于具备以下两种一般社会条件的现代西方工业社会：科学世界观（而非道德世界观或神学世界观）占据主导地位，医学职业享有较高声望且成为这种世界观的技术工具③。事实表明，多动症的概念和药物干预模式已经成功植入非西方社会。美国强生公司和礼来公司在十多年前就已经在中国市场大肆营销，投入于中国注意力缺陷多动障碍方面的市场规模2001年达到9000万元左右，2005年达到3亿元④。

（二）成瘾行为医学化的轨迹：从酗酒、病理性赌博、购物狂到网瘾

20世纪70年代，学术界批判医学化的矛头直指医学界本身，谴责医生作为一个职业群体为了维护巩固职业权威和扩大专业权限，不断将非医学事务纳入医学仲裁范围⑤。然而在特定情境下，即使医生无意主动涉足甚至拒绝卷入对某种社会越轨行为问题的干预，但在社会运动的推动下有关问题仍有可能被医学化。在这方面，最典型的个案即美国酗酒问题的医学化。

早在1784年，一位受人尊敬的美国医生拉什（Benjamin Rush）就提出了"酒瘾"

---

① 康拉德的田野地点是一家专门收治多动症的儿科专科医院。
② Conrad, P. *Identifying Hyperactive Children: The Medicalization of Deviant Behavior*. Burlington, VT: Ashgate. 2006: xii.
③ Conrad, P. *Identifying Hyperactive Children: The Medicalization of Deviant Behavior*. Burlington, VT: Ashgate. 2006: 93.
④ 张旭：《ADHD药物市场潜力巨大》，《中国医药报》，2005年4月7日B07版。
⑤ Freidson, E. *Profession of Medicine: A Study of the Sociology of Applied Knowledge*. New York: Dodd, Mead. 1970: 252.

概念，从而将医学视角引入到了酗酒行为的社会定义框架之中。通过 18 世纪末期以来美国社会对待酗酒者态度演变的社会史分析，施耐德（Joseph W. Schneider）的研究结论是，将酗酒行为纳入疾病范畴并提供医学治疗是一种历时性社会和政治博弈的产物，而不是具有充分证据支撑的医学科学进步的产物。虽然 1933 年美国医学会就将酒瘾和酗酒正式纳入疾病范畴，但直到 1956 年，美国医学会才不得不在外界社会压力作用下被动承担起治疗酒瘾患者的责任①。尽管收治酗酒患者有悖于医生的初衷，但酗酒问题的医学化转型具有社会正功能。凯博文（Arthur Kleinman）认为，"把酗酒变成一种疾病而不再是道德问题的确导致了对之的有效预防和干预，显著增进了社区和个体的健康"②。

在酗酒问题医学化的社会基础上，也就不难理解类似于"病理性赌博"等其他成瘾行为会成为医学化的新范畴。尽管没有足够证据支持赌场中赌徒的行为是冲动性的，但一些医生和强势的社会组织却坚持病理性赌博这一医学模式。病理性赌博医学化的案例同样是社会、政治成就的产物而非医学科学进步的产物，因此需要对病理性赌博的治疗模式疗效存疑③。而所谓"冲动性购物"的医学化，与酒瘾和病理性赌博一样存在异曲同工之妙④。在 21 世纪初叶的中国，少数医生和一些网络成瘾青少年的家长们联袂为全球医学化进展增添了新的案例，即青少年网络成瘾行为的大规模医学化干预⑤。

（三）整容手术：医学化的新领地

整容手术是运用现代医学技术在当事人无外伤或疾病诉求的情况下，针对人体特定部位进行介入式手术干预，以达到美化或改善视觉观感效果的外科手术，其中最关键的一点是创伤性干预手段在健康肌体上的运用。整容手术是出于非疗愈目的而运用的西医技术，因而是一种值得关注的医学化类型。⑥美国和加拿大的相关数据表明，接受过整容手术的顾客绝大多数为女性，美国女性比例为 87%⑦，加拿大女性

---

① Schneider, J. "Deviant Drinking as Disease: Alcoholism as a Social Accomplishment". *Social Problems*, 1978, 25.
② 凯博文：《苦痛和疾病的社会根源——现代中国的抑郁、神经衰弱和病痛》，郭金华译，上海：三联书店，2008 年，第 192 页。
③ Rosecrance J. "Compulsive Gambling and the Medicalization of Deviance". *Social Problems*, 1985, 32（3）.
④ Lee, S. & A. Mysyk. "The Medicalization of Compulsive Buying". *Social Science & Medicine*, 2004, 58.
⑤ 韩俊红：《无"疾"生"病"：网络成瘾医学化的建构与实践》，武汉：华中科技大学出版社，2017。
⑥ 美国社会经济部门对于医学化浪潮持欢迎态度，例如整容手术需求者可以申请银行贷款。医疗服务的商业化显然助推了医学化的蔓延态势。Conrad, P. *The Medicalization of Soiety: On the Transformations of Human Conditions into Treatable Disorders*. Baltimore: Johns Hopkins University Press, 2007: 154.
⑦ Kaw, E. "Medicalization of Racial Features: Asian American Women and Cosmetic Surgery". *Medical Anthropology Quarterly*, 1993, 7（1）：74.

占比为 85.4%①。

20 世纪 80 年代，美国社会的整容热潮呈现出狂飙突进的态势，整容业年产值在 30 亿美元左右。在美国数以百万计的整容群体中，少数族裔顾客约占 20%。加州大学伯克利分校的人类学家在旧金山湾区的民族志研究发现，与白人女性热衷于吸脂术、隆胸术和除皱术不同，亚裔女性多选择重睑术和隆鼻术，其背后的社会文化动因在于这些亚裔女性分别内化了两种意识形态，即性别意识形态和种族意识形态。亚裔女性为了迎合白人中心的种族意识形态审美标准而放弃原生态的五官形态，实质上是对白人中心论文化价值观的屈服②。来自加拿大的研究则表明，女性杂志是女性身体医学化的重要幕后推手。女性时尚杂志通常将整容手术描绘为虽然伴有风险却值得尝试的选择，鼓吹整容手术有利于提升女性的身心健康。但事实上，整容手术最严重的副作用之一，即有可能会致人死亡的风险却被忽视了③。针对女性成瘾式的整容手术需求，批评者明确指出，整容手术已经同时在身体和社会两个层面成为一种社会控制和社会管理的新形式，身体的医学化由此成为一种值得反思的社会趋势；整容手术成瘾是一种障碍性认知的结果，这是一种对自我社会心理形象的持续性不满，其根源在于当事人的社会关系出现严重问题④。

（四）亲密行为再定义：两性"性存在"的医学化

医学化大行其道还表现在对于两性亲密关系的深度介入之中。首先受到影响的是男性性机能，女性性机能也同样成为潜在的医学化目标。

在一篇探讨男性勃起障碍医学化的文章中，有医学院背景的罗森（Raymond C. Rosen）指出现有临床研究存在方法论和研究设计缺陷，同时也肯定了认知疗法和心理治疗在勃起障碍干预中的有效性⑤。一项新西兰的定性研究表明，服用"伟哥"（Viagra）之后的社会文化结果无法得到稳定预测，在某些情况下甚至有可能给伴侣关系带来负面影响。而男性勃起障碍这一医学标签也并未得到访谈对象的一致

---

① Polonijo, A. N. & R. M. Carpiano. "Representations of Cosmetic Surgery and Emotional Health in Women's Magazines in Canada". *Women's Health Issues*, 2008, 18: 463.

② Kaw, E. "Medicalization of Racial Features: Asian American Women and Cosmetic Surgery". *Medical Anthropology Quarterly*, 1993, 7（1）.

③ Polonijo, A. N. & R. M. Carpiano. "Representations of Cosmetic Surgery and Emotional Health in Women's Magazines in Canada". *Women's Health Issues*, 2008, 18.

④ Suissa, A. J. "Addiction to Cosmetic Surgery: Representations and Medicalization of the Body". *International Journal of Mental Health Addiction*, 2008, 6.

⑤ Rosen, R. C. "Erectile Dysfunction: the Medicalization of Male Sexuality". *Clinical Psychology Review*, 1996, 16（6）.

认同。①

来自墨西哥库艾那瓦卡（Cuernavaca）的经验研究表明，有勃起障碍体验的男性中约有半数会选择某种治疗方案以改善现状，其中多数人倾向于选择替代疗法（如改变生活方式或服用维生素），而不是采用生物医学模式主导的"伟哥"等药物疗法。②

"伟哥"带来的巨额利润使得药企巨头开始全力开发下一个医学化概念——"女性性功能障碍"（female sexual dysfunction，FSD），多种临床药物正处于紧锣密鼓的研发过程之中。纽约大学医学研究中心的一位女性临床心理学家和性学家就此提出了女性"性存在"医学化问题，在她看来这是一件荒唐事。药物疗效的目标是增加高潮频率，而研究表明女性更在意的是共享欢愉和亲密性。她的核心观点可以概括为两点，即抵制FSD医学模型并且拒绝（亲密行为中的）药物依赖。③在另一篇文章中，作者呼吁将FSD医学化视为女性主义学者抵制生物还原论的契机，从而超越生物医学模式主导下的女性性存在问题。④

（五）饮食与睡眠：生活世界常规实践的医学化

吃饭和睡觉作为普通人生活实践中的两个常规事项，与每一个人都息息相关。那么，医学化又是如何干预这样的日常事项呢？

南加州大学的一位社会学博士生对一家进食障碍（eating disorders）诊所的医患互动过程进行了为期五个半月的参与观察研究，完成了一篇题为《暴食问题的医学化：一家进食障碍诊所的社会控制研究》的博士论文，提出诊所员工主要利用标签化和情绪管理两种社会控制机制来帮助女性患者内化社会规范以期实现康复，诊所员工坚信，成功的情绪管理是最有效的控制进食冲动的方式。在他们看来，以冲动性暴食行为来泄愤的女性正处于一种病态之中。暴饮暴食带来的体重飙升、低自尊、戒断反应以及社会疏离等后果都是病态化情绪管理的产物。不能有效控制自身体型和食量的女性作为社会越轨者，最终成为医学社会控制的对象，暴食问题由此被纳入医学化轨道。⑤

---

① Potts, A., V. Grace, N. Gavey & T. Vares. "Viagra Stories: Challenging 'Erectile Dysfunction'". *Social Science & Medicine*, 2004, 59.

② Wentzell, E., J. Salmeron. "You'll 'Get Viagraed: Mexican Men's Preference for Alternative Erectile Dysfunction Treatment". *Social Science & Medicine*, 2009, 68.

③ Tiefer, L. "The Medicalization of Women's Sexuality". *The American Journal of Nursing*, 2000, 100（12）.

④ Hartley, H. & L. Tiefer. "Taking a Biological Turn: The Push for a 'Female Viagra' and the Medicalization of Women's Sexual Problems". *Women's Studies Quarterly*, 2003, 31（1/2）.

⑤ Vogler, Robin J. M. *The Medicalization of Eating: Social Control in an Eating Disorders Clinic*. Doctoral Dissertation, University of Southern California, 1989.

英国学者认为，睡眠问题已经成为医学化故事的新篇章。① 就美国和英国而言，睡眠问题在很大程度上已经成为一个公共问题。在美国，睡眠问题的医学化催生出"失眠症"这一医学标签，由于失眠症存在着过度医疗问题，药费昂贵且副作用明显，因而日渐成为公共健康层面的显性问题。② 英国社会学家研究发现，英国媒体对于失眠症的建构主要依赖于心理学话语，倡导公众通过生活方式调整或认知行为疗法来应对失眠症状，安眠药被视为不得已而为之的短效措施。③

（六）从出生到死亡：医学化对生命进程的两级操控

如果说20世纪对于人类理解自身生命进程有何特殊之处的话，那无疑是医学化的触角已经指向生死两极。④ 剑桥大学利奇（Edmund Leach）爵士在自己职业生涯末期直言不讳地指出，出生和死亡原本是社会的必然序曲，现代医学的罪孽在于诱导公众认为死亡这种自然的生理现象或许是可逆的。⑤

一位美国学者运用文本分析法，以美国1913年问世的《产前保健》手册为分析对象，揭示了生物医学叙事如何成功地将孕产行为重新概念化为一个临床医学问题。当育龄女性逐渐接受这种全新的概念化产物时，孕产行为的医学化进程才得以实现。生物医学在建构自身介入孕产行为的文化权威过程中，成功地将孕妇界定为需要生物权力干预的对象，医生垄断性的主体地位由此确立，而与孕产行为相关的民间知识体系则被彻底边缘化。⑥

2002年《英国医学杂志》刊发了一期医学化研究专辑，共收入22篇赞成或批判医学化的文章。其中一篇文章旗帜鲜明地表明，生育行为过度医学化的现象已经广泛存在于发达国家和发展中国家。⑦ 生育行为过度医学化所表现出来的特征之一即顺

---

① Williams, S. J. "Sleep and Health: Sociological Reflections on the Dormant Society". *Health*, 2002, 62.
② Moloney, M. E., T. R. Konrad & C. R. Zimmer. "The Medicalization of Sleeplessness: A Public Health Concern". *American Journal of Public Health*, 2011, 101（8）.
③ Williams, S. J., C. Seale, S. Boden, P. Lowe & D. L. Steinberg. "Medicalization and Beyond: The Social Construction of Insomnia and Snoring in the News". *Health*, 2008, 12（2）.
④ Kaufman, S. R. & M. Lynne. "The Anthropology of the Beginnings and Ends of Life". *Annual Review of Anthropology*, 2005, 34.
⑤ Leach, E. "Society's Expectations of Health". *Journal of Medical Ethics*, 1975, 1（2）.
⑥ Barker, K. K, "A Ship Upon A Stormy Sea: The Medicalization of Pregancy". *Social Science & Medicine*, 1998, 47（8）.
⑦ 以巴西为例，在专业人员和财政资源投入严重不足的条件下，巴西的医院分娩率虽然很高，但是产妇却要面对"非人性化生育文化"的折磨。Misago, C., C. Kendall, P. Freitas, K. Haneda, D. Silveira, D. Onuki, T. Mori, T. Sadamori & T. Umenai. "From 'Culture of Dehumanization of Childbirth' to 'Childbirth as a Transformative Experience': Changes in five Municipalities in North-east Brazil". *International Journal of Gynecology & Obstetrics*, 2001, 75.

产数量减少，剖宫产数量呈现不合理增长趋势，①而产妇本人选择分娩方式的真实意愿经常被忽视或误导。即使是在发达国家，产科医生的过度介入也并未表现出具有循证医学意义的有效性。②

最早提出"死亡医学化"③命题的学者是曾对生物医学崛起展开猛烈批判的伊万·伊里奇。④医学化对死亡问题的介入可分为积极介入和消极介入两种。积极介入意味着合理运用医疗保障延长当事人寿命，消极介入则意味着运用医学手段缩短或剥夺当事人的寿命。布里斯托尔大学一位老年流行病学教授认为，鉴于英国老年医学整体上的优势，老龄问题的医学化应该得到进一步的鼓励，因为这样可以降低老年人的死亡率和伤残率。⑤1982年12月7日，美国得克萨斯州执行了史上首例注射死刑。运用医学手段结束罪犯生命的做法，在医学化社会控制的历史进程中被赋予了特殊的意义。原本救死扶伤的医术却被有意识地用来终结个体的生命，这一做法引起了巨大的争议。尽管美国医学会试图抵制注射死刑，但最终仍免不了被政治力量裹挟着参与其中。⑥1982年以后，注射死刑作为一种"更加人道主义的"死刑执行方式在美国变得更为普及，受刑者15秒内失去意识并将在注射后半分钟内死亡。⑦

本文在经验层面展示的医学化案例，或许并不具备太多方法论层面的价值。其认识论层面的意义更应该引起读者的关注，我们正置身于医学化泛滥的时代，但我们对这种趋势及其后果的理论认知仍显不足。如何考量医学化的社会后果是未来医学化研究必须直面的议题。

---

① 美国、加拿大、意大利和英国等国的剖宫产率高达20%左右，西班牙加泰罗尼亚地区甚至高达26.4%；而在北欧国家以及荷兰，由于这些国家的生育文化将生育行为视为自然生理过程因而倾向于避免过度医学干预，所以剖宫产率并没有其他发达国家那么高。Johanson, R., M. Newburn & A. Macfarlane. "Has the Medicalisation of Childbirth gone too Far？" *British Medical Journal*, 2002, 324（7342）.

② Johanson, R., M. Newburn & A. Macfarlane. "Has the Medicalisation of Childbirth gone too Far?" *British Medical Journal*, 2002, 324（7342）.

③ 我国已有学者完成了关于死亡医学化阶层分布特征的实证研究。袁兆宇、高良敏：《死亡医学化的社会阶梯与文化抉择——基于云南省某市2009—2014年人口死亡地点分析》，《北京社会科学》2018年第1期。

④ Illich, I. *Medical Nemesis: The Expropriation of Health*. New York: Pantheon Books. 1976: 195.

⑤ Ebrahim, S. "The medicalisation of old age". *British Medical Journal*, 2002, 324（7342）.

⑥ Haines, H. "Primum Non Nocere: Chemical Execution and the Limits of Medical Social Control". *Social Problems*, 1989, 36（5）.

⑦ Groner, J. "Lethal Injection and the Medicalization of Capital Punishment in the United States". *Health and Human Rights*, 2002, 6（1）.

四、医学化的社会后果：医学脱嵌于社会

只要抽身于科学主义中心观的立场之外，就不难理解现代医学最容易为人所诟病的一点就在于"诊断有术、治疗乏术"，也就是诊断名目日益繁多、诊断体系愈加繁复，但真正能够提供的有效针对性治疗（遑论治愈）极为有限。引用一位瑞典医学专家的观点，"我们的职业声望和克里斯玛权威提升的速度已经超过了我们实际上能够提供有效帮助的能力。在这种乐观主义的狂热背景下，世界卫生组织出台了对于健康的著名定义，使得全世界陷入一种病态，从而赋予医生在任何地点干预一切事务的合法性"①。尽管生物医学模式打着科学②的旗号，但它显然不是一套完美的医学体系，③而恰恰是这样一种并不完美的医学模式持续驱动着全球范围内的医学化同构进程。尽管凯博文曾经善意地提醒我们"避免滥用医学化情况的出现"④，但通过怎样的制度安排和集体行动才能达成这样的目标，却仍是一个有待探索的问题。

现代性及其社会后果的反思与批判是当代社会科学的重要议题之一。正是在这样的背景下，现代医学与社会之间的关系问题开始引起学者的关注。帕森斯通过"病人角色"（sick role）理论奠定了从社会学角度研究疾病社会建构的基础，并将社会关系引入健康与疾病问题的社会分析⑤。最初，引发学者关注的是医学化在社会控制方面发挥的功能⑥。随着时间的推移，现代医学借助医学化的路径逐渐脱嵌于社会，

---

① Greenberg, J. "The Ethnics of Psychiatry: Who is Sick？"*Science News*, 1977, 112.
② 我国有学者立足于东西方文化体系相异论，强调"中医不是科学，是与科学并列的认知体系"。王世保：《中医是什么》，济南：山东科学技术出版社，2018 年，第 15—17 页。这样的论述有助于我们从认识论层面达成共识，进而破除唯科学主义的迷思。原中国科协主席韩启德院士也曾直言，科学并不意味着"绝对正确"，中医不科学不代表不正确。韩启德：《科学并不意味着"绝对正确"》，《光明日报》，2014 年 6 月 5 日第 016 版。
③ 米尔斯（Wright C. Mills）曾指出，"科学是一个骗人的、虚假的救世主"。赖特·米尔斯：《社会学的想象力》，陈强、张永强译，北京：生活·读书·新知三联书店，2001 年，第 17 页。针对医源性疾病的泛滥，著名社会评论家伊里奇（Ivan Illich）语出惊人地指出，"现代医学已经成为公众健康的主要威胁"，对于现代医学局限性的系统性批判详见 Illich, I. *Medical Nemesis: The Expropriation of Health*. New York: Pantheon Books. 1976: 3.
④ 凯博文：《苦痛和疾病的社会根源——现代中国的抑郁、神经衰弱和病痛》，郭金华译，上海：三联书店，2008 年，第 193 页。
⑤ De Maio, Femando, *Health and Social Theory*. Basnngstoke:Palgrave Macmillan. 2010: 31.
⑥ De Maio, Femando, *Health and Social Theory*. Basnngstoke:Palgrave Macmillan. 2010: 114.

试图摆脱"社会权威的控制和规制"①并凌驾于社会之上的趋势，应该引起学界与政界足够的关注与重视。

借助波兰尼的分析框架，医学化带来的最为直接的社会后果可以表述为：医学即将步市场后尘脱嵌于社会，成为另一支异军突起的异化力量。在理论意义上，我们必须清醒地意识到，原本处于市场碾压之下已经不堪重负的社会，现在正同时面临医学化意识形态与自由市场意识形态的双向侵袭。21 世纪的人类社会正面临市场与医学双重脱嵌的挑战，这并非危言耸听，因为"任何时代的任何趋势都不可能是整齐划一的，例外一定比比皆是。过于关注细节会导致对趋势性变化的漠视"②。美国学者已指出，在 21 世纪的医学化进程中，制药公司和保险公司的决定性作用日趋鲜明③。在波兰尼论证分析的基础上，可以得出两个顺理成章的推论。首先，就像自发调节的市场存在局限性因而需要政府干预一样，现代医学在基于还原论的机械生命观框架内同样存在着难以自我超越的瓶颈，这意味着类似于"市场失灵"一样的"医学失灵"④同样无法避免。其次，就像斯蒂格利茨（Joseph E. Stiglitz）所说的那样，市场意识形态伪饰下的经济增长无法使得"包括穷人在内的所有人都会从增长中受益"⑤，反而"可能会导致贫困的增加"⑥；现代医学模式助推下席卷全球的医学化浪潮不是以令所有人从中受益为初衷的，花样繁多的医学化范畴多数没有纳入医保，只会增加个体和社会的医疗负担。也就是说，政府在提高医疗资源的配置效率方面同样责无旁贷。现阶段的当务之急，在于如何唤醒公众和社会有意识地遏制医学化

---

① 卡尔·波兰尼：《大转型：我们时代的政治与经济起源》，冯钢、刘阳译，杭州：浙江人民出版社，2007 年，第 58 页。

② 王绍光：《大转型：1980 年代以来中国的双向运动》，《中国社会科学》2008 年第 1 期。

③ Conrad, P. & V. Leiter. "Medicalization, Markets and Consumers". *Journal of Health and Social Behavior*, 2004, 45（Extra Issue）.

④ 事实上，现代医学失灵的程度可能超出绝大多数非医学专业人士的想象。第四军医大学原校长樊代明院士曾在一次专访中指出，"人类 4000 多种常见病，90% 以上无药可治，感冒能治好吗？不治也好；7000 多种罕见病，99% 以上无药可治；恶性肿瘤已占人类 1/4 死因，很大一部分治了不如不治"。樊代明：《"西医院士"樊代明：我为何力挺中医》，《经济参考报》（http://www.jjckb.cn/2017-01/13/c_135978404.htm），2019 年 6 月 30 日访问。现代医学失灵，并不意味着传统医学失灵。2003 年防治"非典"期间，国医大师邓铁涛领衔的中医团队在广州取得了收治"非典"患者"零死亡、零转院、零后遗症"以及一线医务人员"零感染"的成就，以事实表明了中医在防疫抗疫中的作用。在当前举国抗击新型冠状肺炎疫情之际，中医药在湖南、湖北、河南、广东、北京等多个省市展现出的疗效应引起更多的关注。

⑤ 卡尔·波兰尼：《大转型：我们时代的政治与经济起源》，冯钢、刘阳译，杭州：浙江人民出版社，2007 年，前言第 1 页。

⑥ 卡尔·波兰尼：《大转型：我们时代的政治与经济起源》，冯钢、刘阳译，杭州：浙江人民出版社，2007 年，前言第 2 页。

肆意蔓延的势头（无论其背后的动力引擎是医生职业团体、大型制药公司、保险公司、生物技术产业抑或消费者组织①），使医学重新嵌入于社会有机体，从而实现医学与社会之间关系的再平衡。

在全球化的时代背景下，随着西方医学化进程的不断深化，医学与社会之间关系失衡已经不仅限于西方发达国家。康拉德曾预言：未来几十年内，医学化将日益成为一个全球化的现象②。克拉克关于生物医学模式全球化的反思则提醒我们，生物医学模式作为全球医学典范意味着在实践中导致全球健康生物医学化的路径依赖，从而消解了（作为非现代医学模式的）多种传统医学模式③的存在感及话语权④。现有文献表明，广大亚非拉发展中国家早已出现了各种形式不一而足的医学化⑤，其原因在于"医学化作为一种社会进程，拥有着跨文化的渗透能力"⑥。因此，发出全球社会医学化的警示不但是医学社会学家和医学人类学家的职责所在，也是全世界所共同面临的挑战。

医学化从滥觞之际的一种显性专业意识形态，在复杂社会机制的建构下逐渐演化为一种带有普适主义色彩的隐性社会意识形态。在医疗服务日益商品化以及医学问题日渐去政治化的过程中，一个医学化的利维坦呼之欲出。医学在取代了法律和宗教相当一部分社会控制的功能后，在很大程度上把自身推向了社会的对立面。因此，我们需要在学理层面对医学化展开深入批判，这是社会针对医学化的侵袭展开自我保护运动的心智前提。

---

① Conrad, P. *The Medicalization of Soiety: On the Transformations of Human Conditions into Treatable Disorders*. Baltimore: Johns Hopkins University Press, 2007: 148, 156.

② Conrad, P. *The Medicalization of Soiety: On the Transformations of Human Conditions into Treatable Disorders*. Baltimore: Johns Hopkins University Press, 2007: 164.

③ 可喜的是，以中医药为代表的传统医学模式发展迎来了新曙光。详见《光明日报》关于《传统医学正式纳入〈国际疾病分类〉》的报道（田雅婷，2019）以及国家中医药管理局官网（http://www.satcm.gov.cr/hudongjiaoliu/guanfangweixin/2019-05-29/9899.html）转发的新华社特稿《新华社就传统医学正式纳入国际疾病分类发特稿：中医走向世界迎来里程碑》。

④ Clarke, A. E., L. Mamo, E. J. Fosket, J. R. Fishman & J. R. Shim (eds). *Biomedicalization: Technoscience, Health, and Illness in the U.S. Durham*, NC: Duke University Press. 2010: 380-388.

⑤ Low, S. M. "The Medicalization of Healing Cults in Latin America". *American Ethnologist*, 1988, 15（1）. Kaw, E. "Medicalization of Racial Features: Asian American Women and Cosmetic Surgery". *Medical Anthropology Quarterly*, 1993, 7（1）: 74. Sweet, M. J. & L. Zwilling. "The First Medicalization: The Taxonomy and Etiology of Queerness in Classical Indian Medicine". *Journal of the History of Sexuality*, 1993, 3（4）. Geshekter C. L. "Outbreak? AIDS, Africa, and the Medicalization of Poverty". *Transition*, 1995, 67. Weiss M. "The Children of Yemen: Bodies, Medicalization, and Nation-Building". *Medical Anthropology Quarterly* New Series, 2001, 15（2）. Blake, S. S. & S. E. Blake. "The Medicalization of Nordestinos: Public Health and Regional Identity in Northeastern Brazil, 1889-1930". *The Americas*, 2003, 60（2）.

⑥ 韩俊红：《中美医学化个案比较研究：以网络成瘾和多动症为例》，《思想战线》2016年第1期。

五、医学化及其缺憾

医学问题绝不是医学界专业人士可以全然垄断并能够仅凭医学力量予以通盘解决的问题,在相当程度上,医疗服务的本质是一种社会化的公共产品。米尔斯提醒我们,个体所面临的困扰往往具有升级成为公共论题的潜质。但是,如果缺少社会学的想象力,私人困扰的公共化将难以实现。米尔斯曾经发现,"许多大的公众论题和私人困扰是根据'精神病学'来描述的——似乎往往是一种可怜而无用的努力"[1]。就医学化的视角而言,精神病学恰恰是现代医学领域中医学化程度最为严重的组成部分[2]。

医学化进程的实质是将某些社会成员的身心状态(此类身心状态通常具有社会越轨特征)予以西医式"凝视",从而为生物医学手段介入铺平道路[3]。在实践逻辑中,医学化还意味着悬置复杂社会问题的结构性成因,针对个体层面的身心机能障碍展开直接干预。因此,医学化在实践逻辑上富有简化论和还原论色彩。时至今日,"被动医学化"[4]所适用的讨论范围已经不仅仅是个案问题,更成为当代全球社会深陷医学化的温水煮青蛙效应而缺少足够觉知的精准描述。从本质上而言,从社会问题到医学问题的人类境遇转型绝不是21世纪人类社会的进步序曲,而是医学化通过过去40年的野蛮生长,反客为主地向社会母体步步紧逼的现实写照。

在学理层面,一位美国生物学教授的观点可谓一语道破天机:"史实表明,每一个时代都有其根深蒂固的甚至在很大程度上是无意识的偏见……包括人们对于正常和不正常行为的定义,事实上都与科学性无关,这些定义不过是社会的价值判断以及社会权力关系的表达。"[5]试图用医学话语来理解和界定(越来越多的、如果不是全部)人类行为,[6]其

---

[1] 赖特·米尔斯:《社会学的想象力》,陈强、张永强译,北京:生活·读书·新知三联书店,2001年,第13页。
[2] Chodoff, P. "The Medicalization of the Human Condition". *Psychiatric Services*, 2002, 53.
[3] 韩俊红:《无"疾"生"病":网络成瘾医学化的建构与实践》,武汉:华中科技大学出版社,2017年,前言。
[4] Carpiano, Richard M. "Passive Medicalization: The Case of Viagra and Erectile Dysfunction". *Sociological Spectrum*, 2001, 3.
[5] Weiner, J. "Overview of Psychotechnology". *BioScience*, 1980, 30.
[6] 一位伦敦经济学院的教授曾在《柳叶刀》发表过一篇题为《超越医学化》的文章,Rose, N. "Beyond Medicalisation". *Lancet*, 2007, 369(9562). 这篇文章在罔顾事实的基础上对现代医学予以全方位美化,行文中充斥着对医学化的主观曲解。其基本价值预设为:医学是科学的,科学是绝对正确的,现代西方社会中个体生活的方方面面都是泛医学化观念塑造的。该文对于现代医学对今世的危害避而不谈(或许是对西药的副作用故意视而不见),文章里提到的荷尔蒙替代疗法似乎是给女性带来美好生活的必需品,但其实际后果却是导致很多接受此疗法的女性罹患乳腺癌、心脏病、静脉血栓及中风等疾病。Conrad, P. *The Medicalization of Soiety: On the Transformations of Human Conditions into Treatable Disorders*. Baltimore: Johns Hopkins University Press, 2007: 122. 毫不夸张地说,荷尔蒙替代疗法的副作用远大于疗效。该文作者主张将医学化的概念基调由批判性改为中立性,甚至主张废除这个概念,但却没有提出新的具有替代性价值的概念。

本身就是一种科学主义的"迷思"。也许是一种集体无意识的后果，也许是20世纪下半叶以来史上最大规模的一场未知结局，医学化这艘巨轮就这样披荆斩棘地驶入了21世纪。当下最为严峻的现实挑战在于，我们是否能够避免全人类共同遭受"泰坦尼克定律"①之苦？如何才能保护遭受医学化浪潮袭击的社会？这里需要借鉴布洛维的观点，即医学社会学家需要更多地承担公共社会学职能，在发表研究成果的同时积极投身于与公众的建设性对话②。如果学界不能在社会自主性的理论阵地上更好地发挥作用，公众将被围困在医学化的陷阱中难以自拔，医学化作为一种"社会巫术"的祛魅也就无从谈起。

  一位美国学者明确指出，我们"不能将医学化的发展史等同于科学成就本身的历史"③，因为很多医学化案例都缺乏循证医学意义上的科学支撑，而是在医学与社会相互妥协的过程中达成了"共谋"式的平衡。德国学者鲁道夫·魏尔啸④（Rudolf Virchow）曾有一句至理名言："医学是一门社会科学，政治学不过是宏观意义上的医学"⑤。这句警世箴言道出了医学实践的复杂性，也表明了医学与每一个人的福祉密切相关。医学实践直接关乎人的身体和生命，因此由医学实践过程引发的社会医学化问题绝不能仅仅为少数专业人士所垄断而不容他人监督、批判。没有良性发育的社会，很难会有高质量的全民健康，因为社会政治制度导致的分层效应会直接影响公众的健康水准。当前过度医学化的现实显然背离了魏尔啸理想中的医学实践模式，通过去医学化（demedicalization）⑥式的社会自我保护运动重新实现对医学化进程的有

---

  ① 景军：《泰坦尼克定律：中国艾滋病风险分析》，《社会学研究》2006年第5期。
  ② 麦可·布洛维：《公共社会学》，《社会》2007年第1期。
  ③ Barker, K. K, "A Ship Upon A Stormy Sea: The Medicalization of Pregancy". *Social Science & Medicine*, 1998, 47（8）：1067.
  ④ 当代西方学者对魏尔啸有关研究的重要性有着充分的认识。他的研究带来了现代医学的范式转型，也明确了细胞在生理学和病理学中的核心作用。Waitzkin, H. "One and a Half Centuries of Forgetting and Rediscovering: Virchow's Lasting Contributions to Social Medicine". *Social Medicine*, 2006, 1（1）.其著作《细胞病理学》被赋予了与达尔文的《物种起源》同等重要的地位，Reese, D. M. "Fundermentals- Rudolf Virchow and Modern Medicine". *Western Journal of Medicine*, 1988, 169. 因此将魏尔啸称为现代医学科学的主要奠基人毫不为过。Eisenberg, L. "Rudolf Virchow: The Physician as Politician". *Medicine and War*, 1986, 2（4）.在此基础上我们才能理解为什么法墨（Paul Farmer）会发出"能够解决当代全球公共卫生问题的魏尔啸式人物何在"的喟叹。Farmer, P. *Infections and Inequalities: The Modern Plagues*. Berkeley: University of California Press. 1999: 267.
  ⑤ Virchow Rudolf. *Collected Essays in Public Health and Epidemiology*. Vol.1. Canton, MA: Science History Publications. 1985: 33.
  ⑥ 21世纪前20年的社会事实表明，医学化的式微，或者说全社会层面医学化程度的弱化并没有如英国学者所说的那样自动出现。Ballard, K. & M. A., Elston. "Medicalisation: A Multi-dimensional Concept". *Social Theory & Health*, 2005, 3: 239.

效规制，应该成为学界、社会和政府层面的共识，这是 21 世纪全球社会治理的题中应有之义。

六、结语

现代医学在不同时期拥有不同的模式标签，从早期单纯的生物医学模式到如今的"环境—社会—心理—工程—生物"医学模式[1]，日益体现出其复杂性。现代医学模式的复杂性与医学化发展历程的复杂性之间互为表里。现代医学之于西方社会有三种基本属性：西方社会是现代医学的鼻祖，也是医学帝国主义（medical imperialism）[2]的发源地，同时还是助长医学化泛滥成灾的大本营。在现代化和全球化的时代浪潮中，全球公共卫生事业在不知不觉中沾染了医学化的成色。

利奇爵士曾表达过这样的观点：尽管西方社会最早步入老龄化行列，但西方社会的健康理念往往是以青壮年男性和女性为文化原型。正是在这种充满偏见色彩的健康观映衬下，由于缺少敬老机制，西方社会的退休人员被迫背负了患者的污名。现代医学制造出一种幻象——只要政府在医学领域投入足够多就可以实现全民长生不老。但实际上，再富裕的社会也负担不起全民无止境的医疗诉求。[3]以英国为例，因预防心血管疾病的斯达汀类药物的大量使用给公共财政所造成的压力就足以令英国政府不堪重负。[4]就西方发达国家的社会经验而言，放任医学化发展的路径已然是全社会不可承受之重。以批判精神医学著称于世的托马斯·萨斯（Thomas Szasz）犀利地指出，美国的医学化政策使得美国成为一个"治疗型国家"（therapeutic state），所谓的"人道主义医学化"不过是医学化暴政的代名词。当国家以治疗师的身份高调现身，个体的自由则被悄然埋葬。[5]

对于 21 世纪的中国社会而言，医学化绝不仅是异国风情，因为"中国（与其他国家一样）对于医学化现象并无先天免疫功能"[6]。有关当代中国医学化问题的社会研

---

[1] 陈竺：《推动转化医学发展 应对人民健康挑战》，《中国科技奖励》2011 年第 3 期。
[2] 医学帝国主义被认为是造成 20 世纪 70 年代美国公共健康危机的主要原因。Waitzkin, H. & B. Waterman. *The Exploration of Illness in Capitalist Society*. Indiana: Bobbs-Merrill Educational Publishing. 1977: 86.
[3] Leach, E. "Society's Expectations of Health". *Journal of Medical Ethics*, 1975, 1（2）: 88-89.
[4] Ballard, K. & M. A., Elston. "Medicalisation: A Multi-dimensional Concept". *Social Theory & Health*, 2005, 3: 238.
[5] Szasz, T. *Pharmacracy: Medicine and Politics in America*. Westport, CT: Praeger. 2001: 165.
[6] 韩俊红：《21 世纪与医学化社会的来临——解读彼得·康拉德〈社会的医学化〉》，《社会学研究》2011 年第 3 期。

究，已经涉及物质滥用与越轨行为[①]、网络成瘾[②]、日常生活[③]、孕产行为[④]、悲伤情绪的文化意涵[⑤]等多元化的议题。医学化作为一种社会现象，已经广泛体现在国民社会生活的诸多领域。

我国在国家战略层面高度重视全民健康这一公共问题，在"健康中国2020"战略的基础上[⑥]，中共中央、国务院又发布了《"健康中国2030"规划纲要》。笔者高兴地看到，有关方面充分认识到"公共卫生事业的发展有赖于医学科学的发展，更有赖于社会的政治、经济、文化的发展"[⑦]。通过何种制度设计才能避免我国公共卫生事业的发展落入医学化的陷阱，则是未来研究需要慎重考虑的议题。在国家致力于建设和完善基本医疗卫生服务制度的当下，在医改问题的公共治理思路中，有关方面应该在统筹考量的基础上，尽可能将所有医学化范畴排除在国家基本公共卫生服务项目之外，以便将有限的资源更好地投入到基本医疗卫生服务之中。

研究表明，生物医学模式作为西方社会主导性的医学模式，其本身就是西方社会权力关系的产物。[⑧]有美国学者认识到，现代医学模型对当代国家的公民权和人权都构成了威胁。[⑨]我国作为一个迥异于西方文化的东方文化国度，既不可能也没有必要全盘复制西方生物医学模式。西方社会的医学化以一种无声无息的方式启动了医学脱嵌于社会的进程，在微观层面带来了普通患者和家庭在就医过程中的无助感，在中观层面导致了社会结构自主性和稳定性层面的危机，在宏观理论层面则具有政

[①] 汤宜朗：《偏常行为的医学化——对酒依赖、药物依赖疾病概念的思考》，《中国药物依赖性杂志》，2000，（9）；包涵：《戒毒措施"医疗化"与我国戒毒制度的走向》，《河南警察学院学报》2018年第1期。

[②] 陶然等：《网络成瘾的命名、定义及临床诊断标准》，《武警医学》2008年第9期；寻知元、杨桂伏：《由网络成瘾列为精神疾病反思医学化倾向》，《医学与哲学》（人文社会医学版）2009年第9期；韩俊红：《无"疾"生"病"：网络成瘾医学化的建构与实践》，武汉：华中科技大学出版社，2017年。

[③] 鲍磊：《当代日常生活的医学化》，《前沿》2010年第11期；张大庆：《生活医学化和医学社会化导致过度医疗》，《民主与科学》2015年第1期。

[④] 赵婧：《母性话语与分娩医疗化——以20世纪三、四十年代的上海为中心》，《妇女研究论丛》2010年第4期；郇建立、田阳：《剖腹产滥用的发生机制：从市场化改革到生育医学化——基于河北省S县P医院的调查与分析》，《社会科学》2014年第12期；杨蕾、任焰：《孕产行为的医学化：一个社会建构过程的反思》，《开放时代》2014年第6期；范燕燕、林晓珊：《"正常"分娩：剖腹产场域中的身体、权力与医疗化》，《青年研究》2014年第3期；吴苗、唐文佩：《妇女健康运动与分娩的去医学化》，《中国性科学》2017年第8期。

[⑤] 程瑜、林晓岚：《丧亲之痛的社会意涵：对医学化的人类学反思》，《医学与哲学》，2017（10A）。

[⑥] 韩启德：《健康中国2020：基于中国国情的卫生经济学战略思考》，《中国卫生经济》2009年第9期。

[⑦] 陈竺：《中国公共卫生的现状与未来》，《管理评论》2004年第2期。

[⑧] Lupton, D. *Medicine as Culture: Illness, Disease and the Body in Western Societies*. London: Sage Publications. 1995: 161.

[⑨] Nye, R. A. "The Evolution of the Concept of Medicalization in the Late Twentieth Century". *Journal of History of the Behavioral Sciences*, 2003, 39（2）: 115.

治经济学意义上的重要性——脱嵌的医学成为游离于社会母体的异化力量,试图成为社会主宰。无论如何,我们必须清楚地意识到,对于医学化问题的去政治化是最不可取的绥靖姿态。毕竟,对于医学社会学家来说,批判分析是他们最重要的社会功能之一。① 正是这种批判性,确保医学社会学家不会成为"医学化的同谋"②。

---

① Bloom, S. W. *The Word as Scalpel: A History of Medical Sociology*. New York: Oxford University Press. 2002: 283.
② 郇建立:《慢性病与人生进程的破坏——评迈克尔·伯里的一个核心概念》,《社会学研究》2009 年第 5 期。

民族医学何去何从？
——以连南瑶医药为例*

方静文**

（中国社会科学院民族学与人类学研究所，北京 100086）

摘　要：文章以医学人类学之"医学体系"概念考察连南瑶医药，将其置于连南瑶族地区的多元医学体系和社会文化中做全景考量。借助于文献的梳理和田野中所获得的瑶医个案呈现连南瑶医药的历时变迁，分析变迁背后的影响因素，并思考其定位及未来命运，指出优势专科和疑难杂症是各方力量对当下连南瑶医药之定位的同构，而日常保健则是可能促进当地瑶医药存续与发展的另一方向。

关键词：民族医学；瑶医药；医学体系

一、引言

疾病是普遍的，但对于疾病的认知和应对却存在显著的文化差异，由此形成了多样的民族医学，指的是"在各民族发展过程中产生的有自身文化特点的疾病信仰与治疗实践"。[①]在中国，民族医学一般特指少数民族医学，[②]如藏医、蒙医、维医等，本文所探讨的瑶医即为其中之一种。

本文田野点连南瑶族自治县，位于广东省西北部，是广东省三个少数民族县之

---

*　文章的早期版本曾公开发表在《广西民族研究》2017年第6期。文章在收录时，略有改动。
**　作者简介：方静文，人类学博士，中国社会科学院民族学与人类学研究所铸牢中华民族共同体意识研究基地助理研究员。
①　庄孔韶主编：《人类学通论》，太原：山西教育出版社，2005年，第490页。
②　蔡景峰：《论"民族医学"的界定和民族医药文献的整理》，《中国民族医药杂志》1999年第4期。

一，瑶族人口占总人口半数以上。除少数过山瑶外，其余均属排瑶支系，分布在南岗、油岭、横坑、军寮、火烧、大掌、里八洞、马箭等8个大的村寨（排）以及数个小的山村（冲），故有"八排二十四冲"之说。① 当地瑶族在漫长的历史过程和生产生活中积累和总结了许多医药方面的知识，并就地取材，利用瑶山丰富的药材资源防病治病。

初入田野，笔者便发现当地瑶医药的现状不甚乐观：临床实践方面，截至2015年末，连南全县共有各类医疗卫生机构96个，但没有一家瑶医院或诊所；为数不多的瑶医在乡村游走行医，治病的种类有限；教育传承方面，没有专门致力于瑶医传承的教育体系，几位老瑶医多选择将医术传给儿子，但在实践中，这些新的瑶医并不活跃；产学研方面，20世纪90年代以来的几次瑶医药调查的努力最终均归于沉寂，如今已没有对瑶医药进行系统研究的科研机构；原本为数不多的几家药材种植和加工企业已经非停即迁，设想中的中草药种植基地和产业园未能建成。总体而言，少数几位瑶医的零星实践，几乎就是如今连南瑶医药的全部了。

连南瑶医药的现状使笔者开始思考瑶医药乃至其他民族医学的命运：当下，同一民族医学在不同地区以及不同民族医学的现状和发展前景各不相同，有的走上了制度化和产业化的道路，医疗理论体系也不断完善，另有一些则越来越边缘化，直至出现了存续危机。命运迥异的背后原因何在？连南瑶医药以及其他民族医学又该何去何从？

对关于瑶医药的研究进行梳理，可以发现：既有的研究多集中于医学角度，有的从整体上探讨瑶医的医理思想、疗法和秘方；② 有的专注于瑶医药的传统和特色疗法，如挑针疗法③、药浴④；有的注意到瑶医如何应对疑难杂症如恶性肿瘤⑤，也有的致力于瑶医与中医的对比⑥。专著方面，《中国瑶医学》和《中国瑶药学》对瑶医、瑶药进行了相对系统的整理和呈现，不过，就总体而言，上述研究的共同点在于多关注瑶医药本体，而缺少对其所处社会文化的关注。

---

① 谢剑：《连南排瑶部族历史》，见刘满衡、李春益编：《连南排瑶·边寨风情》，深圳：海天出版社，2007年，第151—183页。
② 莫莲英、何最武：《试论瑶族医药的盈亏平衡理论及临床应用》，《中国民族民间医药》1996年第4期；李彤：《瑶医"盈亏平衡理论"研究》，《中国民族医药杂志》2011年第9期。
③ 范小婷、方刚、林辰：《浅析瑶医挑针疗法治疗痛经的技术特点》，《针灸临床杂志》2014年第9期。
④ 唐生斌、胡传贵：《瑶族民间药浴方药调查整理》，《中国民族医药杂志》2000年第3期。
⑤ 李彤、沈沁：《瑶医治疗恶性肿瘤的特色与优势》，《中国民间疗法》2014年第12期。
⑥ 刘春强、陆云飞：《瑶医与中医刮痧疗法比较探析》，《中国中医基础医学杂志》2015年第5期。

实际上，每一种民族医学都是"地方文化发展的产物，而非直接源于现代医学的概念框架"，[①] 为此，医学人类学家提出了"医学体系"的概念，指的是"在某一社会文化中，结构和模塑其成员获取保健和治疗之方式的信仰、知识、实践、人员、机构以及资源的组合"[②]。一个社会无论复杂程度如何，往往都有构成医学体系之核心要素的疾病认知与应对实践，也即都有其独特的医学体系。随着社会的发展，与简单社会单一的医学体系不同，复杂社会常常表现为多种医学体系的组合，即医学人类学家所谓的医学多元（medical pluralism），在其中，各医学体系以合作或竞争的关系共存。[③] 在中国的民族地区，医学多元往往表现为西医、中医等制度化医学与民族医学的共存共生。因此，作为一种医学体系，民族医学的发展不仅有赖于同多元医学体系中其他医学体系之间的互动，也与其所处的社会文化息息相关。

有鉴于此，本文尝试将连南瑶医药作为一种医学体系置于连南多元医学体系及当地社会文化中做全景考量，利用卫生志等文献资料以及田野调查获取的瑶医个案勾勒连南瑶医药的历史变迁，考察瑶医药与其他医学体系以及当地社会文化之间的互动，进而思考其定位与未来命运。

二、连南瑶医药的历史变迁

通过查阅地方志、卫生志等文献资料，以及对关键人的走访和访谈，笔者将连南瑶医药的历史大致可分为如下三个阶段：

（一）1949 年以前

根据目前所能获得的文献，关于连南瑶区的医疗卫生状况的记载集中于民国以后。如 1942 年至 1943 年间实施的一项调查，从居住、饮水、营养、疾病等方面考察了粤北山排瑶民的健康状况，发现总体而言，瑶民的健康状况不逊于当地的汉人。[④]

[①] Charles Hughes, "Ethnomedicine", in: David Sills ed., *International Encyclopedia of the Social Science*, Vol. 10. New York: Crowell Collier and Macmillan, pp.87-92.

[②] Fabrega and Manning (1979:41), Fabrega, H. Jr., and P.K. Manning, 1979. Illness Episodes, Illness Severity and Treatment Options in a Pluralistic Setting. Social Science and Medicine Part B Medical Anthropology, 13(1): 41-51.

[③] Baer, H. A., "Medical Pluralism", in Ember, Carol R. and M. Ember eds. Encyclopedia of medical anthropology: health and illness in the world's cultures. New York: Springer, 2004.

[④] 黎希干、张箐：《粤北瑶山卫生考察报告》，上海《中华医学杂志》1948 年第 34 卷第 3 期。

不过，20世纪50年代的社会历史大调查发现排瑶地区的卫生状况堪忧，[①]为疫病的出现和流行提供了温床，疟疾、麻疹、天花等疾病多发，其中天花的死亡率颇高。如新中国成立前的南岗排，仅1881年前后到1934年间就有5次天花流行，1800多人丧命。[②]大掌排新中国成立前也曾多次发生流行病，[③]而且，除了30年代的麻疹，其他几次连疾病名称都不得而知，没有诊断，遑论治疗。

除了流行病，当时瑶区的常见病还包括痢疾、心脏病、肠胃疾病、黄疸病、眼病、感冒、瘆病、无名肿毒等。[④]粤北边疆施教区巡回施教队的实地调查[⑤]提供了更多瑶区常见病和多发病的细节（见图2-1）。[⑥]

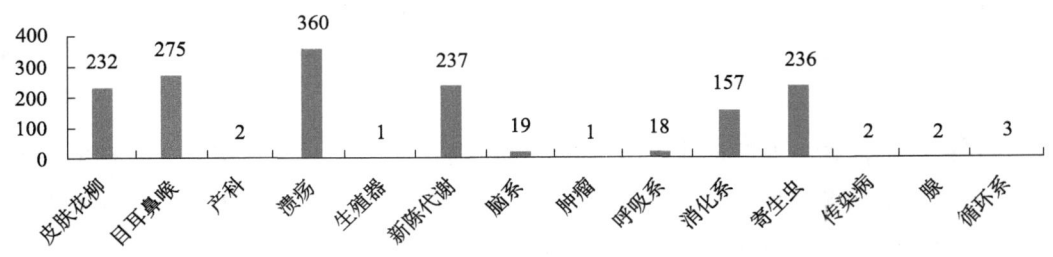

图 2-1　大掌岭疾病类别与人数

在疾病的认知与应对方面，据地方志记载，"疾病、伤痛靠民间医药和民间传统疗法治疗，兼之巫术请神送鬼"[⑦]。一方面，当时的瑶族人民已经积累了一些防护知识，"每逢一村发现痘症，全村人民便逃入无人烟之深坑中，裹粮藏匿，邻村虽相隔十余里，咸持戒心，禁绝往来，曾患病者充作病人之看护，病重者则异入山坑茅屋中，任其死灭，常人不敢亲近病者之茅屋及尸体多以火焚化，此种措施，与卫生防疫学所言之隔离病人，消毒病原及封锁疫区完全吻合，故天花之发生只蔓延一村至

[①] 《中国少数民族社会历史调查资料丛刊》修订编辑委员会编，《连南瑶族自治县瑶族社会历史调查》，北京：民族出版社，2009年，第22、144、220页。

[②] 《中国少数民族社会历史调查资料丛刊》修订编辑委员会编，《连南瑶族自治县瑶族社会历史调查》，北京：民族出版社，2009年，第10页。

[③] 《中国少数民族社会历史调查资料丛刊》修订编辑委员会编，《连南瑶族自治县瑶族社会历史调查》，北京：民族出版社，2009年，第220页。

[④] 《中国少数民族社会历史调查资料丛刊》修订编辑委员会编，《连南瑶族自治县瑶族社会历史调查》，北京：民族出版社，2009年，第22、144页。

[⑤] 未说明调查时间，根据该机构的成立时间，应在30年代末40年代初。"粤北边疆施教区"乃从事粤北边疆教育之机构，成立于1939年，最初称"广东省连阳安化教育区"，次年更名为"粤北边疆施教区"。

[⑥] 数据来源：粤北边疆施教区编：《粤北之山排住民》，曲江各大书局1940年版，附录。

[⑦] 广东省地方史志编纂委员会，广东省志《少数民族志》，2000年第一版，第二章第六节。http://www.gd-info.gov.cn/books/dtree/showbook.jsp?paths=10863&stype=v&docid=53&siteid=guangdong，2016年8月10日访问。

多为邻近之二三村而已"①。在应对常见病方面,则有一些瑶医,将野生的动植物入药,采用药浴、药灸、药熏等多种疗法,对一些常见病如跌打、刀伤、枪伤、毒蛇咬伤等进行治疗。②

尽管如此,依然有一些疾病让人束手无策。以大规模的流行病而言,虽然有上述卫生防疫的初步意识和实践,"然既不能普及预防于先,后无治疗于病后,故死亡甚多。其俗又有'送灯'之迷信,即病者结痂将愈时期,须持香烛纸灯送鬼于河中,以为驱病之意,送灯以后,自谓可不再传染他人,而可与各家照常往来,不以为怪,于是带毒者遂能延长并扩大天花之传染区域"③。这段论述在说明其时当地缺乏对流行病的有效应对之外,也体现出疾病认知和文化习俗对流行病传播的重要影响。

此时,瑶民所持的另一套病因观即发挥作用。"山民有病,辄认为鬼祟"④,因此得病后也往往借助宗教仪式送鬼治病,有邓倬堂之瑶排八首为记:"瑶族信好巫,有病更勿药,祈禳神无灵,自谓逢不吉,立庙祀阿公,舞蹈杂饮酌,不辨谁祖祢,同把炭香灼。"⑤主持此种仪式的人,排瑶谓之"先生公"。先生公"在山民日常生活中,实具有不可须臾分离之重要性。举凡生死婚葬疾病,械斗求雨,以及节祭之日,无不以巫师为主体也"⑥。先生公的仪式治疗主要是送鬼治病,根据病程和疾病的严重程度,大体经过初病赶鬼—病未愈再赶鬼—赶大鬼等程序,每次仪式所用的祭品会越来越多,从杀鸡到杀猪或牛献祭。⑦能否送走恶鬼、治愈病人往往成为检验新入行之先生公是否灵验的标准。

当然,药物治疗和仪式治疗并非截然对立,而是有诸多交叉之处。最主要的表现在先生公也会学习一些医术并在仪式治疗过程中,辅以草药治疗。先生公一般采用师徒制的形式传承,学习内容因地因人而异,但往往包含一部分医学相关的内容。如在南岗排,三年学徒,第一年所学的便是有关医病、赶鬼、丧事等内容。先生公

---

① 黎希干、张箐:《粤北瑶山卫生考察报告》,上海《中华医学杂志》,1948年第34卷第3期。
② 《中国少数民族社会历史调查资料丛刊》修订编辑委员会编,《连南瑶族自治县瑶族社会历史调查》,北京:民族出版社,2009年,第22、144页。
③ 黎希干、张箐:《粤北瑶山卫生考察报告》,上海《中华医学杂志》,1948年第34卷第3期。
④ 粤北边疆施教区编:《粤北之山排住民》,曲江各大书局1940年版,第16页。
⑤ 连南瑶族自治县卫生局卫生志编纂委员会编,《连南瑶族自治县卫生志(至2005年)》,第279页。
⑥ 粤北边疆施教区编:《粤北之山排住民》,曲江各大书局1940年版,第18页。
⑦ 《中国少数民族社会历史调查资料丛刊》修订编辑委员会编,《连南瑶族自治县瑶族社会历史调查》,北京:民族出版社,2009年,第104—106页。

所用之瑶经中亦不乏治病相关的内容，如《收花》《医生救人》等。① 而且，若病人的病情较重，在赶大鬼仪式之后，往往还伴有相应的治疗，"由一个被认为是有法术和有经验的先生公把病人带回自己的家去治疗（也许给些草药）"②。

除了医、巫共同构成的地方医学体系之外，现代医学方面，虽然早在光绪十二年（1886年），就有美基督教会在三江建福音堂并附设西医赠医所的记载，③ 也有民国时期三江、寨岗等地开设中药店铺的记录，④ 但这些西医、中医机构均集中在城镇，似乎未能辐射到位于山上的广大瑶区。直至20世纪三四十年代，当时的国民政府和社会机构才开始致力于为瑶民提供一些医疗服务，如疫病预防、治病施药、普及卫生知识等，往往以巡回医疗队、在有圩集或人口聚集的村寨设施诊所、施药处等方式进行。⑤ 不过，这些医疗服务的影响也十分有限，原因有二：其一，规模较小，1946年连南县成立后，"在安化管理局所设医院基础上，扩大了医院规模，院长兼医师一名，公共卫生护士一名，护士一名，助产士一名，公役一名"⑥。县级医院尚且如此，其他机构的规模不难想见。其二，从上述医院的人员配备可以看出，现代医学的体系尚不完善，重心仅限于公共卫生、妇幼保健方面，对于一些常见病尚难以顾及。

简言之，新中国成立前，虽然中西医等制度化医学已经在连南被践行，但多集中在城镇地区且医学体系并不完善，广大瑶区医学体系的主体是瑶医药，包含医药治疗和仪式治疗两部分。医药治疗在治疗常见病方面积累了一定经验，但在应对大型的流行病和其他疑难杂症时，往往缺乏有效的措施，持疾病乃恶鬼作祟之病因论的瑶人因此也经常求助于仪式治疗，呈现出巫医不分、神药两解的特点。实践中，这一特征在主持仪式治疗、同时又通医术的先生公身上得到了很好的体现。

（二）1949年—20世纪90年代

中华人民共和国成立后，连南瑶区的医药卫生事业得到了逐步发展。

1950年，广东省卫生厅即派巡回医疗防疫队到连南，在三江建立人民诊所，同

---

① 马建钊：《连南排瑶的宗教信仰》，见刘满衡、李春益编：《连南排瑶·边寨风情》，深圳：海天出版社，2007年，第197—220页、第205—206页。
② 《中国少数民族社会历史调查资料丛刊》修订编辑委员会编：《连南瑶族自治县瑶族社会历史调查》，北京：民族出版社，2009年，第105页。
③ 连南瑶族自治县卫生局卫生志编纂委员会编：《连南瑶族自治县卫生志（至2005年）》，第279页。
④ 连南瑶族自治县卫生局卫生志编纂委员会编：《连南瑶族自治县卫生志（至2005年）》，第274页。
⑤ 李双：《民国广东省政府对连阳瑶区治理与开化研究1927—1949》，中南民族大学硕士论文，2016年。
⑥ 《连南县卫生院长苏华英过此赴任》，《连州日报》1946年5月24日，第2版。转引自李双硕士论文。

时派医疗小组赴瑶区开展防病治病工作。① 在瑶区乡村，卫生所等初级医疗机构也相继建立，如1952年，南岗排成立了区卫生所；1953年，大掌排建立了区卫生所；1955年，内田坑成立了医疗站。② 医疗站、卫生所的设立标志着现代医学和医疗空间的引入和求医选择的增加。

此后，不时有巡回医疗队和妇幼医疗保健队被派往瑶区进行卫生调查、宣教、防疫和治疗等工作。瑶区环境卫生状况得到明显改善，天花、霍乱、鼠疫等恶性流行病逐步消失，一些地方病得到控制，而随着妇幼保健事业的发展，婴儿死亡率也在逐年下降，人口自然增长率得到显著提升。据统计，1837年至1964年的127年间，连南排瑶人口的年自然增长率仅为4.89%，而1964至1982年的18年间，年增长率竟高达35.17%，是前者的7倍还多。③

至1990年，连南全县"共有卫生事业机构28个，医院14间，门诊所10间，卫生防疫站1个，妇幼保健站1个，药品检验室1间，各类卫生技术人员共366人；其中西医师100人，中医师7人，护士40人。全县83个管理区中有73个建立医疗卫生站"，"人均寿命由建国初期的35岁增至1990年的60多岁"。④ 至此，瑶区的基层卫生网初步建立。

现代医学的传入并非一帆风顺，如虽然南岗排的区卫生所早在1952年便已成立，但直到1954年，瑶族群众"还不习惯上卫生所看病。卫生人员上门治病，也还有人关门拒绝，仍请先生公送鬼"⑤，可见卫生观念的转变并非一朝一夕之事。另一方面，鉴于新建立的基层卫生网并不完善，如内田坑的卫生站中，配备的人员包括女护士、保健员和接生员各一名，负责接生和较轻疾病的治疗，重病者需要转诊至其他地区治疗。⑥ 可见当时卫生机构的重心仍在于公共卫生、流行病、妇幼保健等领域，缺乏对日常保健的投入。也因此，瑶医药的功用得以继续发挥，仪式治疗也依然有其文

---

① 连南瑶族自治县卫生局卫生志编纂委员会编，《连南瑶族自治县卫生志（至2005年）》，第279页。
② 《中国少数民族社会历史调查资料丛刊》修订编辑委员会编，《连南瑶族自治县瑶族社会历史调查》，北京：民族出版社，2009年，第23、144、220页。
③ 谢剑：《连南排瑶的社会组织》，香港：香港中文大学出版社，1993年。转引自谢剑：《计划生育与排瑶人口》，《广西民族学院学报》1995年第2期。
④ 广东省地方史志编纂委员会，广东省志《少数民族志》，2000年第一版，第二章第六节。http://www.gd-info.gov.cn/books/dtree/showbook.jsp?paths=10863&stype=v&docid=53&siteid=guangdong，2016年8月10日访问。
⑤ 《中国少数民族社会历史调查资料丛刊》修订编辑委员会编，《连南瑶族自治县瑶族社会历史调查》，北京：民族出版社，2009年，第23页。
⑥ 《中国少数民族社会历史调查资料丛刊》修订编辑委员会编，《连南瑶族自治县瑶族社会历史调查》，北京：民族出版社，2009年，第144页。

化生存空间。如 20 世纪 50 年代末的南岗排，能够用土法治疗疾病的有四五人，主要利用草药、针灸等方法治疗无名肿毒、水肿、疮毒、跌打等症；① 而先生公多达 101 人，"以南岗排总户 561 户人家计算，平均 5.5 户有一个先生公；按人口算，平均每 17 人中有一个先生公"②。

在缺医少药的背景下，民族医药的价值得到重视，从 20 世纪 70 年代开始，连南陆续组织了几次献医献药活动，其中不乏瑶医药，如 1978 年的活动中，连南九寨 7 个瑶民就献方献药 91 种。③ 1984 年广东省首次少数民族医药工作会议在广州召开，会议提出要认真抢救、整理和发展本省少数民族宝贵的医药遗产。"1985 年 1 月，县卫生局组织开展民族医药状况调查，历时两个月，在全县 10 个瑶区、50 个民族乡中，发掘到威信较高的民族中草药医生 47 人（瑶族），其中男性 39 人，女性 8 人，均以中草药为主，辅以火灸、艾灸、拔火罐、刮痧等疗法为群众治病。"④

与此同时，为了发展民族卫生事业，连南着力培养少数民族医务人员，培训瑶族卫生员、接生员和保健员。如 1962 年，连州卫校瑶族班有 16 人毕业，1979 年，吸收了 1 名瑶族民间医生到县人民医院中医科从事骨伤科临床工作。⑤ "至 2005 年底，全县医务人员 450 人中，瑶族有 84 人；县人民医院 153 个医务人员中，瑶族有 23 人。"⑥

此阶段，现代医学开始全面进入瑶区，连南的基层卫生网基本建立，瑶区的流行病等得到控制直至基本消失，妇幼保健水平得到提升。有鉴于新建立的卫生网尚不完善、瑶族群众医药卫生观念的延续、瑶族医药本身的价值以及政府发展少数民族卫生事业的政策，瑶医药并未被完全抛弃，而是以补充医学或替代医学的角色继续为瑶族民众的健康服务。

（三）20 世纪 90 年代以来：产学研一体化的尝试

进入 90 年代，少数民族医药的重要性得到政策上的强调和支持，连南在瑶医药的产学研一体化方面进行了多次尝试。1991 年，县中医院组建"中草药、民族医药

---

① 《中国少数民族社会历史调查资料丛刊》修订编辑委员会编，《连南瑶族自治县瑶族社会历史调查》，北京：民族出版社，2009 年，第 114—115 页。
② 《中国少数民族社会历史调查资料丛刊》修订编辑委员会编，《连南瑶族自治县瑶族社会历史调查》，北京：民族出版社，2009 年，第 101 页。
③ 广东省地方史志编纂委员会，广东省志《少数民族志》，2000 年第一版，第二章第六节。http://www.gd-info.gov.cn/books/dtree/showbook.jsp?paths=10863&stype=v&docid=53&siteid=guangdong，2016 年 8 月 10 日访问。
④ 连南瑶族自治县卫生局卫生志编纂委员会编，《连南瑶族自治县卫生志（至 2005 年）》，第 372 页。
⑤ 连南瑶族自治县卫生局卫生志编纂委员会编，《连南瑶族自治县卫生志（至 2005 年）》，第 372 页。
⑥ 连南瑶族自治县卫生局卫生志编纂委员会编，《连南瑶族自治县卫生志（至 2005 年）》，第 388 页。

科研组","收集、整理民间的单方、验方、偏方200多条,采集民间草药180多种。"[①] 1993年,连南瑶族自治县民族医院成立,与县中医院两块牌子,一套人员。[②] 1996年,县中医院成立"连南民族医药科研小组",在收集整理药方等的基础上,加以临床验证、筛选和应用,在治疗肿瘤、风湿痹痛、肝病等方面取得了一定疗效,并且进行了相关药物的开发研制,如用于治疗风湿骨痛药酒等。[③] 2005年,县中医院根据广东省"发展民族医药特色专科"工作要求,进一步挖掘瑶医药在治疗专科、专病方面的优势和特色,设定三个民族特色专科:民族医肿瘤杂病专科、康复理疗专科、老年病防治专科。其中,民族医肿瘤杂病专科经国家、省中医药管理局审批,被评定为全国农村重点特色专科。[④] 但此后,由于资金困难,人才缺乏、医疗机构整合等原因,上述研究小组的工作停止,原成员多已退休、调离或过世,收集的药方等资料原存于中医院档案馆,但是经过并院搬迁,已经下落不明,十分可惜。

2010年,连南被认定为"广东民族医药健康产业基地",并试图以此为载体,打造一个以药材加工、药物研发、休闲养生等为一体的胜地。但是由于缺乏系统的规划、地理环境的限制等,产业链未能形成,基地的作用未能得到发挥。

2016年,县政府印发《连南县瑶医瑶药挖掘整理工作方案》,成立瑶医药挖掘整理工作领导小组,开始新一轮瑶医药调查整理工作,但截至此次调查时即2016年8月,该小组尚未正式开展工作。

此阶段,现代医学体系更趋完善,在医疗机构设置等方面占据全面优势,瑶医药在整个多元医学体系中的角色更趋边缘化。不过,20世纪90年代末至21世纪初,曾经出现过一个发展的小高潮:有调研、有研发、有临床,但是因为种种原因未能延续。

三、连南瑶医个案

如果说文献勾勒出了连南瑶医药作为医学体系的总体变迁,那么,至今活跃于民间之瑶医的个体经历则能够揭示出瑶医药是如何被践行的。

[①] 连南瑶族自治县卫生局卫生志编纂委员会编,《连南瑶族自治县卫生志(至2005年)》,第330页。
[②] 连南瑶族自治县卫生局卫生志编纂委员会编,《连南瑶族自治县卫生志(至2005年)》,第372页。
[③] 连南瑶族自治县卫生局卫生志编纂委员会编,《连南瑶族自治县卫生志(至2005年)》,第331页。
[④] 连南瑶族自治县卫生局提供的报告。

连南卫生局根据卫生院和村委会上报得到的"连南瑶族自治县瑶医药人员名单"显示,截至2013年,全县共有瑶医药人员53名,分布于涡水、香坪、三排、大坪、大麦山、寨岗等6个乡镇。其中男性46位,女性7位;瑶族49位,汉族4位;平均年龄58.8岁,年龄最大的96岁,年龄最小的43岁。为此,笔者在调查期间走访了三江、涡水、三排等乡镇,收集到了6个瑶医个案,为行文清晰起见,笔者将6位瑶医分别介绍如下①(见表3-1):

表3-1　连南6位瑶医的基本信息

姓名	出生年份	习得方式	身份	行医方式	主治病症	治疗方法
唐大	1942	师承	先生公/瑶医	游医	杂病	自采草药(内服外敷)
唐四	1957	祖传	瑶医/赤脚医生/传承人	游医	骨折、风湿、蛇咬伤等	自采草药(清洗外敷)、西医
盘五	1958	祖传	瑶医/中医	医院	烧烫伤、蛇毒、肝病、皮肤病、胃病、风湿、跌打、喘咳、疑难杂症等	瑶医药、中医
沈瑶	1960	家学、自学	瑶医/赤脚医生/乡村医生	村卫生站	骨折、蛇咬伤和其他外伤等	自采草药(清洗外敷)、西医
房艺	1964	自学	瑶医	游医	鼻咽癌	瑶医药、仪式
唐七	1967	师承	瑶医	游医	中风、类风湿、腰椎颈椎病、痛风、跌打损伤等。	草药敷、药酒搽、内服药以及草药火灸

对6个瑶医个案的分析可以得到如下信息:

身份角色的变化。6位瑶医的出生时间分布于20世纪40至60年代,因为所处的社会文化背景不同,其个体经历不仅勾勒出瑶医作为一个群体在连南的变迁,也提供了当地瑶医药变迁的一些线索,这种变迁在瑶医身份的变化中得到了集中体现。个案一中的唐大既是瑶医,也是一位先生公,这在唐大的年代并不罕见。有研究显示,目前瑶族民间尚健在的一些知名老瑶医,在医疗活动中大多带有不同程度的宗教色彩。②唐四和沈瑶二人的经历颇有相似之处,均出身于瑶医世家,也因为这种背景分别在1973年和1978年被推选参加了赤脚医生培训,成了体制内的医生。所

---

① 为了保护受访人的隐私,本文中出现受访者的姓名均已按照人类学的学术原则加以处理。
② 董明姣、钟振国、李学坚:《论瑶医药文化的保护与传承》,《广西中医学院学报》2007年第4期。

不同的是在赤脚医生制度终结后，唐四回归游走行医的瑶医身份，而沈瑶则从赤脚医生变成了乡村医生，继续以村卫生站作为平台行医。盘五和唐七都接受过现代中医教育，不同的是盘五得以进入医院工作而唐七却因一场车祸错失成为医生的机会。随着对民族医学文化意涵的重视，唐四还因其骨折驳接法成了非物质文化遗产的传承人。先生公、瑶医、赤脚医生、乡村医生、非物质文化遗产传承人，瑶医个人身份的变化在一定程度上是瑶医药作为医学体系的变化的缩影，先生公反映出早期瑶医与宗教之间的关系；赤脚医生运动使得瑶医接触到了瑶医药之外的其他医学知识；非物质文化遗产传承人表明了在临床治疗之外，瑶医药的文化意涵得到更多的重视。

就主治病症而言，6位瑶医掌握的瑶医药知识和擅长治疗的疾病种类有多有少，但以外科为主，与制度化医学相比，在主治病症方面相对单一得多，且表现出两大定位，笔者将之概括为优势专科和疑难杂症。一方面，瑶医有一些传统的优势专科，如跌打损伤、虫毒蛇毒、烧伤烫伤等等，与其他医学相比，疗效显著，优势明显。如唐四和沈瑶均擅长接骨，瑶医治疗骨折与西医疗法相比，优势在于不用开刀、不用螺丝、钢板等，没有人为的创伤，从而减少患者的痛苦，恢复周期也更短，访谈中见到沈瑶的一位患者，治疗13天便可以去县城活动。值得指出的是，当下的瑶医在面对优势专科时，并不故步自封。唐四和沈瑶都曾参加赤脚医生培训，短暂（如在沈瑶的案例中，培训持续了5个月）的培训虽然未能大幅提升其医药知识和医疗技术水平，但却让他们对现代医学有了最初的认识，这种认识足以让他们在日后行医的过程中不排斥其他医学手段反而尽量将其他医学为我所用，如唐四治疗骨折时，对西药消炎和X射线拍片等现代药物和医疗手段的结合应用，又如沈瑶在行医过程中对感冒、高血压等用西医而骨折等用瑶医的分工和结合。除了疗效显著、治疗方法简便等，瑶医药优势专科的存在还与其践行方式有关，如田野中发现找沈瑶治疗骨折的患者很多，不乏外村、外地的患者，不仅因为沈瑶治疗骨折很有一套，也因为沈瑶为患者着想，如为了让患者免于奔波，沈瑶将卫生站的一层房间无偿给患者们居住使用，就像临时的住院部，患者甚至可以自带食材，在此开伙，直至痊愈返家。另一方面，当下瑶医药也表现出针对疑难杂症的倾向。所谓疑难杂症，即所谓现代医学无法治愈的疾病，如类风湿、腰椎间盘突出等迁延不愈的慢性病以及肿瘤等恶性疾病。这在房艺和唐七的个案中得到了体现，房艺专攻鼻咽癌的治疗，而唐七自称擅长中风、类风湿、腰椎颈椎病等的治疗，曾经前往陕西治好了一位因车祸伤到颈椎而近乎瘫痪的患者："11天就治好了，现在跟正常人差不多。"在回答"患者在何种情况下会选择瑶医"这一问题时，受访的瑶医多表示，现在人们生了病，一般先去医院，看不好了才求助瑶医，正如唐七所称"到处医院看不好的疑难杂症找我"。

优势专科和疑难杂症这两大定位的形成并非瑶医的一厢情愿，而与瑶医药在多元医学体系中的位置变动以及患者的求医选择均有关系。

《中华人民共和国执业医师法》等行医资格认证体系将许多瑶医挡在了制度化的门外①，6位瑶医中除了有两位瑶医以所在的医院和乡村卫生站为平台开门坐诊之外，其他人都属于游医，没有固定的行医场所，这种缺少平台和合法性的现状是瑶医药发展的瓶颈之一。与已经遍布乡村的卫生网相比，瑶医的可及性显然要差得多。连南全县69个村，有80多个卫生站，而瑶医生则屈指可数。再者，人们对疾病的认知也在发生变化。历史上，连南政府从1953年以来陆续组织石灰岩地区、高寒山区的瑶族移民搬迁，前后持续60多年。②移民带来了生态、社会和文化等多方面的变化，表现在医药方面，医疗条件得到改善，就医更为便利，求医选择也更为多样。例如，三坑镇明联瑶族新村是为1994年特大洪水冲毁房屋的100户瑶族群众建的，1995年入住，在2015年移民入住20周年之际，"连南瑶族移民工作调研组"对该村20户居民就其求医选择进行了问卷调查，发现："看西医的有20户，看中医的16户，瑶医的0户，问卜的0户。村书记说，若先生公来该村已基本无人过问了。"③从中可见，移民极大地影响了人们对于疾病认知和求医实践，寻求制度化的医学的实践在增加，而寻求本民族传统医学的实践在减少，先生公的社会地位和影响力也在下降。

在这种背景下，患者的求医选择则一般基于两种考量，第一是有些病症为瑶医擅长，且能免于制度化医学治疗的诸多痛苦；第二则是有些疑难杂症目前制度化医学尚难以治愈，患者在多方求医未果之后，将瑶医等民族医学作为最后的选择。相应的，瑶医的疗效也分为两类，针对第一类擅长的病症，瑶医往往能发挥良好的疗效，针对第二类疑难杂症的疗效相对复杂，不排除有疗效显著的案例，但是即便疗效不显著，患者往往也并不失望，因为原本就对疑难杂症没有抱太多的治愈期望。而且，瑶医对此也有自己的应对方法，如唐大选择"一般觉得自己有把握能治好才

---

① 1998年6月26日，第九届全国人民代表大会常务委员会第三次会议通过的《中华人民共和国执业医师法》，从法律上规定了国家实行医师资格考试制度，其中民族医目前仅有蒙医、藏医、维医和傣医四类，其他民族医如瑶医等医师暂不开考。这些民族医的从业者想要获得执业医师资格只能参加其他类别的考试，不少地方的民族医生、民间草医由于过不了考试关，而难以获得合法的行医资格。
② 连南瑶族移民工作调研组，李国兴执笔，《连南瑶族移民工作调研报告》，第71页。
③ 连南瑶族移民工作调研组，李国兴执笔，《连南瑶族移民工作调研报告》，第71页。

接收病人";唐七一方面声称已经治愈两三百个腰椎颈椎病人;痛风、类风湿"都是百分之百有效"等等,另一方面也多次提及"治不好、没效果不收钱"。这一说法除了彰显其对自己医术之自信的同时,也暗含着对疗效不好的合理化;另一位瑶医房艺的处理方式与其他人都不同,他选择用医药和仪式相结合的方式来治疗鼻咽癌患者,对于疑难杂症患者而言,治疗过程和治愈的结果一样甚至更重要,后者可能难以达成,而前者却能带来切实的减轻痛苦和身心负担的效果,而仪式在此过程中往往能发挥意想不到的功效。

所以,上述两大定位其实是一个医患同构的过程,既是病人寻求最佳医疗的目标使然,也是瑶医药和瑶医顺应这种需求以在整个医学体系中寻找生存空间的努力。

四、结论

连南瑶医药的发展历程一波三折,大致可以分为三个阶段:第一阶段,现代医学对瑶区的影响微乎其微,瑶医药以巫医结合的方式成为瑶区医学体系的全部,处于核心地位,临床治疗得到强调,但未形成完整的理论体系。巫医结合的特征在主持仪式治疗又兼通医术的先生公身上得到集中体现。第二阶段,现代医学体系进入瑶区,乡村卫生网得以建立,但此时的卫生网仅能提供最基础的医疗保健,瑶医药得以以替代医学的角色在新出现的多元医学体系中继续发挥功用,不过现代医学在提供更可及的求医选择的同时也在逐渐改变人们的健康和疾病观念,仪式治疗逐渐减少。通过医学院、赤脚医生等医学教育和培训的瑶医开始在本民族医学之外接触和掌握一定的中医、西医等制度化医学知识和技术,瑶医兼具有医生、乡村医生等多重身份,在临床治疗中,开始将所学结合起来。第三阶段,现代医学体系进一步完善,瑶医药作为临床医学或患者的求医选择在整个多元医学体系中相对更为边缘化,但保护和开发瑶医药等民族医学的意识得到提升,且得到政策上的支持,连南为此进行了多次产学研一体化的尝试,试图通过推进科研开发、教育传承来带动瑶医药的制度化和产业化,可惜因为种种原因,几次尝试均偃旗息鼓。同时,对瑶医药文化意涵的强调也催生了瑶医药的新标签,即非物质文化遗产。

从全部或主导到替代或补充再到非物质文化遗产,总体而言,在整个多元医学体系中,其他医学体系尤其是强势的现代医学留给瑶医药的空间并不多,这一现状催生了当下连南瑶医药有两大定位：一是发挥瑶医药特色的优势专科，力争在现代医学体系中分一杯羹；二是着眼于现代医学无法解决的疑难杂症，试图在现代医学体系之外寻找一方空间。这两大定位的形成并非偶然，而是作为医学体系的瑶医药、瑶医以及患者等各方力量的同构。

不过，在笔者看来，除却这两大既有的发展方向之外，瑶医的发展还有一个可能的方向，即日常保健。医药行业的准入制度将许多瑶药挡在了门外，所以转向保健、养生方面不失为一种选择，而且瑶族医药的特点之一便是与风俗习惯相结合，以庞桶药浴、食药粑等日常保健的形式贯穿于瑶族民众的日常生活中。[①] 以药浴为例，对连南卫生部门和村寨普通村民的走访证实，药浴在当地人的日常生活中依然被广泛使用，如妇女产后、小儿等。每年端午节前后，集市上会有各种草药出售，不仅瑶族人，汉族人也会购买一些草药回家备用，这些对药材和保健的认知为一般大众所熟知，且成本低廉，有良好的推广基础。20世纪90年代末连南中医院研发瑶药如风湿骨痛酒等，也是"健准字"，而不是"药准字"。从其他地区民族医药的发展状况来看，药的开发和推广往往也是民族医药产业化的契机之一。

作为对疾病的认知与信仰的医学体系，与其所处的社会文化不可分割，这在连南瑶医药的发展历程中得到了清晰的显现。有鉴于此，对连南瑶医药乃至整个民族医学的前景考量均应置于当地的社会文化之中。本文利用文献和瑶医个案回顾了连南瑶医药自新中国成立前至今的历史发展状况，呈现出瑶医药在当地的多元医学体系中的变迁，并思考其命运和发展前景，认为优势专科、疑难杂症以及日常保健是瑶医药发展的可能方向。其中，优势专科和疑难杂症之定位是连南瑶医药同当地多元医学体系中其他医学体系竞争和互动的结果，也受到当地政治经济和社会文化变迁的影响。而一直存在却未被特别强调的日常保健因为与当地人关于疾病与健康的认知、风俗习惯以及日常生活的紧密联系而具有鲜活的生命力，也因为成本低廉、简便易行等特征而或可成为产业化的一个契机。上述三种定位对于某些与连南瑶医药相似的民族医学或许有一定的参考价值，但有鉴于同一民族医学在不同地域以及不同民族医学之间在医学理论体系、践行方式、发展阶段等诸方面的差异，历时考察的方法和将民族医学作为医学体系置于所在社会文化中加以考量的路径或许是更有益的。

---

① 莫莲英、黄汉儒、何最武等：《瑶族医药初探》，《民族研究》1991年第6期。

海外人类学

Umuganda 运动：寻找涅槃重生中的卢旺达精神劲

高良敏 *

（清华大学国际与地区研究院，北京 100084）

一、恋上卢旺达的那股子劲

2019年8月7日，这是我第三次来到卢旺达。记得上次到卢旺达是2017年1月中旬，当时正值第23个卢旺达大屠杀纪念日。之所以两次访卢，除了一定的调研任务外，一个重要原因就是我对卢旺达那种无尽的喜爱，它配得上一切赞誉之词。大到社会有序、积极向上，小到干净、整洁、友好、平和等等，[①]这一切都让我深深着迷。对于行走过非洲多国的我，一次次眼前的卢旺达之图景，仿佛幻境，总有一种捧在手心的、来之不易的情感嵌入。尽管我去过的其他非洲国家也很美好，而对于卢旺达的喜爱，总是来时充满期待，离时依依不舍。

然而，穿越历史和现实的时空幻象，20多年前的卢旺达长期充斥着暴力。当然，这里的暴力多指物理层面、结构层面，也涉及些许文化层面。其中，最为盛名的就是1994年卢旺达种族大屠杀（genocide）。回顾人类历史，大屠杀总是伴随着人类社会发展进程，远到罗马帝国、蒙古帝国、五胡乱华、清军入关、太平天国，近到奥斯曼帝国对亚美尼亚人的屠杀、"二战"时期的德国法西斯、日本军国主义、红色高

---

* 作者简介：高良敏（1983—），男，清华大学社会学系国际与地区研究院联合培养博士后，主要从事东非医学人类学、全球健康研究。

① Uma Shankar Jha, Surya Narayan Yadav. Rwanda: towards reconciliation, good governance and development. New Delhi: Association of Indian Africanist, 2003, pp.1-227.

棉等等，无不与惨烈的大屠杀有关。而在时间上离我们最近的当数1994年卢旺达种族大屠杀，一方面，新闻媒体、电影电视、网络等等信息时代使卢旺达大屠杀"名声在外"；另外一方面，与之息息相关的厚重历史和现实反差，使得"卢旺达"如同幻境。

时至今日，关于卢旺达种族大屠杀与社会重建的解读林林总总，但我所见、所体验的一切总是在提醒着："卢旺达"有着一股子精神劲。对此，我试图去找到那打开精神劲的钥匙，哪怕是其中一把。我带着这些疑惑，一次次不停地穿越大街小巷、山间田地，串门入户。听到最多的声音是夸赞现任总统如何之英明神武，我不否认卢旺达总统的个人能力和个人魅力在结束种族大屠杀和社会重建中扮演的重要角色，但我并不主张用英雄史诗叙事来讲诉一个国家的前途和命运。尽管可能因现卢旺达总统将长期执政[①]，而使卢旺达陷入一种非常态的民主政治之中，甚至前景无限可能。但我希望寻找的精神劲是来自人民的力量。

二、卢旺达与卢旺达种族大屠杀

卢旺达共和国（Republic of Rwanda），是东非内陆小国，国土面积26338平方公里，1200万人口。与坦桑尼亚、乌干达、布隆迪、刚果（金）相邻，地处赤道线以南，处东非中心地带，绵延起伏的山丘赋予了诗情画意之名"千丘之国"（Land of a Thousand Hills）。起初"Rwanda"意思是"人群聚居的地方"，并不是一个国家的名称。

进入新千年后，卢旺达依托千丘及其承载着厚重的先祖文明，以苦行之体、坚毅之躯，毅然成了非洲大陆民族和解、良政和发展典范之灯塔，非洲大陆希望之塔。同时，雨旱两季赐予了优美的自然风光，宜人的气候，这里是欧洲人眼中热带瑞士，亚洲人眼中小欧洲。她曾经经历过长期的战乱之痛，其中，逃离家园、屠刀、血浴成河、军队、性暴力、难民等等构成了这一苦难史诗。然而，提及卢旺达种族大屠杀，不得不追溯其发生发展的厚重历史。

（一）历史上的卢旺达族群及其族群关系

关于卢旺达的历史，错综复杂，至今仍然有许多不明之处。公元7世纪及以前，在当今卢旺达的土地上只居住着身材矮小的他佤族(Batwa)（即住在森林里的俾革米

---

① Reyntjens, F. Rwanda, ten years on: from genocide to dictatorship. African Affairs, 2004, 103: 177-210.

人），以狩猎采集为生。公元 7 至 10 世纪，以从事农业生产为主的胡图族（Bahutu）逐步南下迁入并在卢旺达、布隆迪和刚果东北部定居。土地被胡图族逐步占有，他佤族被迫迁往山地、丛林，人口至今也仅占 1%。

公元 10 世纪，图西族（Batusi）从埃塞俄比亚高原移居至今天的卢旺达、布隆迪一带。虽胡图族是这片地方的多数民族，但面对强悍的游牧民族图西族时却不战而降。14 世纪末，图西族征服了卢旺达东部的土著居民，逐渐向西扩张，期间他们逐步放弃了自己的语言，而采用了胡图族所使用的班图语。有学者指出："今天所说的上述几个民族与地域无关，指的是那些不从事农耕的少数人群。到 19 世纪在非洲大湖地区（维多利亚湖及周边地区）才出现赫马（Hima）和图西（Tutsi）的名称，不同的地区使用不同的名字，但都是该地区的牧民，图西人指的是牧民中的精英，而赫马人是统称。"①

到 17 世纪，图西族建立了中央集权的封建王国——恩营基瓦王国（Nyiginya），即现卢旺达的前身。王国以国王为权力中心，分为不同的等级。凭借发达的社会组织、强大经济及军事力量，人口占少数的图西族却统治了一直未形成中央集权、以氏族酋长为中心的小群体的胡图族。占统治阶级的图西族凭借从北方带来的健壮的长角牛，将牛作为财富的唯一表现形式。而处于被奴役地位、擅长农耕的胡图族只有从图西族手中才能得到长角牛和土地，不仅向图西族地主交租，还得服劳役。因此，"Hutu"在卢旺达语中意为"仆人"。图西族则为胡图族提供保护，并把长角牛借给胡图族农民。如此，慢慢地形成了胡图族在政治生活和经济生活中对图西族的依赖。

拥有大量长角牛等财富的胡图族人会被吸纳进图西族，甚至可以与图西族通婚，长期形成和保持了一个狭小的社会阶层流通渠道。部分胡图族男子以娶到图西族女子为荣。而贫穷的图西族人会被视为胡图族。部分矮小的他佤族成了王室的舞者，过上了比之前更加优越的生活，但也导致人口数量逐步下降。因此，有学者指出，在漫长的封建王国统治下，族群关系被建构为封建等级关系，而不是种族关系。

对此，有学者指出："恩营基瓦王国面积仅有今天的 10%，在 17 世纪并不存在语言和文化方面的统一，是随着王国 18—19 世纪的扩张才逐步形成共同的语言（Kinyarwanda）和有部分相似的文化特征，才有了后来的'来自卢旺达的人'（Banyarwanda）（指他佤、胡图、图西）。之前的卢旺达并不是自然形成的国家，直到

---

① Jan Vansina. Antecedents to modern Rwanda——the Nyiginya Kingdom. University of Wisconsin Press, 2004, pp. 33-38.

20世纪才成为一个真正意义上的国家。"① 有学者进一步指出:"三个主体民族都是世代生活在卢旺达,无土著和外来的区别。而地位差别与恩营基瓦王国有关,只是一小部分图西精英与胡图平民之间的经济社会差距,不能将其视作两个人群之间的对立。"② 也就是说,历史上的胡图和图西之间的社会阶级不平等有明晰的界限和范围。

(二)殖民统治对族群关系的影响

1884年—1885年的柏林会议,卢旺达和布隆迪成为德属东非的一部分,标志着殖民时代的到来。第一次世界大战,由于德国没有能力进行战争赔偿,国际联盟(联合国的前身)命令德国把卢旺达和布隆迪交给比利时。比利时人也和德国人一样,对这片地方实行间接统治。殖民当局任用图西族国王和图西族官员管理当地事务,管理职位和教育权力都落入图西族精英手中,社会等级制度也得以继续。1935年,比利时推出极具种族不平等的"身份证"政策,明确了谁是图西人,谁是胡图人。"身份证"政策的实施完全阻止了阶级之间的流动,富裕的胡图人也就再也没有机会成为尊贵的图西人,而这样的民族标识在大屠杀期间最终成为是否应该被屠杀的依据。

殖民统治对两个主体民族之间的影响是深远的。一方面,殖民统治并没有摧毁图西族奴役胡图族的经济基础,广大的胡图族农民仍然要依赖于图西族地主;另一方面,西方意识的渗透却打破了图西族统治的合法性。特别是在大部分图西族、胡图族皈依基督教后,基督教宣扬的人人平等的思想促使胡图族出身的教徒们希望通过宗教的力量来实现阶级的平等。同时,阿拉伯咖啡等经济作物的引进提高了擅长农耕的胡图族农民的收入,逐步降低了对图西族的依赖。胡图族由此萌生了作为主体民族应该当家做主的思想。

"二战"后,比利时国内政局的变化、国际压力及在传教士们的说服下,殖民当局转而支持人口占绝对多数的胡图族。20世纪50年代后期,随着非洲去殖民化及独立浪潮的到来,出于自身利益的考虑,比利时人更是决心支持胡图族精英,实施所谓的"多数民主"③。胡图精英们也认识到,要从比利时人手中夺过权力,才不会继续

---

① Jan Vansina. Antecedents to modern Rwanda——the Nyiginya Kingdom. University of Wisconsin Press, 2004, pp. 14-17.
② 庄晨燕:《民族冲突后的和解与重建——以卢旺达1994年大屠杀后的国族建构实践为例》,《中央民族大学学报》2014年第3期,第84—85页。
③ 庄晨燕:《民族冲突后的和解与重建——以卢旺达1994年大屠杀后的国族建构实践为例》,《中央民族大学学报》2014年第3期,第79—80页。

受到图西族的统治。1957年3月24日，以卡伊班达为首的胡图人发表《胡图宣言》，反对图西族人垄断权力，要求进行政治改革。1959年11月，反殖民运动也就演变为推翻封建统治的胡图民族主义运动，爆发了"胡图农民革命"，导致大规模族群冲突，大批图西人为躲避部族仇杀逃亡邻国。1960年，卢旺达"自治"并成立了各派政治力量参加的临时政府。1961年初，比利时唆使卡伊班达废黜并赶走反比倾向的国王基格里五世，并废除了君主制。

（三）独立及独立后族群关系的演变

1961年1月28日，卢旺达共和国宣告成立（第一共和国），多米尼克·穆博尼乌缪特瓦当选总统，卡伊班达为总理。9月25日，卡伊班达领导的中南部极端胡图解放运动党在大选中获胜，卡当选总统并兼任总理。1962年6月27日，第16届联大通过决议，结束比利时对卢的"托管"。同年7月1日，卢宣布独立，正式进入了胡图占绝对社会统治地位的时期。第一共和国的建立，既是去殖民化、独立运动的成功，也结束了卢旺达长达几个世纪的封建王国统治。随后时局发生重大变化，多起小规模种族冲突发生，种族主义独裁政党出现，被压迫阶级成为统治阶层。对此，联合国托管理事会曾经指出，这样的时局可能会演变为针对图西族的大规模暴力行动，然而，并未引起国际社会的重视。

1973年7月5日，来自北部的国民警卫军部长胡图族人朱韦纳尔·哈比亚利马纳发动军事政变，成立第二共和国。上台后的哈比亚利马纳囚禁了前任总统及主要部长，并任总统一直到1994年4月6日。逃亡国外的图西族不愿永远流亡，留在国内的也不愿接受胡图族的统治。加上长达4个世纪当家做主的图西族确信他们比胡图族优秀，认为胡图族低贱、卑劣，体质上就低人一等，并组建秘密的组织因叶兹，试图推翻卢旺达政府，恢复君主制。哈比亚利马纳执政后，虽然政局比较稳定，但一直以各种理由拒绝流亡的几十万图西族难民回国，也拒绝乌干达等国提出的协商解决难民问题的建议。加上国内反对势力，哈比亚利马纳政权的稳定性逐步受到威胁。整体而言，第一共和国和第二共和国期间的政策对后来发生的大屠杀都有影响，但也存在差别。

1988年，图西族在乌干达首都坎帕拉组建卢旺达爱国阵线（Rwandan Patriotic Front, RPF），召集流亡的图西族及温和派胡图族，准备重返卢旺达。1990年10月1日，RPF组织了7000名武装人员，从乌干达对卢旺达发起进攻。其间，胡图族当局利用社交网络、无线广播等污蔑关于RPF及胡图族中的反对成员，鼓吹"胡图族权力"的意识形态，在社会中制造恐怖的种族冲突气氛，进一步加速种族冲突。在内战期间，法国为了平衡英语国家支持图西族，但胡图族执政后转而支持当政胡图族，即所谓"平衡计划"，才有了后来卢旺达关于法国参与屠杀的指责和控告。

1993年8月，通过非洲统一组织（Organisation of African Unity，OAU）的努力，卢旺达总统和爱国阵线在坦桑尼亚北部城市阿鲁沙签署了和平协定（Arusha Accords），种族冲突暂时停止。1993年10月，安理会成立了联合国卢旺达援助团（联卢援助团）（United Nations Assistance Mission for Rwanda，UNAMIR），对卢进行维持和平，人道主义援助和对和平进程的监督和支持。但从一开始，执政当局中的胡图族极端主义分子认为和平协定的本质是对策划一场灭绝胡图族人的行动，并对胡图人进行温和化。随之，和平协定的执行被无故拖延，由此引发了卢旺达国内零星或有组织的小规模种族屠杀，安全局势逐步恶化。

在第一、第二共和国统治期间，正如早期联合国托管理事会报告的那样，胡图当局不仅在社会层面对图西族实施歧视性的"配额政策"，还在法律、政策的保护下，多次煽动和发生了胡图族针对图西族的一系列屠杀等制度，身体和精神上的暴力行为。至此，从三十年的殖民统治期间的民族身份识别、经济社会地位不对等、民族对立，逐步演变为独立后的大规模种族冲突。在种族当局的操纵下，图西人被"塑造"成胡图人的敌人、胡图人一切苦难的根源，进而成为所有国内问题的替罪羊。导致1990至1994年内战的真实原因，即图西难民回归问题被掩盖，转而被胡图当局利用，为"图西复仇论"提供口实。

1994年4月6日，极端的胡图族用火箭弹袭击了参加和平协定的卢旺达总统和布隆迪总统乘坐的飞机，两位总统随即坠机死亡。蓄谋已久的胡图族极端分子迅速控制各级政府，并通过电台、媒体等开始挑起种族冲突，并将总统坠机死亡归咎于图西族所为。自此，从1994年4月7日开始，拉开了100多天的针对图西族人、温和派胡图族的种族大屠杀。屠杀期间，除了军队外，两个胡图族的民兵组织Interahamwe（胡图族联攻派民兵，意为那些聚集在一起攻击的人）和Impuzamugambi（意为那些有相同目标的人）也参与了大屠杀，随后大量的胡图族平民也参与。

直到1994年7月4日，卢旺达国民阵线占领首都基加利，这场惨无人道的种族大屠杀才逐步停止。此时卢旺达所有的法律机构、社会制度停滞，所有的社会、经济基础设施破烂不堪，经济发展跌入谷底，山丘上没有了丛林、森林。学校不再有读书声，医院不再有医生和病人。从上到下公职人员要么被害，要么逃逸国外。虽然图西族领导的爱国阵线组建了民族团结政府（Government of National Unity, GNU），接管了这个法律和社会秩序已经崩溃的国度。但部分胡图族军人和民兵组织在外部的支持下，仍然在持续着这场血腥的屠杀运动，到处充斥着不安、恐惧。大屠杀后的卢旺达及其重建之路仍旧布满荆棘。

到1994年7月4日，这场长达100多天的种族清洗步入尾声。因此，这个国家每年有了两个公共假日，每年的4月7日是卢旺达国家纪念日（英语：National Commemoration，卢语：Lcyunamo），每年的7月4日是解放日（Liberation Day）。联合国大会于2003年12月23日宣布将每年的4月7日定为"反思卢旺达大屠杀国际日"。整个种族大屠杀期间，由于美国、法国、比利时等西方国家的漠视及前后扮演的"不光彩的角色"，联合国反应滞后和干预不足，据不完全统计，共导致100多万人死于大屠杀，多为图西族，大约25万妇女及女性儿童遭到强奸和奸杀，大屠杀导致200多万胡图族军人和平民流亡海外。1994年11月8日，联合国安理会在坦桑尼亚阿鲁沙设立卢旺达问题国际刑事法庭（International Criminal Tribunal for Rwanda），审判胡图族极端分子，而一般的大屠杀参与者则在卢旺达国内进行审判，从国家到农村均设置了大大小小的传统审判法庭（Gacaca）。由此，开启了长达10多年的卢旺达审判。

在卢旺达所经历的众多苦难中，1994年种族大屠杀成为其难以褪却的伤痛，也是殖民毒瘤，是一部浴血苦难史诗巨片。从殖民、种族屠杀、难民、国际社会的冷漠与"不光彩的角色"、大规模的贫困到对外部援助的过度依赖等等，如果将这些碎片根植于深邃的历史时空中，卢旺达经历了许多狂暴的时代，不得不说均是我们熟悉的被建构"很非洲"的暴力性情境。然而，仅仅在短短10多年的时间里，这个国度重生了，成为东非、非洲乃至世界发展的灯塔，成为非洲最干净、最环保、最廉政、最高效、最开放、发展较快、艾滋病流行最低的国度，这里少了种族偏见、多了包容，配得上一切赞誉之词。卢旺达是少有的成功的"国族建构"实践案例[①]。

到此，我们不得不先思考：卢旺达何以巨变？何以浴血重生？

---

① 庄晨燕：《民族冲突后的和解与重建——以卢旺达1994年大屠杀后的国族建构实践为例》，《中央民族大学学报》2014年第3期，第77—87页。

三、何以重生？进入卢旺达

2015年肯尼亚、卢旺达、乌干达联合出台了促进旅游业发展的东非三国旅游签证：100美金，90天多次出入境，也就解决了逐国申请签证的麻烦。在电子签证政策中，乌、肯要求必须网上支付且必须持有邀请函，而卢旺达仅要求网上填写一些简单个人信息即可，无邀请函只需要说明来意。第一天晚上提交申请，第二天便拿到电子签证。

2017年2月22日，搭乘卢旺达航空公司的班机，从坦桑尼亚最大城市达累斯萨拉姆（Dar es Salaam），前往卢旺达首都基加利（Kigali）。当飞抵两国边境上空时，坦桑尼亚一方荒无人烟，而卢方诸多良田。在班机的杂志上，看到了一篇西方游客的游记《卢旺达精神》（Rwanda spirit），提到了对卢旺达1994年种族大屠杀后涅槃重生的一些个人体验，再次增添了我对这个国家的好奇。

1小时左右的飞机抵达基加利国际机场，乍一看整个机场在山丘顶，秩序井然。卢旺达气候宜人，四季如春，常年温度在18到25摄氏度，堪比我的家乡云南。微风扑面，除尽旅途的劳累，瞬间褪去了东非海岸的炙热。机场工作人员友好、绅士地组织旅客到到达大厅。现代化程度很高的出关大厅，看不到在马拉维、坦桑尼亚一样的嘈杂和混乱，工作人员总是微笑着将顾客带向签证台。到达签证台，递上护照，付了签证费，不到5分钟就办理完毕，工作人员亲切地告知旅客机场出口。

在走访过的坦桑尼亚、马拉维、肯尼亚、乌干达等国，出关时间如果幸运大约40分钟，偶尔长达1到2个小时是常事。而卢旺达由于无须复杂安检程序便可入关，整个出关时间只需大约15到20分钟。机场工作人员只问你是否有国际检验证书，有就顺利通关，没有也不会过分刁难。而在某些国家，如果没带国际检验证书或者你来自发展中国家，就强制要求你交50美金，并带你到一个不那么卫生的狭小的医务室，粗鲁地、无严格消毒措施下强行给你接种上一针黄热病疫苗。我出机场后，见到酒店安排前来接机的西装革履、彬彬有礼、满脸微笑的驾驶员。边走边问候，还会给你简单介绍下卢旺达。上车之后，热情地递上一瓶清新爽口Source of Nile（尼罗河源头）的矿泉水。

正如前面提到，卢旺达是一个千丘之国，首都基加利便是以各个小山丘为中心，分别建有行政中心、商业中心、文化中心等等，每一个中心坐落在一个山丘上，山丘之间有公路相连。可谓丘中之城，城中之丘。行驶在路上，干净整洁的路面、街道让我眼前一亮，街道绿化也是极佳，也很少出现闯红灯的行人和摩托车。加上街道两旁绿油油、整齐的绿化带，反复给我一种错觉，这里是非洲吗？

对，是非洲，这里就是有小欧洲之称的卢旺达首都基加利，位于国家中部，由德国殖民者建于1907年，之后比利时殖民时期成为卢旺达的中心都市。1962年卢旺达独立时的首都，人口约100万。基加利由数个山丘组成，市中心被称为奇尤伍（Kiyovu）区，山丘上部的地区被称为卡奇路地区（Kacyiru）。旧市中心的奇尤伍地区有总统官邸和和数个商店街，新市中心的卡奇路地区有数个中央部会机关和大使馆以及国会，其他的地区和山丘的下侧大多是住宅区。反映卢旺达大屠杀的电影之一《卢旺达饭店》中的原型则是位于奇尤伍地区的Hôtel des Mille Collines（法语）饭店（见图3-1）。

图3-1　反映卢旺达大屠杀电影之一的《卢旺达饭店》中的酒店原型

在酒店服务员细心、周到的服务下，我入住华人酒店Hotel 2000。听说酒店主人已经在卢旺达近30年，而且大屠杀期间也没有离开过卢旺达。在卢旺达恢复重建之后，她的坚持和不懈努力下获得丰厚的回报，从原先的一个3层楼大型超市，增加了现在超市和酒店。整个企业是家族式运营，酒店员工都来自当地，都会讲上几句中文。酒店房间内部结构既符合西方人、非洲人使用的特点，也符合中国人的习惯。酒店4星级的服务，加上它位于商业中心城区，成为中国人首选酒店之一。我入住12楼，楼层较高，可以看清大半个商业中心。窗外车水马龙、人来人往，一片繁华有序之景象。

简单洗漱后，怀揣着一颗好奇而天真的心，便踏步走向大街小巷。当行走在街道上时，总能见到匆匆忙忙的人群，少了些坦桑尼亚式的pole pole（斯瓦希里语，意为"慢慢来"）的味道。当向路人打招呼时路人总是微笑相向，甚至还会主动过来和你打招呼，说上句"你好"。由于山丘，时常有上下坡路面，行走时总是能消耗巨大的能量，我在基加利5天的时间里，并未有碰到肥胖的人。警察大多时候是荷枪实弹地在路口某个安静的角落站定，犹如雕塑一般，维护着这个城市的安宁、秩序。当你想出远门时，有很多交通工具可以选。迷你公交车，超级便宜，方便、快捷，穿梭于山丘之间。还有摩托车，这里的摩托车小哥有一个名字叫city boy，都身着统一的制服，在每个大街的角落或者路口整齐排列候客，戴上头盔，直奔目的地，嗖……嗖……当然还有穿梭于众丘之间的公共汽车，也就是国人熟悉的宇通客车。

在我来到卢旺达的4天后，似乎找到了些许答案。那就是这里有一种精神力量被重塑。虽然大屠杀的创伤仍未完全消散，但是这个千疮百孔的国度却奇迹般地重生了。在这个千丘之国，人们放下仇恨，放下历史恩怨，以一种崭新的姿态面对未来、寻找未来。这里语言多样（英、法、卢旺达语、斯瓦希里语），但是不妨碍人们交流，因为人们之间将互助融入了日常生活。这里的文化单一，仅有三个部落民族存在，但是大屠杀之后，民族实现了质变和同一，不再有部族不平等，不再有部族歧视，一切都是平等的存在，这里只有"卢旺达人"。1994年7月，成立的过渡时期民族团结政府取消了每个人身份证上的民族标识，现行的整个宪法行文中，也没有任何一处出现胡图、图西和他瓦。然而，这里需要指出的是卢旺达人国民身份建构仅限于公共政策领域，主要目的是消除之前基于民族身份的政策歧视，但这并不妨碍民众对于胡图或图西身份的认同。①

这里拥有了非洲大陆上最好的社会治安，可谓良治。这里绿水千丘，这里欣欣向荣，一派繁荣和谐。这里具有我所去过东非几国中最高职业道德的警察，他们犹如一尊尊路边持枪的雕像，威严而亲民。这里的政策极其开放，外资大量涌入，经

---

① 庄晨燕：《民族冲突后的和解与重建——以卢旺达1994年大屠杀后的国族建构实践为例》，《中央民族大学学报》2014年第3期，第81—82页。

济快速发展,城市化建设和社会民生同步飞跃。这里的人民友爱、热情、绅士,摩托车排队候人,公交车站整洁,乘客排队候车,这里的人民自觉地将垃圾分类整理,自觉地从地上捡起小小的垃圾碎片。这里就是东非"小欧洲"。

这里的每个月最后一个周六的早上 8 点到 11 点(至少 3 个小时),除了重要服务部门正常运转外,公交车停运、商场关门、商店关门,人们回家里打扫卫生、打扫街道,帮助邻里亲朋,交流互动互助。这一天要求 18 到 65 岁的男性公民参加社区的集体劳动。有专业技术的医生们免费为病人、邻居看病。这一天就是卢旺达的社区工作日 "Community Work Day"(卢旺达语:Umuganda)。殊不知,Umuganda 与种族大屠杀、卢旺达社会重建紧密关联,甚至可以视为一把打开卢旺达精神劲的钥匙。

四、种族大屠杀与 Umuganda

如同许多内战、族群冲突那样,平民瞬间转变为刽子手已经不是一件新鲜事。1994 年的卢旺达种族大屠杀,罪恶的胡图族刽子手们在短短近 3 个月里杀死了图西族 100 多万人,期间有大约几百万胡图族平民加入了军队和民兵组织。他们挥起身边一切可能的凶器,从枪、长矛、木棒、木锥到石块,挥向亲人、朋友、长辈、妇女、儿童、老人,惨无人道的后果便是血浴千丘。

对此,我们直面两个基本问题:大量普通民众如何快速转为刽子手?如何在短期完成有效的组织和动员,并且导致大量图西人死亡?要了解这场全民参与大屠杀的内在逻辑,在种族长期以来的恩怨情仇、标签化及隐喻的种族政策、殖民统治、冷漠的国际社会等等原因之外,还有一个一直以来被学术界和读者们容易忽视的文化因素,隐藏在政治化之下。[①]

当我一头扎进林林总总的大屠杀原因中,看到"Umuganda"一词,瞬间思绪游离在一种惊惧与不安之中,现在每每想起仍有丝丝凉意与恐惧。回想起 2 月 25 日早上行走在干净、整洁、空旷的基加利街头,在公交车汽车站和值班的警察聊天,在大街上和打扫卫生的大妈聊天,在加油站和值班的大叔聊天等等情景和话语仍然历历在目。当我看到"Umuganda"时,已经很难找回当时的那种在卢旺达街头进行观察时的充满天真的心态和兴奋的心情。

---

① Mugarura, V. Has Umuganda lost Meaning? The New Times January Kigali, 2005.

在分析 Umuganda 的历史演变时，需要指出的是，由于"西方中心主义"的影响，很多西方学者很乐意赤裸裸地将"非洲问题的文化成因"归咎为低人一等"文化"，逃避或避重就轻，往往很少提及这些问题背后的殖民及西方社会扮演的角色。在种族大屠杀背后的文化逻辑上，部分西方学者的观点认为"Umuganda 运动就是为大屠杀做准备"，他们面对"大屠杀何以高效地组织、快速及大规模地开展"的问题时，直接指向卢旺达的地方文化之一的"Umuganda"，在回答"为何？"之后，并认为"大屠杀是一个被长期酝酿的后果，是一个与文化有极大关联性的种族事件"[①]。而来自印度、中国的东方学者及少数西方学者则更加倾向于以客观、中立的观点来看待。因此，我尝试性地将"Umuganda"文化置于卢旺达历史、地理、社会、政治等地方情境中去阐述。

五、跨越边界：从互助互惠到政治化、异化

（一）卢旺达互助文化产生的地方性情境及 Umuganda 的意涵

这里必须指出的是在卢旺达有多种地方特色的互助文化，如，Umuganda（集体性社区劳动）、ubudehe（小型互助活动）、umusanzu（为了达到共同目标，传统的需求性支持）及 ubusabane 节日（聚集在一起）等[②]，而众多互助文化的产生有其特殊原因。首先，特殊的地理环境，卢旺达是一个由众多中、小山丘组成的国度，也就导致单个个体很难完成基本的劳动生产。其次，卢旺达是非洲国土面积较小的国家之一，但是人口密度最高的国家。卢旺达 26338 平方公里，人口从 1960 年的 293 万多、1993 年的 606 万（1995 年统计有 566 万），增加到 2014 年的 1220 万，人口密度达 416 人/平方公里。再次，和许多非洲国家一样，卢旺达的家庭结构为扩大型，也进一步夯实了互助的基础。最后，卢旺达长达 4 个多世纪的封建王国统治下，人口占多数的胡图族"仆人"地位也可能促成了阶级间的互助。如有研究指出，卢旺达的"互助"更确切的含义是中性意义上的相互依存、相依为命。[③]"卢旺达人只有合作才能实现生存和繁荣……甚至有些幸存者不得不求助杀害他家人的罪犯为卧病在

---

① Evelina Bonnier, et al. Preparing for Genocide: Community work in Rwanda. October, 2014, pp. 1-36.
② Minaloc. Rwanda Decentralisation Strategic Framework, Kigali: Ministry of Local Government. 2007.
③ 庄晨燕：《民族冲突后的和解与重建——以卢旺达 1994 年大屠杀后的国族建构实践为例》，《中央民族大学学报》2014 年第 3 期，第 83—84 页。

床的自己端茶倒水。"①这样的共存文化为卢旺达重生、国族建构创造并奠定了深厚的根基。

对于"Umuganda",在日常用语中,特指的是用一个强大的柱子来支撑整个屋顶,对屋子进行加固。追溯其历史,源于殖民之前的时期,原义是在每月的某一天中,有能力的村民们帮助隔壁邻居和穷人们改善居住环境,共同完善社区、村子等基础设施,在家或社区共同讨论一些困难或有争议、有待改进的议题,或者对患病、贫穷的困难户给予帮助,是一个典型的以社区为基础的集体性互助文化。

初期的 Umuganda 运动不具强制性,是一种彰显人性文化自觉的社会义务。而当今具有了"为了达到一个共同的目标,获得一个良好的结果,大家共同参与"的意涵。在卢旺达文化脉络里,社区成员在一定程度上都是家族成员、朋友或者邻居,都会通过互助互帮来克服和完成难度较大的一些事情或者任务,因此"Umuganda"是一个社区共同协作、社区团结和集体互助的文化标签,因具有集体性、周期性等特点而获得政府的"青睐"②。正如卢旺达一位教授指出,"Umuganda 运动整体是很好的,是卢旺达互助文化中重要组成部分,但由于其特殊性,也不排除被'政治'捆绑的可能"。

(二) Umuganda 的政治化

1890—1962 年殖民者统治期间,少数民族图西族(约 18%)始终统治着占约 80% 人口的胡图族。在比利时到来后,将 Umuganda 变为一种强制性的劳动。加上殖民者对胡图和图西族进行标签化、采取不对等的种族政策,让这个时期的 Umuganda 在地方话语中慢慢有了强制劳动的含义。在此期间,所有的男人每年至少参加 60 天的公有化劳动。而整个活动的设计、组织及运行权力均掌握在殖民者支持的占少数人口图西族一方,大多数劳动力则来自人口占大多数的胡图族。Umuganda 由此成为不平等种族政策的一个重要部分。1962 年,通过相对和平的方式建立了胡图精英当政的卢旺达后,之后的"Umuganda"仅被用于特殊的情境之下,仅被认为个体对国家建设的贡献,没有族群之分,仅涉及作为"朋友、家人互助日"(卢语:umubyizi),此阶段的"Umuganda"尚未被提升到政治化的高度。

---

① Susanne Buckley-Zistel. Remembering to Forget: Chosen Amnesia as a Strategy for Local Coexistence in Post-Genocide Rwanda. Africa, Vol.76, May 2006, pp.131-150.

② Jaclyn Barnhart. Umuganda: The Ultimate Nation-Building Project? Global Studies Program, University of Tennessee, Knoxville. March 2011.

1974 年初，当胡图族人 Habyarimana 当选新的总统时，Umuganda 的意涵再次被改变，具有了强烈的政治教条主义色彩。新总统 Habyarimana 说过这么一段话："Umuganda 运动的意义就是要让卢旺达发展，卢旺达的发展必须是人民共同努力的结果。为了发展，我们必须将集体劳动作为一个所有国民的必尽义务。"从此，这个运动有了强烈的政治动机和意识形态，也成为了当时国家财政资金极度匮乏下利用举国体制来发展国家经济的重要举措，成为了国家完成发展目标的工具。

1974 年 2 月 2 日，"Umuganda"正式成为一个更加具有规则和制度性的政治活动而诞生，通常是每周一次。县区发展部作为这个运动的监督方，在县区、乡村级等地方领导负责组织，公民个体在这项运动中具有极少的话语权。对于那些不参与运动的人将会受到惩罚，因此初期的 Umuganda 被认为是强制性的劳动。而且，这个时期的 Umuganda 带有了胡图族群优先的政治色彩。政治化了的"Umuganda"运动，虽然在初期并未起到很好的效果，但是还是取得了一些显著的成绩，特别是小学校的建设、各级行政办公、健康中心等方面建筑的维护、基础设施的改善。

通过政府的高压政治，Umuganda 再次继殖民者之后成为强制性的运动。从国家制定的规定中，多为胡图族的地方领导有权力去决定谁可以参与，谁将受到惩罚；每个家庭的成年男性必须从事每周六早上的集体劳动。1986 年的相关报告显示，在 Umuganda 运动期间 56% 的劳动力用于开采梯田和挖沟渠，15% 用于建设公共建筑，21% 用于修公路，3% 参与建设供水系统，3% 参与其他农业相关的活动。Umuganda 运动为成为了贡献国家 GDP 的重要力量。

总统 Habyarimana 执政的理念一直强调作为一个真正的卢旺达人，应该是一个优秀的农业耕作者，将胡图族的农耕文化嵌套在 Umuganda 运动中，而以游牧文化为主的图西族对此表示强烈不满。强化胡图族才是真正的卢旺达人的理念也和大屠杀期间的理念完全契合，而同时达到边缘化图西族的目的。不参与或者是工作完成不好，往往被视为整个国家的"敌人"而受到精神上、物质上的惩罚。而大多数本不擅长农耕的图西族人也就成为了罪罚的对象。慢慢地 Umuganda 成为了胡图当局控制社会劳动力的重要工具，也是国家进行社会动员、社会组织和社会控制的重要工具，也成为边缘化、打压图西族的工具。

（三）Umuganda 文化的异化

90 年代初期，Umuganda 运动已经被政治精英所控制，在原本就偏离运动初衷的轨道上更加驶向极端，直到异化。胡图族的政治极端分子们利用 Umuganda 宣传和扩散反对图西族的言论。Umuganda 逐步演变为一个反对图西族的社会资本。甚至胡图族在严密的组织和策划之下，对当天参加 Umuganda 运动的图西族人进行了有预谋的屠杀。通过该运动，国家快速地完成了对大量的胡图族成年农民、知识分子的动员和组织，为大屠杀的快速开展提供了高效的组织动员平台之一。

在 1994 年种族大屠杀期间，由于主政和掌控局势的激进胡图族成功利用了"Umuganda"运动，其至直接将 Umuganda 运动宣传演变为"找到图西族，无论他们藏身于何处，找到他们、驱逐他们、杀死他们"，这样的口号出自臭名昭著的种族主义广播电台：千丘自由广播电台（RTLM, radiotelevision libre des mill collines）。电台还宣传卢旺达爱国阵线击落了飞机，图西族都是"蟑螂"，必须被消灭。有研究显示[1]：88% 的刽子手在大屠杀之前都参加过 Umuganda 运动，而且都是运动中的核心成员。大屠杀期间，"Umuganda"一词被"gukorn akazi"（卢语，意为：做这个工作），言下之意这里的"工作"就是：杀死图西族。另外，在大屠杀开始之前，还利用 Umuganda 运动提出"毁坏丛林，清楚所有杂草"，言下之意就是指毁掉一切以游牧为主的图西族所赖以生存的一切资源。

六、Umuganda 与卢旺达重建

正如分析 Umuganda 与大屠杀的关系时，我们也需要明晰该运动在卢旺达重建中所扮演的角色及分量。大屠杀后，卢旺达新政府领导下，在全国性的讨论后，归纳出四大类大屠杀的根本问题：种族主义意识形态的泛滥，法治缺失和纵容种族犯罪，极度贫困，扭曲的历史教育和愚民政策。在此基础上，国家从法律制度、价值观念、民众生活三个层面提出了重建民族国家的策略与政策，其中一个重要的特点就是采取传统与发展相结合，涉及基于和解的传统审判盖卡卡（Gacaca）和恢复传统的互助共存文化[2]。

为了弥合族群、邻里之间的鸿沟，为重建找到一味适宜的良方，传统文化的价值再次凸显。卢旺达重建委员会在《卢旺达文化价值与国家发展》一书中指出了很

---

[1] Mamdani, M. When Victims Become Killers: Colonialism, Nativism and the Genocide in Rwanda. Oxford: Currey, 2001.
[2] 庄晨燕：《民族冲突后的和解与重建——以卢旺达 1994 年大屠杀后的国族建构实践为例》，《中央民族大学学报》2014 年第 3 期，第 84 页。

多"好和坏"传统文化，其中涉及被学界很少关注的如 ingando 营、传统的 itorero 学校、ubudehe（互助文化）、umusanzu（传统意义上为了达到共同目标需求性支持）及 ubusabane 节日（聚集在一起）等[1]，及被学界关注较多的盖卡卡（Gacaca）传统审批法庭及 Umuganda 运动[2]。在多个传统互助文化中，Umuganda 因"集体性、覆盖面广及社区劳动"等特点及与其它传统互助文化相链接，而成为卢旺达多个重建路径之一。

1994 年种族屠杀结束至 1998 年期间，"Umuganda"因为其在大屠杀中所扮演的极端政治角色而被卢旺达当局和人民所摒弃。直到 1998 年，政治、社会秩序逐步走向正轨，Umuganda 逐步重新成为国家重建、培养国民身份认同的运动之一，虽然再次被赋予政治化的意涵，但是在社会正义的道路上逐步回到了其原本的轨道。

2000 年，Umuganda 运动作为"社区劳动"而存在。在此初期，除了官方倡导外，尚未形成一个极具制度性的运动。直到 2007 年 11 月 17 日，卢旺达政府通过了《组织法》（2007 年 53 号）（*Organic Law Number 53/2007*）用于指导"Umuganda"社区工作。2009 年 9 月 24 日，《政府总理 58 号行政命令》（Prime Ministerial Order Number 58/03）再次对此进行了强化、细化，从整个运动意义、组织框架、社区工作的功能、监督机构，到与其他部门的链接、关系进行了明确的规定及细化。从此基本完成了该运动的制度化，也就是今天我们看到的"Umuganda"。《政府总理 58 号行政命令》规定："Umuganda"为在每个月最后一个周六，从早上 8 点开始到 11 点结束，至少持续 3 个小时；只要是 18 到 65 岁的卢旺达国民，都会被强制要求参与；65 岁以上的老年人，可以根据自身身体情况和意愿自愿选择参与，不受监督。

从社区/村级层面到国家层面，均设有"Umuganda"运动监督委员会，负责组织、监督、评估和报告整个运动的完成情况。政府也鼓励在卢旺达生活的外国人参加。从事社区劳动的同时，从村到国家各级政府都会组织一个论坛，并在论坛上对公民发布一些重要新闻和传达政府公告。在这个论坛上，社区成员同样可以讨论他们自身或社区面临或存在的问题，并在共同协商后提出一个可行的解决方案，最后付诸行动。期间，同样对之前计划完成效果及进度进行评估，同时着

---

[1] Sarah Bates. From the Ground Up: The Historical Roots of Umuganda in Rwandan Economic and Political Development. Skidmore College, 5-19-2012.

[2] Tiemessen, Alana E. After Arusha: Gacaca Justice in Post-Genocide Rwanda. African Studies Quarterly 8, No.1, 2004, pp.57–76.

手计划下一次"Umuganda"活动。卢旺达总统保罗·卡加梅有这样一句话:"我们的国家曾经有一段众所周知的悲剧历史。今天卢旺达自豪地被众所周知地认为我们在成功转型。当你获得的成就源于自己努力劳动时,必须有勇气去决定你不会滑落到曾经状态。"

在《组织法》的基础之上,2009年《政府总理58号行政命令》明确和详细了该运动的组织管理框架,形成了一个法定的社会政治运动。在国家层面,设有社区劳动指导委员会和技术指导委员会。指导委员会的角色是计划、评估和鼓励卢旺达居民参与这项活动,负责活动的宣传、总结和评论。技术指导委员会则负责协调、监督、评估和运作项目。在省级(含基加利市)层面,指导委员会负责协调和指导县级开展活动,同时评估工作成效,向上级(国家层面)报告本地区活动的实施情况,也鼓励本地区居民参与社区劳动。同级的技术指导委员会,负责分析、报告来自县级的活动实施情况。同时,也向地方政府通报活动实施情况。在县级层面,技术指导委员会负责准备、监督和评估活动的开展情况,同时负责向上级(省级)进行汇报。在大型的单位、每个社区及自然村层面,同样设有技术指导委员会。同时,设立竞争性质的奖惩机制。政府对运动开展得好的社区和个人进行奖励,对开展得不好的社区和个人进行金钱上及通告批评等惩罚。

七、当今的 Umuganda 及其影响

"Umuganda"在卢旺达重建、发展中扮演了重要角色,是重建的一个重要组成部分,特别是在"集体性强"基础设施发展、环境重建与保护、公共卫生、社区互助、扶贫。一般的基础设施项目包括道路、桥梁、健康中心、学校教室、危房改造、边缘人群或脆弱人群的居住项目[①],还有地方政府办公室、银行和信用合作大楼等等的建设。环境保护方面包括广泛开展植树运动,山地或梯田水土保护运动,重建动物或候鸟湿地公园运动,可再生能源建设项目运动,庄稼种植运动,公共场所环境卫生维护运动等等。

卢旺达有千丘之国的美誉,在1994年种族大屠杀开始之前,胡图当局还利用

---

① Maaike Flinkenflogel. Umuganda for improved health professions education in Rwanda: Past, present and future in the training of health professionals at the University of Rwanda. Rwanda Journal Series F: Medicine and Health Sciences, Vol.2 No.1, 2015, pp. 96-99.

Umuganda 运动提出"毁坏丛林，清除所有杂草"，指毁掉了游牧民族图西族所赖以生存的部分森林、丛林等资源。在大屠杀期间及后期，大量的图西族或胡图族为了躲避屠杀或报复，他们躲进丛林，大量砍伐树木作为掩体、生火及做饭，导致小小的国土上，绿色瞬间消失。一到雨季便会造成山体滑坡和洪水泛滥。因此，大屠杀结束后卢旺达政府计划开展大规模的植树造林计划，还千丘于绿色。

现卢旺达已达到 10% 的森林覆盖率，目标是到 2030 年完成 30% 的覆盖率。自 90 年代后期开展大规模的植树造林以来，和 1994 年大屠杀后期相比，森林覆盖率已经增加了 37%。在植树造林计划中，还特别提出了"农林一体化"政策，不仅考虑绿色覆盖，还兼顾了经济价值，种类涵盖了果树、动物食用树和其他树种。以此确保了人类和动物共享植树造林的成果，确保了食品安全、建筑用木、生活用木。有的社区还规定，每个家庭至少在庭院中种上至少 3 棵树。"农林一体化"运动的实施，都被有效整合到了"Umuganda"中，作为一项国家意志主导下的社区集体性运动。

在社区和街道环境卫生维护方面，也是远远走在了东非乃至非洲的前列。例如一些举措：禁止使用塑料垃圾袋；矿泉水瓶上的商标也要求纸制；街道上每隔一段距离就设置一个有多种文字标识的垃圾桶，垃圾要求分类处理。大街上随处可见打扫卫生的环卫工人，极少见到乱扔垃圾等不文明行为。而在"Umuganda"的这一天，除了社区的任务外，在家开展清洁工作也是必需的选项。所以，当你走在卢旺达城市和农村的大街小巷，很难发现垃圾横飞的场面。甚至，如果您愿意在某个街角停留一观，你会发现他们在自觉地低下头，捡走地上那些很细小的垃圾碎片。你也会发现在大街上很少，甚至没有衣衫褴褛的乞丐和乞讨的 street boy。

"Umuganda"运动为国家创造了巨大的经济和社会价值。卢旺达地方政府 Umuganda 运动部的数据显示，2007 至 2012 年间，群众参与率达到了 80.1%，直接或间接创造了巨大的经济价值（见表 7-1）[①]。综上，"Umuganda"显然已经成为国家意志借文化之躯推动社会发展的一个典范，也适宜卢旺达的传统互助互惠文化。正如卢旺达环境管理局局长 Rose 博士说的那样："为了当前发展的利益和卢旺达的后代们，（运动）终极目标是促成卢旺达社会整体行为在日常生活中的改变，促进环境的可持续性和绿色的经济发展。"

[①] Umuganda. www.delagua.org.

表 7-1　2007 至 2012 年卢旺达参与 Umuganda 运动情况及其经济效益
（来源：卢旺达地方政府 Umuganda 运动部）

年度	参与人数	直接或间接创造的经济价值（卢法郎（RWF）
2007	8,638,958	4,112,943,849
2008	10,772,719	4,852,758,196
2009	18,342,740	9,451,364,195
2010	16,165,082	7,980,872,879
2011	7,219,508	7,347,720,172
2012	18,852,592	12,524,063,160
合计	79,992,599（人次）	38,288,849,572

（备注：1.1 元人民币大约 120 卢法郎；2. 参与程度，以北部省份参与率最高，多接近 90%，而首都基加利和西部身份参与率较低，维持在 70% 到 85% 之间。）

八、当今 Umuganda 的挑战与应对

在顶层设计上，整个卢旺达运动被分为计划和参与两个部分，也同时构成了运动现阶段面临的重要挑战。在一些地区，存在不切实际的计划、设置一些不现实的目标和项目，如果没有额外资金和技术力量的支持很难达到预期的效果。在城市区域，公众参与的热情和程度明显低于农村地区，特别是未经历过卢旺达大屠杀的年轻人。正如一个 19 岁的当地朋友，在 2 月 25 日 Umuganda 所讲的那样："有的时候，我都不知道整个运动到底是要做什么，为什么得强制去参与，所以很多时候我都是在家里待着，时间到了才出去！"

面对上述两大挑战，Umuganda 运动部、社区劳动指导委员会和技术指导委员会负责对地方层面进行培训和监督。培训包括督导、评估、撰写报告、法律、组织者、运动管理指导等。在省级层面也会实施对县级、社区层面的短期培训。国家竞赛委员会对运动实施开展切合社区实际、运动开展成功的社区和个人进行奖励。对于城市社区参与率较低的情况，社区劳动指导委员会会定期通过文件、电视、广播等进行宣传，向公众阐述参加 Umuganda 运动对于社会、国家的重要性及意义。

同样，采取较为灵活的策略，在法律、政策上对 Umuganda 运动进行管治。2013 年 2 月，卢旺达政府内阁还就此将 Umuganda 纳入了国家社区和地方发展策略中。最

后，政府还在国际上寻求合作伙伴，比如学习韩国的"Saemual Undong"社区劳动实践经验，新加坡的社区治理经验。同时，也向外界传达和分析卢旺达的经验，如隔壁的乌干达。正如总统卡加梅对于 Umuganda 运动的评价和期待："迄今为止，我们所取得的成就显示了我们的能力，Umuganda 是实现更多的一个组成部分，是我们前进的原因之一，为了我们的家人，为了我们的生活，共同努力，相信我们可以改变和达到共同目标。"

九、结语

2017年2月26日，我搭乘卢旺达航空班机前往乌干达，由于路途和等人的原因，到机场时离飞机起飞仅剩30分钟。我向值班的机场工作人员请求快速取票、安检，工作人员在简单问明原因和了解情况后，带我快速取到登机牌后，一边向排队的人解释和道歉，一边直奔最后的安检。本需30多分钟的排队，15分钟左右就顺利候机了。

在飞机上，我又再次读了那篇《卢旺达精神》(*Rwanda spirit*)的游记。静静地看着窗外的立体云，心情持久不能平静。想起那些干净、整洁的街道，友好、热情的卢旺达人民，但愿在卢旺达重建及今后发展的道路上，Umuganda 一直持续地回到其本源"互助与互惠"。

Umuganda 之文化本身意义上不是一把利器，而是彰显特殊情境下人们的自觉自发。但是政治化了的文化，极化与异化了的文化，其力量何止是一把锋利的利器所可以比拟的，可以指向生命，也可以指向希望。我仅希望这种指向的边界保持清晰。

中医在东非：一项调查报告

孙璞玉 *

（北京工业大学文法学部，北京 100124）

摘　要：中医的对外交流近年来发展迅速，但是中医在非洲的发展状况并未得到充分的关注。本报告基于2013年的一次田野调查，呈现了当时中医在东非三地的发展境况。中医在当地产生影响源于中国对非洲的医疗援助，让中医得到接受的根源是疗效，但是大众对中医药的接受程度不应夸大。东非三地的中医发展与民众接受程度参差不齐，主要受到经济发展水平与国际环境的影响。

关键词：东非；中医；医疗援助

近年来"中医"成为不断引起大众争论的焦点话题，争论中不单涉及中医药的名称、疗效、诊断方法、药品成分，更复杂的是夹杂着中－西、传统－现代、科学－迷信等诸多二元对立。无论中药话题在"江湖"层面引起怎样的舆论与心态对立，在"庙堂"层面却得到一以贯之的肯定与推动，其中，中医药海外交流与推广更是被提升到国家行动的层面。1988年国家中医药管理局成立，将中医药对外交流与合作列入《1988年—2000年中医事业发展战略规划》；在2011年，卫生部、国家中医药管理局印发了《中医药对外交流与合作中长期规划纲要（2011—2020）》；而在"一带一路"倡议提出之后，国家中医药管理局、国家发展和改革委员会共同发布《中医药"一带一路"发展规划（2016—2020年）》，明确到2020年要基本形成中医药

---

* 作者简介：孙璞玉（1989—），男，北京工业大学文法学部社会工作系讲师，主要从事医学人类学、志愿服务研究。

"一带一路"全方位合作新格局。

近年来中医海外推广的平台由之前的孔子学院,[①]发展到成立海外中医药中心。中医药在服务人类健康的同时,也背负了更多的使命。本文是基于2013年一次东非调研而形成的调查报告,彼时虽然能感受到非洲热土上随处可见的中国元素,但并未预料到后来轰轰烈烈的"一带一路",希望这份调查报告能像个小切片,保留大潮涌起之前某个角落某个瞬间的境况。报告分三个部分,第一部分是调研的背景,补充了一些近年的文献,第二部分是调研的过程,第三部分是调研过程中的一些思考。

一、背景

"中医西传""中医对外交流"或者"海外中医"等概念现在讨论很多,初看十分热闹,但是仔细探究却有很多值得思考的地方。何方为"西",何方为"外",如何算"传",是中医药典籍的翻译、中药的使用,还是有中医实践的出现?例如,现在普遍认为17世纪的波兰籍耶稣会传教士卜弥格(Michal Boym)是"中医西传"的重要人物,[②]甚至被誉为是"中医经典西译的始作俑者"[③],但是中医史学者发现14世纪初波斯文写成的《唐苏克拉玛》一书系统介绍了中国的医药学知识,其中便包括了中医典籍《脉诀》[④]。同样是翻译中医典籍,不过阿拉伯世界显然不如欧洲"西",因为"西"本身就是欧洲中心话语下的产物,从中国到中东/近东不如中国到欧洲得到的关注多,而阿拉伯世界则又比日、韩等国更"西"一些。又如传播的内容,真正在当代西方国家产生影响的中医内容是针灸、推拿等技术,无论是中医的知识体系还是中草药都面临诸多限制,那么20世纪开始的针灸技术在欧洲的传播与应用[⑤]相比之前中医典籍的译介更具有"传"的分量。西方人接受中医之后,在自己理解基础上新创造的、中国所没有的"海外本土中医"[⑥]又属不属于"西传"的一部分呢?

[①] 潘淼:《中医药大学创建海外中医孔子学院的实践探索与研究》,《天津中医药大学学报》2017年第4期,第303—308页。

[②] 张西平:《卜弥格与中医的西传》,《北京行政学院学报》2012年第4期,第123—128页。

[③] 高晞:《地理大发现后的"中医西传"》,《文汇报》,2015年9月11日,W10版。

[④] 朱明、弗利斯克莱·弗兰克、戴琪:《最早的中医西传波斯文译本〈唐苏克拉玛〉》,《北京中医药大学学报》2000年第2期,第8—11页。

[⑤] 贺霆:《中医西传的源头——法国针灸之父苏里耶》,《云南中医学院学报》2013年第2期,第81—83页。

[⑥] 陈小平、冯雅婷、甘宁:《"海外本土中医"的"文化间性"形态——以"体质/状态针灸"为例》,《广西民族大学学报》2019年第4期,第25—35页。

之所以有上述概念的辨析，大部分都是因为文化与技术传播的整体性、长期性，很难以晚近才产生的概念来定义并划分长久存在的整体性现象。抛开历史的纠葛，目前对中医西传的讨论都约定俗成以民族国家作为单位，以国境线来划分传播的内外，以当地政府的认可程度或中医制度化程度来度量传播的效力，例如一些研究的对象是美国的针灸[1]、澳大利亚的中医教育[2]等等。我们同样缩小讨论范围，以新中国成立作为时间与空间节点，考察1949年以来中医外传的历史与途径，朱建平总结了三个历史阶段，首先是1949到1985年间服务于中国外交政策的中医外传、第二个阶段是1986到1996年在中医政策指导下的中医外传、第三个阶段是1997年至今的在中医药对外交流规划下的中医对外交流与合作，中医在海外的发展则有韩国的本土化、日本的实用主义、欧美国家的替代疗法三种模式[3]。

从上述三种大脉络中，可以看到非洲的缺席，而缺席的非洲却叠加、压缩了上述不同的历史阶段。现在留在非洲的一些中医跟作为外交政策的医疗援助有着直接的关系。一些中医从官方流出，留在民间，应和着中国对非洲的投资热潮；当医疗援助在对非事物的重要性下降之时，艾滋病中医治疗等政策被附加到对非医疗援助当中。正是这样一幅复杂的图景才吸引了我们想去一探究竟的兴趣，清华大学公共健康研究中心在一家新加坡企业的捐款资助下于2013年9月28日至10月13日在东非两个国家展开了一次调查。

这次调研采用了人类学田野观察的方法来研究中国医药实践在东非的情况。所谓中国医药实践是指中医临床实践。其次，它指中国政府派出的医疗队以及中国移民开展的中医或中西医结合诊所开展情况。之所以要考察中国医疗队和中国人开办的中西医结合的诊所，是因为当地人将这些机构视为中国人的卫生机构，同时这些机构也有一部分从事中医诊疗。所谓人类学的研究方法是通过研究他者来反观自身，并且注重实地的田野调查。所以在田野调查过程中，我们采用参与观察的方法，观察医生与患者的具体交流和治疗过程，并且访谈了中医从业者、病人、NGO（Non-Governmental Organization）负责人等与中医药和当地传统医药相关人员。

我们选择东非作为研究地点后，进一步划定了肯尼亚的内罗毕以及坦桑尼亚的

---

[1] 景军、崔佳：《走出国门的中医：以针灸在美国近十年发展趋势为例》，《北方民族大学学报》2016年第4期，第26—31页。

[2] 韩俊红：《传统中医药海外发展的澳大利亚模式与启示》，《广西民族大学学报》2019年第6期，第88—96页。

[3] 朱建平：《新中国成立以来中医外传历史、途径与海外发展》，《中医药文化》2019年第3期，第7—15页。

达累斯萨拉姆、桑给巴尔岛作为田野调查点。之所以选择这两个国家，主要基于以下理由。首先，关于非洲中医药的文献中，除了南非之外，关于东非地区的文献最多。在人类学界，牛津大学的许小丽（Elizabeth Hsu）教授在东非做过深入的田野调查①，可以确定在该区域我们可以找到研究对象。其次，东非地区位于印度洋西岸，历史上经历过德国和英国的殖民，文化上又受印巴影响很深，多种文化融汇交流，是进行人类学观察的理想场所。最后，东非与中国有良好的外交关系，在医疗援助上，中国很早就开始向坦桑尼亚派遣医疗队，而对肯尼亚则从来没有派过，能够在同一区域对比外交政策对中医发展的作用，而且外交关系的良好保证了研究人员的人身安全。

虽然很早之前的中国移民和海外贸易可能将中医药带到非洲大陆②，但是一般认为中医药正式进入非洲是由中国对非洲的医疗援助开始。1963年，中国应独立不久的阿尔及利亚邀请派出医疗队，帮助和扶持当地的卫生事业，义务为当地人民看病，由此拉开了中国派往非洲援外医疗队的序幕。根据李安山统计，截至21世纪初，中国一共向45个非洲国家和地区派遣过医疗队，有部分地区因安全局势等问题期间中断或终止了。③以2007年作为剖面，这一年共有37个非洲国家的领土上有中国医疗队的身影。④目前的派遣模式，基本上是由卫生部统一领导，各省、直辖市和自治区定点向固定国家和地区派出医疗队，医疗队的轮换模式、人员构成、培训和选拔由地方各级卫生部门负责。

中国派遣医疗队的初衷有人道主义的关怀，但是结合当时的国际政治环境，更多的还是政治上的考虑。援外医疗队的背景是非洲民族解放运动的高潮，同时中苏关系在六十年代恶化，中美又处于对峙状态，为了争取更大的国际空间，援外医疗队作为外交工具应运而生⑤。即便今天，在人道话语成为政治正确的主流话语时，援外医疗队的外交作用仍是首要得到强调的。根据卫生部2008年印发的一份文件，指

---

① Elizabeth Hsu, 'Mobility and connectedness: Chinese medical doctors in Kenya', In H. Dilger, A. Kane and S. A. Langwick (eds) *Medicine, mobility and power in global Africa*, Bloomington: Indiana University Press, 2012, pp. 295-315. 等文献。许小丽教授关于东非中医的系统性成果 Chinese Medicine in East Africa 即将出版。
② 朱德明：《古代中国和非洲的医药交流》，《中华医学杂志》1997年第2期，第105—108页。
③ 李安山：《中国援外医疗队的历史、规模及其影响》，《外交评论》2009年第1期，第25—45页。
④ [美] 黛博拉·布罗蒂加姆著，沈晓雷、高明秀译：《龙的礼物》，北京：社会科学文献出版社，2012年，第96页。
⑤ 丁旭虹、张大庆：《早期中国医疗队在非洲（1963年—1978年）》，《医学与哲学》2010年第8期，第76—78页。

导思想第一条仍然列为"……从国家整体利益和我国外交工作大局出发……按照国家外交战略整体部署,切实抓好援外医疗队工作"①。所以,对非医疗援助应被视为中国对非援助的大框架的一部分来考察。

派出医疗队并不会全部由中医组成,医疗队也可以全部是西医。这就涉及五六十年代中国高层对中医的判断。1954年,毛泽东曾指出:"重视中医,学习中医,对中医加以整理,并发扬光大,这将是我们祖国对全人类贡献中的伟大事业之一。"1958年,毛泽东在《关于组织西医离职学习中医班总结报告》中说道:"中国医药学是一个伟大的宝库,应当努力发掘,加以提高。"②由此掀起了中西医互学的高潮,但是对于中医来讲,向西医学习或者中西医结合,实际上也是对中医科学化和标准化的过程。既然中医是科学,那么就应该是普世的,由全世界分享。在20世纪60年代,作为冷战地缘政治的一部分,中医进入包括非洲众多国家在内的第三世界国家也就理所当然了③。

早期的医疗队大部分是包括中医的。现在的医疗队中是否包括中医是由地方卫生主管部门决定的,大部分医疗队以西医为主,但是会配备一个针灸师或推拿师,有的地区某届恰好轮到该地的中医研究院,那么会有一个中医的医疗队,同样也有西医的医疗队。个别医疗队里的医生完成任务之后,会选择留在当地开业治病,从而中医得到了更持久和绵长的影响力。

二、调查过程

我们调查团队一行三人,9月28日从北京出发前往,10月13日返回北京,期间我们走访了东非的肯尼亚和坦桑尼亚两个国家,集中在内罗毕、达累斯萨拉姆、桑给巴尔三个城市和地区。下面分地区介绍此次调查过程中的所见所闻。

(一)内罗毕

肯尼亚面积为58万平方公里,有4000多万人口,主要的支柱产业是旅游业和农

---

① 卫国际发〔2008〕11号。现卫生部与其他机构整合,更名为中华人民共和国国家卫生和计划生育委员会。
② 转引自丁旭虹、张大庆,2010。
③ Zhan Mei, *Does It Take a Miracle? Negotiating Knowledges, Identities, and Communities of Traditional Chinese Medicine*, in Cultural Anthropology, 2001 Vol.16 No.4 pp.453-480.

业，出口咖啡等农产品。官方语言是英语，但是国语是斯瓦希里语。肯尼亚是个典型的多族群国家，主要的宗教信仰是基督教，其中新教的比例又大过天主教，穆斯林的数量次之。在 2013 年，肯尼亚刚刚进行了总统大选，我们到达时，新旧总统的更替还没有完全结束。

在内罗毕我们得到了内罗毕大学孔子学院撒院长的接待，在内罗毕停留期间拜访了两名在当地执业多年的中医以及一些致力于推广当地传统医学的非政府组织和民间人士。因为政治原因，肯尼亚一直没有中国医疗队。

L 医生今年五十多岁，山东人，从山东中医学院毕业之后就在当地的中医院工作。二十多年前作为中国派往坦桑尼亚医疗队的一员，任期结束之后，看到当地行医开诊所的收入远高于自己在国内的收入，虽然家里人最初有所反对，但还是决定留在了东非，不过选择去了文化基本相似，但是经济条件和气候更优越的肯尼亚，留在了内罗毕。1994 年，L 医生在内罗毕注册了一家草药公司，随后又注册了一个诊所。我们在他的诊所看到了卫生部颁发的许可证，上面写着"在肯尼亚准许实行中国替代医学"，可见在肯尼亚中医的注册是归在"替代医学"中，类似中国的汽车年检一样，每年都需要重新更新一下。

L 医生现在的诊所医生就两个人，L 医生本人以及刚从英国完成学业归来的他女儿。另外还有四位医护人员，都是内罗毕本地人。除了诊所之外，L 医生还有一个药厂，他从中国进口中药材，根据自己的方子在内罗毕制成中成药，这些药方是之前 L 医生在治疗艾滋病等慢性病中摸索出来的。目前诊治的病人几乎全是外国人，在诊所接待厅的墙上，挂满了非洲一些国家高官同 L 医生的合影，其中不乏政界要人如埃及前总统穆巴拉克等。前来就诊的病人也并非都是高层人士，据 L 医生介绍也有一些来自偏远地区的人，甚至连斯瓦希里语都讲不流利，只能说自己土著的语言。从诊所所处方位以及其他一些信息来看，L 医生的经济状况很好，可以推断其诊所运营还算顺利。据其女儿介绍，他们诊所的挂号费仅为公立医院的一半。

同 L 医生相接触的过程中，给我们一种感觉，肯尼亚对中医立法方面的不完善，既是种麻烦，但也是一定的便利条件。在问到他们生产的药在肯尼亚注册了没有时，L 医生说"没人管的"。但同时 L 医生的女儿跟我们抱怨，一些政府方面的人经常以各种名义对诊所进行突击检查，提出一些无关紧要的整改意见，她将这视为对中医的排挤。谈到在内罗毕的同行时，他们表示因为肯尼亚没有一个统一的管理，所以不管资历如何，有相关证明的人都能去卫生部门注册，不论这证明是来自正规中医院校毕业还是其他"山寨"机构。所以内罗毕的中医队伍很混乱，水平参差不齐。据 L 医生所知，之前内罗毕的中医有二十多位，现在少了很多，L 医生的女儿说因为近年来内罗毕的房地产很火，很多之前的中医都改行投资房地产了。中医之间也并没有一个统一的行业协会或组织，每个人有每个人的社会网络和资源。

同样在内罗毕长期行医的还有一位 Z 医生。Z 医生是位女性，与 L 医生租一个大院子不同，她的诊所在内罗毕的一个"医疗广场"（medical plaza）内——一个大楼内有彼此独立的医院、诊所和机构，Z 医生的诊所只占其中的一间，其中一个隔断是针灸室，一个隔段是办公室，另外还有一个小屋子放些药材。Z 医生是河北唐山人，中医世家，今年 56 岁，之前在国内行医多年，十五年前听一个朋友的介绍来到内罗毕。初到内罗毕就被自己所雇的翻译骗走钱，不甘心的她遂立志在内罗毕发展。目前她的诊所规模也不大，两名医生，Z 医生和她的弟弟，另外就是雇了一位本地人做些接待工作。诊所墙上挂着很多铜牌奖状，从名字判断是海外的一些中医协会颁发的。Z 医生说每年她都会被邀请去北美讲学、坐诊一段时间，这个时间她的弟弟就负责内罗毕诊所的日常工作。从他们的穿戴来看，经济水平也很高。Z 医生说她刚刚托朋友在美国注册了一个公司，但是因为法律上的原因，不能表明是卖中药，而是采用了"茶包"的名义。

来 Z 医生这里看病的基本上以外国人居多，中国人来这里 Z 医生一般建议回国治疗。她认为非洲人的体质比中国人更敏感，尤其中国人日常饮食中化学添加成分太过，必须大剂量用药才能起到疗效，在内罗毕的话经济负担就比较重了。Z 医生诊所中看病的流程先是交 650 肯尼亚先令[①]的咨询费，然后根据咨询的结果再判断是服用中药还是进行针灸，再根据治疗收费，我们访问当天看见一位老者接受完针灸之后，付了 2000 肯尼亚先令，但没有进一步细问这些钱包含什么。一般一天会看四到六个病人，基本都是"老主顾"，可以预约，也可以直接来。病人中有社会地位较高者，我们去访问的当天就遇见一位病人，他是现在总统卫队的成员。Z 医生说曾经一度把规模做得很大，也有自己独立的一套院子，但是遭遇过一次暴力持枪抢劫之后就不再那么张扬了，Z 医生带有半开玩笑的口气说自己老了，不太愿意折腾，也没必要看那么多的病人了，同时 Z 医生说自己信仰佛教，也乐于有时间做自己的事情。

我们在调查中感觉到，作为传统医学一支的中医发展无法脱离其他传统医学[②]。

[①] 当时 1 美元兑 85 肯尼亚先令。
[②] 高良敏、齐腾飞：《存与续：东非传统医学的叙述与实践》，《社会学评论》2019 年第 5 期，第 84—96 页。

例如，我们拜访的一个 NGO 组织，主要致力于本土草药知识的传播和普及，由一个美国女性创办，和内罗毕国家博物馆合作开辟了一块空地专门对来馆参观的学生讲解草药知识，得知我们来自中国之后，工作人员兴奋地把我们拉到种植园中的一株青蒿前热情地介绍。另外一个民间人士也是位美国女性，是 Z 医生介绍给我们认识。这位女性是一名瑜伽僧侣，对印度医学较为熟悉，她当时在内罗毕致力于推动替代医学的联合和立法。

（二）坦桑尼亚

坦桑尼亚的名字 Tanzania 是由两部分的名字——坦噶尼喀 (Tanganyika) 和桑给巴尔（Zanzibar）——合成的。二者 1964 年合并成为坦桑尼亚联合王国，前者是大陆部分，后者是指由桑给巴尔岛等岛屿组成的半独立区域，地理上脱离大陆，虽然属于坦桑尼亚一部分，但是有自己的总统和体制，中国在坦噶尼喀有大使馆，在桑给巴尔有领事馆，坦噶尼喀和桑给巴尔都有中国的医疗队，来自于中国不同省份。

早在 1968 年，中国就向坦噶尼喀派出了第一批援助医疗队，现在是山东省定点支援坦桑尼亚。医疗队两年一批，在历届医疗队中，几乎都有中医针灸师，但是我们去的时候，这一批，也就是第 23 批医疗队中并没有中医师在内。坦桑尼亚的中医除了医疗队这一个来源之外，还有一个。1987 年国家中医药管理局与坦桑尼亚卫生部签署《关于开展中医药试治艾滋病的双边协议》，这个项目中国中医科学院委托中国中医科学院艾滋病中心管理，并在坦桑尼亚达累斯萨拉姆市的莫西比利国立医院有常设机构，中坦合作成立一个艾滋病与传统医学诊疗中心，期间偶有中断。但是至今中医科学院仍会派两到三名中医前往坦桑尼亚，三年为一阶段，一个阶段有两批人，一年半一批。

我们在坦桑尼亚的调查点位于达累斯萨拉姆市。达累斯萨拉姆是坦桑尼亚最大和经济最发达的城市，人口共有 436 万人，位于坦桑尼亚东部沿海，面对印度洋，气候炎热，有很多中国企业投资项目，所以中国人很多。在达累斯萨拉姆，我们参观了一家中国人开的诊所，由早期医疗队成员的后人经营，不过是西医。我们在达市期间没有拜访到私人的中医诊所，在莫西比利的中坦艾滋病与传统医学中心跟诊了两天。这个合作项目本来的目的是想研究传统医学在治疗艾滋病方面的潜力和功效，不过到现在并不局限于艾滋病的治疗，其他慢性病、常见病也可以来这里看，挂号时说明是中医门诊就可以。医院在儿科大楼内开辟了两间房子，一间门诊，一间储藏药物。医生、药物都是中方提供。根据双方的合作协议，这里的中医有特殊行医许可，能够开中药、针灸，但是不能开西药方。现在的两个医生一个来自北京，另一个来自河南，一个人负责门诊，一个人在药房，分工由双方协商，定期换岗。

我们在诊所跟诊了两天。坦桑尼亚一般上班晚，下班早，实际工作时间非常短，两位医生基本上只在上午工作。门诊情况可以用"门可罗雀"来形容，第一天上午四个病人，一个本地人，其余三个都是当地中国企业的员工，第二天上午甚至一个病人都没有。那位唯一来就诊的本地人是来看艾滋病的，在征得她的同意之后，我们进行了简单的交流。病人今年51岁，从其丈夫处感染到艾滋病，她丈夫90年代末已经去世了，她丈夫去世后她做检查才知道自己被传染。她1992年就知道这里的中医诊所了，但来看病是十年前，期间病情一直都很稳定。但是这里的中医诊所中断了将近三年，中间病情恶化，去年6月份开始吃西药，最近才又来看中医，打算以后病情稳定了会逐渐把西药停掉。

中医诊所里还有一名翻译和两名护士，其中一名护士从中医诊所最开始设立时就在这里工作，我向她询问了之前的情况。这个中医诊所刚成立时，很受欢迎，几乎每天都挤满了病人，不单是艾滋病，其他一些疑难杂症也都会过来找中医治疗，但是后来西医对艾滋病也进行免费治疗，2010年中坦双方因为某些原因未能达成协议，这个项目中断了两年多，再重新恢复时，病人数量大不如之前了。我们在北京找到了项目中断前派往坦桑尼亚的医生，从他的描述里情况也不似现在这样清冷。得到医生的允许，我们得以翻阅之前的病例。病例中有一些本地人来就诊的案例，其中一大部分病人都和医院内部人员有所交集，有些甚至就是医院的护士、工人。其中一个案例是隔壁病房的护士，生完第一胎之后，每次怀上第二胎就流产，寻求过西医的帮助，不过并没有很好的效果。经过护士之间的介绍，来到中医诊所，经过调理之后怀上第二胎并顺利生产。另外，在本地人的病例当中，"湿热蕴络"这一词反复出现，可见当地特殊的气候条件造成了一些特有的慢性病。

（三）桑给巴尔

桑给巴尔除了桑给巴尔岛之外，还包括奔巴岛等小岛，总面积2650平方公里，人口只有一百万，历史上以香料和奴隶囚禁地出名。同大陆不同，桑岛上超过百分之九十的居民都是穆斯林。经济状况比较差，支柱是旅游业。桑给巴尔同中国的关系也很好，1963年桑给巴尔刚刚独立，1964年中国就向桑给巴尔派出了医疗队，比坦桑尼亚大陆还要早。目前是江苏省定点支援桑给巴尔，同样是两年一期，我们考察时已经是第25期了。医疗队中每期都会配备一名中医师。

目前这期医疗队共二十多人,其中九人常驻奔巴岛,剩下的都在桑给巴尔岛。整个桑给巴尔岛只有一座公立医院,这座医院还是援助性质的——桑给巴尔只提供场所和工作人员,大部分的设备、药品和医生都来自援助,或者是中国医疗队这种派驻的,或者是发达国家的飞行医疗队。尽管如此,医疗条件还是很简陋,而且极度缺药,当地有地位有经济能力的人,大病或者需要动手术一般都会到坦桑尼亚内地或者印度去治疗。医生在这里地位很高,中国医疗队在这里也很受尊敬,医院中各科室工作量最大的往往也是医疗队中的人。

由于每一批医疗队都会配备一个中医师,所以桑给巴尔医院中有一个针灸门诊,门诊的桌椅上都喷有"ACUPUNCTURE"字样的白漆,看上去有些年头了,证明针灸门诊这个建制存在已久。我们拜访时针灸门诊的医生正在给一位女性扎针,我们到访那天是周五,按照医生的安排这一天尽量少安排接诊,留出时间来做本周的整理工作。平常的时间,基本上一天会接诊40个病人,非常繁忙。这里的门诊是预约制,根据当地的传统,一位女性在接受针灸时是不能被男性看到的,但是医生在这里地位崇高,可以对女性患者下针,因为预约制也安排相同性别病患一起就诊。这批医生中的中医师很感激他前任的工作,他认为前任的工作很到位,一些国内患者根本不会去看中医的病,桑给巴尔的病人却会知道来找中医治疗。由于治疗条件简陋,这里的针灸门诊无法借助任何现代器械来辅助诊断,只能靠最简单的望闻问切和银针来解决一切。医生有一个助手,是当地人,曾到中国学习过,后来跟随着历届医疗队中的中医继续学习,现在自己开了一个诊所(当地允许医院的人员自己开诊所),不过我们去时那个助手正好休假,无缘拜访。

三、几点思考

(一)中医能否在东非受到欢迎?——疗效是中医在东非立足的核心

这个回答是肯定的,中医有能力在海外发展,原因就是疗效。国内关于中医的很多争论都集中在有效性上,很多人批评民族主义的感情会影响患者对中医疗效评价的客观性。但是在东非,当地患者对中医没有文化上的亲缘性,更谈不上有民族感情,中医能够吸引当地患者的还是疗效。我们在诊所中访谈的病人都对中医称赞有加,中医师们也有很多解决疑难杂症的案例。Z医生举了一个例子,说一位在内罗毕的美国商人患有癌症，已经扩散，之前在欧洲医院诊断仅有三四个月的寿命，来找到Z医生之后，现在已经一年多了，身体状况维持得很好，去欧洲检查时欧洲医生都惊叹不已。我们在Z医生的诊所遇见了这位病人，也证实了Z医生的叙述确实为真。我们所访谈的中医，都能举出很多这样的例子来，而且每位中医都有治愈过政府高官的例子。这说明中医确实能够在东非凭借其疗效立足，当地人在接受中医的过程中并无任何障碍。

不同于其他传统医学，中医作为一种医学体系已经发展了很长时间，包括其背后的宇宙论预设、理论体系、诊断方式以及中药，但是在文化背景完全不同的异国他乡，中医药得以立足之处并非是"阴阳""五行"的哲学基础，也不是"精气血津液神"或"脏腑经络"理论，而是所产生的实际疗效。同理，东非接受中医的主体也并非美国、法国等西方发达国家那种对中医充满"东方主义"式想象的中上层人士或试图脱离西方文化的"逆反者"，而是寻找任何有效治疗的病人。这点给了国内关于中医讨论一种启示，中医是各个部分组成的整体，一些人被中医的理论体系所吸引，而另一些人则看重中药的疗效，我们不能以一些古籍中不符合现在理性的记载而全部否定整个医学体系。不管哪种医学体系，最终的目的都是使人保有一个无病的躯体，保持一个健康良好的生活状态，其实无论是中医还是西医，其诊断过程的复杂程度对于大部分病人来讲都是一个"黑箱"，评价的标准不是"黑箱"之内的种种，而是"黑箱"之外的状态。

（二）中医应否在东非受到欢迎？——中医在非洲的适用性

这个问题谈到的是中医在东非的必要性和适用性，答案也是肯定的。非洲普遍缺医少药，而且基础条件落后。生物医学发展到今天，越来越依赖先进设备，而先进设备则要求稳定的电力供应等其他完善的基础设施。在桑给巴尔岛的Mnazi Mmoja医院里，我们看到一方面是严重缺医少药的现状，另一方面又闲置着大量西方国家援助的先进医学设备，因为当地的基础设施无法保证这些设备的运行。医疗队的医生们就经常被告知因为停水停电而取消预定手术的情况，甚至不得不中止正在进行中的手术。相反，中医门诊的医生却每天繁忙依旧，没有这种"意外的休息"。

中医就是在"前现代"的社会经济环境中发展出来的，相对于西医，中医针灸具有设备简易、受时空限制少等特点，而中医的草药传统则可以结合当地的植物、矿物特点，而且成本相对低廉。中医相对于非洲的传统医院，又不只是纯粹的经验积累。它具有自己的理论基础，而且发展时间长，文献记载多，没有当地传统医学的"巫术"

色彩，在当代社会中还可以广泛应用。这些特点使得中医很适宜非洲大陆。

非洲的疾病谱也在发生变化，传染病没有得到有效抑制的同时，一些慢性病仍在增加，以桑给巴尔为例，该岛上高血压情况异常严峻，所以非洲现在面临多重的医疗压力。从现在状况来看，短期内基础设施大幅度改善并不现实，现代的医学设备无法得到广泛应用。基本的西药仅仅靠外部援助很难满足要求，过去几十年的历史就说明了这一点，这并非是援助力度不够，原因很复杂，当地官僚体系的低效、援助国的政治考量等等，医疗援助至今没有充分发挥它应有的作用；如果换个思路，将中医为代表的传统医学推广开来，在此基础上再建构多层次的医疗体系，可能会对非洲人民的医疗健康状况是一个助推。

（三）中医是否在东非受到欢迎？——重估中医在非洲的发展现状

虽然中医在海外证明了其疗效，同时也具有很大的潜力和必要，但是现实情况不容盲目乐观。之前国内媒体部分文章给人一种印象：中医"东方不亮西方亮"，在非洲大受追捧。通过实地调查我们了解到，当地一般人的就医逻辑仍然是西医优先，中医只是作为替代和补充，在西医救治无效的情况下，部分人才会尝试中医治疗。在经济发展较好的内罗毕还有一些私立中医诊所，在达累斯萨拉姆当地的华人都不了解附近有无中医诊所。历史上东非作为英国的殖民地，医疗建制模仿英国，大量医生有英国学习的背景，对中医有所排斥。文化上，这一区域内印巴裔众多，多种文化交融冲突，意味着有多种医学传统并存，中医药在多种医学传统的竞争中，并不占据优势。人口上，虽然随着中非贸易往来，非洲大陆上的中国面孔越来越多，但是真正扎根非洲的中国人较少，无法产生文化上的影响力。

当地不同人群对中医有着不同的看法。一些患者认为中医是"自然的"，是对代表现代性的西医的一种反动。在Z医生诊所遇见的两个病人都做出了几乎相同的比较："西医只是压制他们，而中医则是彻底治愈。"一位病人表示，遭遇事故或受到外伤的时候他会去看西医，但是一些慢性病他还是来中医诊所寻找方法。对于没有接受过中医治疗的大多数普通人来说，中医只是停留在"听说过"的范畴，并不知道具体的内容。在Z医生的诊所我们遇见一位年轻的黑人男性，他坐在接待大厅里看报纸。经过交流我们才知道他是来陪其父亲看病的，此时他父亲正在里面接受针灸。我们问他你们信中医吗？这位年轻人想了一下，给出了简短的回答："我不信（Not for me）"。一家人中对待中医的态度尚且有代际上的差异，在更大范围内，对中医态度肯定更加歧异。

(四)东非三地的比较以及促进措施

这次考察的三地中医发展模式互不相同,这些特点与当地经济发展水平等宏观条件相关。内罗毕经济水平最好,但是没有中国医疗队,中医的主要主体是私人诊所;达累斯萨拉姆市经济水平一般,有援助性质的中医,但是患者很少;桑岛经济水平很差,医疗条件落后,有援助性质的中医,患者很多,在当地很受欢迎。对比三地的模式,我们大概能描绘出一个大体的趋势:东非地区整体都卷入全球市场中,经济最发达的内罗毕已经形成了一个医学市场,不同主体各显其能,争夺这个医学市场的份额,经济获利动机是主要驱动力;而在经济条件最差的桑给巴尔岛,医学市场没有足够大到能吸引中医诊所的水平,当地中医的传播主要力量就变成了医疗队中的个别中医,非常受欢迎,但是受到国际政治很大影响,政治任务是主要驱动力;而达市经济水平位于二者之间,中医发展也呈现出过渡阶段的尴尬。如果对未来趋势做一个判断,内罗毕最有可能成为主流模式,那么中医将面临一个西方话语所主导的医学市场。

如何做准备以应对可能的未来?在我们考察过程中,中医立法问题的急迫性凸显出来。考虑到东非各国之间的相互联系较为密切,我们可以先从肯尼亚开始,先树立一个样板,从而带动整个东非地区的立法。中医立法,一是保护中医从业者合法行医的权利,二是确保中药能通过合法渠道进入肯尼亚,前提是中医的有效性和中药的安全性。但是立法难度大,一是对中医的资格认定困难,目前肯尼亚没有学校提供中医的学位,而外来的中医所能提供的资质证明五花八门,目前在肯尼亚的中医彼此间联系不多,没有形成组织,没有力量游说国会,也没有自发组织起来进行行业自律,提供认证的规范。二是肯尼亚的中医数量少,虽然立法对中医很重要,但是对肯尼亚政府来说并不是急迫的事情,所以只能推动中医同其他传统医学一起"打包"立法,这样所需要的联合主体就更多,工作也就更繁杂。三是中药自身的模糊性,使中医立法困难重重。

肯尼亚的"讨要好处"与"遵守规则"

齐腾飞 *

（清华大学社会学系，北京 100084）

几乎每一个踏上肯尼亚土地的华人都有过"被讨要好处"的经历。"讨要好处"的实践者遍布社会的不同阶层、各行各业，警察、移民局官员、市政厅官员、海关人员、税务官、法官、律师、医务人员、企业员工、无业者等等，不一而足。

一

2018年11月2日，搭乘南航飞机，从北京到达内罗毕肯雅塔国际机场。下机伊始，便"幸运"地遇到了"讨要好处"。海关窗口，肥硕的女官员拿着我的护照，郑重其事道："我可以给你签7天，也可以给你签3个月，至于签多久，要看你的表示。"来之前拜读过肯尼亚移民局的旅行签证规定，可以去移民局延期，最长达半年，不愿吃这个大头亏，我便和颜悦色地回应道："肯尼亚很漂亮，我就是来感受一下你们伟大的肯尼亚文化，你看着随便给写个期限就好。"见一毛不拔，女官员给签了一个月期限，便催促离开。待拿到姗姗来迟的行李，通过最后的安检，正欲走出大厅时，安检门斜对面一个男警招手示意我过去。旁边已有一对中国母女因行李太多被拦，问之，乃借此索贿尔。继续询问道："如此大庭广众、光天化日的，守着这么多警察同事，就敢这样？"见我这么大惊小怪，没见过世面，那对母女笑了，"这边都这样，讨要了好处，彼此会共谋一下，请喝杯咖啡，喝点小酒啥的。被拦下，即便你的手续正规，所带物品合法，也会被敲诈的。他们这边推行'禁塑令'，会因

---

* 作者简介：齐腾飞（1988—），男，清华大学社会学系博士生，主要从事东非政治人类学、文化人类学研究。

为你的物品中含有塑料而向你讨要好处；有些人携带牛角梳子，会被说成犀牛角而索贿。""可总不能把黑的说成白的，随随便便索贿吧！"见我有点轴，那位母亲解释道："其实他们对咱中国人这样，咱们中国人也有责任。有些中国人携带象牙、牛角之类的违禁品回国，然后就贿赂海关人员放行。从此，咱们中国人就成了海关索贿的常客。来这的很多中国人英语也不是很好，也不愿意耗费时间和精力，干脆就破财免灾。曾经有些刚来的中国人，对此很气愤，就骂人家，结果就被拉到警局度周末，周一开庭才放出来。"闻此，心想赶快逃离这是非之地，扭头便走，不过眼角余光发现有一荷枪女警，扭着肥胖身躯背后追踪，但"走两步退一步"，似有欲追不追之意，知其并不理直气壮，趁此溜之大吉。事后得知，被拦的母女经过讨价还价，"行贿"了 1000 先令，才被放行。

当月底，一个月的签证有效期将至。我和阿迦汗大学的教务人员 Sandra 前往移民局办理签证延期。事毕之后，我们刚上阿迦汗大学的公务车，一个身材高大，身着浅蓝色考究西装，脚穿黝黑锃亮皮鞋，散发古龙香水气息，一派精英打扮的 Nairobi County 的市政厅官员顺势钻到了副驾驶座。之后转身，开始滔滔不绝，"你们的车不能停在这儿，这么做是违法的，我这个人比较友好，可以通融。我的中国朋友！你看如何，是不是给点 Pesa（斯瓦希里语，钱）回报我呢？"见我装糊涂，这位"一表人才"的公务员调整了语气，颇有一丝理直气壮，"Boss! Money! Do you understand me? Give me 3000 shilling."因当时所坐车辆，乃是 Aga Khan 大学的校车，即便出事，学校自会摆平，故而装出一副听不懂英语的样子，莞尔一笑，概不言语。司机见状，直接对市政厅官员说："哥们，我们没钱，要钱就跟我们去阿迦汗大学要。"纠缠近二十分钟，见毫无效果，该官员无奈姗姗退出，但嘴上还不停地嘟囔着："你们要遵守规则！你们要遵守规则！"

次月 5 日中午，和明尼苏达大学的叶博前往中华美食街。说是中华美食街，其实就是个被墙围起来的院子，里面只有"鸡公煲兼沙县小吃""山东煎饼""小龙虾""兰州拉面"几家店面而已。食至一半，一辆貌似政府车辆不期而至。车上两人，开车者为壮硕之中年男子，坐车者为丰腴腻脂之妇女，两人皆正装打扮。出于好奇，扫视其工作挂牌，发现乃是妇幼保健院的工作员工。体态丰腴的妇女左手持本，右手拿笔，一步一扭地进入店铺"上看、下看、左看、右看"，不时在小本上记录着什么，而中年男子紧随其后，言语不多，仿佛是其侍卫。妇人见现任总统照片悬挂得体，室内桌椅安置整齐，卫生尚可，便一头扎进了厨房，见厨房为水泥地面，面露喜色，"你们厨房地面没有贴瓷砖，是违法的。"店家为福建人，来此做生意刚两个月，不懂外语，便请求隔壁"山东煎饼店"懂中文的本地雇员帮忙翻译。福建老板有点无奈，"哪条法规规定还要贴瓷砖的，从来没听说呀！""你这么说是不对的！另外你们店应该有卫生间，可是也没有，限期整改，处罚一下，以儆效尤！"福建老板又接着申辩道，"十米外就有公共卫生间，是中华美食街这四五家店铺共用的，哪有再这么多此一举的！如果你要罚钱，请给我出具法律条文和正规的罚单。再说，这事跟你们妇幼保健院有什么关系！"一个要罚钱，一个不愿给，局面陷入了僵局，旁边一大堆正在吃饭的华人和店铺老板都抱着看热闹的心态聚了过来。妇幼保健院的两位员工一看，要不到钱，还可能陷入"孤军被围"的尴尬境地，留下一句"好！那我回去给你开罚单去"，便钻进车里，快快而去。虽然送走了"瘟神"，但福建老板却一点也不高兴，毕竟是人家的地盘，去而复返该如何是好。

一周后，同成文（江西人，目前在内罗毕做安防生意）一道参观肯雅塔农业技术大学中非联合研究中心（中国科学院负责，中国第一个对外援助科研机构，2018年6月政协主席汪洋曾来此视察）。返回市区，行至 State House（总统府）附近被一个警察所拦。白盖帽、黑毛衣、藏青色裤子、黑皮鞋，一身标准警察制服打扮。伊始，该警察索要驾驶证，成文将国际驾驶证和飞机驾驶证一并交于警察。成文之所以给其看飞机驾驶证，是借此强化其合法身份。稍后，警察开始吹毛求疵，"汽车没得到很好擦拭，后视镜有灰尘，这样可能会妨害交通"。成文见状，知其索贿，但不欲助长其嚣张气焰，正色道："我们遵守肯尼亚法律，遵守交通规则，汽车得到很好的维护，我们希望在肯尼亚这片美丽的土地上安全行驶。"双方唇枪舌战一番后，警察看吾等宁愿浪费时间与其辩论，也不愿意破财免灾，稍后交还驾照，只好放我们通行。当晚，成文告诉我们，"其实一般的索贿，你只要跟他干耗着，虽然浪费时间，但基本就能摆脱麻烦。但是，涉及咱们要找他们办事的，给好处就必不可免。说实在的，在内罗毕这五六年，只要跟当地人打交道，基本上都会被'讨要好处'，办工作签证，如果不给移民局官员好处，基本不可能通过；公司纳税，不给税务官甜头，必然会找你麻烦（当然也存在一些'共谋'的成分）；员工被移民局关进监狱，如果不通过律师给法官献礼，员工很难及时释放；平常工作，当地员工也会变这样的跟你要好处；即便萍水相逢，聊聊天、问问路，有时都会跟你要点东西做礼物"。

"讨要好处"，于公职人员而言，为"索贿"；而对非公职人员而言，只不过是"索惠"。"索贿"之罪名，于公职人员而言，很易规避：一是因为很难有证据证明是送礼，还是索贿；二是很难有证据证明是"索贿"，还是"行贿"，见诸报端，只见华人行贿被捕，从未见内罗毕公务员因索贿被抓；三是向外国人"讨要好处"的思维深入内罗毕官员的骨髓，其本身对"索贿"具有很高的容忍度。

"讨要好处"在内罗毕这片天地，如此全民参与、积极主动、大大方方、理直气壮，的确让我们困惑不已，毕竟这种行为在中国的呈现方式一般是单独介入、半推半就、偷偷摸摸、虚与委蛇。当华人来到内罗毕，不免会对"讨要好处"不胜其扰。如果一味抱怨，则难觅其因；但如果报以"同情之理解"，则或有一种"理解之同情"。

12月的一日，买菜回公寓，在门口被一个西装革履、拎着公文包的职业男士所拦，"朋友，我回家没钱了，可不可以给我100先令让我坐Matatu（内罗毕主要公共交通工具，改造的小面包车）回去？"因为想了解一下当地人对"讨要好处"的看法，便说："我可以给你100先令，但是你要跟我实话实说，为什么在内罗毕，你们跟别人'讨要好处'如此理所当然？"那位职业男士愣了一下子，略做思索，"内罗毕失业率和贫困率高达40%，生计艰难，即便是有正式工作的人，月薪一万先令（约等于100美金）者比比皆是，我稍微好一点，一个月有两万先令，可是也没法维持生活。我信基督教，人只是上帝财富的管家，当看到别人生活不好时，应当施舍。""那为什么经常向华人伸手呢？""你们华人在我们这赚了很多钱，过着优渥的生活，而我们却很穷，你们应该补偿我们。还有就是你们比较好说话，容易给钱。"既然事先答应了人家，支付了对方100先令。职业男士接过了钱，说了句"Asante（谢谢）"。我淘气了一下，笑道："你们真的会感激给你们好处的人吗？""哈哈，其实我更感激上帝派你来帮助我。"说完，他便昂首阔步走向了路口的Matatu集聚点。

二

因田野调查需要，元旦之时，乘坐中国承建的蒙内铁路从内罗毕到沿海的蒙巴萨，并乘车向北60公里的Kilifi郡的乡村常住。而"飞签"经历以及在此地法院旁听，导致了自身两次被捕。2月18日，因签证即将到期，而前往邻国返回又能得到3个月的合法期，正好有同学正在邻国埃塞俄比亚的亚的斯亚贝巴大学攻读提格雷语学位，故借此前往目前已知人类的祖先——南方古猿的发现地游历一番。愿景很丰满，遭遇很骨感。

　　从蒙巴萨转机到内罗毕，在出关检验处遇到了问题。一位男海关官员在盖章处拦住了我，喝道："你的护照只能回中国，而不能去第三国。你这是想飞签，这是不允许的。"飞签合法与否，不易评价，按照法律程序而言，飞签虽钻法律空子、打擦边球而并未触犯任何法律。但从实务而言，很多外国人的确靠飞签延长在肯尼亚的工作时间，此举对政府所能收缴的工作签费用、移民局官员的辛苦费，以及肯尼亚本土就业市场造成一定损害。待海关男说罢，我拿出阿迦汗大学邀请函之类的文件争辩："你们移民局说，办理学生签证在三个月内搞定，而我来肯尼亚第三天就提交材料了，这已经四个月了，依旧无消息，这不能怪我。"但海关男不置可否，拿着我的护照就往旁边的小隔间里走，无奈我只能跟从进去要回护照。

　　一进小隔间，海关男立刻煞有介事地说："朋友，你这样不合规矩，怎么样？5000先令，我给你把出关的章给盖了。""我身上可没有那么多钱，你不信可以翻我书包。"说话间，一个印度妇女被请进了小隔间。海关男见我暂时不屈服，把我晾在一边"反省"，决定先开始跟印度妇女说话。正欲说话间，这位印度妇女眼泪瞬间下来，梨花带雨、略带哭腔地说道："父亲这些日子染了重病，我实在没法子。签证到期了，我也不能撇下父亲不管呀！前两天父亲去世了。好不容易料理完后事。又听老家人说，在老家的孩子又病了。我得赶着回去。我也没啥钱缴纳罚款，你行行好，让我回去。"说着，印度妇女从口袋里摸索出几张肯尼亚货币，最大的面额是五百，还有几张50、100的。海关男从中抽了500先令，然后说："我们不忍心处罚你，就略做小惩。好了，我带你出去盖章去。"

　　由于担心航班延误，内心动摇，放弃以前的坚持，打算破财免灾。待海关男再次进来，我把书包给他，"你看书包里就只有20美金，还有一些小额先令，不信你翻。"海关男把书包从内到外翻了个遍，发现穷学生就是穷学生，榨不出太多油水，然后笑眯眯地说："好吧。这20美元我收下了。"接着，他把那些小额先令塞到我手里，"朋友，这些你就留着喝点咖啡。"护照被盖了出境章，人终于可以离开了。在埃塞俄比亚待了三天，返回肯尼亚，下飞机后做好与内罗毕海关斗智斗勇，以及最后无奈破财免灾的准备。将清华大学在读证明、阿迦汗大学邀请函等材料，一并递给海关小哥，并在脑海中酝酿着回应的短语和句子。结果海关小哥看了一下，询问：读什么专业？懂中国功夫不？你喜欢Jackie Chan，还是Jet Li？最后痛痛快快地给了三个月的签期，而我准备了一肚子的辩论话语一句也没用上。

埃塞俄比亚归来之后，我就一直待在 Kilifi 镇，不时东游西逛，仿佛当地人也习惯了我这样一个学生模样、漠不相关的人的存在。租住在 Kilifi 湾沿岸一个英国人后裔的院子里。房东在肯尼亚山附近的农场种植茶叶，房子由当地人 Amina 负责照看。据 Amina 讲，房东的爷爷是 1910 年从英国经蒙巴萨来此的传教士，在靠海的地方买了这 4 英亩土地，之后几代人就在这院子里盖了三个房子。现在房子就拿来出租。

一天跟 Amina 聊天，其告知我他们村最近在跟一个印度商人打官司。故事的来龙去脉是这样的：当地政府意欲发展地方经济，贱价收购 Kiwapa 村的土地办厂，答应盈利之后补偿村民。而后政府从银行贷款建厂，因为归还不了贷款，土地和厂房被银行收缴。银行转手就将土地和厂房作价卖给了一个印度商人。印度商人自以为捡了个大便宜，就红红火火地办起了腰果厂。

然而此时土地所掺杂的复杂权益矛盾开始发酵，在数次交涉无果后，Kiwapa 村的长老带着本地数百村民，占领了厂房旁边的土地，进行测量，并切成 50m × 50m 和 50m × 100m 的块状土地，于 2016 年的 4 月 4 日分配土地给村民。为了应对接下来的诉讼，长老们在分配土地的时候，按照 50m × 50m 为 2000 先令，50m × 100m 为 4000 先令的价格集资。很多村民购买了土地，并建了 Hut House（大多数当地村民居住的简易房屋，框架为木头，墙体为糊泥树枝，屋顶为草或者椰子树叶，造价一间 3000 先令左右）；也有村民不敢购买，担心之后法官被印度商人收买将其判给印度商人，白忙活一场。

果不其然，躲在腰果厂瑟瑟发抖的印度商人第二天就将 Kiwapa 村告上了法庭，但是案子一直扯皮，悬而未决。4 月 3 日正好赶上因这个案子再次开庭。早上九点，我联系 bodaboda（摩托车）司机 Juma 送我去 Kilifi Law Court。进入法院很容易，安检通过后，将包裹寄存就可以进入法庭内部旁听。Kiwapa 村的案子开庭时间尚早，我随意迈入一个法庭坐下旁听。经历殖民时代法庭秩序的洗礼和建国之后司法体系的延续，民众对法庭的尊重深入骨髓，于法庭旁听，虽进进出出，但男性皆鞠躬，女性皆屈膝。出于职业习惯，我拿起笔开始在本子上绘图，做着笔记。

突然一个法警拍了一下我，示意我出去。出去之后，他问我是不是记者，有没有 permit。在得到否定回答之后，其收缴了我手上所拿的笔记本、ipad 和手机。然后说了那句经典的台词，"你有权保持沉默，否则你所说的每句话都会成为呈堂证供"。由于在赤道附近暴晒几个月，我的肤色已经介于黑种人和黄种人之间。法警见我如此样貌，分辨不出具体族源，质问道："你是不是索马里青年党？刚才绘图，是不是打算今天来探探场子，方便晚上来放炸弹？"为了证明身份，我去门卫处取包，法警看过护照之后，暂时确定我相对比较安全。但是不能到此为止，否则无法从中获利。我说："我还是打个电话给当地朋友吧，他能证明我的身份，也了解 Kilifi 的规矩。"法警把手机还我，示意不要删除图片，并派另一个法警看着我。正好 Juma 在附近，我就拜托他来帮忙一下，并将"讨要好处"的心理价位定在 5000 先令。Juma 来了之后，法警对中间人的介入特别满意，觉着能够缓解直接碰撞。Juma 跟我说法警要 2000 先令，我说："可以讲价不？"Juma 说："不成呀！他们就是故意的，咱们破财免灾吧。"我付了 2000 先令。但五分钟之后，法警又说不行，我一看旁边还有两个警察，瞬间明白怎么回事了：2000 先令不够三个人整分，故再坑我这个外国人 1000 先令。由于索贿价格在预算之内，我又给了 1000 先令。之后，法警复印了一下我的文件，归还了笔记本和 ipad。

索贿告一段落，正欲离开，法警叫住我，又进行了一顿传教。"信不信耶稣？""我相信科学，相信道德律，但不信耶稣。"我回应道。法警莞尔一笑，说自己认识内罗毕东土宾馆旁边教堂的中国王牧师。见他乐于谈话，我顺便示好，接受他的推荐，添加了王牧师的电话，并顺便问道："下次来法院，我是否可以旁听、记笔记而不受打扰？""是的，这次我们认识了你，确认你安全，以后就可以了。"返回的路上，Juma 和我说："其实乡下还好，他们只是要点小钱，不会像内罗毕那样，最低也要 10000 先令。做事也没那么坏，以前我知道有的法警就把人扭送到旁边的警察局，或者犯罪调查处，那样就要平白无故地遭受两周监禁，还要行贿更多钱。"

三

因 5 月回国，4 月底我返回内罗毕。在去阿迦汗大学告别时，顺便拜访了 Mose 医生。Mose 年少时在 KCSE 考试（Kenya Certificate of Secondary Education，类似中国高考）中拿到 A 的成绩，进入肯尼亚最好的内罗毕大学医学院读书，之后在武汉大学攻读 6 年医学博士学位，是地地道道的肯尼亚精英。跟他喝咖啡时，聊起关于内罗毕"讨要好处"的现象。Mose 对这个现象也挺有兴趣，便打开了话匣子，"'讨要好处'这种事在内罗毕也是因人群而异，像我们这种有体面工作的中产阶层不会去'讨要好处'，而生活不太好的平民和官员们在这方面比较突出。平民'讨要好处'，主要是太穷，活不下去，而现在媒体都把外国人描述成资源争夺者，他们也觉着跟外国人'讨要好处'理所当然。当官的跟你们'讨要好处'，的确是他们太贪婪"。我回应道："内罗毕那些官老爷，尤其是警察、Nyayo House（移民局）官员，总是找各种借口跟外国人，尤其是中国人'讨要好处'，即便你遵守所有规则，程序完全合法，都照要不误。"Mose笑道："你说的规则，那是肯尼亚纸面上的规则。要是真按照这个规则，肯尼亚政府早就清廉高效了。其实在肯尼亚，腐败不仅仅是官员的贪婪，而是整体性的腐败。这个腐败的根，在肯尼亚独立的时候就种下了。1963年，肯尼亚独立，大量欧洲移民返回欧洲，抛售土地，独立政府的政治精英家族，尤其是总统家族利用手中的权力和英国的'百万英亩安置计划'（One-Million-Acre Resettlement Scheme），大肆圈占土地，或者自己留下，或者低价赠送给跟自己有利益同盟关系的家族。'火车跑得快，全凭车头带，领导带了头，干部有劲头。'其他精英家族，势力虽不及总统家族，但上行下效，也在力所能及的范围内大肆聚敛财富。用一个美国外交官的话说，肯尼亚独立的第一个十年，就是一个巧取豪夺的时代。历史的结果，还是需要现实买单。现在内罗毕政治生态也没什么改变，还是老样子，掌权家族通过代际传递依旧掌权。腐败从政府的最高层起源，而后蔓延到肯尼亚整个政治网络，从而使腐败由某些家族的贪欲演变成整个官僚机构的共谋。而今像警察、移民局官员这些人不停地索贿，不过就是跟着领导有样学样。而这才是人家肯尼亚官老爷的规矩。"

听完Mose的"规矩"，我低下头，抿了一口咖啡，脑海中浮现出内罗毕市政厅那位"一表人才"的官员，仿佛还在嘟囔着"你们要遵守规则！遵守规则！"

杜尚别田野掠影*

刘 明**

（新疆师范大学国际文化交流学院，乌鲁木齐 830054）

一、感受时间

老话常说，"在家千日好，出门一事难"。2017 年 3 月 16 日（星期四）凌晨 4 点 45 分，揉着眼睛，唤醒疲惫的身体，透过窗帘望去，夜色笼罩在屋外，准备赶飞机。幸好有同事祝鹏来家里接我去机场，不然真不知道该如何在三更半夜搭乘出租车。前往塔吉克斯坦的飞机（每隔三天有一个航班）是清晨 8 点 55 分，到达杜尚别是当地时间 9 点多。根据乌鲁木齐机场最近的提示：需提前三小时到机场安检，加之路上的时间，也只能起早贪黑了。

塔吉克斯坦民族大学孔子学院中方院长贾静芳（于 2015—2020 年期间任职）说："从中国来到杜尚别，你的第一天将是 27 小时，好好感谢和体验这多出来的 3 小时吧！"由于塔吉克斯坦和中国有 3 个小时的时差，所以，当中国 15 点时，塔吉克斯坦才 12 点。这也就意味着，塔吉克斯坦比中国早 3 个小时。塔吉克斯坦对时间的情感还体现在地名中，例如塔吉克斯坦的首都杜尚别（Dushanbe），在波斯语中就是"星期一"的意思。据说，最初这里只是一个小村庄，因为每个星期一有集市，周边的居民纷纷来此赶集而得名。当地的中国人告诉我，塔吉克人如果说"现在""马上"，至少需要 15 分钟。尽管我将手表调成杜尚别时间，手机保持北京时间。然而，

---

* 本文为国家社会科学基金西部项目"跨境民族塔吉克族同源节日民俗与文化认同研究"（项目批准号：17XMZ098）的阶段性成果。

** 作者简介：刘明，新疆师范大学国际文化交流学院教授、博士、博士生导师。

生物钟并不那么容易替换。翌日清晨，北京时间 8 点我就醒来了，杜尚别时间才 5 点多。所以，时间这件事并不仅仅是物理概念，还是生物和文化概念。

一进 T3 机场，就看到一位熟悉的身影，是我班上来自塔吉克斯坦的学生王小虎。他听说我最近要去杜尚别做调研，因此，提前在机场等我，希望我帮他给家里人带窗帘，并拍了我的照片发给杜尚别的亲朋，说是一下飞机会有人来找我取窗帘。国际航班行李不能超过 30 至 32 公斤，并且只能托运一件行李箱，超过件数的要额外交钱。这令我十分惊讶：第一，他怎么猜到我今天会乘坐前往塔吉克斯坦的飞机？他告诉我如果遇不到我就另找他人夹带窗帘。第二，从新疆师范大学打车（单程会花费 30 多元人民币）摸黑到机场就是为了中国的窗帘？他坦诚说，中国的窗帘款式多样、价格便宜，拿回国装饰家居会非常好。好吧，我的学生们在来新疆学习汉语的同时，也没有忘记给家里增添中国的商品。据说中国的商品在质量和价格方面要优于塔吉克斯坦，这也是他们为何千方百计带物品回国的主要原因。后来，在杜尚别听同事说，他还曾托他们带过台灯。学生这么勤快和这么会做生意的品质，足以令我大开眼界了。刚好，祝鹏也要返回学校，可以顺便捎他一程。

到了杜尚别机场，看到托运行李的传送带上赫然写着四个中国汉字"××公司"，让我对塔吉克斯坦一下子就感觉亲切起来。当然，等我入住 82 小区（Гулдаста/guldasta/，花园饭店附近）会更深刻地领略中塔贸易的兴盛与互惠。小区的房子是十层楼，因为我所住单元的电梯配件坏了，还得等他们从中国进口相应的零配件修好后才能正常运转。我也只能暗自庆幸还好住在四楼，要是住在十楼，真不知道来回上下楼是怎样的生活体验。一位久居塔吉克斯坦的公派女教师王雅茗告诉我，她曾买过十公斤清油回到住处，不幸的是电梯坏了，等她将清油拎到十楼已彻底累趴。电梯出故障都不叫事，停电才是家常便饭。

在机场我反复查找需要填写的入境单，因为之前曾往来中塔的朋友告诉我，一定要填好入境单并且拿回半张表格，不然回国时将被罚款 50 至 100 美金不等。后来，当地人告知我，现在已经不用填写入境单了。正当我遍寻不到相关表格时，一位塔吉克男士在机场大厅里喊着："楼门。"我猜想该不会是有人在找我吧？可是，那个人叫了许多次，我上前说："刘明？"他愉快地和我握握手，然后说是 Liza（汪玲玲）的朋友。于是，我们走的是 CIP 通道——嘉宾服务，可以走头等舱通道过安检。我告诉 Lisa，我还带了窗帘要给王小虎的亲朋。于是，我们在机场门口和大厅来回打转，却并没有人上前来向我取回窗帘。后来，Lisa 说她可以联系到王小虎，因为他曾在塔吉克斯坦孔子学院学习汉语，会通知到他的亲戚来孔院领窗帘。终于，一件事可以放下了；但对于他们这样的人际交往方式还是十分吃惊的。此外，还有一堆行李是在塔吉克斯坦公派教师生活所需的路由器、网线等物资。在塔吉克斯坦当然还需要准备适合当地的转换插头——这和国内两用/三用插头不同。卸下行李，我们一起去了塔吉克斯坦饭店（Tajikistan Hotel）吃中餐算是解决午饭。

2017年8月25日，这是今年我第三次从乌鲁木齐前往杜尚别。此次出行的目的是调研塔吉克斯坦古尔邦节（宰牲节）的节日文化。清晨天蒙蒙亮，我就从家出门。真的是不同时节的6点，光线明暗的变化还是非常明显的。记得年初3月16日出门时，天色将将明朗起来；年中6月14日出门时，天色透亮阳光四射；如今天色暗淡正是夏转秋的季节。乌鲁木齐的温度已降至17摄氏度，而杜尚别高居32摄氏度。由此，刚到杜尚别馈赠我的不仅是时间上多3个小时，还有温度上从秋转夏的炎热。

这次出发，我不再孤身一人。潘博和我在机场一面托运行李，一面整理手提行李。机场工作人员要求只能携带一件手提行李且不能超过5公斤。可在实际操作中，我带了手提电脑和双肩包，按规定虽没超重却超了件数。潘博拿的手提行李足足有12公斤，于是在不违反执行要求的条件下，他将手提行李的物品取出直至满足5公斤的要求，等过了安检后上机前再将物品装回手提行李。经过一番折腾，我们顺利登上前往杜尚别的飞机。

 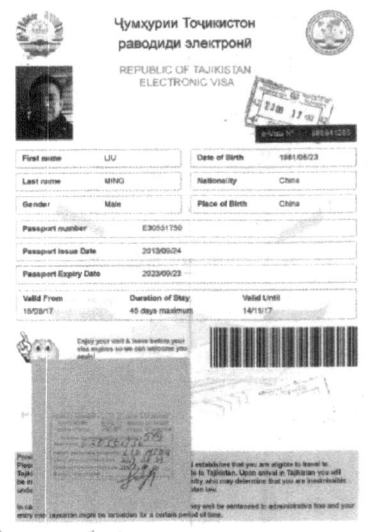

电子签证（2017.3.9–6.8）　　电子签证（2017.8.15–11.14）

当工作人员将入境的章子盖在我打印出来的电子签证上，一颗悬着的心总算落地了。但是，还需要宾馆帮我贴落地后居住的小条。不然，等我再回国时还要面临各种检查。出了海关就是提取行李的转盘，塔吉克斯坦的行李提取分 1 号、2 号和 3 号转盘。由于是人工劳力搬运行李，等待的时间不算短，重点是没有人知道自己的行李会从哪个转盘转出。于是，人们像鱼群般一会儿游弋到第一个转盘，一会儿成群结队地游散到第二个转盘。这就是塔吉克斯坦的生存策略：一切顺其自然。

当我们出了机场，李哲已经在外等候多时。我们上了出租车，按照当地的价格 25 索莫尼是比较合理的①。在我们准备下车时，司机却突然改口坚持要 50 索莫尼。经过潘博和李哲的轮番讨价还价最终锁定在 35 索莫尼。打出租车是需要商量的，如果坐中巴价格是确定的，这就是出行中的未知因素和已知因素。在途中，我们还遇见一个小伙右手端着铁丝网的漏勺，里面燃着各种草叶的烟末。司机告诉我，这是吉卜赛人要钱的方式。一般多为中年女性，拿着草叶的熏香在车内外来回地晃，据此乘车人给一定的金额。

炎热的天气，男人们坐在茶馆喝茶、聊天、吃水果，女人们则是在楼前做西红柿辣子酱。8 月也是租房的时节，一般的房子月租 300 美金——合下来大概 2025 元人民币，租房客可以 3 个月、6 个月、12 个月一缴。对于房租缴付的时间也体现了当地人的时间观念：假如说 8 月 23 日房子到期，房东一般会晚几天甚至是半个月（也就是九月十几号）才催缴房费。一方面，塔吉克斯坦银行货币不稳定，虽然利息比较高，但有时候钱在银行却因没有足够的现金而无法取出；另一方面，能够遇到稳定的租房客，对于房主来说也是一桩幸事。总之，房费是要缴的。所以，租房客与房东之间也形成了时间上的默契：稍迟是被房主接受和认可的。

二、体验规则

2012 年我第一次来杜尚别进行学术调研时，临街随处可以兑换美金、人民币、索莫尼和其他外币。生活在杜尚别的中国人告诉我，从 2016 年年底开始，塔吉克斯坦禁止随意兑换美金且禁止用美金购买商品，如果发现被人举报是犯法的。要想从美金兑换成索莫尼，必须到当地的大银行。由于塔吉克斯坦主要依靠在俄罗斯打工

---

① 索莫尼，塔吉克斯坦的流通货币，2000 年 10 月 30 日开始发行。

获得外汇储备，现如今俄罗斯经济不景气自然影响到塔吉克斯坦索莫尼的兑换比率。另外，朋友们告诉我，大型超市或者商店禁止拍照，否则要求当场删除。离境时，禁止携带香肠、带坚果的蛋糕等特色物产。

2017 年 3 月 16 日：100 美金兑换 819 索莫尼

2017 年 8 月 23 日：100 美金兑换 879 索莫尼

由于银行中午休息，所以还有一个小时的时间可以让我观察当地人们的日常生活。我发现：路上有中巴——起价1索莫尼，如果过了市中心2索莫尼；有小车——无论去哪里都是3索莫尼；还有Taxi计程车打表计价。2017年3月19日夜里，我们做完访谈打算乘坐出租车，与司机在费用上也是几番讨价还价从60索莫尼降到45索莫尼。最终，我们选择了打电话约车，原本是按里程计价的，由于司机的计价器坏了，结果要了我们77索莫尼，还是他认为打过折后的价格。

一般中巴都有固定线路，你可以在途经线路的任何地方下车，只需提前告知司机。恰逢修路，不管是25路，还是8路都经过82小区。这一片主要有82小区、84小区、91小区、92小区和101小区，算是住宅、生活（有商店、银行、餐馆）和交通较为便利的区域。房屋的租金在300至400美金/月不等，水费是按人头每个月5至6.8索莫尼，一次交半年，物业费一个月是60索莫尼上下。这一片区居住着较多的中国商人、打工者、公派教师和志愿者。

当我们准备过街去银行换钱时，坐在车里的两个人向我们示意——行人先走。久居塔吉克斯坦的中国公派教师李敏告诉我，如果开车遇到行人不停，哪怕是绿灯，碰到交警也会罚款。在我们即将远去时，一位塔吉克男士从车上下来叫住我们，要求检查护照。一开始，我老实地将护照拿出但仍旧紧紧地握着生怕被夺走。在国内，我听说无论如何都不能将护照原件交给警察。否则，再想要回护照会被要求上缴很多索莫尼。但是，警察依旧不依不饶地要求我把护照原件给他。我灵机一动赶紧拿出签证——来塔吉克斯坦之前我彩印了两份签证。从2017年1月1日起，因私签证都是电子签，需要提前打印好。在国内找中介机构办理也是价格不菲，大概是2500元上下。警察死活要护照，我又将准备好的中俄名片取出，告诉他我是大学老师。这次警察连正眼看都没看，要求没收护照，准备打电话叫人拘捕我。

陪伴我的小伙伴李敏用俄语反复同他交涉，并且拿出自己的护照复印件。警察还是找到了漏洞——我没有办理落地签。李敏用熟练的俄语说，"他今天才到，不信你看签证上盖的戳。"在义正词严的激辩中交锋了十多分钟，引来越来越多的旁观者。无奈之下警察伸出3根手指，意思是从入境只有3天时间可以办理落地签，如若下次见到我没办好落地签还是要抓人的。一场震慑后，我俩赶紧冲进银行兑换索莫尼。走出银行时，隔壁餐馆刚要抓我的那位警察向我摆摆手打招呼，就好像什么事也没发生似的，我也友好地回应。

这时，多年住在塔吉克斯坦的潘博打电话给李敏，说让我们没事待在房子里不要出门。因为快过诺鲁孜节了，警察都纷纷上路收钱——警察的工资大概是200美金左右（1600索莫尼）。我不禁好奇地问李敏，工资这么低，物价那么高，那他们怎么生活？李敏说，成袋成袋地买土豆和洋葱，天天吃土豆。此外，就是上街抓中国人罚钱。无论如何不能随便掏钱，不然会没完没了的。她向我诉说，一次她在餐厅吃饭，有位老乞丐向她乞讨，她觉得老人可怜，就给了几索莫尼。没想到成群的乞讨者拥进餐厅直奔她这一桌向她要钱——也不知道塔吉克斯坦的乞丐是如何在短时间内迅速传播消息的。后来，她学聪明了，再也不敢随便给钱。如果中国人开车上路，被罚钱的概率就更高。他们处理的方法是按照规章制度去机构交罚款，绝不私下给钱。

在塔吉克斯坦甚至连大学老师的工资也不高。据说，很多学生不来上课，为了拿到合格的成绩和获得最后的学位，大多通过在试卷里塞钱的方式获得学分。这与中国老师完全不同，因为面对中国老师，塔吉克斯坦的学生只有好好学习一条道。在一些塔吉克斯坦人的眼里，中国人也许是"多金"的代名词，但凡穿着差不多的中国人从长相就被认定是有钱人。在中国人眼中，塔吉克斯坦人是热情且从不拒绝人的，虽然答应的事往往做不到。

被警察刚这么一盘问，我赶忙去复印护照——2张2索莫尼。回到住处，我将护照和签证原件、身份证、银行卡、现金等重要物品全都存放进行李箱并上锁，只随身携带护照、签证的复印件和少量现金。久居的中国人对我说，被警察盘问都是家常便饭，我一来就能遇到也算好事。尽快入乡随俗，赶紧下田野。午后，随潘博去了塔吉克斯坦民族大学孔子学院，大家正在为明天诺鲁孜节前的演出做准备。晚上，潘博出去健身前告诉我，无论谁敲门都不能开门。于是，我正式开启塔吉克斯坦的田野调查模式。

2017年3月18日，清晨细雨绵绵，我们躲进号称世界第六美的茶馆（Choyhona "Rohat"）避雨。结果交警罚了我们60索莫尼，说是车占了人行道。在当地还有一种解决方式，被称之为"桌子下的交易"：给警察10至20索莫尼私了。因为罚60索莫尼需要开罚单，然后到银行交罚款。当地的中国人郑先生告诉我，不能做"桌子下的事"。否则，警察会没完没了地盯着你罚款。

世界第六美的茶馆 Choyhona "Rohat"[①]

---

① 2017年2月18日,美国CNN的旅游频道评选出全球最美的十一大茶馆,其中塔吉克斯坦杜尚别市区的洛哈特茶馆入围。它始建于1958年,位于中亚塔吉克斯坦首都杜尚别市区老总统府的左侧(茶馆地址:Rokhat, Rudaki Avenue 84, Dushanbe, Tajikistan; +992 90 793 1347 004),它是市区中最为华丽的休息和喝茶的地方,同时也是享受城市景观最好的地方之一。在2016年评选出的全国历史、文化和建筑名录中,这所茶馆和它旁边的剧院一起落选。在没有这个保护机制之下,它们很有可能未来会被拆除,在原地建设新的建筑。这十一大茶馆分别是:(1)加拿大的平原和六个冰川茶馆,(2)美国的 Anne Hathaway 小屋茶室,(3)塔吉克斯坦的洛哈特茶馆,(4)英国曼彻斯特的真正的茶馆,(5)缅甸仰光的仰光茶馆,(6)美国缅因州278号茶馆,(7)纽约罗切斯特的 Leaf Tea Bar,(8)日本的 Sengan-en 茶馆,(9)美国宾夕法尼亚州的随机茶馆和好奇心店,(10)中国苏州的品芳斋,(11)美国怀俄明州的 Rx Tea Time 茶馆。"塔吉克斯坦洛哈特茶馆入围全球最美的十一所茶馆",信息源自微信公众号 TOJIKO,2017年2月19日。

2017年11月23日,获悉洛哈特茶馆不久要被拆的新闻,并通过市政府办公室人员电话咨询的结果,确定洛哈特茶馆要被拆了。这是继农业部、市政府、市政府左侧居民房、名人故居被拆除后,塔吉克斯坦又一城市名片式建筑要被拆除。卡利耶夫记者曾经采访到:在茶馆附近,我们遇到了一位老人,他是杜尚别土生土长的塔吉克人。在苏联时期曾经在公共服务部门工作过,现在已经退休多年。"我住在茶馆附近,茶馆在建设的时候(1958年),我12岁,但是时至今日,我还是很兴奋地记得过去在这里所发生的事情,从周边乡村来的客人们,都喜欢来到这个茶馆喝茶。在晚上,人们常常戴着礼帽,但是他们经常用水壶喝白茶——伏特加"。老人在回忆起那些过去很多年前的旧事,似乎可能就是他年轻时候干过的事情似的,微笑了起来。他没有掩饰自己对于这个茶馆的喜爱,并且认为这个茶馆是这个城市的景点之一。"我经常告诉我的孙子们,关于我在这里遇到的那些伟大的人物。这里的茶,曾经将一些大人物、著名的艺术家、诗人灌醉。我就不一一列举,这是出于对他们的尊重,那时候我们都不敢接近他们。"现在的茶馆服务更现代化,没有很多品种的甜食,没有那些传统的茶杯和支架,没有个洛基亚绿茶,也没有以前那么宽松和整洁。茶馆的灵魂丢了……随着傍晚的到来,客人们越来越少了。由于高层建筑的日益增多,在茶馆的二楼,我们已经再也看不到美丽的日落。这个茶馆也像落日一样,在近六十年的时间里,见证了数百万计的人和事之后,走下了历史的舞台,消失在每个人最深最真的记忆中。朋友们,如果您在塔吉克斯坦,还刚好在杜尚别的话,那么请您周日的时候,约上几个要好的朋友,前往茶馆的二楼坐坐,谈谈理想,聊聊人生。我从哪里来,我是谁,我将要去哪里……老板,续茶……参见"杜尚别的洛哈特茶馆真的要被拆了!",信息源自微信公众号 TOJIKO,2017年11月24日。

尽管根据杜尚别市建筑和城市发展部门的官方信息显示,这座茶馆和其右侧的旧总统府将被拆除,在原址将会规划建设新的塔吉克斯坦政府综合办公楼。"法国驻塔大使馆在'洛哈特'茶馆举办六木卡姆音乐会",信息源自微信公众号 TOJIKO,2018年6月17日。截至2020年2月,尚未拆除。

3月18日晚上，一阵急促的电话铃声，两位老师（LZ 和 GS）在中餐馆吃饭因护照原因被移民局带走了。其中一位护照签证是彭吉肯特，他待在杜尚别是违反塔吉克斯坦法律的。后来，通过汪玲玲到移民局反复交涉才勉强将他们带回家，护照却被没收了。后来了解到，LZ 老师被罚 1000 索莫尼了事。对此，当地人常说："这是国家的法律"。确实，中塔一家亲，但也要遵守法律。

调研久了，我发现在塔吉克斯坦的中国人当中，几乎没有不被各种名目规定罚过款的。2017 年 9 月 3 日，白天参加完塔吉克斯坦民族大学孔子学院在瓦勒佐普（Варзоб / Varzob/）的聚餐活动，晚上由潘博带我外出抓紧时间了解和考察古尔邦节第三天的节日状况[1]。结果，在河滩路上被一群警察拦下。在塔吉克斯坦生活了近 5 年的潘博照例向警察出示行车所有证件，一般来说，在路上主要是检查车辆相关证件是否齐全。这时，交警的另外一名同事也走向我们。他短发，身着迷彩服，荷枪实弹，向我们要护照。作为经常来塔吉克斯坦从事节日研究的我，从书包里掏出护照和签证的复印件。一个又一个身边的经验教训告诉我，在国外最佳持有护照的方式是复印件，一旦护照被没收重罚事小，辗转的过程却很痛苦。

由于天色已晚，繁星挂满苍穹。笔直的道路两旁被霓虹灯照亮，身着警服和迷彩的塔吉克斯坦军人驻守街道。当交警没查出车辆的问题返回路中心时，穿迷彩的警察开始向我们发难：首先，为什么你护照上显示是 8 月入境？我们回答说，我是大学老师，来塔吉克斯坦做学术研究的。其次，为什么这么晚出门？我们接着解释：刚去朋友家过古尔邦节。再次，为什么签证上的落地小票没有复印？我们耐心说明：随身携带不方便。他勃然大怒，转向车的右侧大力拉开门让我下车。他高声喊道：你没有落地签，我要把你送到移民局，你准备蹲监狱吧！

与此同时，他恶狠狠地将护照和签证复印件扔向我。由于纸张较轻，复印件扔到我腿上又掉落在地。迷彩哥弯腰捡起复印件，继续大造声势。他似乎抓住了我们的小辫，犹如狮子咬住斑马的脖颈开始撕扯。不知道为什么，我没有了初次被警察盘问时的忐忑。遇到事发脾气是不解决问题的，这样的情况作为被检查的我们除了仔细地回答和耐心解释之外，又能怎么办呢？潘博解释说，我们是塔吉克斯坦民族大学孔子学院的老师，期待通过告诉警察职业身份的方式能顺利通过。潘博接着说道：他是我的老师，我们出来做节日研究。你看，我们也不是坏人。迷彩哥已经

---

[1] 塔吉克斯坦洗车、修车也很方便。一般车内外都洗是 25 索莫尼，只洗车外部不洗车内部是 15 索莫尼；买好机油找修车的人修理车大概是 40 索莫尼。

没了耐心，呵斥道：如果你不想去移民局待 24 小时，然后引渡被塔吉克斯坦划进黑名单的话，你就掏钱吧！潘博央求道：你也知道老师的工资并不高，我们也没有太多钱。迷彩哥声色俱厉道：我不管你们老师是不是有钱，但你也要给个晚饭钱，让我买点可乐、面包什么的吧？你们不是刚去拜完节吗？人家总会给你们带点吃的吧？

随后，他要求我们打开车的后备厢查看是否有食物。潘博缓缓下车走到车尾打开后备厢，迷彩哥一阵翻腾也没有找到吃的，气急败坏地指着潘博说：你喝酒了。潘博无辜地回复道：我没有喝酒，要不你可以让你的交警同事一起来检查。迷彩哥见气不过，开始跟移民局的人联系。在几声"嘀……嘀……嘀"无人接听电话后，他要求潘博迅速启动车辆离开，前提是我必须留在原地等待被扭送至移民局。潘博反复说明，我是他的老师，而我又不会俄语和塔吉克语，他不可能弃我而去。于是，迷彩哥继续回到罚钱的话题。潘博说，你平时可以罚钱，但今天是古尔邦节，这不是一个做坏事的日子。迷彩哥苦笑道："那我也没办法，我的工资也很低，但这是国家给我的工作，我必须这么做才行。"通过讨价还价，最后我被罚了 100 索莫尼。我们问，这算是 Kulboni 吗？迷彩哥悠悠地说，这 100 索莫尼是晚饭钱。他得意地将 100 索莫尼对折握在手心偷偷地塞进口袋里以防同事察觉。

当车辆驶出检查区域，潘博跟我感到今天真的是很悬。万一被带进移民局，后果是不堪设想的。我轻抚做田野的背包心想：我尊重警察的工作，但愿这顿晚餐能减少后面被查询人员的责难。

2017 年 9 月 4 日我跟随潘博和李敏开始想办法联系酒店办理落地签。先是透过塔吉克斯坦的大学生得知某 A 宾馆可以办理相关业务。后来联系 A 宾馆推脱说办不了，同时推荐 B 宾馆可以办理，只需要给 100～200 索莫尼就能办。当我们驱车到 B 宾馆时，B 说旅游电子签证不需要办理落地签。无论住在哪里都可以，不信可以去移民局办证处询问。为了进一步落实旅游电子签是否需要办理落地签，我们又赶往专门办理各种签证的塔吉克斯坦办证处。经过与官方仔细询问得知，旅游电子签无须任何其他材料。终于悬着的一颗心落地，不禁喟叹：海外人类学田野，真不易啊……

如果事情到此为止也不算差，毕竟在经济上损失不大，任何时候人身安全才是第一位的。对于学术研究而言，作为一本田野志，不经亲身磨砺怎好向他人诉说。2017

年9月6日，我和潘博从绿巴扎购物回来①，快走进小区单元门时，右肩被人轻拍了一下。顿时，便装的警察掏出移民局的工作证，然后朝着我说：请出示护照和签证。我一瞅，天哪！真的是"无巧不成书"，此人正是3月我刚来塔吉克斯坦时想要将我扭送至移民局的警察。这时，他也认出我来问道：你怎么还在塔吉克斯坦？我回道：这已经是今年第三次来塔吉克斯坦了。他看着我的电子签证说，你这次是旅游？我回答说，是的，过来旅游，我非常喜欢塔吉克斯坦。从护照和电子签证的复印件上，他并没有找到什么纰漏。于是，他开始转向潘博，要求查询护照和签证。无疑，他的证件也没有问题。警察接着问：你就在这里住？潘博回答说：是的。然后，他面露沮丧地走了。

这件事印证了我个人的两个想法：第一，在河滩路上罚我钱的警察纯属讹诈。路上警察的工作就是检查车辆证件的，可罚钱的随意性昭然若揭。我们能做的就是，遇到类似的事情不要紧张，一定要心平气和地与警察多回合沟通。根据移民局的规定，旅游电子签证不需要其他任何证件。不然，同样是复印件，移民局的警察也不会对我作罢。第二，移民局的警察是从小区外面一路尾随我们进到小区的，这让我们有些后怕。他这么做的缘故无非是在人少的地方找出证件的问题借机要钱，个人腐败的路数习以为常并深入骨髓。就个体而言，我们自己要知道塔吉克斯坦的政策，唯有如此才能心安理得和处变不惊。另一内情是前两次，我来塔吉克斯坦一直在找A朋友托酒店的B朋友办理落地签。实际上不仅花了钱和欠了人情，落地签没办下来之前还惶惶不可终日。经过自己从头至尾走一遭，也算是体验规则的明证。

三、参与婚庆

如果说调研诸多塔吉克斯坦的节日那么喜庆，却不向读者献上婚礼的喜悦体验，作为撰写者是否也太不厚道了？ 2017年8月26日，曾经在新疆师范大学国际文化交流学院学习的学生哈吉木（HJM）带我参加了他表兄弟的婚礼。由于他父亲的另一个妹妹刚去世不久，所以他父母并没有参加当天下午杜尚别时间6点举行的婚礼。

---

① 在塔吉克斯坦的菜巴扎里，有一群推着小推车帮人搬运蔬菜瓜果的人，当地人将其称之为"阿洛巴"（Алоба/aloba/）。我在绿巴扎市场上就遇到一位名叫米拉力的小哥，会一些汉语，穿着拖鞋、白衬衣。当我们向摊主寻求帮忙拿蔬菜时，他就从人群中冒出来，主动要求帮我们装蔬菜。在他仅有的汉语词汇中，他在不停地与我攀谈。同时，向我推荐西瓜——按个卖：一个15索莫尼。并且，他非常热情地向我们学习汉语词汇。等我们买完所需的蔬菜，我请他在市场门口喝了两个"嘎孜瓦达"（Газвода/gazvada/，汽水之意），一杯5"地拉木"（Дирам/diram/，两个地拉木是1索莫尼）。

在之前亲戚见面时，他父母给了 100 美金作为贺礼，所以今天由哈吉木代为参加以示新婚祝贺。不同于中国送红包和签名，塔吉克斯坦的婚礼会有带路人引导你落座，如果你愿意向新郎新娘表达心意，将礼钱直接给带路人，由带路人转给新郎和新娘。一般的，塔吉克人会给 200 索莫尼作为贺礼，如果是家庭亲属成员会给 50 美金（大概 440 索莫尼上下）。非常有意思的人类学观察是，在当下塔吉克斯坦，美金不能作为货币交换，却可以作为礼金显示人际亲近远疏。

以前，结婚双方会在男方家举行一次婚礼，在女方家举行一次婚礼，男女双方再一起举行一次婚礼。然而，由于塔吉克斯坦国家经济不景气，为防止婚礼、葬礼中人们互相请客攀比，只允许举行一次。至于塔吉克斯坦有多不景气，哈吉木举了个例子说，有时候即使你在银行有存款却取不出钱来，因为银行没有现金。至于塔吉克斯坦为什么出台这样的政策，他接着解释道：国家通过银行信贷发现，很多塔吉克人在银行贷款都用来宴请宾朋，以至于到期仍旧还不上借款。现在政策有多严苛，具体到每个片区结婚或者葬礼要提前申请，然后由主管片区的领导在你举行婚礼、葬礼时前往参加监督人数和做饭的炊具。比如，以前做抓饭可以用三个锅，现在只能用两个锅：一个锅炖肉、一个锅做抓饭。现在，甚至连做抓饭的肉和饭的量都会有严格规定不得超限。至于为什么要提前申请，主管片区的人担心宴请的家户太多，如果同一天有很多家就监管不过来。

如今，虽然只举行一次婚礼，但是婚礼场所的预定仍然如火如荼。尽管家里有亲戚去世，原本不打算大操大办婚礼的。然而，这个婚宴早在半年前就订好了，所以也不便随意取消。婚宴选在 Didar，当我们到达现场时，Didar 有左右两个大门三家人同时在举行婚礼。右边那家已经吹响了长型喇叭，伴着欢乐的音符新郎新娘下车，亲朋好友围着新人簇拥着进入恢宏的殿堂。哈吉木没有遇到熟人只好打电话询问具体场所，之后，我们走进左边的大门，里面音乐声起，看来婚宴已经开始进行了。

男方桌	新郎新娘桌	女方桌
1		1
2		2
3	舞池	3
4		4
5	演奏台	大殿门口
6		| |

婚礼场地示意图

正对大殿门的是新郎和新娘的餐桌，新郎身着西装，新娘穿着白色的婚纱、头戴金色王冠，在一对新人面前的餐桌上摆着各式果盘和美食。在新郎一边，第一桌是他的初高中同学；第二桌是给参加婚宴最尊贵的客人，我们被安排在这一桌；第三桌是他的父母和兄弟姐妹；第四桌至第六桌是男方的亲戚朋友。在新娘一边，第一桌是她的伴娘，第二桌是女方的贵客，第三桌是女方的家人，第四桌是女方的朋友。一共十桌，正对着新郎新娘桌的是乐队、主唱和主持人。

婚礼中塔吉克民族传统舞蹈　　　　　婚礼中现代舞蹈

一开始是主持人表达对新人的祝福，紧接着是乐队的表演，之后穿插了三组舞蹈，分别源自戈尔诺—巴达合尚、索格特州、哈特隆州的舞蹈、服饰风格，以示祝福来自四面八方。然后，主持人念了一首关于母亲的诗歌并邀请母亲走上演奏台，顿时感染了在场所有亲朋。主持人邀请新郎和新娘走下餐桌，走进舞池单独相拥，伴着印度的爱情歌曲两人翩翩起舞，切了蛋糕并递给双方父母。随后，有塔吉克族的传统音乐《契努》，有俄罗斯的歌曲，有年轻人喜欢的慢摇音乐。在不同的音乐和舞蹈风格中，老人、年轻人、男人、女人们在欢声笑语中完成人生重大仪式——婚礼。

新娘向宾朋弯腰行礼　　　　　询问如何燃放礼炮

在婚宴全程，新娘右手抚在胸前，间断式地弯腰鞠躬，向前来祝贺的宾朋表达感谢。尤其是，在新郎与母亲跳舞时，频频向新郎和母亲欠身。在切蛋糕时，当新郎和新娘切完第一刀，由餐厅的工作人员完成其他细分蛋糕，新人一起向父母递上蛋糕。在整个婚礼仪式过程中，都能呈现出新人对长者和亲朋的尊敬与感谢。在 Didar 结束婚宴，新人回到住处还要鸣放彩炮，组织者邀请我到新人的住处提前准备烟花。

据哈吉木说，新郎毕业于俄罗斯莫斯科大学，这在塔吉克人看来是非常知名的大学。毕竟，毕业后由于语言的便利更易于融入俄罗斯的劳动大军。对于塔吉克斯坦来说，很大一部分外汇得益于塔吉克男性在俄罗斯打工。当然，随着"一带一路"倡议的推动，许多中国企业也进入塔吉克斯坦的贸易和劳动力市场。

一些学习汉语的塔吉克学生有了更好的选择机遇，他们通过做汉—塔翻译能够有更多的收入。在塔吉克斯坦调研期间，我了解到当地教师和公职人员的收入并不高，而曾留学中国学习过汉语的塔吉克斯坦学生做一个月的汉—塔翻译能获得 2500 索莫尼的工资[①]。在他们看来，短期口译不仅获得了较高的收入，而且收获了丰富的工作经验。如果精通汉语，同时做口译和笔译，收入将会达到 4000 索莫尼（500 美金）左右。

对于尚未出过国的塔吉克斯坦民族大学孔子学院的学生欧里木江来说，他在塔吉克斯坦北部地区伊斯法拉（Isfara）工地做口译，包吃包住还有 2200 索莫尼的收入，对此他非常满意。他还不停地向我表示：虽然公司离市场远，但公司管理人员每天都会给他准备西瓜来解暑。这样一段愉快的翻译工作体验对即将到中国学习生活的欧里木江来说非常欣喜。一是通过汉语学习他已经开始自己挣钱了，二是没想到能挣那么多钱。他将 1000 索莫尼给父母，家里给他准备了很多好吃的，剩余的钱他用来做留学签证和中国的生活费，这让他感觉作为男子汉可以挣钱养家了。

---

① 在塔吉克斯坦，如果以一周为工作时间单位，一般来说，学校是上 6 天课，塔吉克斯坦企业上 6 天班的居多，政府上 5 天半班（周六上午也会去，但不怎么办公了），中国企业上 5 天班。可见，工作时间对人们的日常生活安排也是有影响的。

学术观察

能动社会的消极治理
——河西走廊高地村村治模式

陈 靖*

（西北农林科技大学人文社会发展学院，陕西杨凌 712100）

甘肃省高台县巷道镇高地村位于河西走廊中部灌溉农业区，临近黑河，依托高台县城，是一个正在卷入城市化进程的传统村落。高地村位于高台县城开发区西侧，辖9个社（即村民小组），共有360户，1474人，耕地面积2298亩。在城市化扩张进程中，该村约一半土地已经纳入开发区建设范围，尚有1200亩土地未被征迁。大部分村民已集中居住于"高地佳苑"小区，但全村并未完全完成征地与拆迁，村庄正在经历剧烈变迁。本次调查中，由于高地村传统样貌与城市化变迁的并存，使得我们可以通过经验对比来认识村庄的传统形态，并在征迁、上楼的过程中窥见村庄的变迁路径。从传统形态中，可以提炼并总结西部地区农村社会的典型样态，并观测村庄变迁的具体路径，比较城市化进程、基层治理与市场化等因素的东西区域类型差异。

第一部分 均质社会的能动机制

高地村位于高台县城郊，自2009年高台新区扩建以来，村域大部被纳入城市规划范围，由于高台县城为地方社会唯一的城市中心，城市扩张路径具有独特机制，也塑造了城郊农村独特的征地、拆迁与农民上楼的模式。高地村1~4社都经历了征

---

* 作者简介：陈靖（1986—），男，西北农林科技大学人文社会发展学院讲师、博士、硕士生导师，主要从事乡村人类学研究。

地与拆迁，5~9社中或多或少都有部分征地，但并未经历拆迁。传统村庄格局仍得以保存，在近8年的城市扩张中，高地村形成了"一村两貌"，半传统半现代地进入了城市范围，传统村落正在经历"终结"过程，因而经验具有复杂性。

一、村落传统与社会结构

高地村下辖的9个社各具有其聚居格局，相互间村落边界清晰且各自具有独特的村社传统，社作为村民生产、生活与认同的基本单元，构成了理解村庄结构的基础性要素。村落是经历历史传统与国家塑造的社会单元，高地村及其代表的西部农村，具有社会学一般意义所描述的"地域共同体"定义。学者在论述中国农村特征时，"社区""村落""地域共同体"等概念虽各有出入，但都认同农村社会所具有的"地域"性以及"共同体"特性。如有学者描述，这种社会结构的特征表现在：一是有一定规模的住户比较集中地居住在有一定界限的地理区域内，二是居住者之间表现出坚固的内聚性相互作用，他们具有不基于血缘纽带的共同成员感和共同归属感[①]。高地村村落传统的微观特征表现在：村落共同体内部以农户分散经营为基础、以村落共有的水利设施为补充，在共同体中形成了关于耕地和耕作的规则、用水规则等共同体规则，并在此基础上确立了生活规范。在村落生活中，村民之间形成了共同的文化信仰，形成了超越个别利益、在生命意义上的相互认同感。在此意义上，高地村及其代表的西部地区村庄，具有清晰的"村落共同体"性，而这里的"村落"表现明确界定为自然村，即经历历史传统、集体时期塑造以及日常生活营造所明晰的"社"。

（一）社：村落共同体的多重意义

"社"是甘肃地区对农村基层社会单元的指代，其他区域一般描述为"村民小组""生产队"，"社"的称谓虽自1982年分田到户而始，但"社"所辖的地域、土地、家户与人口，源自1962年"三级所有、队为基础"时期的基层单元，而这一单元更源自1956年高级社入社时的单元。换言之，本地村落共同体的基础，可源自中国集体主义改造，而自1982年分田到户之后，本地并未经历村社合并，社长建制一直存在，并且稳定地维持了村社两级治理模式。在经济意义上，"社"既是土地集体所有

---

① 英克尔斯，1981：100。

制的所有者，是家庭承包经营的发包者，是社员公认的"集体"，塑造并强化了本地"统分结合"的经营体制。在社会生活意义上，"社"是地缘社会的范围，是熟人社会的圈子边界，是人情与仪式理所当然的关系界限。在政治意义上，"社"是村民小组的清晰范围，是基层村民自治的基础单元，是日常社会治理的具体执行者。从文化认同意义上看，社是村民认同的基本范围且在日常生活中村民经常称"社"为"村"，不同社之间互动较少，认同的界限非常清晰。理解地方社会的性质，首先需理解"社"在本地的基础性地位。

1. 生产上的"社"

《论衡》有云："社，土也。"《说文》中载："社，地主也。"社与土地密切相关，而土地关联着生产、生活的各个层面。对于西部干旱地区，水土关系是塑造地方经济基础的决定性因素。河西走廊地广人稀，但人口大量集中于沿河绿洲地带，如高台县沿黑河村庄带，历史以来都是甘肃重要的粮食生产基地。绿洲农业依赖于水利灌溉，由水利凝聚起来的地方社会具有较强的组织能力，首先表现在土地的生产力由水利体系来决定，因而地方农田布局较为紧凑规整，致使地方村落聚居形态也较为紧凑密集；其次水利的使用必须经由地方社会的合作，特别是由地缘临近而形成的灌溉组织在地方社会起到基础性作用，而这个组织主要是依托"社"；再次，在大水利系统中存在分水秩序[①]，而社与社之间也存在确定的灌水顺序，使得社内家户的生产极具相互依赖性，在水利社会中农业经营的正相关性极强，也奠定了社的统筹地位及其能力。

生产上的"社"在 1949 年前表现为水利合作与民间互助，而集体时期的国家塑造更加强了"社"的共同生产功能，明确了"社"的具体边界，并将"社"塑造为具有集体产权性质的共同体。村民张吉武回忆，1949 年前本地种田就依赖黑河水灌溉，但土地大多集中在黑河沿岸，渠系较少，而农民居住主要以姓氏小集团集中于自有土地周边为主要特征。1954 年农业合作化运动之初，原张家庄、吴家庄因土地相对临近，共同生产方便，因而被合并为一个社。1978 年修居民点，原张吴二庄统一规划为高地八社，现为集中居住的两排宅基。集体时期大兴水利，八社有了较为完整的灌溉渠系，依据水利灌溉能力而规划了社内土地，并在 1978 年兴修居民点同时将宅基地与土地进行综合整治。1981 年分田到户时，根据便于经营原则，每家

---

① 关于黑河流域分水秩序，本地流传清代均水制度，以及镇夷堡生员阎如岳分水案传说，以及分布在黑河流域诸多龙王庙，可视作分水秩序的民间传说。具体可参见河西地方史相关研究。

的主要耕地都是在自家宅基地后,形成集中连片的"条田",水利系统围绕条田而建设,形成了关联紧密的水土关系,以及农业经营中的按户承包经营、集体统筹生产的基本经营特征。"社"是自1954年合作化运动时期高级社脱胎出的原型,1981年分田到户时集体土地发包的主体,在税费时期发挥农业税费、公粮缴纳的核算单位,同时在公共物品提供方面向来是进行统筹与动员的主体。

2. 作为集体财产主体的"社"

由集体时期形成的集体资产建设模式,构成了农村集体财产改革的路径约束[①],特别是1981年分田到户,基本以原社队体制下的"生产队"为单位,将对内集体土地以承包权发包的方式,对队内成员以家庭经营单位进行某种程度的"均分"。当然这种"均分"是指成员均等获得土地承包经营权,因而分田到户的具体做法,构成了理解各地农村社会基础的前提要素。

具体来看,1981年的分田到户实际有两步重要改革:一是"大包干",即以"小承包"的方式结成"责任组",经过一两年的生产"交够国家的,留足集体的,剩下都是自己的";第二步是"包产到户",大部分地区是在原"责任组"的基础上组内进行"包产到户",同一生产队内部不进行大调整以及统一"到户"。以高地村为例,分田形成的"责任组"经营仍是一种小型共同生产,但因共同生产更依赖水利及水利、田间道的维护,因而形成的"责任组"并不是依据血缘群体,而是地邻关系,因而下一步"包产到户"时形成的家庭承包经营的分散程度与其他地方有所差异[②]。高地村在"分田到户"整体政策落实之后,形成了人均2亩、户均8~10亩的经营样态。值得一提的是,除此类耕地之外,河西走廊存在的大面积荒滩,虽不算基本农田范围,但因归属于集体,大部分社将荒滩以"附属地"的形式附带到"包产到户"的户均经营面积中,这部分"附属地"在当前的征地补偿过程中有独特的经验呈现。

[①] 这一"农村集体财产改革"不仅包括1961年"三级所有、队为基础"的改造,也包括1981年分田到户过程中的按户承包,1998年土地二轮承包,以及高地村自2009年以来城市化征地过程中集体补偿款的发放方式,均源自于历次土地以及集体资产改革的遗存。

[②] 可以作为对比的是,笔者在山东淄博马桥镇调研时发现,该地在"责任组"划分上大多是以亲缘关系,如亲堂兄弟家庭成为合作生产的"责任组",因而"包产到户"时亲兄弟家庭在"责任组"内部分配土地、工具与牲畜,形成了较为细碎化的土地占有形态,这种细碎化的初始状态,也塑造了当地"三年一小调、五年一大调"的调整传统,在后期逐步解决了土地细碎化问题。而高地村在"包产到户"时因地邻关系而形成的"责任组",在接下来"到户"过程中土地相对集中,虽有细碎化的问题,但因社内无法产生调整土地的整体压力,因而长期以来不调整土地。

由"包产到户"形成的并不算分散细碎的户均经营模式，构成了本地农业生产的初始格局。1981年后农户承包经营，但面临一系列生产经营的公共需求亟须得到回应，一是水利灌溉的组织与维护，二是随着人口变动而带来的户均土地占有不均，三是建基于集体土地所有制而来的农业税费、公购粮任务以及农业公共建设任务。在水利灌溉问题上，"社"作为共同灌溉的单位，由社长作为组织者进行协调，而各经营户遵照灌水秩序依次进行并以承包地面积为基数进行成本分摊，包括灌溉水费以及渠系维护的成本。在土地占有问题上，因初始的土地均分以及计划生育带来的人口控制，使得本地社员家庭人口变动并不剧烈，而在社内"少数服从多数"的共识生产机制下，很难在具体时间点上达成要求调地的"多数"，因而本地自1981年以来从未调整土地。在农业税费上，依据国家自上而下的任务，村社两级依据不同性质的税费"按人按地"[①]来进行均摊，社内也通过"按人按地"方式来下发不同性质的国家任务，但最终按户来核算征收。

作为土地集体产权所有者主体的"社"，在"家庭承包经营"的格局下，"统分结合"成为"社"职能发挥的主要机制。在西部干旱地区的农村，由于水利灌溉的共同需求、家户农业生产的正相关性，以及由政策形成的分散经营的稳定性，使得"社"需要发挥强集体的作用，这种强集体的作用源于但不限于其作为产权主体，更来源于以社为单位的共同生产需求在地方社会的强结构，而历经诸多国家政策的塑造与强化，形成了在西部农村独具特色的"社"。

3. 社会生活中的"社"

历史所形成的作为共同体范畴的"社"，在农民日常生活中也扮演着重要角色。费孝通在《乡土中国》中论述"地缘"的重要性，但他认为"地缘是血缘的映照"，这种地缘结构与血缘结构合一的状态在华北地区的"村落"或者华南宗族性地区较为明显，但以高地村为代表的西部干旱地区的农村，因农民共同生产的需求无法得到血缘结构的有效回应，灌溉农业必须依托地缘为单位的统筹与组织动员，因而农民对于超血缘结构的社会结构更加依赖，以及由此形成的土地配置关系、宅基地分配模式等，加剧了日常生活对于"血缘"小结构的分裂。农民生产依赖于"社"，土地承包源自"社"，而"社"作为地缘的单元，在村落生活中更为突出，表现在不同社之间土地相对集中，以社为单位的居民点间物理边界清晰，地方社会呈现出围绕

---

① 土地配置机制以及基于此的"按人按地"分配税费任务的机制，构成了本地解决集体问题的显性规则，这一规则将在后文的征地问题中起重要作用。

"社"的密集聚居，以及不同"社"之间相互区隔、分散布局的聚集样态。

这种聚居性更表现在日常生活中，费孝通也提出了"熟人社会"概念，指的是农民在一定的空间界限内由于长期"生于斯长于斯"而不断习出来的熟悉感。华中村治研究者将该"熟悉感"更细化为可以操作的社会学关系机制——人情。人情是指社会成员之间相互往来不断的物质与情感交换，在民间社会表现为随礼、仪式、礼物流动等社会事实。而在高地村，人们认可"社"作为人情、仪式的单元且这种认同感非常强烈。以红白喜事为例，因传统时期仪式的操办需要社会成员之间的鼎力合作，因而通过"人情"来满足物质襄助，通过"派工"完成仪式合作，除了宗亲、姻亲等血缘关系，地缘关系的界限就是"同一个社"。社员表示，只要是同一个社的，出了红白事不用主家去请，本社社员自觉就会去，而且社员间的普通地缘关系，人情随礼的水平都是一样的，不论家庭生活水平与收入能力，并且每家只能去一个主事人作为代表。

仪式性需求是村落共同性的表现之一，因为每户都会有红白喜事的需求，而这些仪式无法通过一家一户来独力完成，因此产生的需求需要得到社会回应。"社"成为毋庸置疑的回应主体，而所谓的"社"也不过是"生于斯长于斯"的家户的组合，在生产、财产等问题上是共同体，在公共仪式需求上也是回应的基本单元。这种长期"习"出来的熟悉感进而也成为社员认同的单位，表现为社员有极强的共同体边界意识，日常生活中将社称之为"村"，而选出的社长也就成为本共同体的代言人。

4. 社作为基层治理的基础单元

高地村的"社"即基层治理中的村民小组，20世纪80年代以来形成的村民自治制度具体体现为村委会选举，以及日常治理中决策、管理与监督中的民主机制，而村民小组则为一些人数较多村庄的必要补充。甘肃地区的"社"作为村民委员会选举法中明确规定的"村民小组"，也享有法律所规定的权限，具体表现在"社长"（村民小组长）由本社内自主选择，而乡镇、行政村并无权限撤换、推举"社长"。

这种村社两级间清晰的选举与组织界限，形成了本地特色的基层治理格局。"社长"作为基层自治的代表，自社员中选举产生，依靠本社内资源，回应本社内公共治理需求，社形成了与行政村为代表的"村"之间相互独立的治理机构。参照村民委员会选举法的规定，村民小组组长，村民小组会议推举产生，可以参照村民委员会成员的选举程序进行。在高地村，这种自治意识非常强烈，且社内因灌溉组织、公共事务成本结算、统一生产等事务经常开会，社长就是召集人与组织者。社长的选举由本社内每家户派出代表，实施"一户一票"的选举办法，通过2/3以上同意才能生效。而当选的社长只需经过向村委会报备，由村委会进行资格确认即可，社长津贴由上级财政拨付，每年约3000元。社长当选后，需要承担公共事务的组织者职能，访谈中所有社长均表示，税费改革后最主要的事务就是灌溉，上级水务部门制定灌水顺序，到该社的灌水顺序（一般为7~10天），社长需召集社员开会通知灌水时间，社内制定灌溉顺序；每年冬天渠系维护中的义务工摊派，也由社长核算并组织。质言之，社长负责本社内公共事务的组织，只需回应共同体内部需求，与村委会一级职能边界清晰，承担的是与社员日常生产生活密切相关的具体事务，而村委会则负责承接自上而下的行政事务。因而一位社长表示，"社长要比书记主任更难当"，因为"书记主任面对的是有文化有素质的乡镇干部与各社长，而社长面对的都是分散的、素质不高的农户，管的都是鸡毛蒜皮但又牵扯广泛的具体事务"。

在西部地区农村，由于特殊的生态环境约束，农民基于共同生产的需求必须通过地缘单位上的合作而非血缘结构的互助来回应，因而农民对社这一共同体的依赖更甚于血缘结构。社在地方社会所承担的多重功能，使得单家独户的农户需要依赖社来满足基本生存。这一原生需求在历史中形成的社会传统，经由集体时期的国家改造与加固，形成了依托于"社"的基层社会单元，社承担生产组织、财产配置、社会仪式需求以及基层治理的功能，加之基于国家土地政策而形成的土地承包关系、宅基地分配形式造成的聚居形式，加固了"社"作为共同体的不同侧面。

（二）社的公共性形成机制

"社"在地方社会的基础性地位，奠定了本地依托于"社"而形成的治理格局与社会结构，理解"社"并不仅仅是指描述"社"作为社会事实的存在，更重要的是解析"社"在日常生活与治理中的运行机制。通过对社的"公共性"形成机制的分析，可以动态理解村治模式。

1. 社议事会与社员会议

在高地村的9个社中，社内户数一般为30~40户，较小的社25户左右，这种规模的"社"正是熟人社会的合理规模。社长选举与日常决策中，每户派出一名代表参与集体事务讨论与决策，因而容易组织起会议。七社社长关希增说，一到灌水季节一个月都得开两次会，在征地拆迁事务较多的二社，今年（指2017年，下文同）上半年就开了五六次会。频繁召开会议与社员议事会是日常治理的重要机制，社员议事会机制是自生产队时期以来形成的传统，社员们会议，在集体时期生产队的事务都是经过社员会讨论，经常在年底、晚上进行各种决策协商，而社一级除了有社长、副社长之外，还有社文书一职。分田到户后社集体核算功能被消解，社一级仅保留了社长职务。社长作为集体意志的代表，日常事务既无法独自决策，也很难频繁开会来商讨一般事务，因此很多社都保留了"社议事会"机制，即选择一些较为公正，具备人品、能力与公心的社员来担任议事会成员，一般社议事会有4～6人，由社员公推，并无报酬。高地9个社中，虽然社长可能会替换，但议事会一般比较稳定，很多村民自1981年以来就是议事会成员。二社议事会共9人，按照社长的说法，"一般有事先得在9个人范围里商量，再通知全体社员"。在二社的上访事件中，去乡政府与土管局上访者也就是议事会的成员。九社社员王占勤40多岁，但在20岁开始就是社议事会成员。议事会成员一般是本社内"有威望"的社员，虽然本地仍有姓氏血缘结构，但议事会成员的产生与"户子"并无关联。

社内生产、生活的公共需求所衍生出的公共性，表现在社内需求回应的模式、决策产生的模式均是公共性的，而非社长所能私人决定的。很多社长表示，"社长不能拿事，社员才是拿事的人"，拿事是指决策的产生来自社员，而非选举出的社长，决策的机制主要是开会，会议上各户派出代表进行决策，通过"少数服从多数"的机制，以及某些社内传统来产生决策与共识。因而很多社员表示，社长只是召集人，社长作为公共利益的代言人在村一级活动，但社长的行为与利益均来自社员家庭的共同决定。社员选举社长的首要标准是"无私"，大家所看重的品格是人品和能力，是为大家伙操心办事的人品和办得好摆得平的能力。在征地拆迁过程中，已有很多社社长被罢免下去，原因是其在补偿款发放中有私利行为。总而言之，作为熟人社会、公共利益的代言人，社长的产生只是某种集体意志的代表，决定权仍在社员全体参与的会议。社员会议在征地补偿期间召开比较勤，涉及每块土地的征收、每笔补偿款的发放，包括分配方案的制定都需要社员会议来决策。

与发达地区或空心化的中部地区相比，高地村的村民议事程序参与率较高，虽然本地也存在劳动力外出，但社内很少有举家外出的农户，因而保持了对公共事务的参与程度。在村社传统中，一般都是"掌柜的"（当家人）作为公共事务的出面者，但本地务工距离较近，特别是作为"掌柜的"群体一般为40～60岁中年男性，务工内容也以本地建筑行业为主，季节性较强，务工距离较短，即使无法参与社内公共会议，留守在家的父母、妻子也可以作为代表进行决策。本地家户生计模式维持了社内会议机制的稳定性，"半工半耕"的模式维持了家庭内成员的在村率，也保持了本地社会结构的稳定性。

2."少数服从多数"机制

社内公共决策中,当出现社员意见不一致时,社员都认可"少数服从多数"的民主机制。这种机制首先具有较强的传统性,自集体时期生产队的决策就采取这一机制,而在整个税费时期由于社内要开展摊义务工、公共维修等事务,"少数服从多数"的机制也持续在发挥作用。在征地拆迁时期标准制定、分配方案决策中,每个社都是通过这一机制来形成社内共识。其次,这一机制虽因社而异,但地方社会都认可该机制的合法性,对于"多数"的比例究竟有多大,不同社内的传统是不同的,如三社认可60%即为多数,更多社认可2/3这一法定标准。实际上在具体事务决策中,并不是每次都会出现势均力敌的少数与多数,因而每次决策都能够产生共识。再次,在重复博弈情境下,"少数服从多数"的机制虽然在具体某次的决策中会产生"受损的少数",但由于社内利益相关程度高且该机制会在历次决策中发挥作用,因而长久来看也不会产生利益失衡的群体。在长期重复博弈中最终达到群体利益的最大化,这也是很多社员认同该机制的地方。

"少数服从多数"机制被破坏的可能,在于能否产生并激发不服从的"少数"。在东中部地区出现的"钉子户"最容易破坏社内民主机制。在高地村,虽然也出现过不服从的少数,如五社集体补偿款分配中,37户社员开会讨论决策,社员胡世多因女儿落户需求,坚决不同意社内形成的规则,但由于其他社员都同意,在会议纪要书上胡世多签署不同意,其他社员签署同意并按手印。这份会议纪要书在乡镇农经站,站内认可决议的合法性,胡世多遂将五社告上法庭,法庭在宣判中,认定五社决议合法,驳回了胡世多的要求。在地方社会中,从法院到地方政府均认可社内"少数服从多数"的共识形成机制,因而少数不能演化为"钉子户",杜绝了钉子户的激发。实际上,在征地拆迁过程中各社都出现过利益受损的"少数",或者极端伸张个人利益的"少数"。由于社内存在极强的"多数人"合法性以及地方社会对该机制的政治支持,使得本地的民主机制得到了很好的保存。

在社内,由于社员之间利益相关程度较高,社会关联性较大,任何不认可集体意志的个体都将在日常生产与生活中遭受其他社员的排斥,因而集体性、公共性能够得到保存。以灌溉为例,在干旱地区水利是农业的命脉,也是家户生计的命脉,因而在"摊派""出义务工"的实践中,一旦某位农户充当"钉子户"或试图搭便车,社内可以决定拒绝该户灌溉或者使用公共物品,社内除了舆论压力外还存在经济惩罚机制，具有对"少数"的压制机制。其次，社内作为利益共同体，由于个体性行为会直接影响集体利益，社内也存在对"受损的少数"的补偿机制，各社都出现过因土地经营纠纷而出现的补偿款分配矛盾，各矛盾方都可能成为村社集体决策的反对者，社长及社内成员通过"做工作"，按比例调配补偿款等方式，为矛盾方最大程度解决纠纷。再次，社内存在对"少数人"利益诉求的识别机制，由于存在村社传统且社内具有较强的共识生产能力，作为熟人社会的"社"对各家各户情况知根知底，因而在"少数人"利益诉求上具备辨识能力，如五社存在三例户口迁入本社的案例，新成员迁入本社牵涉到分配集体资金资格的问题。社内在准迁问题上进行"一事一议"，具体辨别每户需求者的动机，如社员胡正兵的女儿甜甜曾外出上学，户口迁出本社，女儿毕业后没有找到工作，户口无处落地，胡正兵向社内申请，并同意女儿迁回后不参加集体资金分配，社员均同意落户。社员胡汉军是纯女户，长女胡海燕25岁，大学毕业后回高台工作并把户口迁入城关镇，因胡汉军年迈无法务农，也面临养老问题，向社里申请女儿落户并承诺永不参与集体资金分配，社员也同意其需求。社作为熟人社会的基本单元，能够有效回应每位社员的真实需求，同时能够产生共识并坚持规则治理。

3. 社长的生产机制

社长在地方社会具有举足轻重的地位，作为基层自治的关键群体，本地社长的选举极具民主性，社长在日常生活中发挥着不可或缺的地位。社长的产生具有几重特质：首先是，"社员选你你就得干"，在20~40户规模的社内，熟人之间相互知根知底。社员的选举基于对某位村民的认知，对于被选举对象来说，社员的信任与推选本身也是一种认可。很多社长表示，"被选上了就是大家信任，不干就辜负了社员"；也有社长表示，"大家选你再不干，就等于把全社社员都得罪了"。其次，社长选举的首选标准是人品和能力，社员的信任实际上也是社内社会竞争的成败标准，在同一社内大家认可的"有能力的"人为数并不多，而社员选举所产生的多数票，也是对该被选者人品、能力的认可，是一种社会价值与民间权威的认证。一些村民表示"同样是两个能力强的人，选上你而不选他，就说明大家认为你比他强"。再次，由于"被选上是一种认可"，长期以来，本地社长的选举与治理都是均衡的，一旦选上只要干得还好，就会长期当下去。除非社长本人提出辞职，否则一般不进行重选。而"重选"发生的主要原因就在于，社员怀疑社长的品质与行为，向乡镇和村里进行一定数量的申诉，村里才会召集"重选"，而被社员怀疑一般是由于社长谋私、不公正，这种私利行为往往是对集体利益的损害。因而一旦被社员反映并被罢免，也就意味着该社长名誉扫地。

七社原社长关某 2011 年—2017 年间担任社长，但今年被村民上告并选下来，主要原因是关某在灌水时因自家地多，把自己灌水的费用偷偷摊到集体账上，被村民发现并揭发。三社原社长王某某在任社长期间，本社会议室翻修施工，施工过程中社长宴请施工队并上了高档酒被社员发现，告到村里并被选下来。社员还发现其在施工过程中私吞建材，对王某某嗤之以鼻。八社原社长吴某某在本社征地过程中，代表本社与政府签订的征地协议中荒滩为 3.3 万元，而本地近几年荒滩征地标准已经是 3.5 万元/亩，社员并不知情，之后开会选调了吴某某，虽然吴是书记属意的下任村主任候选人，但因为被八社开会罢免，在高地村也名声扫地，参与选举时村民几乎没人投他的票，自己也成为大家的笑柄。在"选你你就得当，当上就得干好，干不好就被选下来，被选下来就丢人"的逻辑中，村社内部产生了对社长行为方式的社会约束。

（三）社长的职责行使

作为地方社会治理单元的代言人，社长从村落的产生机制决定了其职能之公共性以及为公共性而承担的私人成本。在征地拆迁进入村庄以来，已经有大量社长因村民的质疑而被选下来。一位社员说"现在整一块地就换一茬社长"，外生利益进村扭曲了村庄内部的均衡结构，进而使社长的职责履行机制出现了新的样态。而在静态的社会结构之中，社长成为地方社会公共利益与集体意志的代言人，公共性机制的召集人，其职责包括多重面向。

1. 村落水利的组织与管理

杜赞奇在"文化的权力之网"理论中寻求中国社会权力结构中的地方性主体，并且看到了华北地区水利组织中的民间管理者所具有的权力地位。西北地区水利形态以河流灌溉，特别是自流与提灌为主，高地村全境本以黑河自流灌溉为主，同时以井灌为辅助。无论哪种灌溉形式，都是以社为单位进行组织，原因在于同一渠系下因存在灌水顺序，灌区会以社的形式来进行阶段性集中供水，由此需要社内自行组织灌溉，并交纳水费，提供渠系设备维护成本。在高地村所属的永联灌区，纳凌渠串联上下两个乡镇多个村庄，社长收到具体灌水时间安排后，就需通知并组织本社社员准备灌溉。一位社长说，提前通知，是需要提醒社员早点准备化肥，排好灌水顺序，收取水费并进行决算。这就决定了在灌水时期，社里要经常开会，社长要多操心，也决定了本地必须采取"半工半耕"式经营，特别是家庭中必须有强劳力在家。

在河流自流灌区的分水秩序下，往往会出现上下游之间的用水纠纷，也会导致下游村落水源不足，长此以往形成巨大的利益协调成本。在近年来黑河用水实行"总量控制"的政策背景下[①]，地方水务部门通过提价方式来限制农业用水，使得本地灌溉成本大大增加。高水价激化了本来就被压缩的农业生产空间的问题，流域内农户开始使用打井的方式采取地下水提灌，而打井必须以社为单位进行统筹，在打井、日常维护、灌水秩序上均需要社内形成统一共识，而社长是所有事务的召集人。很多社在使用集体时期作为备用水源的水井，也有不少社在国家农田整治项目中配套了水井。近年来地方政府对地下水开采也进行严格控制，如八社社长表示，从前年开始自己就向上级递交打机井的申请，但到现在没有任何进展。地方政府严格控制地下水开采的措施除了限制机井数量，还通过技术的方式对所有农业机井进行收费，为域内每口机井安装了插卡式水泵，社必须预交"水资源使用费"之后才可取水。从今年开始，水费的涨幅已经逼近黑河用水，从 4 分 / 方涨到 1 角 4 分 / 方，并且采取阶梯水价[②]。阶梯水价下各用水户因时间早晚而可能出现享受不同价格的问题，但在以社为统筹单位的制度下，全社内部进行水电费均摊，而具体进行核算的则为社长。

灌溉秩序的制定，是以渠系上地邻关系的顺序而展开的，民间自主形成了秩序。基于地邻关系而形成的末级渠系维修，也因此由社长统筹，各农户按照地块面积而进行义务工地均摊。水电费年终统一结算，由社长按照各户用电量进行均摊结算，最终形成水利组织。实际上在历史以来，灌水顺序与义务工摊派均以社为单位进行统筹协调，特别是涉及灌区内的渠系系统清淤、维修等实务，由灌区进行用工量核算，摊派到社，社根据某些标准（按地按人）进行摊派到户，户内出劳动力进行实际劳动。这种义务工制度不仅在水利工程中，在社内的修路、植树等事务上也成为一种"地方性规则"。换言之，社长作为社集体事务的代言人、组织者与召集人，在公共事务中按照一定的"地方性规则"进行统筹协调，而社长本人也只是一定规则

---

① "总量控制"政策被当地政府部门称之为"最严格的水利管理政策"，因黑河流域均为干旱的绿洲农业区，而下游的额济纳居延海为国家自然保护区与重点景区，因此甘肃境内的临泽、高台、金塔三县引水被严格限制，试图通过水资源的管理，来倒逼实现农业用水的集约性。实际上地方水务部门通过价格杠杆造成的反而是农民退出灌区管理，采取地下水灌溉的方式，大大加速了灌区体系的崩溃。

② 即限制每口井的总用水量，在 15000 方以内单价为 0.11 元，超出部分每 3000 方单价涨 1 分，但单价到达 0.14 后不再采取阶梯水价，超出部分无论多少均以该价格核算。按照各社水井的月水量，基本都会达到 0.14 元的水价标准。阶梯水价在社内的分摊机制加强了社的公共性（另文论述）。

之中的召集人，并非独立的利益个体，这是由"社"的性质决定的。

2. 社区仪式组织者

"社"作为地方社会的团结单元，从功能角度看社能够满足分散的农户"一家一户办不了，办不好或者办了不划算"的事务，如水利、道路等公共物品提供以及婚丧嫁娶上的仪式性需求。在红白事的操办上，由于仪式中需要有分工与合作，具体在熟人社会中就需要以亲缘为单位的血缘群体，以及以社为单位的地缘群体来鼎力支持，而其中的"主持人"即可作为地缘单位中的具有某种权威特质的个体。

在一些血缘性较强的社会中，知客、总管等角色一般由家族内的权威人物担任，而在血缘性不强的社会，这一些角色可以成为观测权威人物的符号。在高地村，这类民间权威性主体就是社长，在高地九个社中，社长是理所当然的红白仪式操持人。一些社长表示，一旦社员家里要"过事"，社长就得操心，这是自然而然的。社长承担着社内多数公共事务的组织者角色，在具有社区仪式性色彩的"过事"中当然也成为召集人和组织者。一位社长解释道，因为红白事中需要给来帮工的社员安排活计，谁干什么谁不干什么是有很微妙的讲究的，除非社长安排大家会听，而且社长也最清楚每个社员的脾性，能够安排好活计。举例来说，红白仪式中的分工具有某种"脸面观"的，分配给社员的活计中有些是粗笨的，如烧锅、劈柴、洗碗等，有一些是比较体面的，比如收礼、迎亲、待客等，在社员之间如果分不均衡，就会落下埋怨。只有社长被认为是"公"的人，因而会比小家族内的人更具说服力。

伴随着农民务工经济的兴起，高地村也出现了很多地方面临的劳动力外流、分工合作无法组织的问题。在一些东中部农村，市场化机制的进入（如厨师班子、一条龙服务、丧葬公司）填补了组织衰落的问题。而在高地村，因社的公共属性以及社长机制的存在，社内可以通过调试来应对仪式合作问题。以高地七社为例，实行土葬必须依赖社内劳动力的"抬棺"，而当前很多壮劳力必须外出打工，且在20～40户规模的社内，寻找8个抬棺人是比较困难的。按照当地习俗，"亲门子"作为服丧者不能抬棺，而其他亲门子每个必须出人抬棺，长久形成了"亲门子"出不来人，社里抬不起棺的问题。但每个社员都必定面临抬棺的需求，于是社长关军组织村民开会，大家决定不再采取每个"亲门子"出一人的规则，而是采取"挨门抬"[①]，即遇

[①] 本地经过社内居民点的整治，基本形成了规整的聚居格局，宅基地同样大小、户型相同且次序居住，因此很容易实现"挨门抬"，并且这种居住格局在本地形成了更加亲密的地缘小结构——"挨门子"，即自家居住的对门、左、右三家，这是村民认可的亲密关系，更甚于一般社员关系。

到红白事,从社内第一家开始数八家抬棺,下一次从第九家开始再数八家。"挨门抬"规则解决了无人抬棺的问题,将协调成本从主家与"亲门子"转嫁到户中,如果轮到这八家,其中有劳力外出不在家,或是亲门子服丧不能抬,轮到而不能抬的,自己找好替抬的人,或者出钱 120 元由社长找人抬。这一规则产生自社员大会的讨论,并且达成了共识,解决了社区仪式的组织难题。这一规则也得到了其他社的效仿。

3. 规则再生产的引导者

社长的功能性地位不仅表现在以社为代表回应单家独户生产生活需求上,而且作为集体意志的代表,社员的需求最重要汇集到社长之处,启动社内的会议与决策机制,再生产出社区的规则与共识。在地方社会中长期存在的对于社长的功能性需求,也要求社长必须具有某些社区评价特征。如有不少社员表示,作为社长(以及村干部)必须首先要家庭和睦,"自家事情都搞不定,怎么能给大家伙做事";其次,在传统男权传统之下,村干部与社长都是由男性,特别是家庭中作为"掌柜的"男性来担任,这是高地九个社的普遍现象。

在高地五社出现了本地很难出现的女性担任社长的现象。许英霞自 2013 年担任社长,直到今天五社虽经历了几次征地,但该社长却保持了良好的声誉。据许英霞自己说,社员能够选自己当社长,首先因为自己家庭成功,孝顺地伺候了公婆以及培养了上大学且有公职的女儿,小女儿在学习上也是名列前茅,家庭关系处理很好;其次,自己性格比较泼辣,敢于说话得罪人且曾做过生意,不像本地其他女性那样只能在家里待着;再次,因为自己有极强的竞选意识,曾因为是纯女户而被公婆、社员瞧不起,自己想为女性做出表率,改变本地的性别观念。

女社长许英霞证明了自己做社长要远比男性当社长强得多的能力,主要表现在她不断试图通过社内共识与规则的再生产机制,在应对征地与拆迁过程中的矛盾中创造出国家法律与地方共识相结合的规则。五社在 2011 年的征地过程中出现了诉讼纠纷,一名希望为自己女儿争取分配资格的社员将五社告上了法庭,理由是五社制定的分配规则并未形成文件性规定。2017 年许英霞召集社员召开会议,对社内落户、分配集体补偿款的方案进行了讨论,并且自己垫资请婚庆公司对会议过程、会议纪要签字按手印过程进行了现场拍摄记录,还邀请县公证处对社内会议纪要进行了公证,最终这份纪要成为五社之后落户、分配征地款的原始依据。这种法律意识在各社社长那里都没有出现。最为积极行为的社长——许英霞借助社内共识生产机制形成了新的规则,并通过公证形式使之成为具有法律效应的文本,同时作为五社法人代表,她自学法律并出庭与诉讼社员进行辩论,赢得了社员的好感。

二、户:均质化社会的基础结构

"社"是理解高地村基本结构的维度之一,其根源于社员家户生产与生活的功能性需求,而分散的户以及血缘小结构无法应对这种需求,社在地方社会扮演了多重功能并成为理解西部农村的重要维度。与之相对的,社会中的基础结构即"户",成为地方社会最小的单位,在高地村呈现为均质性的特征。

(一)血缘结构中的"户"

"户"是中国家庭基本单位的某种表达,而关于"家"的讨论主要集中于家庭的界限为何,以血缘纽带为标识。"户"既是一种特殊的血缘家庭存在形式,也是经由国家政策塑造出的社会基础单元,其功能与形态也呈现出地方性色彩。在"愈推愈远"的差序格局中,原子化地区家庭的边界收缩在核心家庭范围,而宗族性地区的家庭界限更大,其界限体现在家庭边界具体会推至血缘关系的哪个层级。"户"作为国家政策单元和地方社会结构多意涵的表达,涉及的是家庭与血缘结构的关系问题。

1. "亲门子"与户

本地人将认同的单位划定在"亲门子"范围,即三服内的社会结构。"一个老太太"之下的关系,具体来说是以男性为中心的亲堂兄弟关系。这种小结构在本地称之为"亲门子""户子"等,具有亲密关系标识与亲密情感体验范围的功能。在以20~40户为单位的社内,这样边界清晰的"亲门子"大概会有8~15个。这在以"社"为熟人社会圈子的地方社会,并不存在占主导地位的社会力量,"亲门子"之间力量基本均衡。

这并不意味着本地不存在姓氏集团,实际上每个社都会有占多数的姓氏,甚至在一些社中会有主导姓氏。如三社均为王姓,只有三户小姓;七社均为关姓且都是同一个祖宗之下的后代。在地方社会的历史记忆中,祖上均是明代山西大槐树移民,到本地也已有700年历史。1949年前仍有以姓氏命名的庄子,一些姓氏也保留有族谱。但至今经历过历史变革,姓氏认同已经很不重要,在社内"亲门子"相互间是普通的地缘关系,而"亲门子"才具有仪式性功能,主要表现在人情往来中,丧葬仪式的服丧上还会标识"亲门子",日常生活中这种社会结构因素已不太明显。

血缘小结构不能回应单家独户的功能性需求。"社"为单位的公共需求回应机制大大弱化了以血缘凝聚起来的社会小结构,因而"亲门子"最多在丧葬仪式上有所体现。三代以内的"亲门子"认同也仅表现在认同方面,行动能力不足。甚至在社员的认知中,"亲门子"与"挨门子"不相伯仲,而"挨门子"是一种宅基临近而产生的地缘亲密团体,与"挨门子"处好关系是社内的共识,日常生活中"挨门子"的互助更为普遍和高频。在这种意义上,本地虽然具有姓氏、血缘的社会纽带,但因无法回应分散的农户的功能性需求,其在日常生活中行动能力反而较弱,长期以来形成了分散的"户"与公共性的"社"之间的关系。

2. 分家硬习俗下的"户"

高台这一地方社会具有西部农村的保守性,表现在一些传统习俗得到了很好的保存,并持续发挥着社会整合的功能,如分家习俗在本地保持了较强的韧性,至今仍再生产着地方社会的基础结构。本地分家按照"诸子分家""从幼子居"的习俗,男性后代作为分家的主体,采取系列分家制,父母最终与幼子组成一户。

这一习俗的"硬性"之处在于,不仅作为一种民间规范仍在指导村民的分家实践,且"从幼子居"的复合型家庭已成为地方政策依托的基础。在本地家庭"掌柜的"为一家之主,一般为成年男性,如果是多子家庭,最终分家是由父亲主持,而且在不出现纠纷的情况下不会寻求社区或亲属的见证。分家即分财产与责任,即房产、土地、债务以及存款等,父亲作为财产所有人需要在诸子之间进行平均分配。自20世纪70年代计划生育制度之后,当前高地村家户中多为一个儿子,40~50岁之间的男性社员或许还有兄弟,但多子状况已不复存在。分家涉及的是如何在诸子(一般最多为二子)间分配。本地习俗规定,父母必须为大儿子娶媳妇盖房才算完成人生任务,之后小儿子居住在父亲的宅院,成为一户,分出去的大儿子单独为一户。父母与小儿子生活在一起,一旦以后父母发丧,两个儿子各负责一个,养老责任非常清晰,父母的"人生任务"也十分清晰。在分家习俗下,大儿子家庭分出去成为核心家庭,小儿子与父母组成复合家庭,但以后父母的财产由小儿子继承。

村社的宅基地分配也建基于这一分家规则上,各社都明确规定,有两个儿子的家庭,社内必须要给新批一块宅基地,作为大儿子以后结婚盖房、独门立户之用。2011年开始,高地村建设农民集中居住小区,购买楼房的资格也是以儿子数量来衡量。某家有两个儿子,即使孩子还小,也有资格买两套;而只有一个儿子,无论儿子婚否都只能有一套资格。高地村各社自 1981 年开始耕地从未调整过，唯一涉及集体福利的宅基地，按照分家习俗为依据进行新批，这也是社内规则。这一规则也得到了派出所、地方政府的认定，首先是巷道镇派出所不会随意接纳农户的分户要求，独子必须与父母同一户，虽然不一起住、不同居共爨，但仍被认定为户籍意义上的一户。在低保评定中，老年人不会被视为单独一户，老年人必须与小儿子构成一户。

分家习俗的硬性约束决定了，本地家庭的形态是固定的，核心家庭为形态之一，复合型家庭为老年父母与幼子（或独子）构成一户，户的边界清晰。伴随着计划生育的执行，村内已经很少有两个及以上儿子的情况，大部分家庭已经自然结成了复合家庭。这种清晰且硬约束的分家规则使得本地社会基础结构保持了稳态，不会出现小亲族地区的家庭关联，也不会出现宗族性地区的大家庭形态，本地家庭结构的清晰特征构成了基础结构均质化的根源。本地严格的宅基地分配模式、居住形态构成了以"户"为同居共财模式的结构特征。

（二）户内关系模式

深入到户内部，可以通过代际关系、性别关系的维度观测构成本地村治模式的结构性特征。家庭是社会性概念，是指亲子所构成的声誉社群，而"户"具有政策塑造的意涵，同时兼有财产性特征，这种复杂的关系模式体现在不同角色的纽带之中。

1. 代际关系的稳态

代际关系联络的是父代家庭与子代家庭的责任与义务关系，本地家庭遵从中国传统的男系偏重规则，家庭的主轴在父子之间。父代承担着以"人生任务"为内容的代际责任，相较于小亲族地区失衡的代际关系或原子化地区交换型代际关系，西部地区农村的代际关系呈现出稳态，表现在代际责任明确，代际关系舒缓且不难完成，代际向下的责任与数量也不是无限的，代际间关系呈现出稳态的、可持续性特征。

计划生育的较早执行大大舒缓了这种本不紧张的代际关系，地方深受国家力量的塑造，因而较早完成国策的推行。一般为独子、至多两子的生育观念，在本地以农耕为主的时期，儿子娶妻、女儿出嫁的居制传统也得以保持。在子嗣有限的情况下，本地代际关系不出问题的决定性因素在于婚姻市场状况，以及完成人生任务的难易程度。在调查中发现，本地婚姻市场并不紧张，地方社会中务工半径多在县城范围内，极少有远距离务工，而本地并不主张"多子多福"，因而婚姻市场并不失衡。其次，长期以来，农民居住结构上以在村为主，村内新房建设多维砖混平房，建设成本并不高，盖房子对父母而言并不算太大压力，因而父母并没感觉到太大的经济压力。为儿子娶媳妇盖房子之后，本地农民就会认为"任务完成"，可以享受圆满人生，父代并不对子代负有完不成的任务。如果是大儿子，结完婚并分家出去单立门户，父母的任务就完成了；小儿子则不用新盖宅院，只用娶妻即可，这种清晰的责任观念也使得代与代之间关系模式较为稳定。一旦儿子结婚并开始自己小家庭的再生产，老年人就会将"当家权"交给儿子，自己作为儿子家庭中的辅助。由儿子"撑头露面"去完成社区义务（摊工、走人情等），顺利完成代与代之间的转换，由此在具有公共性的"社"的活动舞台上，成家的儿子作为"掌柜的"走上村庄舞台，社的社会主体是成年男性。以九社王占勤为例，自己父亲曾担任过高地村书记，自己作为独子，在婚后第二年，父亲（50岁时）宣布王占勤成为户主，并在社里宣布由儿子去场面上"露面"，自己"退居二线"。在儿子成为户主的同时，家里到派出所去将户口本的户主改为王占勤，同时把土地承包经营权证、宅基地使用证上的名字全换成儿子的名字，实现了儿子在社会生活与财产关系上的真正"当家"。虽然父子两代家庭仍是一户且共同耕作，但儿子已经成为家庭的"掌柜的"。

2. 性别关系的传统性

在以父子轴为主轴的家庭模式中，夫妻为内涵的性别关系则处于不平衡状态。本地并未出现具有现代家庭色彩的"妇女当家"的现象，妇女在本地家庭中的地位仍是依附性的。具体表现在从居制上看，婚姻模式仍以从夫居为主导形态，妇女嫁到男方后由于村内已经不调整土地，女性在夫家也没有财产权利，家庭财产（土地与房屋）权证上均以男性当家人为所有者，妇女在家庭中财产权缺失，而地位的来源则是完成家庭赋予的辅助性功能，即家务劳动与赡养主体地位。

本地对于妇女的道德评价关键内容是，能否孝顺公婆，伺候好家里老人的生活，同时恪守妇道，照顾好家庭中的丈夫，抚养小孩。对男性角色的要求则是，要能够养家，在社区中独当一面。换言之，"男主外、女主内"这一传统性别分工模式仍然存在，这些传统式的角色要求决定了本地的性别关系。五社的许英霞能自己撑头露面来当社长，但在地方社会成为一种奇谈，而且许英霞承认自己是要做到比男人还男人才能做好社长的职务，且在她之后也不会再有女社长出现了。角色关联着社区中的道德评价，在社区中一名男性如果出现婚内出轨，社区舆论会对该男子进行抨击，而女性则有足够的合法性提出离婚。如果该女性是一名恪守妇道、尊老抚小的形象，在本地婚姻市场中仍能够得到很好的机会再嫁，而男性则不会有再娶的机会；反之如果女性婚内出轨，在熟人关系可扩展的范围内，该女性就不会有再嫁的可能。评价形象的依据在于角色以及性别任务，这些都是女性在家庭、社区中社会地位的来源。

3.代际/性别分工为基础的"半工半耕"

妇女依靠家庭中辅助性的任务而获得在家庭中的角色，在务工经济条件下很多家户也必须以"半工半耕"形态来实现家庭中的代际、性别分工以扩充生计来源。在此条件下，妇女功能进一步凸显，但地位并未出现质的变化。本地的"半工半耕"呈现出独有的特征，即不会出现举家外出务工的现象，典型的"半工半耕"形态是，男性在高台县及周边乡镇以建筑工为主，季节性务工。妻子留守在家耕种农田并抚养照顾家中父母与小孩，复合型家庭中父母作为补充性的劳动力可以帮助妇女经营农业，而这类"半工半耕"家庭中，农业耕作的类型也会以经济作物如本地的制种西瓜、制种蔬菜等劳动密集型农业为主。以灌溉为主的农业生产中，因为灌水的时间会安排在夜晚，因此男性劳动力一般不会远距离务工，妇女也不会长期务工。一般农村妇女只会选择在种田的间隙到本地农业大户的农场从事短期雇工，或在县城零碎打打零工。从生计来源上看，家庭收入的主要部分以男性在县城周边的建筑业务工为主，妇女在承担家庭事务的同时经营农业，获取补充性的收益，老年人在力所能及的范围内帮助儿媳妇种地。在这种结合了代际与性别分工的家计模式下，妇女并不会获得外出就业与获得收入的机会，她们是"半耕"的主力，而这种功能与收益仍是辅助性的。

以代际/性别分工为基础的半工半耕格局与本地不发达的市场经济相结合，再生产出了分散经营、顽强存在的均质的"户"。在以县城为中心的城乡关系中，高地村村民外出务工半径被大大压缩，在无法远距离务工的背景下，"半耕"的部分称为家庭生计中不可或缺的部分。这种不可或缺可以从两方面解释，一是本地土地质量的特殊性，在盐碱化风险较高的地方，土地撂荒的成本极高，一旦耕作暂停，马上就会出现土质退化，复耕难度很大，因而即便是想外出的农户，首先要解决好土地的民间托管，或者交由亲属、邻里耕种，而本地土地未能连片化耕作、机械化程度不足的前提下，在村农户也不愿经营大面积土地，使得农户必须通过家庭内的分工实现"看地"。其次，在家庭内部的家务分工中，女性不仅要负担照顾老人的职责，还要抚育小孩，在西部地区由于学校撤并，很多家庭都必须到乡镇、县城陪读，高地村虽在城郊但学生就学半径也不小,这就意味着必须有年轻女性在家照顾学生,一些更年轻的媳妇可以把孩子留给老人然后出去打工,一旦小孩开始上小学就必须由母亲回家来"陪读"。在这种性别分工的前提下,家庭中"半耕"部分自然也成为年轻母亲的职责,父代家庭就成为"半耕"的辅助劳动力。这种家庭职能分工与"半工半耕"相互嵌套,构成了本地家庭的在村,也维持了"户"这一基础结构在村社中的构成。

三、户—社基础上的均质社会

在厘清地方社会两个关键性社会单元之后,我们可以初步理解高台农村的社会结构特征。户与社的关系在回答个体与公共、私与公问题上提出了地方性的解释。分散均质且边界清晰的"户"与公共性的"社"的关系,建立在行动能力较弱的个体之"户"很难单家独户完成日常生产与生活的诸项功能性需求,而血缘小结构也无法有效组织起来应对旱作灌溉农业的生产与公共仪式的操办,户与户之间私的结合很难具有应对问题的行动力,因而私的关系仅具有情感性,功能性较弱,"户"必须依托更大的公共性行动单位,即"社"。其次,由于干旱地区农业生产的公共物品需求强烈,而村落人地关系较为紧张,村民必须依托来自"社"集体分配的土地、宅基地等福利,户与户之间具有较强的利益连带,维系着私人的道德无法应对由此带来的利益纠纷,需要地方社会提供一种维系着公共性的规则,这种规则即产生自"社"的公共性,社内也形成了公共性的社会机制。这种需求塑造了本地长期以来的户与社之间的关系。除此之外,该均质社会还得到了来自其他外在力量的塑造。

(一)无分化的社会

东部地区农村由于市场化机制的较早介入,村庄传统的社会结构在市场力量的冲击下形成了某种解构性机制,特别表现在由于市场能力、市场地位以及市场收入的变化而结构了原本均质化的社会,分化后的社会呈现出新的整合特征。以浙北农村为例,由于地方工业化的深入推进,基于收入的社会分层构成了村落共同体解体的主导力量,而分层的农户已不具备同样的习俗规则,社会交往模式也受到分层的影响,村落不再具有共同体特征。

而在西部地区的农村,市场力量的介入本身比较晚,且并未发生明显的社会分化。高地村虽在城郊村,但本村的产业形态并未因城乡关系而出现转变,农户仍维持着"半工半耕"的生计形态,在"半工"的部分,社员都是以建筑业务工为主,地位与收入并无分化,而在"半耕"的部分,依托家庭承包的土地开展经营,也没有出现土地占有的分化。从收入上看,整个高地村除有一户建筑承包商(村书记王如山)外,没有其他高收入家庭,其他农户的分化并不大。这与本地市场化机制缺乏有关,首先农业生产并未出现市场化分工,其次农户生计形态非常类同,使得农户之间并不存在经济分化,加之均质化的社会结构特征,更加固了本地分散、均质的社会形态。

(二)国家力量的加固

能够如东部农村一样走出"传统"惯性因素除了市场力量之外,国家力量同样会对基层社会结构起到影响,如合村并组政策、土地制度改革等。在高地村,自1981年以来保持了原有的村社格局,加固了"社"在基层社会中的基础性地位,而国家土地集体所有制度、户籍制度等各项制度在不断塑造这种"户"与"社"之间的关联。

以土地制度为例,在大部分地区的农村,土地的集体所有观念已经非常淡薄。而在高地村,虽然自1981年以来并未调整过土地,但集体所有的观念仍很强烈,这主要源于本地对于"社"集体的认同本就强烈,而在遇到征地拆迁之后,集体土地所产生的补偿资金,在各社内被有效地分配。在宅基地问题上,民间分家传统塑造了宅基地来自集体的观念,在居民点规划之后社员之间密集聚居,这使得新批宅基地一定是在村庄边缘,打破了父子兄弟连基的可能,血缘小结构的力量被进一步弱化。而土地的"集体所有"在本地有明确的权利主体,社在公共生产、日常生活中仍发挥着作用,在面临征地拆迁之后,仍能动用社内共识形成机制,借助法律与民间规则,形成有效的分配方案,而在分配中参照家户的财产权,加深了"社""户"间的关联。

家户在土地分配中,实行"家庭承包经营"。此处的家庭即为本地的"户",户为基础的承包经营。在家庭内部并不区分个人性的土地财产,家庭统一经营,而在颁布土地经营权证、宅基地使用证时,均是以"掌柜的"为户主,进而为经营权人。在涉及征地拆迁补偿款的分配中,我们将看到这种"社""户"关系如何营造了良好的分利秩序。户籍管理部门严格限制本地分户行为,参照地方分家习俗来界定"户",而农业部门则依据"户"来发放惠农补贴。事实上,我国大部分涉农政策、基层管理体制都离不开对于"户"这一基础结构的依赖，因而"户"不仅仅具有家庭这一社会性功能，还负载着财产、治理等多重功能。

（三）能动社会

"能动社会"概念源于波兰尼①，借用这一概念来反观高台农村，可以发现以"社—户"关系为内核的"社"这一机制，塑造了地方社会单元较强的能动性，特别是在面对国家力量、市场力量以及治理技术时所具有的行动能力、动员能力、规则再生产能力以及自我整合能力。

这种社会的能动性源于均质性的"户"必须依赖公共性的"社"，而发自各分散"户"的私的利益，并不能产生出对公共性消解的力量。在当前的生产生活模式下，社仍然是回应户的需求的唯一重要的主体，而户极度依赖于这种"社"的公共性。"社"本身并不是自成一体的存在，而是一种机制，是汇聚私人利益进而形成公共性的机制，"社"自身并无利益，正如社长本身并不能具有权力。社作为一种机制，是指一旦涉及公共事务，社长的职能是召集会议，由分散的"户"派出代表（一般为户主）来进行协商，最终通过"少数服从多数"机制来形成共识并制定规则。这种机制意味着社与户具有较强的社会应对能力，即能够"产生出各种社会规范和制度安排来积极应对问题"。从当前的现状来看，这种能动机制保存较为完整，并且能够持续对地方社会起到整合与适应作用。

这种能动机制决定了本地"社"具有极强的公共需求回应能力，能够自主地借用社内资源，遵循社内规范，形成共识与规则来回应问题。以本地的"义务工"制度为例，一直到2008年各社修路、修渠等事务都能通过摊义务工的方式来实现②，至今这种"义务工"还能时不时地发挥作用。例如，在2017年环境综合整治行动中，各社内的公共卫生还都是通过"义务工"方式来应对。"义务工"制度中可以窥见"社"的机制的大部分维度：首先，最终承担工作任务的是户，即每户要均摊一定的

---

① 波兰尼提供给我们的"社会"是"能动社会"（active society），这个社会是在与市场的搏斗中产生出来并得到界定的。按照波拉尼的说法，"自律市场"（self-regulated market）的发育，使得价格机制侵入人类生活的各个领域，导致社会中蓄积巨大的张力，因而具有毁灭社会的倾向。但是，社会并不仅仅是被动的受难者，市场的侵蚀逼迫社会本身展开动员，产生出各种社会规范和制度安排，诸如工会、合作社、工厂运动等，以此来抵御和规驯市场。这种对市场过程做出积极回应的社会就是"能动社会"。

② "义务工"制度在当地社员看来，是自然的义务。从各社的调研看，没有出现"钉子户"与"搭便车者"，社内具有较强的惩治能力。自2008年之后，随着大规模征地拆迁的开始，一些社因为征地的不均衡，社员之间出现了利益需求的差异性，因此"义务工"就难再摊派和组织。同时由于项目制的进入，大多基本公共物品的提供不再依赖民间，而通过自上而下的项目来提供，进一步消解了社的公共动员能力。

任务量，户主或户内代表是出工者，要完成社里分配的工作；其次，各户之间遵循一定的分配规则，如环境卫生整治中按照户来均摊，在渠系维护中要按地亩摊，这种规则性在社内非常清晰；再次，社在其中只起到召集、组织与分派的功能，社长作为普通社员要参与分派，同时作为社长职务，需要完成登记核算等文本工作，自身并无独特利益；最后，各社通过开会、决议的形式来制定行动细则，如在有些社，因为征地款中集体资金预留了部分作为集体支出，于是社内以雇佣方式来完成部分环境整治任务。一些社则采取摊派义务工的方式，换言之，由于社内会议与决策机制的存在，以及"少数服从多数"的利益均衡机制，各社之间形成的规则也是不尽相同的。在能动社会中，"社"作为社会共同体的具体组织形式，内部具有各类能动机制，使得社会自身能够产生出应对各种问题的能力。

四、基层治理的消极性

在具备能动社会特征的基层社会中，能够回应家户日常生产生活需求的主体为"社"，而社具有自我组织、自我维系与自我再生产的能力。这就使得高台农村的整合能力较强，社会秩序较为稳定，因而基层治理秩序的供给者可以依赖"社"为主导的社会自治，而地方政府则可以作为治理的补充者。在此种意义上，高台农村具有消极治理的特征。"消极治理"是指在基层治理过程中，由于社会自治能力较强，依赖社会自身能够产生良好秩序，因此基于国家治理体制的地方政府、村两委行为以及一些政策下乡行为，并不会作为基层秩序塑造的积极主导力量，因而在社会秩序形成中起到辅助性，甚至消极性的功能。"消极治理"是一种给予民间以自治空间的治理逻辑，即给予国家治理体制的技术、力量与主体在社会秩序形成中起到非主要作用，是在"强社会"之上的弱治理逻辑。

（一）村—社二级治理体系

在中东部一些农村，由于基层社会的分化与解体，作为村落共同体代表的村民小组也已经解体，湖北等地甚至以政策命令方式取消了村民小组长一级，改之以"包片干部"方式来维持基层治理。在这种类型的农村，村两委代表国家治理体制的力量来完成日常治理，这种治理逻辑是具有积极性的，是能够实现国家政策下乡的治理机制。在高地村，由于基层社会的基础结构是"社"，村民认同与行动的单元也是"社",在理解基层治理体制中,离不开对于社的治理功能的辨析。

与社相关联的是作为村级治理主体的两委。在高地村,村与社是相互关联但又存在界限的两级治理主体。在村民看来,日常生活的事务回应主要还是来自社,因此社更发挥了治理主体地位,表现在村民日常打交道的主体是社长,社长要管水、主持仪式、召集开会、上传下达。除非去乡镇站所办事需要村一级盖章、开介绍信,社员不会与村两委有交集。"社"的优势在于,社是村民日常生活的熟人圈子,能够辨识社员的合理需求,能够形成社内规范,具有自治的空间。换言之,社能够内生性地生产出治理能力。

1. 社的治理空间

"村-社"二级治理体系之下,村两委的职能悬浮于社的治理之上,由此形成了足够的基层自治空间及能力,而两委治理依托于社,并在社之上形成对接与中介的职能,具备消极治理的可能。而基层治理既然能够通过"村-社"体系完成基层秩序与公共事务的治理之道,也就不会试图打破这种稳定的基层治理机制。与发达地区行政力量深入乡村不同,本地"村-社"之间存在较明显的缓冲空间而真正执行基层治理的是社一级。

具体表现在,社长的选举与村委的选举是截然无关的两套体系。对于社员而言,社长即"村长",社长负责的事务是与家户日常生活紧密相关的公共事务,因此需要选出"有威望、人品好、能操心"的人,而两委的选举最重要的考虑是"有没有致富能力"。两种期待具有质的不同,即"能操心"的社长是本社内的领头羊,因为除了社长之外就是分散的农户,无法形成有效的集体行动,而"带动致富"的村主任书记却不是必需的,因为村民并不直接依赖于村干部的带动致富。在强需求的情境下,社员对"社长"的期待更加深刻,在选举过程中社长的票数必须通过本社社员举手投票,社员选举出的社长必须代表本社利益,而与村的利益并不直接相关。乡政府、村两委无权罢免社长,只有在社员反应上高到一定频次,村两委才有可能组织该社"重新选举",而"重新选举"过程与村无关,遵循的仍是社内民主的原则。在这种生产社长机制下,社长敢于与村两委进行利益争夺,如五社长许英霞在当选社长后,首先向村两委"发难",要求村两委答复本社某地块权属转换问题,并多次在会议上要求曾任书记解释涉及本社两位社员"上访"问题,虽然书记对该社长很不高兴,但是无权撤换,五社社员都很支持许社长。在社内公共事务中,社长是无可非议的组织者、代言人、召集人，村两委的事务要进入该社，必须通过社长的转介才可以。一位村干部表示，现在自己要到哪个社里去办什么事，也都要先通知社长，特别是高地村绝大多数社员都已"上楼"，能够熟悉社员住址的是社长。

2. 村两委的产生方式

与社相对的村两委选举自然也遵循"民主投票"方式，与中西部农村不同的是，高地村的选举具有参与率，原因在于本地家户生计决定了户为单位的经营是"半工半耕"的，而社作为公共事务的参与单位，总能保证有户代表参与。而以"社"为认同单位的条件下，很难产生出家族姓氏集团等影响选举结果的社会力量，高地村的选举均实行严格的民主投票方式。选择出的村主任人选也都是依据村干部晋升习惯而产生，当选的村主任最多担任1~2届。晋升习惯是指，在高地村，一名社员想要当村主职干部，就要从社长（或文书）干起，经过几届磨炼，由副主任（副书记）再晋升到村主任，最后当选村书记。这符合消极治理逻辑下的村干部上升渠道，社长（文书）与普通社员之间交往较多，特别是文书一职需要接待普通村民的办事需要，因而接触面广，只要态度好、人缘不错，之后就会是主任的人选。近几届村主职干部的人选基本都是经过文书一职锻炼出来的。消极治理逻辑下，村庄行政事务一般为对上的报表、对下的转达，村一级不需要积极行政，因而不需要强人、富人来担负"摆平理顺"的事务。

在村民普遍参与的状况下，村两委选举保持了基本的民主样态，即通过选票来决定主职干部的人选，这也决定了本地乡镇不会像中部农村一样具有"组织意图"。在2017年的新一届选举中，上任村主任王如明自然晋升为书记，而村主任、副主任的选举中，村民并未选择有过干部经历的杜兴军与吴生才，而是选择了从未担任过任何职务的村民石杰，前文书石慧祖选为副主任。在村民看来，选择两位年轻人的初衷是，村干部需要面对更多的上级事务，文化程度是重要的内容，其次是选举中出现了公开演说的机制，而两位年轻参选人的演说打动了本村村民。这一现象说明，社员对于村两委的选举与期待与社长完全不同，要求社长人品好、有威信、能操心，而村干部则主要是有文化、能带动致富。村与社面临是不同的事务，而村一级需要对接的是乡镇。

（二）公共事务的治理机制

社一级是强治理，但在制度、资源、权力等方面却都比较弱。珠三角的村民小组也很强，是由于集体资产带来的资源型团结，社一级具有资源也有权力来形成

"强自治"格局,甚至成为对抗国家力量的组织。而西部地区基层"弱自治"是指,治理的来源就在于传统的社会共同体机制,且来自国家的治理积极性本就较弱,由此维持了"消极治理"的总体格局。表现在,完成国家自上而下任务时,地方政府寻求问题解决,而经过地方村社的"问题解决"逻辑的扭曲后,只要借助社这一低行政成本的机制解决了问题,上级政府是不会考虑解决及制度的合法性的。在本地征地补偿款发放的过程中,形象地展示了这种"摆平理顺"的逻辑,依靠"社"内机制只要能解决问题,只要不出事,基层治理系统就能够完成任务,"民不举、官不究",形成制度性的"消极治理"。

1. "义务工"制度下的公共物品提供

基层治理的核心要义是,谁来以及如何提供公共物品。对于高地村为代表的西部农村,水利灌溉是最重要的公共物品。而自分田到户以来,本地水利系统的维护都要依赖于以"社"为单位的义务工制度,义务工制度在水利系统维护、社内道路建设、行政事务应对上发挥了不可替代的作用。

义务工制度源于共同体内的任务均摊,在集体时期由水务部门对灌区内的水利事业进行管理,但以"队为基础"的机制决定了最终承担清淤、修建等职能的是生产队,生产队通过缴纳水费的方式提供设备维修基金,通过劳动力摊派提供工程建设的劳力需求。在分田到户后,这种摊派机制成为水利建设的制度依赖,灌区管理部门仍将管水的职能附加在"社"之上。这种路径依赖成为本地"义务工"制度的刚性需求,而在整个税费时期两工制度[①]在全国多地都得到过良好的效果。而"两工"制度在其他一些地方解体的主要原因在于农田水利建设的国家动员机制弱化和社会动员机制发育不足,湖北沙洋等地由于大水利组织成本增加,更多村民通过户户打井的方式开始私人化提供水利物品,更多地方由于基层村社组织的动员能力下降,而造成末级渠系无法维护进而导致整个水利体系的崩溃。

高地村"两工"一直维持到2008年前后,并且当前仍具有出义务工的现象,其根源在于,本地水利灌溉是农业生产的刚性需求,私人性手段(如打井)无法满足

---

① 农村义务工和劳动积累工统称"两工"。农村义务工,是指由乡镇人民政府或村集体经济组织在农村进行植树造林、防汛、公路建勤、修缮校舍等公益事业时,要求农民无偿承担的一种劳务,也是农民为地方集体公益事业所做的贡献和义务。劳动积累工,是指由乡镇人民政府或村集体经济组织在农村进行农田水利基本建设和植树造林,要求农民无偿承担的一种劳务,是村集体经济组织内部的一种主要积累形式。《农民承担费用和劳务管理条例》规定,按标准工日计算,每个农村劳动力每年承担5~10个义务工和10~12个劳动积累工。劳动积累工应当主要在农闲期间使用。

灌溉需求，且本地农地生产力远弱于江汉平原稻作区，农户并无积极性通过退出的方式来走向"反公地悲剧"，这是西北旱作区农业特征所决定的。其次，水利灌溉作为一种刚需，同时也成为隐性的惩治措施，依赖于共同体鼎力相助的水利灌溉与维护，一旦出现搭便车者就会损害整个社的利益，因而一旦出现搭便车者，社内就会形成合力，以拒绝灌溉相威胁，这就大大加强了动员机制的力度。最重要的是，本地特殊的家户生计模式决定了，每个户都是存在于共同体内的，必须依赖于集体提供的公共物品，这就决定了集体行动是不存在"退出者"的。而中东部农村在农村改革后，农田水利建设滑坡，农村社区农田水利供给严重不足、运行困难，对农业可持续发展和国家粮食安全乃至世界粮食安全产生了一定的影响。造成这种局面的原因是，农民可以举家外出去务工，或者大面积撂荒，导致基层合作与动员的无法实现[1]。高台县为代表的河西地区市场化程度较低，农民并没有太多外出务工的机会，更不论举家外出，在"半工半耕"格局下家户必须依赖于按户经营的土地，通过耕作来实现农村妇女的半就业，通过农业收入来补充生计，这就决定了公共事务缺乏"退出者"，保持了共同体的完整性，并在完整的共同体内，每个分散经营的单家独户经营都依赖于集体所提供的公共物品，由此"两工"制度方能得到如此长久地维持。

2. 社区强规则上的国家治理

在具有动员能力与治理能力的"社"之上，由于基层社区能够有效动员社员来完成自下而上的公共物品维护，负责各项具体治理事务的部门则依托于"强"社区开展间接治理。以征地拆迁补偿款发放为例，地方政府作为征地拆迁的推行者，在补偿款标准制定、补偿款发放等事务上给出的是指导意见，具体工作由基层社区来做，特别是最容易引起矛盾纠纷的补偿款发放工作，只要社内能够解决矛盾，提交社员无异议的补偿款分配方案，镇农经站会计部门则会直接将补偿款发放到户，而牵涉到的矛盾由社内解决。

社内解决矛盾的方式无外乎"摆平理顺"，而关键的措施则在于形成社内的分配规则，只要社内没有反对意见，社员都能在分配方案上签字，社内就可以将分配方案递交会计部门。在乡镇一级看来，只要能低成本、无纠纷地将补偿款发放到户，

---

[1] 高地九社是尚未征地区域，农户还在进行农业经营，但由于九社处于纳凌渠下游，上游高地几个社以往因征地拆迁而不再耕种，上游水利无人维护，不愿意摊钱摊工，渠道水流不下来，导致下游的九社要么承担巨大的开支，要么必须大量出工，这导致渠系灌溉成本太高，九社用不起渠水，只能用井灌。

征地拆迁工作就算顺利进行。而对不同社来讲，即使最终形成的分配规则与方案会因社而异，乡镇政府不会考虑分配的合法性与否，只要基层社区能够形成规则并消解矛盾。这就形成了中西部地区典型的"消极治理"形态，国家政策与政府行为的实践最终遵循目的理性，即只要能够解决问题，过程与工具的合理性只能是次级问题。在"解决问题"的逻辑下，国家治理要求的是过程的低成本与工具的高效率，而非严格照章办事。

第二部分 "遭遇"城市：传统村落的现代适应

西部地区的村落在其传统的社会结构之上，由于市场化程度较低，加之干旱所构成的经济社会基本形态，使得社会呈现较强的保守性，文化观念具有较强的韧性。高地村为代表的西部农村即这种"传统性"的静态演绎。根据中东部农村的发展路径，这种"保守性"可能会由于一些前提条件的改变，如市场化程度的发育与扩张、国家政策的强力执行等因素的积极效应，可能引起村落社会的某种震荡。高地村为我们呈现了一种动态理解社会结构的视角，从经验实践上看，自2009年开始出现的高台新城扩建，以城市大扩张的方式被纳入村落转型过程中来。这种转型是剧烈而突发的，表现在高地村虽位于城郊，但从未对城市化有清楚的预期，城市扩张及随之而来的征地、失地与农民上楼均是突发的，并且当家户经营的旱作农业及社内聚居的村落形态被突然打破之后，地方社会结构与社会秩序必然随之发生新的变动。在"遭遇"城市后，高地村这一传统村落正在迈进新的发展轨迹，我们可以从动态角度理解这种变迁发生的路径。

一、外生性利益密集条件下的村社治理

城郊地区因征地拆迁而形成了外生性利益密集型农村的治理逻辑，高地村位于高台新城西沿，截至2017年7月，域内50%以上的土地已经全部纳入城市规划面积并完成了整体征地。贺雪峰认为，利益密集型地区治理的逻辑起点是新出现的大量利益，及对新出现利益的争夺。参与利益争夺的各方包括普通农民、村庄精英（包括乡村干部）、地方政府、各种市场主体、社会势力等等。在利益分配的秩序中（简

称"分利秩序"),各利益争夺方的行为逻辑遵从行动能力原则,即利益的非均衡性与行动主体行动力的非均衡性,共同构成了利益分配中的规则失范,如钉子户、社会灰黑势力等进入。在高地村,外生利益密集的前提并未引起村社中的争利秩序,从总体上看虽然征地拆迁及利益进入引起了村内的纠纷,但纠纷呈现的样态不同于争利秩序,而是有序的分利秩序,这种治理状况的差异源于前文所述的村治模式的内核机制,这种基础性的村治机制决定了面对外生性利益密集进入村社之后的"分利秩序"。

(一)分利秩序:从行动性到规则性的转变

从行动主体角度的研究大多关注利益分配过程中的行动者能力、策略及其地位等实践性要素,而无论是征地还是拆迁,因利益产生的根源在于土地,并且分利的主体之间关系场景在村社,因此分利行为总是受到土地规则、村社规则等规则体系的塑造,并不能完全呈现为单一的利益争夺实践。高地村在土地规则与村社规则两个层面都具有较深的传统性及群众性基础,所以利益分配是遵循规则治理的有序秩序。

1.土地利益分配的多元规则

外生性利益的产生源自城市化所带来的地租增值利益(简称地利),因而地利分配总要遵循土地产权规则。在高地村,村社内具有明细的产权规则体系,因而地利分配并非无规则可援引,而是在规则之下形成了有序的分利。当然,这种分利主要是体现在社与社、社与户、户与户之间清晰的分利规则,因为土地的产权所涉及的所有权、承包经营权是在社与户之间分的,因而是具有明确的主体辨识的。

土地规则的清晰,源自分田到户以来维持原貌的土地占有格局。长期不调整土地的政策导致社员家庭之间具有非常清晰的土地承包经营权边界,户内自行调配"家庭承包经营"的形式,但以户为单位的承包,总体上明晰了村落内部的土地关系。在大部分社,自1981年以来仍保留了部分机动地以及集体耕地,这一部分权属也比较清晰。按照土地占有格局,当征地到来之时,按照耕地与宅基地、附属地[①]的事实性占有为依据分配补偿款即可。

对于耕地补偿款来说,征到谁家的就谁家拿补偿款,这是固定不变的。当然村民之间也会产生因土地实际经营权与承包权不符的状况,该问题在高地村的出现并不奇特。1981年分田到户以来,高地村各社都未调整土地,而在1998年二轮承包时

---

① 附属地大多为社内的荒滩,在高地村各社都保有大量荒滩,荒滩耕作难度大、产量低,可以进行开垦。但在80年代由于农户不愿开垦,各社都将荒滩作为附属地"摊派"到各户。

基本以分田到户时的承包状况为基准,进行登记造册,未调整土地。但在2005年税费调整之前,由于部分农户因外出务工、将土地经营权交给了社里其他人,或因为规避税费负担"撂地",出现了少量经营权混乱的状况。在遇到征地时,经营者与承包者不符的状况是引起村内纠纷的表现之一。

案例1:八社两社员间纠纷

高地八社有两户社员,甲因农业税费负担重,将自家经营的土地2亩转给了乙种植,经过1998年二轮承包,土地是写在甲的本子上,但乙已经经营了十多年。征地开始后,甲家前来要回耕地,但乙家以长期经营为由不愿意退出来,征地补偿款下来后两家仍处理不下来,社里村里去调解,建议甲乙以7:3比例分配补偿款,结果两家都不愿意,结果官司打到法院,法院以承包证上的权属为主要依据,判定给甲80%的补偿款。

这种因土地经营变更引起的纠纷在高地村案例很多,通过法律途径来解决的也有不少案例。在大量法律判决的案例之下,社员都已经习得了国家颁发的土地承包经营权证的法律效力,法律所代表的规则也逐渐上升为主导规则。

案例2:二社两户纠纷

二社有户人家A家在分田到户时获得了应得的承包地面积,但在80年代A家户主到城镇工作,户口也迁出了本村,自家家属户口在村但搬到城里居住长期不回村,承包地也撂荒了。因为涉及农业税费承担以及"义务工"的摊派,社里开会决议将A家的承包地划给本社社员B家耕种,并承担相应义务。1998年二轮承包时,虽然是B实际上经营土地,但由于A妻户口还在本社,虽然人不在本社居住,但仍将土地登记在了A妻名下,"动账不动地"。之后土地证在A家,但B在经营且计税面积也算给了他家,2004年之后领农业补贴也是B家。但2011年征地之后土地利益变大,A家就回来要补偿款,且拿出土地承包证为依据,B不服,于是A家起诉到了法院,法院以土地证为依据将补偿款全额判给了A家,但B家不服,因为涉及集体决议,当时是由社集体决议将A家土地划给B家耕种的,社员可以作证,二社社员们也都觉得A家从未承担集体义务却要拿补偿款,也都不服，于是与 B 家共同提请上诉，现在中院还未判决，前期仍在做调解工作。

案例 2 中关键的问题是，在二轮承包时土地承包证上写的仍是原承包人名字，因此"红本本"成了合法的财产权证，也成了法院判决的主要依据。高地村还有大量二轮承包时改换名字的案例。

案例 3：六社争利案例

六社在分田到户时给所有社员都按人发包了耕地，但社员甲在经营了几年之后，因为家里缺乏劳力种不过来，加之义务工任务过重，将耕地私下转给乙种，乙接手了土地之后开展经营，承担相应的税费及义务工，社里征收税费时，账册中计税面积也算为乙家，因而在 1998 年二轮承包时依据计税面积，将土地算在了乙家承包面积之中，之后乙承担义务，税费取消之后领取补贴。现在征地开始后，甲认为自己应获得部分补偿款，不能将补偿款全额给乙家，于是开始找社里村里闹，并且扬言要起诉到法院。

在老书记常才荣看来，甲家纯属无理取闹，因为乙家已经长期耕作并事实性占有土地，甲家当年负担重不愿种，现在有了补偿款又开始要，实在没有道义。而一些社员认为，乙家应该给甲家一点"安慰"，毕竟自 1981 年初始是甲家的承包地。常才荣书记的想法代表了现代法律下的财产原则，但实际上常才荣书记自己也面临相同的纠纷。

案例 4：老书记调地引起的兄弟、社内纠纷

常才荣感叹，六社征地涉及所有的 26 户，只有自家没有征地，因此没拿到钱。实际上，自家有一块土地是在修路时征用的。自己家土地过于分散，于是当过书记的常才荣自己有了集中土地的想法。2001 年（已经过了 1998 年二轮承包，即已经有了清晰的土地权属），自己与兄弟商量，将两家的某块土地进行互换，换过来哥哥的 1.2 亩地，自己又同地邻的常某进行了对调，之后自己家就连成了一块 3 亩多的土地，耕作也就方便多了。现在涉及征地，私下换地的三家之间就分不清楚了补偿款该谁拿。自家 1.2 亩换给了哥哥现在已被征，自己去要补偿款，哥哥家不给；哥哥家换来的 1.2 亩自

己又私下调换给了别人，换走的那家也被征并拿了补偿款，最后自己一分钱都没分到。三家纠纷盘扯不清，到现在自家与哥哥的关系也搞坏了，涉及6万元的补偿款分不下来，现在仍冻结在农经站账户上。

实际上在能够用法律规则解决问题的地方，承包经营权证就成为辨识补偿款分配标准的唯一依据，这样的纠纷较好解决。但在巷道镇征地补偿款发放的会计准则下，镇一级是不会去调解这一类纠纷的，因为无法调解清楚，所以调解的任务就交给了村社以及农户之间自己解决。在案例4中的纠纷因三家都不让步，因而村社无法调解，无法达成分配意见并且未在分配方案上签字的，镇农经站不通过银行打款，因此只能冻结在账户上，等何时三家能够形成分配方案并签了字，就能走会计渠道进行打款。

案例5：三社王如东案例

三社王如东现在40多岁，在分田到户时自家三口人（与父母）分得了承包地。但在20世纪90年代初期之后，父母就带着他出去闯荡，户口仍留在本村。王家的耕地撂荒后无人耕种，社里四户人家就将土地"拾"走了。没过几年父母因意外事故在外地死亡，而之后王如东在外闯荡，因犯罪而被判处监禁劳改。监禁期间正在1998年二轮承包期，因为劳改过程中王如东户口被提到监狱集体户，王如东家的耕地还是四户经营，承担相应义务，并且在二轮承包时写在了各家的承包面积中。王如东出狱后户口也没迁回村里，一直未回村。而在2009年开始征地时王如东跑回家，要求自家耕地的补偿款。四户农户不愿意给，因为土地早已写进自家本子，王如东通过多次上访，要求四家分钱，最后将三社告上了法庭。法院经过私下调解，让四家各拿出一部分补偿给王如东。

案例5中是由于特殊的户籍管理制度，使得二轮承包时并未计算王如东的承包权。由于王如东的上访、起诉影响到了地方社会的稳定，法院以及基层调解通过各种方式，让四户拿出一部分钱来安抚王如东。实际上三社社内在分配补偿款时，一直以来形成了一条与其他社截然不同的规则，即近七八年来涉及经营权纠纷的，三社比较认可分田到户时形成的承包地占有格局，相对不认可1998年二轮承包时权证上的名字，认定的户也是以分田到户时的"承包户"为准，而不是现在形成的户。

这种认定方式具有地方性色彩，是本地"社"为基础的产物，当然由于过于偏重 1981 年的初始规则，使得当前三社由于财产权证的存在而出现了大量纠纷，三社被认为是纠纷最多的社。

2. 利益纠纷的社内解决机制

在多元规则之下，很多地方形成了混乱的争利格局，主体间竞争成了分利的主导机制。一些研究重点突出了中国土地制度的"规则不确定性"以及"规则多元"引起的"语言混乱"。高地村固然也出现了利益争夺话语的多元，且这种多元既有国家法（土地权证）与民间规则（社内规则）的冲突，也有国家制度变动形成的利益分割①。与争利秩序不同的是，高地村在 2009 年以来的征地拆迁中，虽然围绕外生性利益密集进村而产生了纠纷，村社治理并未出现极端的乱象，且纠纷的呈现样态也不同于钉子户治理的逻辑，而是总体上产生了有效的治理，规则性在分利秩序中非常明确。

如何在多元规则之下产生分利的规则性，这源于本地以社为基础的规则生产机制。前文论述了"社"作为一种公共性机制如何在地方社会再生产出规则与共识，而无论地利分配如何演绎，所涉及的关系都在社内部。农户家庭承包土地来自社之一集体的承包权发包，因而有关承包权变动引起的分利矛盾都与"社"集体相关。案例 2 中就存在对"社"的起诉，原因在于"社"在经营权变动中起到了统筹作用。高地各社如该类案例较为普遍，基本发生在税费时期。由于农户缺劳力、不愿承担税费或者不愿出义务工，导致部分或全部地"撂地"，而国家税费负担、公购粮任务却是以地摊派、按"社"征收的。因此社内要自行解决国家任务问题，只能将撂荒土地进行划种，未料在征地实践中成为纠纷的来源。不过此类纠纷一般由村社进行调解，最终按照纠纷各方可接受的比例进行分摊即可。只要纠纷方能够接受，法院、乡镇农经站是不负责具体过程的，问题能够摆平就行。因此社在纠纷中的调解作用是不可或缺的，是上级政府部门能够"消极治理"的基本原因。社能够产生出主导规则，在以上案例的解决中体现在调解机制，通过熟人之间的讲道理来解决问题，达成一种柔性治理效果。社内纠纷调解以熟人社会中的人情关系来"讲道理"，只要达成双方可接受的结果即可，上级政府部门是不会追究结果合理性的。当然社内也有"不讲道理的人"，对于这类跳出熟人社会规则的"无公德的个人"，社内的柔性

---

① 国家土地制度的改革历程制造了大量经营权矛盾，上文中提到的分田到户与二轮承包之间的利益纠纷是表现形式之一，2004 年税费取消后所形成的土地权属纠纷是表现形式之二。税费取消后国家惠农政策下发，是以原计税面积作为造册依据，因而领取补贴款的人，未必就是 1998 年乃至 1981 年分田到户时的原承包人，这也是高地村分利纠纷的来源之一。

治理就可能失效。事实上，高地村出现了为数不多的几个难以调解成功的案例，最终只能通过法律进行最终裁决。

（二）规则治理：利益分配的共识再生产

在高地村征地拆迁过程中，出现纠纷的现象并不是普遍的。即使有个别"无公德的个人"，也未能打破基本治理秩序，且村社内部产生了对个别人的舆论压力，使得地方社会不会激发起钉子户。总而言之，在征地拆迁过程中虽然出现了大量外生性利益，但围绕利益的分配总是遵循一定规则，即便在较为模糊产权的集体土地收益上，也能够产生出利益分配的秩序，社内能够生产关于利益分配的共识。

1. 社集体资金的性质

一些研究认为，中国农村土地集体所有权是模糊的。实际上在地方社会中，集体的边界是极其清晰的，社的边界及社内的成员都是明晰的。征地拆迁过程中，除去农户按户经营的承包地之外，还有大面积的土地归属于社集体。该类土地包括社集体预留土地、四荒，以及村域面积内除承包地与宅基地之外的公共土地，一般包括道路、水渠、晒场、田埂等。在城市化扩张过程中，征地是按照规划图进行整面积的征收，而其中涉及农户征地补偿之外的公共土地的收益，都归于社集体资金。在高地村，除了学校、村委会旧址以及一块村集体果园的征地拆迁补偿款属于村集体之外，集体资金的主要类型就是社集体资金。

社集体资金产生自社集体土地的征地补偿款，以及部分社集体不动产（如社会议室等）的拆迁补偿款。在高地九个社中，除七社外其他8个社均有不同程度的征地及拆迁，因而都涉及或多或少的集体资金。较多的如二社，有近500万；较少的如九社，也有122万；而社员所认为的"社集体资金"，即本社社员共同拥有。8个社均形成了自己的分配方案。集体土地的征地款，是按照荒滩这一土地类型来定价的，即每亩3.5万元。

集体经济组织成员的法律规定源自1981年的分田到户，伴随着30多年来家户结构的变化，当前属于"社"这一集体的成员权就成为容易引起争论的话题。原因在于民间存在着分家习俗，分家之后如何计算"户"，以及户内哪些人算"社员"，如何解决外嫁女的问题。这些争议的形成其背后根源在于，集体内部如何界定"成员权"，这是具有地方性特色的问题。而地方性共识也有可能与法律相抵触，如珠三角外嫁女问题就引发了相关讨论。在高地各社也存在同样大同小异的问题，伴随着利益的密集，相关的争论也随之而来。与大部分地区所不同的是，西部农村在"社"

这一机制下，能够内生性地解决问题，形成社内的规则。在男系偏重的高台农村，几乎所有外嫁女都被排除在"社"之外，其理由是在各社普遍不调地的情况下，外嫁女进入婆家家庭，就成为分享婆家家户共同财产的成员。而社内并不介入社员家庭中共有财产的分配，这使得社内在处理外嫁女分配资格上形成了统一的标准。二是关于迁入户的规定，如何判定哪些迁入户有资格以及何时有资格成为本社社员。

> 案例6：二社一位社员石某在2016年计划外生育，生了二胎，当时国家还没放开二胎政策。但2017年国家试行二胎放开政策，当年二社有一笔集体补偿款需要分配，社内形成"按人按地"分的方案，按照人头分配50%份额中，要给二胎的孩子分配"人头费"。
>
> 案例7：二社有4例类似的案例，即外嫁女未迁户口案例。其中一外嫁女离婚之后，孩子带回本村并上了户口（男孩）。经过社里共同讨论，二社决议不给外嫁女分配集体资金，无论户口迁出与否，外嫁女虽然不分配，但孩子参与社内的分配。
>
> 案例8：五社社员胡汉军的女儿胡海燕上大学时户口迁出本社，毕业后回到高台工作并将户口迁到城关镇。由于胡汉军年迈无人照顾，申请将女儿户口迁回本村。五社决议认可胡海燕的户口迁回本社，但不能参加任何集体资金分配。
>
> 案例9：四社社员方某（女）41岁，原嫁在新坝乡，与前夫育有二女。前夫因病去世后，2008年方某携两个女儿改嫁到本社胡某，三人户口也迁到了高地四社。因为改嫁属于婚迁，属于合法的户口迁入，因此三口人迁到四社后，遇到四社征地，集体资金也能够参与分配。
>
> 案例10：八社有一户社员王某，在80年代前原本属于本县罗城乡人，在本地有公职，分田到户时想着高地村离城近，可能以后机会多，因此托当时的公社、大队干部的私人关系，将全家五口人的户落在了八社。当时的队长也同意了，并在分田到户时给王某一家五口分配了耕地共计10亩，也批了宅基地，二轮承包时同样写在了王某的"红本本"上。税费时期也承担国家任务，也出义务工，平时也与本社村民人情往来。征地的时候王家的地也征了部分，但社里开会决议的时候，大多数社员认为在集体时期王某一家没有在生产队劳动过，没有和大家一起苦过，也没给集体做过贡

献,因此按照社员意见不能给该家分配全部的补偿款,最多只能分一半。结果王家人不服,将八社起诉到法院,社长及社员代表出庭,到现在法院还没判决,案件仍在诉讼过程中,诉讼期间法院也有多次调解,最终社里决定还是给王家人 100% 的补偿款。

关于集体成员的认定,地方社会具有明确的规则意识,这种规则源于本地对于"户"的界定。如案例 9 中虽然改嫁的方某 2008 年才到社内,2009 年就有了征地,但社内讨论之后决议仍给予分配,而外嫁女虽户口未迁走,但仍不能参与分配。在"户"的认知上,依托于法律意义的"户口"当然有意义,但社内决议又不会惟户口,社内具有认定其内部成员的清晰规定。如案例 10 中,社内形成了对王家的排斥,理由是"没有在生产队与大家一起苦过",追踪到集体土地的价值形成层面,也可以理解为对社内资格的认定,只不过社员意见最终由法律判决所决定。

2. 社内分配规则的形成

在各社集体资金分配中,由于社内部具有会议机制、决策机制以及"少数服从多数"的表决机制,因而能够对大部分问题产生社内共识,最终成为集体资金分配的规则。由于这种共识形成是因社而异的,因此其地方性更强过法律性,各社内部在不同批次的资金分配中所形成的分配方案也是不同的。

一社的分配方案,以"按人按户"原则,按人的份额为 50%,户头费为 50%。按人分的一半,是当前社内人口数进行均分;而按户头分的一半,则是以目前社内所保有的户数来均分,本社内 42 户均有份。社内之所以形成按户分的规则,是考虑到儿子多的,因社里很早就未分宅基地,以集体资金作为一点补偿。以社长石海红为例,今年 7 月分配的一批集体资金共计 80 万元,自家分配到 1.4 万,自家人头的份额分到了 2340 元 / 人,而自家只有两口人,按人头分是不平均的,因为两个女儿都已出嫁;但按户分的份额自家是有优势的,因为夫妻二人算一户,就分到了 9500 元。社内形成"按人按户"分的决议,照顾到了因家庭人口变动而出现的不公平,同时社里还决议留 4 万元作为集体开支。

二社的分配方案,是"按人按地"分配,按人是指按照 2004 年之前的人口计算,因为 2004 年税费改革之前的人口,是"纳过粮,做过贡献"的;按地是按照"红本本"上承包地的面积进行均分,两类比例为 5∶5。二社的社集体资金是社员要求分的,当然目前还预留了 40 多万,作为公共使用的集体资金。公共使用,是指目前有些公共建设以及公共事务等，如今年环境卫生整治中，打扫卫生的费用就从预留款中支付，而社里的账也都在镇农经站管理。

三社的征地拆迁非常彻底，目前已全部拆完。三社分配集体资金共分了三次，前两次都是按户分，即按"挨门子"。由于本社户与宅的格局非常清晰，一户一宅且社内聚居，因而"挨门子"分即完全按照当前的户数均分。第三次社员都要求"按人按地"分，按地分，实际上是按照大包干时期的人，而按人则是以当前人口为基数，各占一半。

四社也同样是采取按户分的规则。

五社相对还未完成征地，三批次的征地也只完成了240亩地的征收，本社大面积土地仍在耕种，且未进行拆迁。征地款中涉及集体资金共380万，也分了三次。2011年第一次征地及第一次分配时，形成了社员会议纪要（2011年7月3日纪要），而该纪要成为本社分配补偿款的依据，按照人口均分。这样2014年第二批补偿款人均可分1.03万元，2015年第三批集体资金人均可分2.06万元。

六社2016年涉及国家道路建设征地140亩，其中集体土地共计40亩，产生了部分集体补偿款，但直到今年钱还未到位，未能分配。

七社，未征地拆迁，全社域内未变化。

八社荒滩面积较大，修建公路时涉及土地征收，半个社土地被征收，同时还有社办公室被拆迁，社集体资金大概400万～500万，因为征地只涉及半个社，因此集体资金只能按照人口均分，户均能分到10多万。

九社因2012年国家修路征占100亩荒滩，但荒滩中80亩已分到户，只有20亩属集体。按照5.5万元/亩的补偿标准，九社获得了部分集体资金，社集体资金分配中形成了"按人按户"分的规则，户均分到4万元，按人则摊到9千元/人。社长家征地时涉及自己家荒滩4.9亩，按照5.5万元/亩共计27万元；而社集体分配到资金，自家拿到了7.6万元。

从各社的分配规则来看，由于分配方案由社内自己决定，因而各社会根据社内家户情况，进行讨论并决策，因此形成的规则也稍有不同。实际上社内分配中总会有利益不均等，但社内存在"少数服从多数"的机制，只要某种方案能达到多数就可以形成决议。在二社，由于社内多年未分配宅基地，一些新分家家庭未能得到集体福利，因此强烈要求按照户来均分一半；而八社则因为只涉及社内东片土地征收，土地大部分是东片居住社员的承包地，因此集体资金分配在社内只能通过按人均分的办法。三社的决议，由于前两次按户均分对一些人口较多的户不利，因而第三次分配时"按人按户"的要求占了多数,"少数服从多数"的规则能够作为社内利益的平衡机制,且由于多次分配,最终能够形成全体社员的总体均衡,因而在本地这一机制成为社内公式中再生产的主导机制。

(三)消极治理:地方政府如何将问题消解在基层

一旦社内能够自行解决分利秩序问题,在"不出事"的逻辑下,只要能够解决问题,上级部门是可以"消极治理"的。一位社长表示,"只要社里自己能分下去,村里乡里是不会过问的"。这种"消极治理"的基础在于基层社会能够自行解决矛盾,因此不必通过国家力量去强力提供秩序。实际上,基层治理中的事务很多都能在地方社会中得到消解,即便其过程和方法并不严格具有标准,如各社形成的分配方案就大有不同,但只要基层能够解决治理棘手的利益分配矛盾,地方政府就可以依托基层问题的消解机制,来实现简约的、悬浮型的"消极治理"。这是欠发达地区基层治理的普遍样貌,在高台县城市扩张过程中,容易引起基层矛盾的征地拆迁之所以未能引发治理乱象,很大原因就在于基层具有消解问题的能力,而政府的"消极治理"也成为柔性秩序达成的根源之一。

1. 城市扩张的保守性

城市扩张中高台县采取"边征边修"的方案,相对于东部地区城市扩张中的激进征收策略,本地征地拆迁是按照财力来进行阶段性征地。以高台新城涉及的高地村为例,高地村因毗邻县城,自80年代以来就有陆陆续续的小规模征地,但2009年开始的大规模征地,是在高地村村民都未有预期的情况下开展的。很多社员都表示"很突然",且最早纳入征地范围的1、2社,在2009年之前还是以玉米、小麦与蔬菜为主要产业。而在征地拆迁之处,政府就制定了5.5万元/亩的补偿标准,这一标准对于世世代代种地的农民来说是一笔不小的财富。因此,在征地时几乎没有社员反对,都非常配合地完成了征地。而县政府制定的拆迁补偿标准,即按照"挨门子"赔付,每户拆迁补偿款在120万~150万之间。这一标准也远远高于本县任何一次的补偿标准,因而在社内遇到的"钉子户"很少。

阶段性征地的优势是,地方政府按照财政能力、土地需求等进行分批次征地拆迁,在2010—2014年之间,高地村4个社进入了快拆期。但在2014年之后,城市扩张基本停滞,征地拆迁的步骤也慢了下来,至今三年除了在完成4个社未完成工程外,并未启动新的征迁。在由高地东片四社征地所激发的"种温室"运动,也因此停滞下来。所有社员都意识到接下来很大可能就不会再拆迁了,既有的房地产市场饱和、城市基建也初步完成，目前征迁也就只能进展到这种程度。在保守的城市扩张进程中，未拆迁片区的社员已经不再有预期。按照老书记王如山的说法，"征地的速度取决于资金到位的速度"，当前普通社员都已认识到地方政府已经进入了财政匮乏的阶段，大规模征地也应该逼近尾声。

保守性体现在，2008年开始地方政府先允许城郊农村自行开展"农民住宅区"建设，高地村、南湾村、东联村等6村在城郊地区自行开发"农民集中居住小区"。通过调配社内集体建设用地，自行招标建筑商开展小区开发，高地村自行建设三期农民小区，共修筑了400户"小产权房"，6村的建设大大减缓了城郊农民对商品住宅的需求。因此，在2014年开始地方政府限制"农民住宅小区"建设，叫停了村社自行开发的行为。

2. 开发商征地

在高台县城扩张过程中，征地的主体虽为地方政府，但在后期主要的征地拆迁执行者为房地产开发商。征地过程中地方政府需处理与村社、农户之间的利益纠纷，在2009年征地之初高地村的东片就是由地方政府会同村社干部入户"做工作"。但在2012年开始，征地的主体变为房地产开发商。当然，开发商主导的征迁是在县里规划的"商品房建设区"内的土地进行的，开发商想要尽快进入开发建设环节，就得加紧征收，征地补偿标准自然会比政府标准要高。

地方政府主导的征迁过程需要处理大量的与民争利的纠纷，以高地村三社为例，政府主导的征地在两年内一块地还没征下来，征地补偿款还有一半未到位。而负责征地的开发商，由于要抢占市场先机，因而与社、农户谈判时会抬高征迁标准。实际上地方政府对土地有严格的价格限制，即土地补偿款为5.5万元/亩，地上附着物按实赔偿。开发商赔付过程中为求进度，大大抬高了附着物的补偿，以2014年征到的高地四社为例，有农户种植温室大棚，结果补偿款抬到了18万元（土地补偿5.5万元，附着物13万），这就激起了大规模的"种温室"运动。而房屋补偿在1、2社拆迁时，由于农户的宅基地规划较早，房屋格局规整且类似，基本每户达到120万左右，即使有质量的不同、拆迁意愿的强弱，最终下来幅度也不过相差3万～5万。但在开发商拆迁过程中，最高的房屋拆迁补偿到150万元，最少的120万元。

开发商征地大大提高了地方政府规划建设的进度，对于地方政府而言，最终土地出让金40万元/亩，开发商无论以何种价格征迁完毕，最终都是核算在开发商的成本中，且这块地还是由开发商进行建设。地方政府将征迁工作交给开发商，大大降低了自身与农户进行互动与竞争的可能性，由于开发商与农户所进行的征迁谈判纯属民间行为,地方政府则可处于第三方进行监管,大大降低了地方政府的工作量与工作难度。因而在2012年以来高台县执行两套征迁体制,属于政府负责的基础设施、公共建设规划范围的土地,由地方政府负责征迁;而纳入商品住宅建设范围的土地,由开发商负责建设。两套系统中形成了不同的补偿标准,且大大限制了地方政府征迁的能力。不过自2014年以来,随着商品房建设的完工,最终县域内商品房市场形成了过剩,部分开发商因资金断裂而停止了征迁,使得本地基本完成了城市化的扩张,也造成了高地村"一村两貌"的基本局面。

3. 补偿款拨付的会计制度

除了依托开发商完成征迁事务,在高地新城涉及的村社征迁补偿款发放中,地方政府依托基层"社"内的纠纷解决机制,来规避分利秩序中的治理风险,将矛盾处理的职责转嫁到地方社会,其突出的表现就是征地拆迁补偿款的发放形式。

高台农村实施与其他地区类似的"村账镇管"制度,所不同的是本地的"社"也有自己的账户,但同样归属镇农经站代管。在征地拆迁过程中,无论是政府征地还是开发商征地,补偿款统一打到镇农经站的账户中,而全镇只有农经站这一统一账户。而补偿款发放到户的过程,镇农经站只负责完成会计核算与出纳转账任务,分利秩序的形成则由地方社会完成。

对于"社"来说,最重要的是形成符合镇农经站会计准则的分配方案及表格文本,镇农经站收到"社"呈交的文本后就可以通过银行系统进行转账拨付。而如何形成"符合规定"的文本,主要的工作是在"社"一级的调解中。

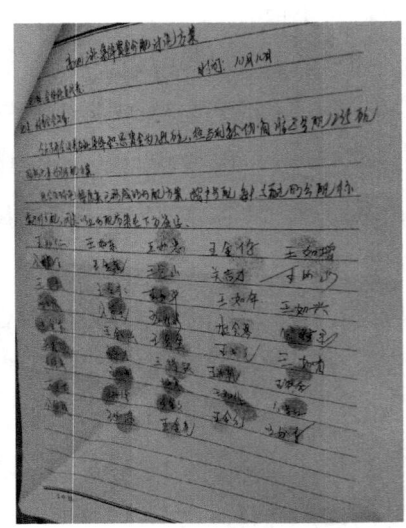

上图中，右图为社内形成分配方案的纪要，需要有全体同意社员的签名及手印，只要同意的多数能达到60%以上，镇农经站即可认定该分配方案合法有效，依据左图提供的分配数额及账户进行拨款。

这一会计制度将分利秩序达成的压力转嫁到"社"一级，要在社内达成共识并形成分配规则，以及得到大多数社员的同意并签章，是整个秩序达成的关键。有社长表示，要达成多数同意是件令人头疼的事。上图所示的三社中，就有两户不同意，并未在表格中签字，社长也未能"做通工作"。但在镇农经站看来，三社47户中只有2户不同意，分配规则中同意者已占绝大多数，则可以呈交农经站，农经站依据该方案，即可对签字同意并递交银行账户的农户进行拨付，而未签字同意的2户则先冻结款项，等2户何时"做通工作"并来农经站签字盖章提交账户，则这笔补偿款才能发放下去，一项征地拆迁工作才算圆满完成。

在这种纠纷解决机制下，"社"能够形成绝大多数同意就可形成规则，而判定形成规则的显性行为就是每户都在分配方案上签字盖章。社与农经站只关注签字同意的户数达到多数，就可以进入会计核算与出纳拨付环节，不签字农户的款项冻结不发。对于"社"来讲，如果能整体上形成方案，这项工作也就完成了，而最终未能签字的农户，如果自己扛不住、不想再争，最终签字之后可以进行拨付。而更多的纠纷如果无法解决，以法院最终判决为准，一旦由法院判决，农经站会根据判决书中的条文进行拨付，最终完成征地拆迁事务。对于"社"而言，尽最大努力调解自然是本职工作，而一旦无法调解并形成冻结，最终还要依靠法律的裁决。而对于地方政府而言，只要社能提交分配方案，之后只用走会计途径和银行拨付即可。农经站表示"有纠纷的，也与农经站无关，是社里交上来的方案，最终要在社里解决问题，实在解决不了的，就只能上法院"，法院判决书可以作为强制执行的依据。工作人员也表示，"一旦把钱打到农民账户，有纠纷的也就不来闹了，款都打了就没闹的必要了"。

二、农民上楼：村落"终结"后的社区营造

高地村由传统的农耕村落转变为半城市化生活状态，仅在7年之间完成。目前在城市扩张的进程中，半个村完成了征地上楼，半个村仍保留了传统村落样态。在

村民看来"一村两制",实际上"一村两貌"更加确切。原高地村存在东片、西片之分,而目前东片的村民在征地拆迁过程中获得了大量补偿,并完全"洗脚上楼";西片5个社征地状况不一,大部分还保留着"半工半耕"的基本形式,而这种传统与现代并存的形式,构成了当前高地村的村治秩序。得益于2008年的"农民集中居住小区"建设工程,目前高地村99%的农户已经在"高地佳苑"小区买房居住,以村为主导的社区建设使得高地村民在城市化进程中仍保留了原初的整合结构,即以村社为主的社会整合。在村落逐渐走向"终结"的过程中,农民家庭结构、代际关系、社区关系以及基层治理机制都出现了变迁。

（一）空间重组与社区关系变迁

农民"洗脚上楼"的过程非常迅速,自2008年开始建设小区,2014年完成三期建设,高地村几乎所有村民都在"高地佳苑"购买了房产。小区建设占用的是三社的地,通过村级征地的方式共40多亩地修建集中居住小区。由于是本村自己开发小区,因而限定每户只能购买1套商品房,第三期开发有空余的才允许两个儿子的家庭多买一套。村内借助社的分配规则,严格限制购房资格,保障了本村村民都有资格入住小区,由于村社主导开发的小产权房价格远低于县城商品房价格,因而几乎所有农户都已入住小区。

1. 地缘解体下"社"的流变

"农民上楼"打破了本地以"社"为单位的聚居格局,地缘关系被重组。虽然高地村民都聚集在40多亩的小区中,但由于楼房空间阻隔,原社内的熟人社会机制开始发生流变,而社员之间互动的机会也开始变少。几乎所有社员都表示,上楼之后主要的活动就是在家看电视,也不会再串门,不像老庄子那样有很多的见面机会。

空间重组下社员间互动关系变少是几乎所有"农民上楼"案例的共性,高地村农民上楼的过程中,完全打乱了原有的社内聚居习俗。一社社长表示,现在本社成员在小区中是打乱居住的,且本社42户中,在小区居住的只有17户,有大部分村民在小区占了房,但也在县城其他小区买了房子,平时居住都很分散,见面更少。社长有事情是靠打电话来通知的。

与社会关系疏散化趋势相应的,是由于空间重组而产生的社内集体行动能力的减弱。由于社员相互之间居住的分散化,以及伴随着征地拆迁而出现的公共需求的减弱,使得家家户户通过个人的、市场的方式来满足个人的需求,基于"社"而产生的公共物品提供机制也出现了崩溃。如在今年开展的"环境专项整治"运动中,每个社都要进行社内卫生清洁，而几个未拆迁的村社中，还能通过动员社员的方式开展清洁打扫，上楼的村社则只能通过雇用清洁工的方式应对该事务。

当然，社会关系的疏散化趋势是对应于之前村落聚居格局下的关系紧密度而言。反过来看，由于高地村是通过整体上楼的方式完成的城市化转型，因而以"高地佳苑"为具体空间下村的认同与凝聚能力开始凸显，相对而言社的意义开始出现衰解。而相对于城市陌生人社区而言，新的基于"村"的整合仍是一种扩大的"熟人社会"关系圈，社员之间的交往与关系模式出现的是圈层的推演而非关系的破解。很多村民表示，现在虽然居住在城郊，与县城中心的空间距离变小，但社员个人的社会关系仍囿于传统的关系形态，即亲属、社员以及扩大的地缘——村——的关系，与外在的城镇并未建立新的关系。城镇之于村民仅仅是消费空间，村民的社会关系仍未出现质变。具体表现在，上楼之后的农民虽已解决了基本生存问题，甚至有了足够的积蓄可供娱乐消费，虽然日常生活中村民的娱乐仍限于本小区内熟人之间的打牌、聊天，趣缘关系也并未拓展到城镇中，但基于"社"的紧密的地缘关系已经出现了疏散。

2. 仪式组织的流变

基于"社"的亲密关系呈现疏散化的趋势，其部分原因在于，"农民上楼"后产生的新的需求，已经不再是传统基于地缘临近而衍生出的互助需求，也非因土地共同经营而内涵的公共物品需求。新的需求之下"社"所本能的公共性机制、集体需求回应机制等均不再能够产生作用，因而"社"的形态与能力均出现了疏散。

而一些传统事务由于长期通过"社"来回应，在短期内仍保持了传统的惯性，并随着新的居制而出现了部分调适。特别体现在上楼之后，由于居住分散、社会交往的减少，原本具有公共性的红白喜事等仪式出现了新的表达。以丧事为例，在传统村落中，丧事的举办需要举全社之力，因丧事上所需承担的各项事务均需要社员通过"襄工"的方式完成，而丧事的举行也是全社悼念亡故社员的集体仪式，因而丧事仪式具有较强的公共性。在"农民上楼"之后，由于村民居住的分散、家庭居住空间的缩小、公共空间的缺失，使得在社内办仪式面临诸多限制，因而城镇殡仪馆成为举办仪式的唯一选择。高台县城共有两个殡仪馆，本村村民现在也只能在殡仪馆举办仪式，而这种"城市式"的仪式已经不再需要社员的鼎力帮助，殡仪馆的工作程序取代了社内互助合作，社员只需要在特定的时间去殡仪馆祭奠就可以，酒席也已经在酒店举办了。

而"惯性"表现在，高地村民完成"上楼"也不过近五年左右的事，因而传统的约束力仍得到一定程度的保持。在红白喜事的仪式中，一旦社员家里有事，本社社员还是要全部到场，除非由于空间阻隔、信息不通而出现"耽误"。一位村民表示，现在一些农户住远了，没得到消息情有可原，但只要知道了，再远也得去，还是按照社来交往；分散的住得远的得到消息也得来，而对门的关系再好，不是一个社的也可以不来往。

从功能性视角看，当农民上楼之后，传统的生产合作需求、日常生活中的互助需求、亲密关系需求已经不再通过"社"以及社内的关系来回应。在新的居住结构与生计结构下，农民的社会关系形式一定会出现转型，表现在诸多生活事务不再通过社员间的互助合作，而是通过个体化向市场购买的形式来完成，而一些公共事务的需求也溢出了"社"的边界，如物业等事务是通过小区的范围来承担，且已不再需要社会动员与参与。在此基础上，农民的日常生活也出现了新的表现，首先是日常娱乐的主要形式是在家看电视，傍晚在湿地公园散步健身，小区内零散的打牌等活动；再次，村民日常生活中出现了新的攀比，如对汽车的攀比、外出旅游的攀比，通过外在的消费符号来标识在小区这一"半熟人社会"中的地位与品位；最后，农民与城镇的消费、娱乐纽带正在不断建立，而与城镇的娱乐消费而非产业生计的纽带，成为标识村民"社会关系"广泛与否的标志。

（二）家庭关系的治理

由征地拆迁带来的外生利益密集进村，导致以户为单位的家庭开始出现了财富的累积，以及随之而来的家庭内部分利秩序。"农民上楼"后代际的分居所造成空间隔离以及随之而来的社会关系变动，进一步造成本地家庭关系的剧烈震荡。在传统的治理格局下，国家治理不能进户，户内家庭关系一旦出现因分利与区隔而造成的不稳定关系，就会造成基层治理的基础不牢，因而家庭关系的治理就成为高地村亟须面对的问题。

1. 家庭的流变：财产制度下的家庭关系调适

传统社会中的中国家庭，在父权主导下呈现出多重特征，特别是以男系偏重为特征。在代际与性别分工上呈现出一些独特特征，如就家庭中财产关系的主轴是父子关系，男性作为家庭中财产的主导，同时也成为日常事务的主导者。在横向的性别视角下，围绕男性而建立起的夫妻关系下，女性承担附庸性的家庭事务，并在生产中承担辅助性劳动，女性个人并无财产基础。在纵向的代际视角下，女性承担抚养职责，而家庭财产通过男系继承的方式传递，女性后代并不具有财产分配的权力。父母一代在完成财富积累与分配后，在有限的人生任务之下，父母将家庭的重心交给子代家庭。而无论父代还是子代家庭，男性作为"主外"的主体，妇女作为"主内"的群体。无论是家庭生计还是家庭再生产，均统一在"共财"格局之下，并不伸张个人财产权利。

这种"同居共财"的家庭关系将伴随着征地拆迁出现的分利秩序而出现某种转变，其转变的根源在于，家庭"共财"的财产来源变成了土地、房屋等不动产，而财产性质则为不动产产生的增值收益。在既有的法律制度之下，财产权属有了较为清晰的认定。因而家庭内部围绕增值收益而出现的"分利纠纷"，使得传统家庭关系模式出现了震荡。实际上，传统家庭结构中，突出男性家长在财产上的主导地位，财产的传递通过父子分家的程序得到析解与延续，强调家庭共有财产与整体权利，并不强调个人财产权，由此塑造了传统家庭中的家父长制、男系偏重以及代际分家的习俗。而高地村由土地产生的增值收益再分配中，不仅要受到传统财产习俗的影响，也会受到因国家土地制度所规定的权属规则。具体表现在家庭中，就是如何在两种主导规则之下达成代际、性别之间的财产权益关系。

从代际上看，高地村明晰的分家习俗塑造了父子家庭之间的财产分割，但由于土地征迁所带来的巨额收益爆发，使得明晰的父子关系也出现了一些模糊之处。首先表现在，地方性的分家习俗中，长子分出、从幼子居的习俗下，诸子之间的土地、房产能否分配均衡，会引发当前的家庭财产纠纷。其次，在大部分从幼子居的家庭中，虽然父代与幼子（或独子）"分家不分户"，但在同一财产单元"户"之下毕竟存在父子两代家庭，如何处理父子间的财产关系。再次，在一些高龄老人的代际关系中，一部分老人已将土地分给儿子，并将自己养老送终任务交给儿子，自身已无财产；一部分老人虽有土地与财产，但诸子之间已经在争夺可预见的遗产。此类纠纷产生的根源在于，传统家庭的"共有财"如今需要在代与代之间进行明确的区分，而民间习俗下的诸子继承能否遵循"平均"或者"公正原则"，以及在"从幼子居"的习俗下，代与代之间也出现了财产分割的需求，如何处理这部分"共有财"。

而体现在性别之间的财产分割要求也更加迫切，在高地村近十年的征迁过程中，已经出现了多例离婚案例，如八社自 2014 年征地开始，已经出现了 5 例离婚的案例，传统家庭的刚性稳定如今也出现崩解。夫妻之间的财产本来不应有明确析分，土地与房屋作为夫妻"共有财"是维持家庭稳定性的基础，但近年高地村出现的离婚案例，以及一些男性户主挥霍浪费、赌博、出轨等案例已屡见不鲜，使得很多家庭女性开始伸张自身财产权作为安全保障。一位女性表示，在本地农村一旦离婚，女性真是什么都没有了。城镇新型的夫妻财产关系也开始影响到高地村民，很多人都表示现在城里买房都要写上女方姓名，女性的财产地位也必须在农村表现出来，在具有法律效应的文本上体现出来。

这两类财产伸张开始突破了传统家庭的"共有财"规则，当家庭中的"个体"开始伸张个人财产权的时候，家庭关系也便需要重新得到建构。虽然从数量上看来，高地村还未大面积出现父子、夫妻争夺财产的案例，但少数的案例已经为人们的家庭观念注入了个体性的考量。从根本上说，传统的家庭观念仍具有约束力量，这是本地大部分家庭能够良好地解决财产争端的基础原因。但由于国家法律与现代城市理念正在不断强化个体财产权，家庭中的个体化并非不存在，而是本地在家庭巨额财产收入后，能够通过传统的分家、财产分配规则得到"差不多"的解决。很多村民表示，家庭中虽然有争端，毕竟是数目不小的财产，但只要父母"会做老人"，一般都能分得"差不多"。

财产分配中的"差不多"表明，家庭中仍是通过代与代之间的分家规则来完成财产传递，特别是通过老年人的倾斜的代际来完成。调查中发现，很多老年人虽与幼子（或独子）"分家不分户"，按照土地证与房产证的证件规定，财产主体是父亲，但大多数父代家庭会将绝大部分财产转交给儿子，这种"会做老人"在一定程度上舒缓了代际间的财产紧张。而在高地村，这种家庭模式及财产传递的默认共识居于主流。

高地村也未出现性别间财产分配的另一种类型，即外嫁女财产纠纷问题。首先源于本地"社"具有极强的共识形成能力，而任何一个社都坚决杜绝外嫁女的财产权利，特别是对社集体资金的分配资格，而家户内部如何处理外嫁女财产问题则可因人而异，但大部分家庭中都延续了传统男权社会的财产分配习俗，并不对外嫁女进行财产分配，因而并未出现大面积的外嫁女财产纠纷。这就意味着，实际上家庭中并非不存在个体财产纠纷，只不过一些家庭处理得好，并未"问题化"。而本地较强的社会规则性，也使得这种伸张个体财产权的行为一定程度上得到了遏制。但问题在于，很多村民表示"就有那些不要脸的少数"，这些"不要脸"更多是指不遵循规则的，包括儿子向父亲索要高额份额，或亲兄弟间斤斤计较，或外嫁女回来索要财产等行为。社区内具有分配规则与道德评判，但在"无公德个人"面前，公共性是会受到冲击的。

> 案例 11：五社两兄弟间争夺房产
> 五社胡姓两兄弟，哥哥在20世纪90年代就外出去工作，房子"借"由侄子居住，弟弟家儿子多，在村也有宅基地和房屋，哥哥房屋一直是侄子居住，多年以来相安无事。近年来本村征地拆迁，哥哥回来要房子，结果发现自己侄子不仅住着房子，而且在20世纪90年代后办理了自己的房产证，房子已经归侄子，而弟弟与侄子咬定当年哥哥外出时是将房屋"卖"给侄子的，但现在谁也拿不出当年的"卖"或"借"的凭证，结果两家为了争夺房子，打架撒泼，甚至曾拔刀相向，谁也劝解不下来，双方斗气已经到了你死我活的地步。好在五社还未拆迁，但村干部都明白，一旦拆迁开始，很可能亲兄弟间就会闹出人命。

拆迁所获得的补偿要远远高于征地，这也是亲兄弟间为财产反目成仇的主要原因。而斗气的过程使得调解完全失去了效力，实际上本村也有很多亲兄弟间房产权属不清的案例。

> 案例 12：三社亲兄弟房产纠纷
> 三社有弟兄二人挨门子住，老大结婚后分出去住的宅基地就在父母宅基地旁边，而小儿子与父母共住在老宅基地上，老大结婚盖了新房，后外出工作到鄂尔多斯，长期不在家住，老二就将老大家的房子使用了，并且拆旧盖新作为自家使用，还占着与父母共住的老宅基。现在拆迁进程中，老大家原宅基与房屋获得了拆迁，父母与老二共有的房屋没有拆迁，老二却想拿走了老大家房屋拆迁款，因为拆迁的是拆旧盖新的自家房屋。老大回来争财产，两房争执不下，村里社里去调解，两家经过协商决定，老大家原来的房子宅基归老二，补偿款也由老二拿，但老二与父母共有的宅基地与房产则归老大，双方互换宅基地不得再争。

这个案例中，最终双方能够达成纠纷和解的原因在于，双方能够通过互换来达到总体均衡，而且老大家做了很大程度的退让。其深层原因还在于，本地独特的拆迁补偿标准中，并未说明补偿是依据房屋还是宅基地进行补偿。如果按照房屋补偿，则老二拆旧盖新后的房屋自然应获得补偿款，而本地按照"一院子"为标准的补偿，以及补偿款并无量的差异，使得各方之间能够"差不多"拉得平。

案例13：三社父子间争夺财产的纠纷

三社王德友（60多岁）有一儿一女，女儿早已出嫁在外镇，自己与儿子"分家不分户"，共有宅基地与房产，土地与房产都是写在王某名下，但在日常生活中父子两家分灶吃饭，而且写明自家土地儿子种6亩，父母种6亩。在征地过程中，承包地征地费用按照6∶6均分没有问题，但在分社集体的资金时，三社当期按照户来均分，因而父子一共分了一份，这一份中父亲将1/4分给了儿子，3/4留给了自己。父亲认为按户分的部分，如果按照1981年分地的人口四人计算，儿子家庭只能拿1/4，自己夫妻与女儿共有3/4的份额。而儿子认为，自己起码该拿一半，不应给嫁出去的女儿分1/4，因此父子之间就闹起来，撕破了脸皮。但因为最后补偿款是打到法律认定的户主——父亲账上，父子闹了矛盾，也就按照父亲的规则分配了，儿子十分不满。

在本村集中建房中，王德友占了两套房，儿子的单元房自然是写儿子的房产证名，自己占的房子写的自己名。但王德友打算将自己的房子在自己过世后由女儿继承，且在社里宣称自己房屋以后归嫁出去的女儿，还要求儿子写个字据承认。儿子不满意，认为父母的财产以后当然得归自己继承，父子闹了一回，事情就放下了。但在随后的房屋拆迁中，因为房屋产权证上是父亲名字，镇里自然将补偿款120万打给了父亲。父亲将补偿款仍按照1/4给了儿子，即30万元，自己夫妻与女儿获得3/4。这次儿子十分不满，天天到父母家吵架要钱，父子关系搞得极其紧张，已经到了断绝关系的地步。

在很多村民看来，父子之间闹成这样完全丢了面子，而且王某曾经当过村委主任，按理来说不会如此"蛮不讲理"。实际上，王某因当过村主任，他的分配原则也是合理的，只不过与当地习俗不太吻合。王某按照当年分地建房时家庭人口数进行分配，因而计算了女儿的财产份额，才会想着将社分给户的集体资金，以及房屋补偿款分配给外嫁女儿 1/4。但在儿子与很多村民看来，外嫁女是不应当获得分配的。在村落里生活，还要遵照儿子的规则，毕竟最后还是儿子养老，因此"会做老人"的家长会将大部分补偿交给儿子。八社的张吉武甚至将全部补偿款都均分给了两个儿子，自己不留全部均分。按照他的说法，自己靠着失地养老保险两口子能有 2000 多元足够生活，实在有病或者动不了，就可以心安理得地由两个儿子供养，因为补偿款自己全都均分了，儿子没有理由不养。社员张吉武的考虑并非没有道理，在儿子养老的习俗下，"会做老人"的人会将大部分财产交给儿子，且在诸子之间绝对平均，分不平均或者给儿子分配太少的"不会做老人"的，会给日后的赡养埋下隐患。因此，即便本地家父长作为"户主"掌握了财产，但一定会按照传统的分家规则进行分配，甚至代际间大部分财产分配给儿子，以妥善解决征迁中的分利秩序。如王德友这样完全按照财产形成规则进行分配的，反而成了"不会做老人"的人，闹到父子决裂的地步。实际上给女儿补偿款未尝不可，但儿子的同意至关重要，如五社有一户社员家拆迁，因为盖的猪舍多赔偿了 50 万元，户主将 30 万分给了独子，而两位嫁出去的女儿也每人 10 万，家庭中并没有产生纠纷。

户作为传统"同居共财"的单元，在户这一集体财产单元之下并不细分家庭成员个体的财产权。户主（一般为男性家父长）作为财产权利的所有者，在传统社会中是家庭"掌柜的"。在现代国家塑造的财产制度中，作为土地承包与农村房产的"户主"，同时也是财产所有者，户主作为该户的"共有财"代表，代表参加社区活动并承担社会责任，同时也是家庭利益分配的权威，对财产分配掌控有支配权。代与代之间的诸子均分、从幼子居、代际平衡的原则指导下的分家秩序强化着这种代际间的分配关系，因而在代际间关系处理的好的家庭，财产关系也更加顺畅，家庭结构也就更稳定。而在伸张个人财产权的户中，家庭关系开始破解，失去了社会整合力，户内关系也会随之失衡。

2. 亲密关系的治理：财产关系"下沉到户"

由土地增值收益构成的外生性利益密集进村，村庄在利益分配过程中严格按照土地的财产制度来进行分配，以"户"作为分利的单元，而补偿款的发放方式之下，分利的纠纷必须首先在户内得到解决，然后才能形成分配秩序。因而在高地村的征迁过程中，分利纠纷被转移到户内，户内的纠纷解决成为地方分利秩序的核心场域。

户内的分利秩序因为牵涉到家庭亲密关系、财产制度与围绕亲密关系与财产关系的国家制度与地方习俗的冲突，因而表现出极为丰富的分利现象。本文中诸多案例已经表达出这种丰富性。而正由于四重维度构成了理解家庭的框架，使得本地家庭关系的样态呈现出复杂性与丰富性。从国家制度角度看，土地家庭联产承包责任制的"户"的承包地位，以及由户主所代表的财产所有者；婚姻制度所构成的性别关系，以及户口制度所形成的"户"的行政规定，与地方习俗诠释中的"户"产生了张力，而在地方习俗中由于对"户"的界定，使得分家制度、兄弟姊妹关系以及代际关系呈现出"地方性知识"的特征，因而当征地拆迁带来巨额财产的分利秩序知识，国家制度的规定与地方习俗的约定间的冲突就鲜明地表达出来。

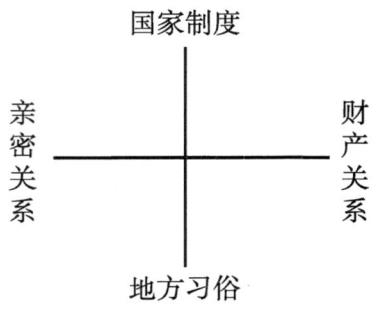

在家庭中，由于财产分配紧扣"户"以及以户为单元的家庭关系，因此凸显了家庭成员间基于父子轴、夫妻轴所表达的财产关系，而这些社会关系的轴都是通过家庭中的"亲密关系"所表达的。但在财产分配的制度中，亲密关系时时会受到财产关系的肢解，屡见不鲜的财产纠纷就可以体现这种冲突。

在四重维度下，高地村表现出的治理难题是，分利秩序中的村社关系、社员关系等都能通过国家制度与地方习俗等得到良好的解决，这也是本地并未出现钉子户、社员冲突等不稳定因素的原因。而分利所内含的纠纷与矛盾，通过下沉到户的方式表现在了家庭中，这就使得家庭矛盾纠纷成为本地分利秩序的展演场域。一旦分利秩序"下沉到户"，进入到家庭关系中，赤裸裸的财产关系与利益纠纷就会危害亲密关系建构的社会基层单元。而一旦亲密关系也进入到治理场域，将会对中国基层社会结构产生质的影响。

因而在高地村，由于财产纠纷带来了为数不少的家庭矛盾，父子反目、兄弟成仇的案例已经不少，成为威胁地方社会稳定的不可忽视的问题。追根溯源，在于本地以土地征迁补偿款为主的财产性质，决定了分利秩序必然发生在土地"按户承包"、房屋"同居共财"的以家庭为单位的关系中，这也使得国家的征地补偿款发放必须进入到家庭中。而高地村顽强的传统约束，以及社内较强的规则生产能力，塑造了本地较为良性的户内分利秩序，本村并未大面积出现家庭纠纷即可作为佐证。而已经出现的家庭纠纷、亲人反目的案例也时时提醒人们，如果户内的分利秩序处理得不好，就会呈现出如此乱象。

而本地大部分纠纷能够"处理得好"，其奥妙不仅在于均质稳态的社会与家庭结构、其明确清晰的家庭规则，也在于地方社会能够且长期在对家庭亲密关系进行介入，维持了对于家庭的有效治理。地方社会的介入方式表现在，亲属与村社的调解作用在本地的分利纠纷中是不可忽视的，且由于这种较强的社会约束能力，使得本地村民的日常亲密关系保持着一定的规则与道德舆论。例如，本地由于征迁后的暴富，带来很多家庭的离婚案例，而已经呈现为离婚的案例大多是由于出轨所致。但村民表示，在出轨事件中，出轨方作为过错方总是会受到地方社会道德舆论的批判的，而一般男方出轨后，女方能够理直气壮地提出离婚并获得相应的财产，且非过错方的女性离婚后很容易就能在本地找到合适的再婚对象，社内会有"媒人"作为引介，而出轨的男方则难以在本地找到对象。

除地方性的治理过程之外，国家婚姻制度、房产登记制度之下，保护女性的举措也成为本地村民讨论的话题。在五社社长许英霞看来，强调女性的财产权十分必要，因为本村已经出现多例，因男性户主在外赌博、出轨等导致财产散尽，女方离婚后一无所有的案例。许英霞在高地佳苑小区的房产证上写上了自己的名字，并认为应该有越来越多的女性注意财产的重要性。实际上许英霞的担心不无道理，在国家制度越来越多地介入到家庭之中，通过财产关系来奠定婚姻关系的稳定性时，基于财产关系的亲密关系也越来越多成为被治理的对象。

总结

高地村属于典型的西北旱作区农村，由自然条件限制而形成了依赖于水利灌溉的基本农作形态，由此也形成了沿河居住、村落聚居的基本居住形态。以自然村为单位的紧密聚居使得地缘关系极为重要，而且地缘关系构成的社会团结形态对于共同生产极为关键。另一方面，高地村具有西部农村共有的市场化程度不足的特征，使得本地农业呈现为单家独户经营的"小农经济"样态，村庄经济分化不足，与周边城镇生计关联不足，使得家庭呈现出传统的男权主义及家父长制的特征。在村庄社会结构上，呈现为边界清晰的、独立经营的"户"，以及基于公共需求与集体行动的、较强行动能力的"社"之间的双重结构。灌溉、公共仪式、社会关联等功能性需求无法通过血缘结构来回应，必须具有超越血缘的结构——地缘单位来回应，这使得本地地缘关系的代表——社具有了多重功能，不仅仅是在旱作生产中灌溉活动的集体行动单元，也是日常生产的互助合作范围，是日常生活中仪式人情的具体边界，也是国家塑造的集体经济的基本单元，是土地集体所有制度的所有者，是基层自治体制的基础层级。多重功能之下"社"在民间成了社会团结的核心，以社为单位的整合使得本地社会能动性极强，可称之为"能动社会"。

这种能动社会不仅表现在民间的组织性、整合性较强，也表现在行动能力较强，能够自行动员本社资源来完成公共物品的提供，更重要的是在此基础上社的共识生产能力较强，能够应对不同时代的各种问题。通过社内以户为单位的民主协商、"少数服从多数"，能够制定出社规，对人们的行为具有约束能力。因此"社—户"的双重结构下，户是独立经营的单位，是人们亲密关系的范围，但行动能力较弱，日常生产生活的功能性需求必须依托更大的、更具行动能力、更具公共性的社来完成。因而社具有较强的公共性，社内动员与行动之下的行为是为了回应公共层面的问题，如道路水利等地提供，如仪式的组织等。历史上，国家治理也必须依托这一地方性的团结结构，社会主义国家的改造也是依托于"社"这一基础单元来强化国家治理的。自生产队以来，社作为共同财产范畴、共同生产单元、共同生活场景、熟人社会圈子、基层自治单元等结构，社对个体的户具有治权与治责。

在"社—户"的双重结构中，户的形成也就更具治理意味。由于计划生育的较早执行，本地很早就出现了有限子女家庭，本地较强的分家传统，使得极易出现分散的户，而80年代以来的土地经营制度、户籍管理制度，也都依托于民间的"户"，即男性家父长为户主的家庭单元，诸子均分、从幼子居的习俗塑造了颇为同质性的"户"的规模。社内宅基地分配制度下，诸子独门独院居住，社内整体规划，形成了非常规整的社内聚居模式，进一步加强了"户"的内敛性，形成了本地明晰的"挨门子"格局，强化了"户"之间的分散性。这使得本地存在的血缘纽带在社会关系上的分散化，无法形成有效的团结。进而分散的"户"之上必须依托公共性的"社"来回应公共需求，由分散的"户"构成的公共性的"社"之中，分散的"户"的行为具有较强外部性，必须遵循基于公共性的集体行动。而市场化程度不足，使得本地"户"为单位的经营维持了均质化的农作形态，社内缺乏社会分化，经济分层非常不足，加固了均质化的特征。而"社"作均质社会的整合机制，同时能够通过动员分散的户，动用社内资源，解决社内共同面对的问题，并且通过会议、协商的方式形成新的行动规则，解决社内问题，使得社会自身具有较强的整合性与行动力，且能不断适应新出现的问题。

　　在能动社会基础上，高地村因突发的征地拆迁而产生的外生性利益密集，以及随之而来的利益分配及分利秩序的达成，也就能较好地在原有的能动性机制下得到对接。在一些基层治理能力弱化的地区，由于基层社会无法应对外生性利益的密集进入，使得利益分配过程中出现了大量的钉子户，爆发出大量的社会矛盾，在一些情况下基层政府只能通过强权力甚至灰黑势力来"摆平理顺"，造成基层治理的震荡。而高地村为代表的能动社会中，社会自身具有应对问题、解决问题的民间机制，因此分利秩序更多表现为规则性，能够在基层社会中得到消化，而不会衍伸到基层治理领域。本地利益分配遵循规则原则而非行动原则，首先，大包干以来本地形成了稳定的土地配置规则，由社员均分、按户承包经营的基本格局明确且清晰，建立了本村承包土地的产权路径依赖；而社内分家规则所要求的宅基地分配制度，也使得社员相互之间利益均质且相互间边界清晰，社内不存在社员间的利益纠纷。其次，在社内"公地"分配中，由于社具有明确边界、清晰的成员资源，以及社内具有规则与共识的生产能力，社内涉及户与户的关系，只要摆平户之间的利益纠纷，社层面即可完成分利任务，而户之间的利益很好摆平，因为社内规则是清晰的。公地所产生的集体资金分配，按照本社社员的"多数意见"来进行分配，这种公示生产机制较大程度上拉平了社员间可能存在的利益不公，而社内公共利益的至上性，使得过度追求自身私利的"钉子户"或"无公德个人"能够得到社会压制，避免出现争利乱象。因而基层政府在城市化扩张中，非常注重借用"社"这一能动机制，在社内形成利益均衡，消解争利纠纷，最终形成征地拆迁的良性秩序。在能动社会基础上，借助并发扬社会自身的组织与行动力，通过社会秩序的自身达成来提供基层治理的秩序来源，这也是基层政府愿意且能够实施"消极治理"的根源。这也是西部地区治理资源匮乏条件下的被动选择。

对话参与式民主：水环境问题的政府-民间互动

陈 昭 徐 卓*

（清华大学社会学系，北京 100084；清华大学心理学系，北京 100084）

摘 要："参与式民主"和"协商民主"两种民主模式理论，直接挑战了一直占据主流位置的"自由主义民主"理论。本文以"参与式民主"理论视角，观察以当前中国北京地区为例的环境保护问题的民间参与、政府与民间环保组织的互动，认为 NGO 影响力的增大与自媒体的出现是"参与式民主"得以实现的重要载体，而"对话式的参与模式"则是达成"参与式民主"的有力保障。

关键词：参与式民主；协商民主；合作对话；环境保护；NGO

一、参与和协商式民主

"民主"这一概念在古希腊发端，时至今日经历两千多年的演化，已经在各个领域发展出了极为丰富的体系和诸多的版本，其含义也一直与时俱进。英国学者赫尔德在其著作《民主的模式》中梳理了社会学和政治学领域的各种体系并列举了 9 种不同的民主模式。

---

* 作者简介：陈昭，清华大学社会学系博士研究生；徐卓，清华大学心理学系博士研究生。

学术观察

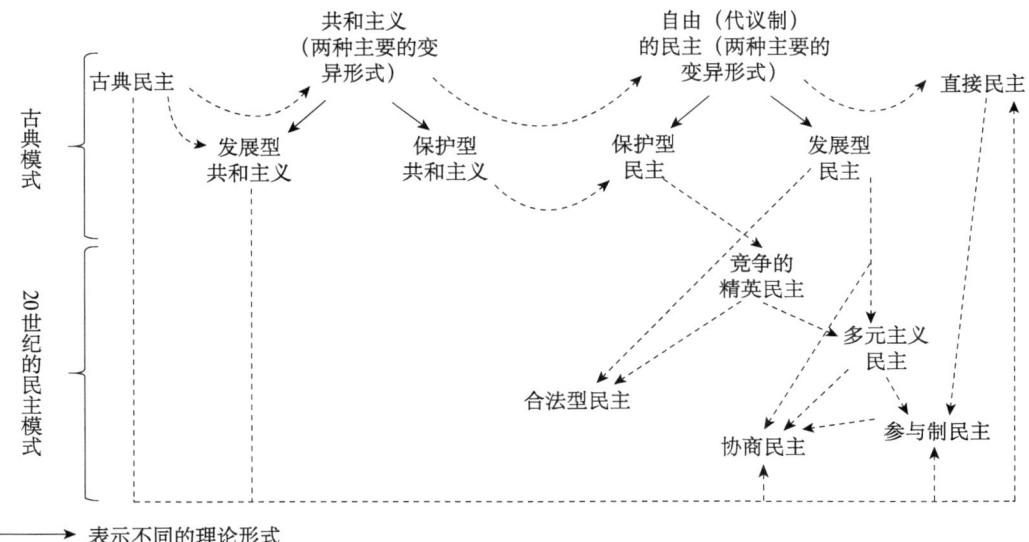

图 1-1 民主的不同模式①

基本上，民主可以分为直接的或参与的民主（direct or participatory）以及自由的或代议的民主（liberal or representative democracy）式两大模式，每种又可以分为保护型和发展型两种不同类型。所谓"保护型"指的是在这种模式下民主是作为保护手段为其他目的（譬如自由或者正义）服务的，因而民主本身属于从属地位并且必要时是可以弱化甚至牺牲的；而"发展型"模式下民主本身自为目的，不服务于其他目的。人类社会进入20世纪之后，科技、工业、经济的高速增长导致了民主的一个版本——自由主义代议制民主——迅速发展，成为发达国家意识形态和政治现实的主流，呈现以下特点：（1）对古典民主的"积极公民"和直接参与的否定，认为无论是从民众的素质、还是对公共事务的兴趣上，普通民众都与积极公民的要求相去甚远；（2）认为民主实际上是一种体制和规则，也就是手段，来保障现代社会其他更重要的目标；（3）认为"民众定期投票选择被谁来控制，在选举结束之后就服从控制"的代议制才是在当今的现代国家规模上可行的、合理的。熊彼得的"……某些人通过竞取人民选票而得到做出决定的权力"的立场、韦伯的科层官僚制度，和亚当·斯密的古典市场经济学，为当代的自由主义民主理论和实践打下了基础，直至20世纪60年代，"小政府、大市场"的"弱势民主理论"占据了主流地位。

---

① ［美］戴维·赫尔德著，燕继荣译：《民主的模式》，北京：中央编译出版社，2008年，第5页。

从 20 世纪 60 年代开始，欧美社会反思现状、质疑和挑战既有主流理论的各种思潮、理论，以及实践开始逐渐升温。在民主理论和实践这一领域，这种反思和挑战主要表现在占据主流位置的自由主义民主立场和其他几种对立立场的激烈辩论上：（1）自由主义民主立场将民众视为对社会事务漠不关心、并且缺乏参与能力的"消极公民"；而其对立立场则认为公民的冷漠消极和参与能力的缺乏是自由主义民主体制的官僚和对民众的隔离造成的，而真正的民主就是要让民众"有序参与，在参与过程中提升参与能力"，因此民众可以既不冷漠亦不无能——前提是增加其参与的机会。（2）自由主义民主立场将民众参与治理内容和决策过程视为洪水猛兽，认为会出现"多数人的暴政"；而其对立立场则认为事实证明代议制和专业官僚机构对国家的管理实际上会让治理过程跟民众利益严重脱节，变成"少数人的暴政"。（3）自由主义民主认为民主只适用于政治领域，并且治理的最终目标是保障自由市场和经济效率，也就是说民主过程也是保证自由市场和经济效率的手段；而其对立立场则认为以自由的名义牺牲平等、以市场效率牺牲社会公平是不可接受的，民主和社会公正本身亦应该是目的而非手段。（4）新自由主义过度依赖个人利益和市场的作用，认为治理的最高境界是维护个人的利益并且主要依赖市场的手段来实现这一目的。（5）自由主义民主将"国家""民意"等概念都视为真实存在并且不可分割的概念，并且往往因此而将捍卫"国家利益""人民意志"作为合法性依据；而其对立立场则认为其实人民由多个不同的社会阶层、利益集团所构成，其相互之间的利益往往是冲突而不可调和的，所谓整体的"人民意志"其实并不存在，往往是用一部分话语掩盖压制另一部分话语所形成的假象，总有被边缘化的群体和被压制的声音。

在此背景下，1960 年阿诺德·考夫曼首次提出"参与式民主（participatory democracy）"概念，随后 1970 年美国学者卡罗尔·佩特曼的著作《参与和民主理论》宣告参与式民主成了一种与自由主义民主对立的民主理论[①]，而其中（1）～（4）就是参与式民主对自由主义民主的直接挑战。而（5）则是另一种新近发展起来的民主模式，最先由约瑟夫·贝塞特（Joseph Bessett）所提出的"协商式民主（deliberative democracy）"的主要立场：协商和妥协，是平衡各个掩盖在"人民"之下的各种利益集团之间达成共识的最合适方式，而这一方式是无法经由代理人——自由主义民主体系下的代议制政府——来完成的。这两种民主模式似乎有很高的相似性，在理论

---

① Pateman C. Participatory Democracy Revisited. Perspectives on Politics. 2012, 10 (1): 7-19.

界也有很多研究者对二者不做区分甚至混用。诚然，两者之间有一定的重合和相似性：（1）都认为存在"积极公民"深入关注社会事务、愿意承担社会责任、有专业知识和文化教育水平，能够胜任公共事务所需的"审慎思考"和辩论协商过程；（2）都认为参与过程对于教化民众和培养更为称职的公民有着不可或缺的作用，并且两者也都认为自身（参与式民主和协商式民主）并不是当前在实践中已经成为既成事实的自由主义民主代议制的替代，而是一种"积极有效的补充"——在基层或者地方事务上，增加民众在决策过程中的参与和/或协商。然而，两者实际上不论是在理论重点上还是实际操作上都有着重大区别。

协商式民主更强调其"协商"本身的重要性，认为基于社会构成的多元性，各种公共事务必须通过平等协商进行妥协，而协商本身是为了让参与各方都更能够接受协商的结果。也就是说，协商民主的基本假设之一就是社会是由多个具有冲突利益的团体或者阶层所构成的，而社会运行基本上是一种有赢有输的"零和博弈"，因而在一些利益冲突比较复杂的领域或者问题上，邀请各方协商并且妥协，是一种从工具理性的视角更加实用和高效地达成协议的方式——即便是其中的"输家"也因为自身参与的协商过程而更能够遵守决定。因而，协商式民主更加聚焦操作性层面，其在实践上也更加"工具性"：譬如针对特定问题举行临时性的公民陪审团（citizen juries）或者召开公民大会（citizen assembles），然后将其结果或者决议交由行政当局供参考。也可以说，协商式民主更关注协商过程的产出本身，和协商各方对于产出的接受和执行情况，也就是协商作为一种工具的实际效果：政治效果（接受、减少冲突）和经济效果（利益再分配）才是其真正目的。而参与式民主则有着更广泛的含义和更高层面的理论视角，其目标不仅仅是工具性或技术性的"参与决策过程"或者"经过多元化的商谈形成共同认可的决议"，而是有着更高层面的目的和价值考量：重新将"民主"和"参与"结合在一起，认为真正的民主体现在参与过程本身，而且也是参与的目的。如同帕尔曼在最近几年对于参与式民主的发展的回顾性文章中重新指出了参与式民主超越协商民主范畴而独自具有的几大特点：（1）教育和发展功能：让公民在参与过程中学习如何参与，逐渐提升参政议政水平，以及增加自身的政治效能感（political efficacy）；（2）对民主过程本身的民主化：公民更多地参与决策过程，让整个治理体系更加民主化；（3）要建立"参与性社团（participatory society）"[①]；（4）（治

[①] （美）卡罗尔. 佩特曼著，陈尧译：《参与和民主理论》，上海：上海人民出版社，2018。

理体系）做出的改变是结构性的；让原先民主化不足的权威结构变得更加民主。从本文后续对于中国社会在环保问题上的民间参与、民间团体与政府之间的互动过程中，我们也可以看到以上特点在现实生活中的呈现。十九大报告中的协商民主及其在当今中国社会的具体实践，与狭义的"协商式民主"相比较，范畴要更广，程度也更深，实际上超越了协商民主理论，而更符合更广泛而深刻的参与式民主理论体系并且更为正式地成为日常治理体系中的一部分。因此，本文的后续讨论中，依然主要使用"参与式民主"的理论视角来讨论中国在环境保护这一领域的政府和民间组织的互动。

二、民间环保组织与政府的互动实践

中国的环境保护非政府组织（Non-Governmental Organization，以下简称NGO）参与性广、形式多样化、社会影响大，对于国家的环境相关政策有着间接或直接的影响[①]。我国改革开放后，民间环保组织兴起并崭露头角，究其原因：一方面，在经济发展的过程中我国一直面临环境问题的困扰，但是全社会的主要着眼点仍主要在经济的发展和政治的稳定上，民间环保组织的出现对于环保问题的窘境而言可谓"恰逢其时"；另一方面，由于环境属于"公共物品"，以盈利为目标的市场手段并不能有效地解决问题（亦即"公地悲剧"——每个人都为自己的利益而侵占公共物品，直到耗竭），而政府监管因为资源和规模的原因不尽如人意，此时作为"第三力量"的NGO正可大显身手。从1994年群众性民间环保团体"自然之友"（http://www.fon.org.cn）成立，到现在中国环保民间组织总量已超过三千多家，可以说经历了一个飞跃。本文所提及的三家北京环保NGO——"绿家园"环保组织、关注保护北京水系的"环保益起行"组织和"乐水行"组织，都是民间组织对于环境问题深度关注并且做出积极贡献的典型，他们发起的水环境考察调研、与官方对话的互动实例，对于"参与式民主"实践有着重要意义的尝试。

（一）水环境的民间观察：从"三角"到"四方"

近年来，北京出现了多家以水环境为关注重点，定期去不同水系河流周边进行考察活动的环保NGO。活动多为公益性或纯粹的市民自发行为，每到周末或节假日，

---

① 王名、贾西津：《中国NGO的发展分析》，《管理世界》2002年第8期，第30—45页。

参加活动的市民集合后沿河或在与水相关之处或徒步行走或参观交流，他们称此类活动为"走水"或"走河"，经常一起"走水"的人也互相叫"水友"。例如，"乐水行"组织由北京几家民间环保组织包括自然之友、地球村、绿家园、大学生绿色营、自然大学共同发起，2007年成立，没有任何官方经费支持。参加"乐水行"活动的"水友"中，有人长期独立行走考察北京水源污染，有人熟悉老北京水系故事典故，有人专门从事水利相关工作，他们自然地成了活动的领队。十年来每周六一早出发，风雨无阻。"环保益起行"是主要关注城市河流、垃圾问题，以环境教育号召公众参与环保的非营利性民间环保组织。他们发起的"水系北京"活动每周末进行，在微信公众号发布活动通知后接受报名。活动中有时邀请专家老师讲解，有时是领队带队沿河考察。每次活动带队人都会准备测水包，沿途定点对河水的pH酸碱度、氨氮值、COD（化学需氧量）进行检测，记录河流水质情况并定期发布河流质量报告。

近年来永定河河道和流域治理及生态修复问题成为我国政府的关注重点。京津冀晋四省市政府都曾多次针对永定河治理工程出台系列举措。2016年，国家发改委、水利部、林业局联合印发《永定河综合治理与生态修复总体方案》。2017年5月，北京市印发《北京市永定河综合治理与生态修复实施方案》。2018年6月，在国家发改委、水利部等部门部署推动下，旨在永定河全流域治理的永定河流域投资有限公司在北京成立，标志着永定河综合治理与生态修复进入了市场化、公司化运作阶段。与此同时，2016—2018年三年夏季，"环保益起行"都组织了永定河溯源生态假期活动，邀请有专业知识的指导老师与市民志愿者一起，大家自费前往永定河上游的两个分支源头：山西桑干河和内蒙古洋河，从历史、地理、生态等多角度了解河流。"环保益起行"发起的"水系北京"活动中，也组织了永定河北京段的周末观测活动。一位参加过"水系北京"活动的"水友"在网上发表了《比黑臭河更可怕的是骗人骗钱的伪生态工程》一文，文章针对2010—2014年耗资170亿的北京辖区内永定河生态恢复工程中存在的河道硬化、人工驳岸等破坏生态系统自然调节能力和生物多样性等"伪生态"现象发表评论，在网上引起热议。永定河考察活动之后召开的分享会上，多位学者和志愿者向大家分享了见闻和感受。

近年来，政府机构在信息公开、政策交流、数据共享和跟社会民众沟通方面也采取了很多行动。生态环境部网站（http://www.mee.gov.cn）提供了大量环境信息和相关数据，并专门设有"环境污染网上举报""城市黑臭水体监督平台"的快捷链接，便于公众对于环境问题的参与、监督。开设作为响应政府部门对公众参与监督环治理号召的环保 NGO，"绿家园"环保组织自 2000 年起每月邀请国内学者以讲座形式分享生态环境相关知识的绿家园环境记者沙龙、2005 年起每日通过"绿家园"微信公众号发布的"江河信息导读"、2007 年起每周举办周末走河活动，这些都成了政府部门环境宣传与监督工作的有益补充。NGO 影响力的增大与自媒体的出现使得个人在公众话语体系中占据了一席之地，成了参与式民主实现的重要载体。传统的 NGO 研究理论基本都认同萨拉蒙提出的"政府—市场（企业）—NGO"三重力量模型，因而将 NGO 视为"第三力量"①。随着自媒体时代的到来，从公众影响力角度而言，这一格局发生了明显变化。

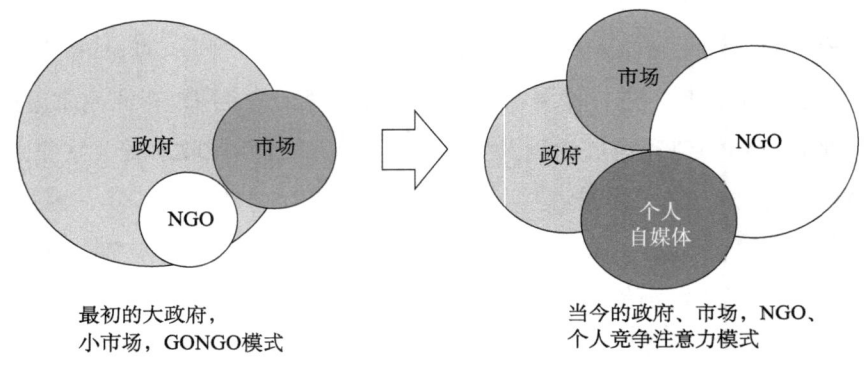

图 2-1　话语权与公众影响力的格局变化

如上图所示，在环境保护领域（其他领域也出现了类似的变化趋势，但是在程度上各自不同）：最初（20 世纪 90 年代）的政府作为主要影响力并且掌握大部分话语权，市场作为补充逐渐增加权重，而环保 NGO 组织尚在襁褓之中影响力甚微，并且多数的政府支持和直接管理着"GONGO"；时至今日，NGO 的话语权和影响力大大增加，其中民间"草根"NGO 的比例也急剧上升。

"环保益起行""乐水行"、世界自然保护联盟三家民间公益组织于 2016 年 10 月联合举办了"北京水环境民间观察会"，并邀请关注水环境的政府、机构、媒体和个人参与。会上，以"北京河流的今天与明天"为主题，多位从事过环境保护相关工作的志愿者老师发言，讲述了他们考察永定河、潮白河、北运河等北京水系的情况，大家共同交流北京河流的现状与存在的问题。相比 2016 年参会发言者多为来自环保 NGO 的"民间专家"和市民志愿者，2017 年的第二届"北京民间水环境观察会"上，

---

① 中国环境部：《2015 中国环境状况公报》，2016。

发言嘉宾中出现了来自水利部的专家，专门就当时政府推行的"河长制"做主题发言并和大家一起探讨保护水资源的方式和途径。2018年的第三届"北京民间水环境观察会"上，"环保益起行"总结了自2016年三年以来1130人次志愿者参与的永定河考察情况，以及当年由来自多家北京高校的志愿者和热心市民参与调研的北京市内17处公园湖区的水生态状况，同时以网络直播互动、公众号发布会议内容等形式让关注北京水环境的机构和个人有机会在现场或网络上共同参与、共同交流。由此，也可见近年来在NGO影响力逐步增大和自媒体快速发展的背景下，"参与式民主"实践的可能性。

（二）"河长制"下的民间河长：合作对话实践

如果说在以上环保NGO的实践中，所见更多的是民众对于公共生态环境的考察、对政府环保政策和措施的探讨、反馈，市民的声音大于政府的回应；那么在有关"河长制"政策推行期间民间与政府的互动实践中，则能够更为明显地看到双方的对话式互动。

2016年11月28日，中共中央办公厅、国务院办公厅印发《关于全面推行河长制的意见》（以下简称《意见》），并发通知要求各有关部门贯彻落实。12月17日，"环保益起行"公众号发出微信文章解读"河长制"，回顾自2007年江苏无锡首创"河长制"以来的发展历史和《意见》的政策含义。而"乐水行"中长期关注通州地区黑臭水体的志愿者们拨打了通州区水务网上公布的"河湖生态环境管理"中的"河长"电话。当时拨打四次电话中两次无人应答、一次未打通、最后一次被告知"打错了"。"乐水行"公众号发文指出该政令固然是好的，但实施仍需要一个过程。组织随即提出"民间河长"招募，邀请能够长期关注身边河流、监测污染、能参与河流各方面工作的民间志愿者，"认领"一条河流。他们不是领工资的河长、河流管理员，而是关心河流的普通百姓、为水而行的普通志愿者。

随后，"民间河长"一词逐渐得到官方承认。在2018年初由中国水利报社、中国作家协会、中国水利作家协会主办，《中国水利报》编辑部承办的首届"河长湖长故事"全国有奖征文大赛的征文启事中，特别注明了"尤其欢迎各级河长湖长，包括民间河长湖长、企业河长湖长等参赛"。[①] 2017年、2018年"绿家园"的走河活动中，有多位水利部的同事多次参加活动并和大家分享了有关河长制的相关知识。在交流

---

① 中国水利报社：《首届"河长湖长故事"（河长科技杯）全国有奖征文大赛启事》[EB/OL].（2018-2-1）[2019-3-12]. http://www.chinawater.com.cn/newscenter/kx/201802/t20180201_706578.html

中，水利部的一位同事说："其实咱们的走河队伍里，好多有丰富的河流知识又时刻关注北京河流的老同志，都是广义上的'民间河长'呢！"2019年3月初，东城区河长也加入"绿家园"走河的队伍中，和志愿者们一起从南护城河边走到了永定门，考察南护城河一带的河流及周边环境。大家一路交流、拍照，在轻松愉快的走河过程中进行着官方河长与"民间河长"的对话。

其实"民间河长"虽然是环保NGO在政府推行"河长制"政策后提出的与之呼应的概念，但"民间河长"的职责却是很多环保志愿者一直以来所践行的。在"乐水行"长期的走河活动中，"水友"们发现了很多河流污染问题，随后有一部分人专注于河流治污，发起了短线活动，2013年开始重点关注黑臭河监督治理，专门走重点污染河段。治理河流污染问题，不仅需要政府作为、企业自律、公众自觉，也需要市民监督，这一部分关注污染问题的"水友"就本着这样的理念，自发组织了这样的监督活动。目前"乐水行"微信公众号就是以关注黑臭河、向有关部门反映河流污染问题为重点的平台。运营公众号的这一团队作为公益组织，只有四五名固定工作人员。短线组每个周六或周日，由组织工作人员或组织招募的大学生志愿者带队，沿黑臭河行走3—5公里，发现非法排污情况后，集体通过举报电话、手机App举报等形式向有关部门反映情况。这一普通公众参与护水、草根护水者交流平台，正在努力向中国水污染公众响应中心的构想发展。2016年，"乐水行"志愿者多次监测北京昌平区南沙河西桥向南的一条汇入南沙河的支流——"十一排干"的情况。十一排干全长不到5公里，河两岸都已安装防护栏，西岸护栏外有很多垃圾。一路没有垃圾站或垃圾箱，生活垃圾每隔一段距离成堆堆在铁丝网边，有时有风刮过，零星废物越过铁丝网的缺口飞入河里。走出村沿东岸继续向南，左手边是高楼林立的购物中心、科技园区，右手边是这条水体颜色深绿泛黑、味道有些刺鼻的小河，有两处排水口正有带白色泡沫的污水流出。在这里生活的很多村民并不知道这条河的名字。志愿者询问周边打扫卫生的环卫工人是否知道每天走过的这条河叫什么名字，环卫工人回答："我不知道，没有名字吧，我们就叫它臭水沟，它就是臭水沟！"……十一排干在北京市昌平区发布的"十三五"水务规划中，被要求于2016年底完成治理。志愿者们发现时至9月中旬垃圾堆积、污水直排等黑臭情况仍未改善，不少民间志愿者在这条河流沿途观测水质，用"蔚蓝地图"App、电话等形式举报非法排污等情况。"乐水行"公益组织的志愿者利用微信公众号发布了"致昌平水务局的公开信"，问责黑臭河治理不力。2016年9月26日志愿者向昌平区水务局提交了公开信。提交公开信的志愿者小史说："那天我到水务局，进了他们办公室刚说明来意，要把手里打印好的公开信递给他们，你猜怎么着？人家已经从抽屉里拿出了一份红头文件，上头就印着我们写的公开信内容呢！看来他们对微信公众号和网络一直有监控和关注呢！"后来，昌平区水务局对"公开信"做出了积极回应并施行了整改措施。可见在"河长制"推行之前，"民间河长"与官方的互动对话早有实践。

三、参与式对话模式的促成

由上述民间环保组织与政府的互动实践可见，我国 NGO 影响力的增大与自媒体的出现成了"参与式民主"得以实现的重要载体，而"对话式的参与模式"则是达成"参与式民主"的有力保障。在此模式下的整个互动中可能达成：各方相互尊重、充分聆听并形成理解，彼此建立信任的关系，互动对民众起到教育作用的同时，民众的参与也对政府的执行能力给予了有力补充，即各方生成了新的可能性，而不是零和博弈。

（一）如何"参与"和"协商"

在"参与决策过程"和"协商式民主"之中，"究竟参与和协商的过程如何"是需要审慎思考的问题。社会学理论有两个面向：一方面是考察"事情事实上是怎样"，即所谓的"描述性"，而另一方面是批判和反思"事情应当怎样"，也就是所谓的规范性。在讨论参与式民主和协商式民主的过程中，社会学视角更加重视"参与或者缺乏参与是否具有正当性"或者"参与/协商过程的引入是否增加了各方对于决议的认可程度"这样的问题。与此同时，还有另外一些也很重要的问题需要回答，例如，怎样的参与/协商过程更有利于人们形成理解或者共识？哪些因素抑制了或者增加了人与人之间的理解？哪些行为或者方式更能够增加理解和信任？哪些谈话过程或者方式更能够产生新的可能性？怎样的关系才能让对话得以进行下去而不成为独白、争吵或者敷衍了事？

这些问题实际上更需要心理学的视角来进行回答，从而助力于参与式民主的实践过程。心理学采用了更加关注"人与人——个体或者群体——互动的过程本身是怎样的？（描述性）"，以及"怎样的互动过程才是更好的？（规范性）"这样更加聚焦于人际过程本身（认知、情绪、感受、意志、行为）的视角。因而，引入心理学中关于协商、沟通、对话、表达的视角，更有助于我们理解和指导参与式民主和协商过程。

很多参与式民主的拥护者认为，互联网的高科技手段可以让人们更多地获取信息，因而打破了传统世界中专家知识的壁垒——一切都已经被共享，同时各种自媒体和调查问卷的网站和移动应用让即刻民意测验成为可能，这种"数字民主"的乐观会令人误以为高科技手段让古典的直接民主体系在今天的人口规模之下也终于能够成为现实。然而，尽管互联网或者高科技手段能够让大众的意见更有效地表达，但是这种"数字参与"也有其不可避免的弱点：例如（1）浅薄＋碎片＋情绪化，人们更容易被图片、煽动性言语、热点、明星所左右，起不到教育作用反而更容易激化情绪；（2）只能看到"投票结果"，看不到背后的思维过程、态度、原因；暴力沟通——达不成理解的效果反而更让人"站队"——态度的"激化（intensify）"和"极化（polarization）"；（3）劣币驱逐良币：少数专家和多数大众按照互联网的"民意投票"，必然是多数意见压制。达不到提升水平的作用反而更"简单粗暴"，更有可能是"多数人的暴政"。而互联网的匿名性让人更有可能发表更为攻击性、极端或者不负责任的言论和观点；（4）不同的社会阶层和群体的互联网参与程度不同，在互联网上面发声最多的是年青"数字一代"之中更喜欢把时间花在上网上的人群。如同经济地位差异会导致政治不平等一样，互联网的介入和实践也会导致网络上的不平等。

所以，仅仅靠互联网的方便和数字论坛，并不能真正增加整个社会公民的"政治效能感"、培养人们对公共问题的主动和深入持久的关注和投入，并且承担起问题解决的责任。真正能够让参与过程本身达到参与式民主所期待的效果——教育民众更具审慎和专业的相关领域的治理知识、增加民众的政治效能感、形成长期信任的参与团体，以及用这种审慎而积极的参与过程作为代议制民主在执行力方面的补充——需要的依然是人们的亲身参与、时间精力的认真投入、面对面的深入沟通，和真正信任关系的建立。而这些，恰恰是心理学中"合作对话实践"理论所一贯强调和竭力促成的。本文把后现代临床心理学中的"合作对话实践"体系作为一种立场和可以实际操作的工具，引入了参与和协商过程。这种以关系为导向、以理解为目标、以尊重为前提的开放式、具有高度生成性的方式，可以在各自参与治理的过程中取得良好的效果，大大提升协商民主的效率。尤其是，更能够起到达成理解、进行教育、培育更为审慎负责、更愿意参与的积极公民的作用。

（二）合作对话：从"独白"到"对话"

后现代（postmodernism）一词源远流长并且争议颇多，有很多不认同现代性及其价值观的思潮都会主动地或者被动地戴上"后现代"的帽子①。在本文的语境中所提及的"后现代"理论，仅限于心理学和社会学相关的领域，以权利话语、社会建构和合作对话理论为基础的后现代对话理论。心理学家和哲学家肯尼斯·葛根（Kenneth J. Gergen）②提出了社会建构主义（social construction theory），认为社会文化中的很多概念和话语体系（discourse）并非对于客观事实的真实反映，而是在主流文化的语境下由各种社会力量相互博弈共同建构出来的"真实"。也就是说，在社会文化领域，与其说存在"事实"，不如说社会各个力量通过动态博弈的结果。③在当今社会的互联网和自媒体时代，这一点显得尤为重要：话语权的分散导致了参与建构社会事实、社会观点的声音越来越多。如果某个个人和机构忽视了这种话语权的分散，而没有主动积极地参加这个建构过程，则很容易陷入被动防御的境地甚至被边缘化。互联网和自媒体的存在使得参与建构过程的竞争白热化并且平民化，对于政府机构维持自己的形象和体现自己的立场形成了严峻的挑战。而后现代哲学家米歇尔·福柯（Michelle Foucault）也尖锐地指出，知识和权力是密不可分的，而且谁掌握了话语权，谁就能决定什么是知识④。在当今互联网和自媒体打破社会媒介格局的大背景下，不仅话语权被碎片化，并且个人和民间组织的竞争力显著地增强。也就是说，个人和民间组织获得了比以往多得多的机会参与"社会知识"的建构，使得政府和大型机构失去了过去的寡头垄断地位。目前，民间机构和个人都主动拥抱这种注意力经济带来的新环境和法则，反观政府的视角，似乎已然停留在"我们也会使用这些工具发布信息，有了就足够好"的层面上，并未充分意识到这一建构过程的转变。

合作对话实践（Collaborative Dialogue Practice）是美国德州凯文斯通治疗中心席，后现代陶斯学院（The TAOS Institute）联合创始人，贺琳·安德森（Harlene Anderson）和她的导师，已故心理学家哈罗德·古利辛（Harold A. Goolishian）共同提出的一种后现代哲学立场的心理学实践体系，被广泛运用于临床心理学、家庭治

---

① ［英］佩里·安德森著，紫辰、合章译：《后现代性的起源》，北京：中国社会科学出版社，2008 年。
② Gergen K J. Social Psychology as History. Journal of Personality and Social Psychology. 1973, 26(2): 309-320.
③ ［美］肯尼思·J·格根著，杨莉萍译：《社会构建的邀请》，上海：上海教育出版社，2020；Salamon L M, Anheier H K. Defining the Nonprofit Sector: A Cross-national Analysis. New York: Manchester University Press, 1997.
④ 米歇尔·福柯著，刘北成、杨远婴译：《规则与惩罚》，北京：生活·读书·新知三联书店，2012 年。

疗、企业管理咨询、公共事务管理、教练技术和组织咨询等领域①。这里所说的对话（Dialogue）不是一般意义上的谈话，也不是谈判、辩论、询问、闲聊②。合作对话实践的核心立场，是两个个体或者组织之间需要进行相互尊重、搁置假设和评判以建立良好关系和维护创造性过程为目标（而不是以具体的内容、共识或者决定为目标）的对话。在对话中，"聆听"比"讲述"更加重要；"探询"比"回答"更有意义。参与对话的每一方，都抱着"不知（not-knowing）"的心态，也就是一种"不自以为是认为自己理解或者知道对方的意思"的态度真正地进行探询和聆听③。通过主动邀请并且真正聆听各种多元的视角和声音，获得更多的理解，并且在对话中创造新的知识，生成新的意义。

与"对话（dialogue）"概念相对立的是"独白（monologue）"，也就是自说自话地向对方单向地宣布，不认为需要进行任何探询或者接受反馈。当一方认为自己具有权威地位或者完全掌握话语权的时候，往往就会使用独白的方式进行沟通，并不邀请其他的声音，也不认为多元的视角有任何价值。在知识、权威和话语权被少数几方寡头垄断的时代，有发言权的一方无须面对注意力争夺的挑战，也不需要接受反馈，因而可以采取独白的方式发布信息、告知公众。但是当代移动互联网和自媒体信息渠道的流行，导致了社会更加扁平化，听众的注意力被众多渠道所竞争，民众作为个体和组织获得了一定的话语权。同时，民众所掌握的知识、参与的意识和发声的意愿都明显增强。这一点在环境保护领域中尤其明显，无论是有可能产生有害排放的项目，还是有可能对自然生态造成威胁的规划，还有当前环境保护工程里面考虑不周或者设计上的漏洞，都已经被民众和民间组织广泛讨论并且向政府提出意见和建议。

话语权和参与意识的显著变化让我们认识到，在当今社会中，"对话"是一种非常有利于建立良好关系、达成高效沟通，通过主动邀请各方声音参与来减少误解和冲突、增加理解和合作的方式。由此，也尤其建议政府机构尝试用对话的方式来邀请 NGO 和民众的主动参与，增加其对政策的理解和更多的责任分担，从而以"对话式的参与模式"达成"参与式民主"，实现多方共赢的良性互动。

---

① Anderson H, Goolishian H A. Human Systems as Linguistic Systems: Preliminary and Evolving Ideas about the Implications for Clinical Theory. Family Process. 1988, 27(1): 371-393.
② [美]戴维·波姆著，王松涛译：《论对话》，北京：教育科学出版社，2004年。
③ Anderson H. Myths About Not-Knowing. Family Process. 2005, 44(4): 497-504.

"子贡赎奴"与时间银行存取失衡*

齐腾飞　刘　明**

（清华大学社会学系，北京 100084；
新疆师范大学国际文化交流学院，乌鲁木齐 830054）

摘　要：以储蓄和支取时间为基本职能的时间银行在实际操作过程中，只进不出、存取失衡，看似有利于时间银行，实则不利于时间的延续性和规模的扩张性，更不利于平权交换网络的构筑和公益精神的培育。文章通过对苏州、上海、广州时间银行进行参与式观察和深度访谈，之后运用交换理论审视定性材料，进而分析时间银行运作过程中的参与者心态和行为。研究发现"子贡赎奴"行为背离了公平交换规则，所造成的权力差等和心态失序成为时间银行存取失衡的主要原因。如果要摆脱存取失衡困境，政府需要介入推进时间币兑换实物替代之举，维护公平交换规则，建构泛化交换网络，进而推动公益之行。

关键词：子贡赎奴；时间银行；互惠；自我造物；网络泛化交换；经济人类学

一、问题缘起

两千年前，有一个"子贡赎奴"的故事。孔子高徒子贡于国外赎买鲁国奴隶，使之成为自由人，却谢绝国库报销赎金，本以为此乃善行。然而，孔子批评子贡，认为如此一来，客居他国的鲁国奴隶恐怕再无人救赎[①]。两千多年过去了，"子贡赎奴"

---

* 基金项目：本文系国家社会科学基金重点项目"互助养老研究"（16ASH012）的阶段性成果。
** 作者简介：齐腾飞，清华大学社会学系博士生；刘明，新疆师范大学国际文化交流学院教授、博士、博士生导师。
① 吕不韦：《吕氏春秋》，北京：中华书局，2007年。

的故事在历史长河中不断地重复和再现。

"帮助他人,正如赠人玫瑰,手留余香;可若接受别人回报,总觉得内心别扭,惴惴不安",一位苏州小学退休老师直言不讳地表达参加时间银行的感受。本以为这只是个案,可在上海和苏州采访时发现①,"子贡赎奴"心态是种普遍现象,甚至有的举办者认为正是这种助人心态导致时间银行存取失衡。表面上看,时间银行存取失衡又有什么关系呢?毕竟是储存者多而支取者少,这反而给时间银行带来大量的沉默收益,时间银行还可以利用这些收益举办一系列活动。如此一来,存取失衡是件好事。实则不然,时间银行存取失衡,不管是只出不进,还是只进不出,皆不利于时间银行的正常运转。目前,时间银行的施助者很大程度上不愿意用行为来换取行为,而是倾向于换取内心的满足。同伴压力产生了一系列微妙的影响,将大量愿意通过行为换取行为的潜在参与者排斥在时间银行之外,阻碍了时间银行规模的扩大。

时间银行运作过程中最大的两个问题是时间问题和地域问题:时间问题在于时间银行信用的延续性,也就是未来是否能够实现时间兑现;地域问题在于时间银行的扩张性,也就是在此地可以兑换时间,在彼地是否也可以兑换时间。这两个问题其实都是时间银行正常运作之后的问题,这两个问题的解决在于时间银行规模的扩大、运转的畅通、兑换机制的稳定和信用机制的建立。再往上推导,规模、流通、兑换机制、信用体系都必须以时间银行能够立足为前提。时间银行存取失衡问题关系到时间银行能否正常运转,研究这一问题其实就是在解答时间银行能否站得住脚这一前提性、基础性的问题。

二、研究回顾

时间银行肇始于日本旭子水岛女士举办的老年志愿服务。在服务过程中,旭子水岛女士主张中青年人将劳动时间折算为志愿劳动积分,并以此换取未来的养老服务②。将时间银行理念推广到全球的是美国埃德加·卡恩先生。为推广时间银行,卡恩首先界定了时间银行的概念,随后为其在核心价值观、给予和获取模式、资金利

---

① 关于苏州时间银行的困境,可参见新华网 http://news.xinhuanet.com,苏州"时间银行"五年无人"支取",2013年8月5日访问该网页。
② Miller E J. Both borrowers and lenders: Time banks and the aged in Japan. Australasian Journal on Ageing, 2009, 28(5): 530-537.

用方式、团队建设、运营模式等方面设计蓝图。他还积极推动志愿劳动互惠立法，为时间银行发展提供法律保障。1987年，美国国会通过《促进志愿服务联邦法案》。自此，时间银行开始如雨后春笋般在世界各地涌现[1]。

中国最早引进时间银行是在20世纪90年代。广州寿星大厦作为老年人社会福利机构，最早引进时间银行理念，存储健康老年服务时间[2]。我们在电话采访中获知，广州寿星大厦早已不做时间银行。究其原因，一是因为参与老人同质性强，互补性弱，兼存多取少，渐觉丧失意义，不得不放弃；二是因为寿星大厦是营利性养老机构，引进时间银行理念有点类似商业噱头。2016年11月，清华大学互助养老课题组前往上海和苏州调研时间银行，逐一采访媒体上曾经报道过的时间银行。上海时间银行委婉地拒绝了访谈，我们只好退而求其次查阅其网站，发现自建立到现在两年以来，相较于其组织大型活动的轰轰烈烈，发布和承接的服务需求着实少得可怜。更有甚者，在广州南沙时间银行采访时，南沙时间银行负责人甚至认为一些时间银行只有空壳。虹口区晋阳居委"时间银行"、浦东康桥镇"爱心银行"、湖南街道"爱心银行"、西渡街道浦江居委"爱心银行"，皆如昙花一现，归于沉寂。

以党员捐款作为活动经费的苏州杨枝社区将时间银行做成了结对帮扶行动，施助者至今无人领取储存时间。由于财力、人员所限，苏州杨枝社区的时间银行正在苦苦支撑。为何时间银行呈现出如此颓势？调研过程中，ZS坦言"一开始感兴趣时，大家都忙着做点公益，存储时间，可渐渐丧失兴趣"；LS认为"能提供的服务种类有限，满足不了我的需要"；WW觉得"这儿住的很多都是外地人，人家说不定哪天就离开，存了也没有用"；ZL回复说"我现在存了时间，万一几年后这个时间银行没有了，就没法用了"。一部分人回答"别人帮助人不要回报，如果我要，会被人看不起的"；大多数人则回答"很多人觉着帮别人一点小忙，就要别人回报，有点不像话；受助者也觉着不好意思，渐渐也不发布求助需求，慢慢地时间银行就做不下去了"。由此看来，目前大多数人关注的并不是时间银行的时间延续性和地域扩张性问题，而是时间银行的门槛问题，也就是时间银行存取基本职能，尤其是支取职能能否正常运行这一问题。

目前，中国学术界对时间银行的关注并不多。截至当下（2017年4月），核心期刊上发表的关于时间银行的文章不超过6篇。景军着重挖掘时间银行所蕴含的互助精神在养老实践方面的巨大潜力，并由此探究有助于老年人积极生活的社会资本和社

---

[1] Cahn E S. No more throw-away people: the co-production imperative. Essential, 2000.
[2] 广州文明办：《广东首个"时间银行"互动项目在南沙区成立》，可参见 http://gdgz.wenming.cn。

会网络与互助精神交叉互动的关系[1]。陈友华对时间银行的缘起、概念、属性进行了分析，认为时间银行在中国探索中发生变异，从回应高失业率演变为应对老龄化[2]。其实不然，时间银行在日本创立初始就是为了应对老龄化。在卡恩先生设计初始，的确如陈友华所讲，是为了应对高失业率，但时间银行在美国推广之时基本都是从应对老龄化入手，然后扩展到其他行业。当前美国时间银行不仅仅针对老人，而且将儿童、青年和中年纳入其中；服务种类不仅仅包括照顾老人，还将照顾孩子、电脑维修、兴趣爱好、工作互助等统统纳入时间银行。马贵侠主要关注时间银行模式在居家养老中如何应用，并提供一系列政策和操作性建议[3]。梁丽娟和李水金的研究都较为宏观，前者认为时间银行是我国志愿服务模式优化的新路径，但目前发展存在顶层设计不规范、专业管理人才缺失等问题，应该创造出符合中国特色的时间银行[4]；后者则探究了时间银行理论研究薄弱、顶层设计缺乏等一系列问题，并基于此提出一系列对策[5]。陈功则主要从经济学和社会学的视角审视时间储蓄的社会效用[6]。由此可见，当下关于时间银行的研究偏向宏观，或研究其基本原理，或者为中国养老时间提供建议，或者用学科视角审视，却没有触及时间银行在具体实践中的运作。本文的研究意义在于以田野调查为依托，解读时间银行在实际运作中的瓶颈。

三、时间银行与互惠

"投我以木瓜，报之以琼琚；匪报也，永以为好也！"两千多年前的话语道出了时间银行的本质，那就是互惠，而互惠的本质植根于交换过程之中[7]。投桃报李，不仅仅在于物质上的礼物馈赠，更在于友好关系的维系。这一点在莫斯的《礼物》一书中有一段精妙的解读：礼物交换不同于买卖或以货易货，其基础是道德，其目的

---

[1] 景军、赵芮：《互助养老：来自"爱心时间银行"的启示》，《思想战线》2015年第4期，第72—77页。
[2] 陈友华、施旖旎：《时间银行：缘起、问题与前景》，《人文杂志》2015年第12期，第111—118页。
[3] 马贵侠：《论"时间银行"模式在居家养老中的应用》，《南京理工大学学报》2010年第6期，第116—120页。
[4] 梁丽娟、李菲菲：《时间银行——中国志愿服务模式优化的新路径》，《理论界》2014年第3期，第75—77页。
[5] 李水金：《浅探中国志愿服务时间银行发展的现状、问题及对策》，《经济研究导刊》2015年第3期，第102—104页。
[6] 陈功、杜鹏、陈谊：《关于养老"时间储蓄"的问题与思考》，《人口与经济》2001年第6期，第67—73页。
[7] 乔纳森·特纳著，邱泽奇译：《社会学理论的结构》，北京：华夏出版社，2006年。

是建构人情。所以送礼实际上等于将自己的一部分赠予他者，这是一种自我造物和人性的表达。收礼者得到的则是对方精神本质的一部分[①]。时间银行本质虽为互惠，但在表达形式上与传统互惠不同，一是由物品之间的交换转变为行为之间的交换，二是由双向交换转变为泛化交换，前者涉及交换公平，而后者涉及交换网络。

（一）公平交换规则

布劳在研究交换过程时做过一个假设——人们从事社会交换是因为他们知道会得到报酬，交换本身有公平交换和非公平交换之分。人们对特定交换关系带来什么样的报酬存在期待，当报酬与代价比例符合规范时，便符合公平交换。在日常生活中，交换往往并不平衡。具有较高资源的人提供资源后，从他人那儿得到什么类别或等级的报酬呢？布劳概括为金钱、社会赞同、尊敬和服从四种等级的报酬。金钱报酬在社会关系中价值较小，在时间银行中并不适用。社会赞同、尊敬和服从三种报酬形成一种阶梯式关系，社会赞同的累积，能上升到尊敬，尊敬累积能上升到价值最高的报酬——服从。一旦在交换关系中产生服从，权力也就产生，不平等的社会关系就会建立[②]。

理想状态下的公平交换在于交换物类别和等级符合期待，符合公平交换规范，如图3-1所示。按照类别和性质，交换物可以分为物品、行为和精神，物品和行为都属于物质范畴，后者则属于精神范畴。物品交换物品、行为交换行为、精神交换精神，交换物的价值差距符合社会期待，才能达到理想状态下的公平交换。物品（行为）交换物品（行为）之后，正如莫斯所言，所得不再是原有的物品和行为，而是自我造物，附着在交换者的精神。精神交换精神，诸如声望交换声望，服从交换服从之后，交换者之间得到了精神的交流。

性质	交换物		交换物	交换结果
纯物质	物品	◄------►	物品	物质交换，精神交流
物质性	行为	◄------►	行为	行为交换，精神交流
精神性	精神	◄------►	精神	精神交流

图3-1 同质交换过程

[①] 马塞尔·莫斯著，汲喆译：《礼物：古式社会中交换的形式与理由》，北京：商务印书馆，2016年。
[②] Blau P M. Exchange and power in social life. Routledge, 2017.

如果交换者之间不进行同质交换，而进行异质交换，会得到何种结果呢？如图 3-2 所示，物品与行为交换，交换物的价值差距符合社会期待，交换者以物品交换行为或者以行为交换物品，进行相对平等的精神交流，从而实现了一个自我造物的过程。如果以物品或行为交换精神，物品或行为的提供者付出物品或行为，收获精神提供者的顺从；精神提供者只能以赞同、尊敬或服从为代价，获取物品或者行为的价值。

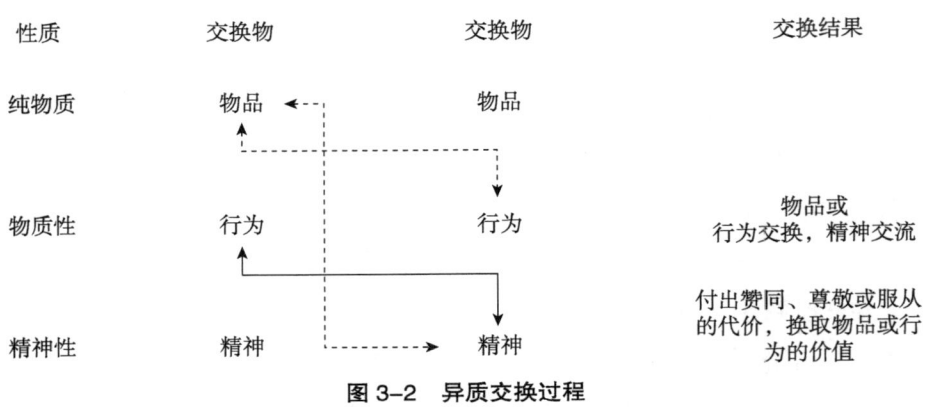

图 3-2 异质交换过程

时间银行设计的初衷在于同质交换，也就是以行为换取行为。在这一过程中，时间银行的参与者在行为交换中，精神得以沟通，情感得以交流，自我造物的过程得以完成。在这种交换关系中，时间银行的参与者地位相对平等，心态相对稳定，在利他的同时又利己，实现了人与人之间的互惠。苏州和上海时间银行的运作方式却背离了初衷，并不进行同质交换，而践行异质交换，具体而言就是行为与精神的互换。由于时间银行初期没有时间积累，时间银行的举办者，如社区或政府往往承担前期投入成本，为老弱病残提供时间币。在实际运作过程中，时间银行的参与者看到服务需求时，伸出援助之手后，往往不领取时间币，即便领取也不兑换。施助者并不是等到自己需要时再发布服务，而是将时间币闲置不再利用。

当探究其缘由时，大部分人的表述方式虽然与苏州小学退休老师不同，但基本意思都是心怀"子贡赎奴"之心，帮助别人不求物质回报。在这种情况下，施助者投入服务行为之后，收获到别人的赞同和内心的情感满足。受助者接受服务的价值，同时不得不以赞同作为交换。当赞同累积到尊敬，尊敬累积到服从，那么权力差等就产生了。受助者接受别人行为馈赠之后，期望回报以弥补自身情感的缺失，但施助者却不再发布需求。受助者回馈无门，担忧自身情感持续流失，也不再发布需求。

久而久之，时间银行正常的存取职能形同虚设，慢慢归于沉寂。可见，上海和苏州时间银行寿祚难长的原因在于其一开始运作就破坏了公平交换规则和秩序。

（二）网络泛化交换

时间银行参与者在进行行为交换时，并不局限于直接的、双边的交换，更多的是在交换网络中进行交换。在交换过程中，时间银行参与者向他人付出行为，但并不直接接受对方的回报，是从交换网络的另一部分人那里获得相应的资源，当然这一部分人有义务传递资源。如果按照这一思路，时间银行不再建立单纯的双向关系，而是建立起诸多交换关系。理论上讲，人们建立的交换关系越多，就越有可能受到公平交换规范的制约[1]。也就是说，时间银行的意义不仅仅在于行为与行为的交换，还在于公平交换规则的建立。

时间银行的这种交换类型被库克和山岸俊男命名为"网络泛化交换"。在网络泛化交换中，无论网络中有多少行动者，原初行动者最终会从网络中的其他行动者之一那里获得回报。如果资源流动链条中的一人从上家获取资源，却并没有将相应的资源传递给下家，原初行动者，也可能是链条中背叛者与原始行动者之间的所有人都不会得到回报。这样，网络就会瓦解[2]。这意味着网络泛化交换将交换网络瓦解的责任归咎于从上家获得资源者，认为从上家获得资源者如果背叛继续传递资源的规则就会造成网络瓦解。但这种观点却忽视了原初行动者对交换网络的伤害，苏州和上海时间银行的运作就验证了这一点。苏州和上海时间银行的最初参与者提供服务之后，存储劳动时间，之后却将其闲置，不再应用，无意中破坏了公平交换规则。从最初行动者接受服务的人试图通过服务回报原初行动者，可原初行动者却因"子贡赎奴"心态，不再发布服务需求，导致回报无门。如此一来，时间银行仿佛成了"一锤子买卖"，演变成了原初行动者发扬爱心的平台。正因为如此，公平交换规则遭到破坏，网络泛化交换也不得不面临瓦解的局面。

四、解脱奴役之路

怀有"子贡赎奴"之心，对个人而言并不是件坏事，反而体现了中国人忠厚的

---

[1] Blau P M. Justice in Social Exchange. Sociological Inquiry, 1964(2).
[2] Yamagishi T, Cook K S. Generalized Exchange and Social Dilemmas. Social Psychology Quarterly, 1993, 56(56): 235-248.

品格。就制度运作而言,这种心态却是一种破坏剂。"子贡赎奴"虽然在两千年前被孔子批判过,但对沐浴儒家文化两千年的中国社会而言却并没有实质性启发。究其原因,兴许是"子贡赎奴"的故事仅仅是故事,而不是社会事实。毕竟它出现在《吕氏春秋》之中,未被收录于儒家经典之中,缺少理论支持。或许"子贡赎奴"的故事的确存在,只是后世儒家为强调"重道德轻法律"的价值观将其隐秘。事实如何,我们不得而知。但"子贡赎奴"的精神枷锁时至今日依旧困扰着国人。那么该如何打破苏州和上海时间银行体现出的"子贡赎奴"枷锁,解脱奴役之路呢?

时间银行的理想状态就是同质交换——行为交换行为。作为交换物的行为,其价值符合社会期待。如果时间银行能够恪守行为交换行为的规则,泛化交换网络会越来越密集,公平交换规则越容易建立。倘若如此,于个人而言,一方面能够保全自己的行善之心,另一方面也能克服权力差等所造成的精神压力;于制度而言,亦能保全制度的正常运作。然而苏州和上海时间银行目前的状态是异质交换,也就是行为交换精神。原初行动者付出行为,交换到赞同、尊敬或服从。精神交换物一旦累积,很容易滋生权力,造成权力差等,干扰交换者的心态平衡。公平交换规则也因之破坏,泛化交换网络也遭到破坏。既然行为交换精神之路走不通,而行为交换行为又难以贯彻执行,那么行为交换物品则成了目前退而求其次的替代之举。如果推动行为交换物品,则面临着以下几个问题需要回答。第一,如果行为交换物品,物品如何保障?谁在其中发挥主导作用?第二,行为交换物品模式会不会使时间银行变质?第三,行为交换物品模式是否能够推动公平交换规则的建立,以及网络泛化交换的维系?

兵马未动,粮草先行。推动行为交换物品就意味着物品能够得到保障,具体一点也就是资金能够得到保障。那资金来源于何方?时间银行的定位是公益事业,中国公益事业一般由政府牵头。初期而言,政府需要为时间银行运作提供必要的资金支持。这份资金也不需要另辟蹊径,目前党建基金和社会建设基金可以为此提供助力。此时,政府需要发挥主导作用,除了资金保障之外,也需要为社会信任网络的建立保驾护航。等时间银行运作顺畅之后,引入社会慈善力量甚至商业机构也未尝不可。只是那时会遇到一系列的金融、法律、交易、信任等问题,需要建立新的规范加以调整。但是,现在的时间银行还处于入门阶段,未来的问题需要根据未来问题的呈现方式予以解答。

行为交换物品,意味着非纯物质性交换物与纯物质性交换物发生交换,本质虽有欠缺，但毕竟属于物质互换。令人担忧的是，时间银行的定位是公益，行为交换物质是否会演变成雇佣劳动关系？一旦演变为雇佣劳动关系，时间银行也就丧失了存在的价值。如此便涉及一个度的问题，也就是行为和物品的规格必须符合社会期待：时间银行所付出的行为不能过于复杂，需要限定在行动者力所能及且付出成本不高的范围之内，诸如打扫卫生、膳食准备、定期查房、陪同下棋、聊天谈心等。物品只能作为象征性馈赠，其价值需要控制在平均工资甚至最低工资之下，其物品选择可以限制在生活用品范畴，如米、面、家用工具等。可见，在推进行为交换物品前，需要确定行为和物品的兑换比例。行为的衡量单位是时间，而物品则是货币对应的物品，本质就是货币，那么兑换比例就是确定一个时间币等于多少货币。进入时间银行，既然从事公益，行为既然为力所能及之事，则需要恪守每个时间币价值平等，而不能时间价值因人因事而异。当然，交换者可以通过增加时间币的方式来刺激承接服务。

行为交换物品模式是在行为交换行为行不通之后的替代之举。相对于行为交换精神而言，行为交换物品模式能够减弱交换带来的心态失衡压力，抹平行为交换精神所造成的潜在权力差等，推动公平交换规则的建立。行为交换物品，对已经加入时间银行的人而言，就如孔子评价"子贡赎奴"说的"取其金则无损于行"，保全其为善之心，进而推动其在更广层面、更深层次进行交换，使交换网络更为密集。对前期兴趣浓厚、渐渐兴趣索然的人而言，能够提供持续的刺激，将其留在时间银行。对外地人而言，能够及时将行为兑现，鼓励其参与社区生活，增加其社区融入感和城市认同感。对担忧时间银行难以持续的人而言，能够及时兑换实物，克服其内心失落感。对担心因接受回报受到同伴压力者而言，免除其内心负担。对认为时间银行服务种类有限的人而言，吸引更多的人参与到时间银行，才能拓宽时间银行服务种类，满足人们的更多需求。时间银行建立的交换关系就会越来越多，维持制度运作也就越来越从容。同时，根据布劳的公正定理"人们建立的交换关系越多，就越有可能受到公平交换规范的制约"[1]，时间银行维持公正交换网络的能力就越强。

上述行为交换物品模式的功能在广州南沙时间银行的实践中已经得到验证[2]。南沙时间银行最初是为了工作发展而创设，在被列为民政部社区创新项目之后，就成

---

[1] 乔纳森·特纳著，邱泽奇译：《社会学理论的结构》，北京：华夏出版社，2006年。
[2] 清华大学互助养老课题组在2016年12月和2017年2月分别前往广州南沙时间银行调研，历时17天。关于南沙时间银行的信息见 www.nstimebank.com。

为需要尽心去做的项目。之后，南沙区政府将时间银行项目交给F先生负责。F先生是一位"克里斯玛"型领导，现为软件中心负责人。曾经与南沙区政府合作过，此次被聘请开发时间银行系统，主持时间银行具体工作，信奉"人一生中，必须有一样不以此谋生的工作"。尽管开端没那么主动，但F先生决心做点实事。经过调研之后，认为传统的时间银行在地域上难以适应人口频繁流动，在时间上也难以做出未来几年乃至几十年的承诺。

基于此，创办者以时间币兑换实物的方式切入，刺激更多的人加入时间银行。渐渐地，加入时间银行的人越来越多，目前南沙时间银行拥有个人会员29644个，团体会员241个，会员一多，集群效应的优势就开始发挥作用。人们发布的需求开始增多，同时借助时间银行所能提供的服务种类也越来越多，截止到2017年4月26日，借助时间银行发布需求总数为5666个，承接完成服务3705个。由于实行了时间币兑换物品模式，在时间上，参与者不再担心以后兑现困难，因为可以随时兑换生活物品。在地域上，流动人口参与者也不会就是否加入时间银行这一问题上裹足不前，因为可以在离开时领取物品。这样一来，参与者消解了对时间银行的后顾之忧，越来越多地参与社区活动，极大增强了社区的活力。提及需求和服务，刚开始的两年基本集中在家务劳动方面，很多诸如打球、下棋、钓鱼等涉及精神享受的活动基本没人承接，如今这些积极健康活动的完成度很高。更令人感到兴奋的是，尽管前两年人们专注于行为兑换物品，而今却涌现出大量行为兑换行为——行为兑换时间币之后，发布需求，再将时间币抛出——的案例，无疑使我们看到时间银行健康运作的曙光。

"子贡赎奴"心态为时间银行相关者戴上了一副精神枷锁，人在其中，体验不平等交换，感到权力差等，进而被精神奴役。推动行为兑换物品，不仅能克服"子贡赎奴"心态所带来的心态失衡，解脱精神奴役，还能拓宽时间银行服务种类，吸引相关人士参与时间银行，方便流动者实时兑换，增强交换者交换信心，从而提升社区和城市认同感，可谓一举数得。

五、总结

以互惠为本质的时间银行之所以存取失衡，是因为自身运作背离了互惠的初衷。

真正的互惠建立在公平交换基础之上，受到公平交换规则的规制，理想状态就是物质交换物质，精神交换精神，且交换物的价值符合社会期待。上海和苏州时间银行"子贡赎奴"式的运作——施助者以行为换取受助者的赞同、尊敬或服从，这种异质交换破坏了公平交换关系，妨碍了已有交换关系的深化和稳固，也将许多时间银行的潜在参与者拒之门外，遏制了网络泛化交换的扩张，最终导致时间银行苟延残喘。在时间银行存取失衡、参与人群少、提供服务种类单调的背景下，政府可以采用时间币兑换实物的方式刺激公益活动的开展。虽为行为交换行为模式执行不能的替代之举，但毕竟属于同质交换，既能保全为善之行、公益之心，又能维持公平交换规则。时间币兑换实物进入正轨之后，既能吸引更多人参与到时间银行，也能丰富时间银行的服务种类，还能增强时间银行的社会信任度。果真如此，时间银行才能站得住脚，时间银行的信用延续性和地域扩张性才能得到保障，行为交换行为才有实现的可能。

时间银行存取失衡所折射出的问题其实就是究竟何为公益之行的问题。公益既然为公共利益，那么公益之行则是为保障公共利益而行动。时间银行中的"子贡赎奴"行为，施助者虽有公益之行，却破坏了公平交换规则，因小失大，并非真正的公益之行。由此，可以联想到所谓的"无私奉献""单向志愿服务""枵腹为公"，也许心存公益之心，却会给受助者带来赞同、尊敬乃至服从的压力。赞同和尊敬尚在容忍范围之内，可赞同和尊敬累积上升到服从就会产生权力差等，公益精神的初衷也就被扭曲了。既然如此，那何为公益之行呢？公益之行需要在为公共利益而行动的基础上满足两个条件：一是恪守公平交换规则，二是适当变通。公平交换规则是基础，渗透在公益之行的整个过程。在行为交换行为中，公平交换规则必须贯彻实施；但在行为交换物品时，则需要适当变通，从而使之符合公平交换。总而言之，真正的公益就是双方或多方恪守公平交换原则，完成交换行为的同时不给他人带来压力。

艺术人类学

论中原文化对新疆地区建筑的影响*

申艳冬　莫合德尔·亚森**

（新疆师范大学美术学院，新疆 乌鲁木齐 830054）

摘　要：新疆地区建筑中所体现的中原文化是一种历史记忆符号，反映了新疆地区文化与中原文化交往交流交融的历史现象，它作为社会人文景观是中华文化不可缺少的一部分。自古以来，中华文化因环境多样而呈现丰富多元状态；中原文化和新疆各民族文化血脉相连、息息相通、历史交融，从一开始就打上了中华文化多元一体的印记，新疆各民族文化始终扎根中华文明沃土，是中华文化不可分割的一部分，增强中华文化认同是新疆各民族文化繁荣发展之魂。

关键词：中原文化；新疆地区；建筑

一、引言

中原文化发源的黄河中下游地区，是中华文明的摇篮，中原文化是中华文化的重要源头和核心组成部分。历史上，中原文化对中华文化的推动和发展、对大一统思想的浸润，使得中华文化更加博大精深，更加开放包容。中华文化的形成与发展，是中原文化同各地区文化连续不断交往交流交融的历史过程，也因环境的多样性而

---

* 文章的早期版本曾公开发表在《新疆师范大学学报》，2020，（6）。文章在收录时略有改动。

基金项目：本文系新疆社科基金项目"新疆少数民族建筑柱式文化形态研究"（17BSH045）、新疆民族民间研究中心课题"新疆王府建筑'柱饰'形制研究"（XJNURWJD2019B14）、新疆师范大学博士研究生科研创新基金项目"新疆民居文化适应现代化策略研究"（XJ107621806）、自治区研究生科研创新项目"跨文化视域下的新中国油画家群体研究"（XJ2020G221）的阶段性成果。

** 作者简介：申艳冬，女，新疆师范大学美术学院讲师、博士研究生，中国艺术人类学学会会员；莫合德尔·亚森，男，新疆师范大学美术学院教授、博士生导师。

呈现丰富多元的样态。新疆地区自古就同中原地区保持着密切联系，新疆各民族文化与中原文化血脉相连、息息相通。在中国历史发展的各个时期，任何一个王朝都把新疆地区视为故土，凡是对新疆地区进行有效治理、社会稳定的时期，新疆各民族文化和中原文化的交流交融就通畅，经济文化就繁荣昌盛。中华文化始终是新疆各民族的情感依托、心灵归宿和精神家园。早在商代，中原与西域就有玉石贸易往来，中原王朝开辟了玉石贸易之路。"汉代张骞'凿空西域'打通丝绸之路，使者相望于道，商旅不绝于途。唐代'绢马互市'持续繁盛，'参天可汗大道'直通内地，沿途驿站星罗棋布。"①西辽"尊崇儒家文化"，吸收中原地区先进的生产技术和建筑工艺。清代"大一统格局"继续辉煌，中原城市建造艺术西传，贸易往来频繁，成为新疆地区同中原地区密切联系的重要纽带。中原文化长期与新疆地区文化交往交流交融，不仅推动了新疆地区文化的发展，也促进了中华文化多元一体的发展。

二、中原文化对新疆地区各时期建筑的影响

中原文化在早期主要是通过陆路交通由东向西广泛交流和传播，张骞出使西域开辟了延续两千多年的丝绸之路，书写了中原文化向西域传播的壮丽篇章，中原文化的西传也在西域建筑文化中得到印证。中央王朝派遣各地官吏进驻西域，一方面将中原的典章礼仪带到西域，另一方面把中原地区的建造技艺、民俗礼制等传入西域。新疆地区各个时期的地方政府官员以及到过中原的有身份、有名望、有地位的人士目睹了中原文化的繁荣昌盛，他们返回新疆后也成为中原文化的传播者。中原文化与新疆地区建筑文化的关系源远流长，自汉代屯田时已开始出现，至唐代已经形成具有一定规模的城市格局、城镇、城堡建筑，清代是新疆地区建筑受中原文化影响的极盛时期。

西汉时期修筑的高昌城是在高昌壁的基础上发展起来的。西汉时期的高昌城已经有了现存的内城，外城墙是北朝麴氏时期所建，到唐代的西州时期成为规模较大的城市建筑。高昌城整体建筑属于生土建筑形制，墙体由土坯或夯土构成。该城北郊阿斯塔那-哈拉和卓古墓群属于唐代西州墓地，该墓地出土文书中有记载："高昌城有'北坊中城''东南坊''西南坊'等"，说明当时此城已经有中、外之分，东、

---

① 中华人民共和国国务院新闻办公室：《新疆的若干历史问题》（白皮书），2019年10月。

南、西、北之别，其建筑与中原城池极其相似。"高大的城墙上城门洞开，东、南、西、北的城门分别被冠以青阳门、建阳门、金章门、金福门、宣德门和武城门等，城墙为黄土夯筑而成。高昌城与长安城、姑臧城、魏晋洛阳等都城城门名称相对应，均有五行、天象的含义……"①，可见高昌城的城市规模是以中原名城为样板进行建造的。从高昌城的平面布局来看，宫城靠北面，内城靠南面，城内有高大的建筑物，与唐代长安城的宫城、皇城相同。外城东南和西南的寺院、工商业的坊市遗址，又与唐长城外郭城或一般城市的布局相近，说明这一时期新疆地区的建筑受中原文化影响颇深。

汉代至唐，新疆地区建筑表现出博大开放、兼容并蓄的宏伟气魄。汉唐时期的龟兹古城，又称"皮朗古城""麻扎不坦古城"。据考，龟兹古城即汉代龟兹国的"延城"、唐代的"伊逻卢城"古址，东汉时期班超任都护一职，中央王朝将西域都护府迁至龟兹。公元7世纪，唐代中央王朝将安西都护府建于此城，这一时期的龟兹都城规模甚大。龟兹古城城墙有东、西、南、北四面，呈方形，夯土筑建。城内有高大建筑物，呈现出昔日独领风骚的气派。《晋书·西戎传》记载："俗有城郭，其城三重，中有佛塔庙千所……王宫壮丽，焕若神居。"②《梁书》载："城有三重，外城与长安等，室屋壮丽，饰以琅金玉。"③唐代龟兹国的居民，不过六七千户，而都城有三重，与中原王朝的长安规模相等，建筑形制与唐代长安城极其相似。库车博物馆现存有唐代龟兹都城筒瓦，与洛阳唐代砖瓦窑出土的筒瓦如出一辙，说明唐代龟兹都城建筑采用了高规格的中原砖瓦。龟兹北城墙的台面上散布筒瓦、板瓦、压纹铺地砖，与唐大明宫出土的砖瓦质色基本一致，其建筑时代相当于唐代，或为唐人所造，这印证了龟兹文化与唐代中原文化存在密切关系。

西辽政权建立后，大量汉人工匠将中原地区先进的生产技术和建筑工艺带到新疆地区。伊犁地区的阿力麻里城，建筑规模甚大，周约25华里。当地居民以前"惟以瓶取水载而归，及中原汲器，喜曰：'桃花石（指汉人）诸事皆巧'"。④可见中原地区传入的技术为当地人民带来了极大的便利。元代游记作家刘郁在其所著的《西域记》中记载，1259年，常德西觐旭烈兀经过阿力麻里城所见景色称："过孛罗城……西南行二十里，有关曰铁木儿忏察，守关者皆汉民，关径崎岖似栈道。出关

---

① 王嵘：《西域艺术史》，昆明：云南人民出版社，2013年，第287页。
② （唐）房玄龄：《晋书》，北京：中华书局，1974年，第2543页。
③ （唐）姚思廉：《梁书》，北京：中华书局，1973年，第1032页。
④ （元）李志常：《长春真人西游记》，党宝海译注，石家庄：河北人民出版社，2001年，第51页。

至阿力麻里城，市井皆流水交贯。回纥与汉民杂居，其俗渐染，颇似中国。"[1]说明阿力麻里城是各民族杂居，其风俗习惯逐渐受中原文化影响。在建筑方面，"无论是汉族匠人，还是当地建筑工匠，都首先利用了汉人的建筑技术和材料——瓦、泥塑、炕式的取暖系统"[2]。可以说，在西辽时期，中原地区先进的生产技术与文化在新疆地区的传播再一次达到高峰，并进一步向中亚地区扩散。

明清时期的建筑较之宋元时期的建筑，已经发生了很大变化。明清时期的建筑已不再囿于传统的长方形建筑，而是在屋顶形式、廊房门墙、平座出檐、进退凹凸等方面不断追求变化，创造出更赋艺术表现力的建筑形体。例如，清代建立的伊犁惠远城、乌鲁木齐陕西大寺、库车王府、哈密回王府等建筑形体，都达到了新疆地区建筑历史上的最高水平，显示了建筑匠师在不同的地域条件下，运用各种建筑形体表现出富有艺术高度的建筑。清代新疆地区受益于中原王朝的有效治理，在建筑方面建立了有清代转型阶段建筑规模、形制、技艺、装饰等的嬗递演变机制，这是新疆地区建筑文化与中原文化不断交往交流交融的结果。中原传统城市都是按照自然形势、河流风向，因地制宜的布局理论规划的，这一原则在乌鲁木齐城建原则中也有体现。乌鲁木齐依山傍水而建，其东、南两侧是天山山脉，西、北两侧为平原地带，城依乌鲁木齐河，雅玛里克山与红山南北对峙。清代是乌鲁木齐传统城市建筑形成和定型的时期，城市的地域空间特色鲜明，形成了汉城、满城并存的城市格局。城市建筑带有以木构架为主体的寺庙、商店、会馆、四合院等中原风格，这使得乌鲁木齐整个城市文化呈现多元一体的色彩。新疆建省后的乌鲁木齐与清代乾隆年间在伊犁惠远城设置的伊犁将军府所在地惠远城（新疆建省后以绥定为伊犁府治城），都是按中原传统建筑理念建城，与喀什市形成清代新疆的三大城市格局。

综上所述，中原建筑文化对新疆地区建筑的影响，不仅表现在各时期居住在新疆地区的各族人民对中原建筑的接受和利用，更重要的是在制度文化、精神文化等更深层面影响着新疆地区建筑文化的发展。中原建筑文化与新疆地区建筑文化之间是一种文化共享的关系，中原建筑文化汲取新疆地区建筑文化的营养，新疆地区建筑文化也长期受到中原文化的影响，这种文化的交往交流交融现象既推动了新疆地区各民族文化的发展，也促进了中华文化多元一体的发展。

---

[1]（唐）刘郁：《金元日记丛编·西使记》，顾宏文、李文整理标点校注，上海：上海书店出版社，2013年，第156页。

[2]《简明新疆地方史》编写组：《简明新疆地方史》，乌鲁木齐：新疆人民出版社，2020年，第163—164页。

三、中原文化在新疆地区建筑中的体现

美国人类学家克利福德·格尔茨在《文化的解释》中写道:"文化是从历史上流传下来的存在于符号中的意义模式,是以符号形式表达的前后详细的概念系统,借此人们交流、保存和发展对生命的知识和态度。"[①]新疆地区建筑中的中原文化元素作为一种符号存在于各族人民的历史记忆中,反映了新疆地区文化与中原文化交往交流交融的历史现象,成为中华文化必不可少的一部分。新疆地区建筑文化受益于中原文化对新疆地区的有效浸润,多元一体文化对新疆地区的建筑也产生了积极影响,并呈现出多姿多彩的景象。

(一)中原文化在新疆地区建筑布局中的应用

新疆地区各民族在长期共同生活和相互交融中,逐渐形成了具有区域特色的人文社会环境,深刻影响着新疆地区建筑布局的构成,促成新疆地区形成独特的城市面貌。清代,新疆呈现大一统格局,中原文化对城市空间布局产生了直接影响。这种影响首先表现在清代新修筑的十余座城市建筑,其建筑布局都以中原传统建筑为范本进行修建,成为中原文化在新疆地区传播的重要载体。

坐落在现伊宁市西30公里处的惠远古城,始建于清代乾隆二十八年,它既是新疆建省前清政府在新疆的政治、军事中心,又是一座商铺林立、贸易聚集的繁华都城。城市布局以钟鼓楼为中心,东、西、南、北四大城门直通四条街。钟鼓楼建在土台基上,由青砖砌筑而成。东西南北四面各有拱门,整体建筑属于一座三层三檐歇山顶的中原砖木结构建筑。伊犁将军府旧址靠近钟鼓楼,坐北朝南,整个建筑为四合院式,木结构的飞檐式人字梁平房。府内设有将军府正殿、东西营房、书房、客房、金库、凉亭等建筑。府门楼在西面,用单檐布瓦筑顶,抬梁架木柱。地面铺有方形砖,墙基为条形砖,内镶土块。房内顶部用木板搭成,院内有回廊,为二层土木建筑。后部是花园和凉亭,厅堂、台榭、曲径、回廊等布于其间,属于典型的仿中原式园林建筑。

位于库车县的库车王府,修建于清代乾隆年间,由大王府和小王府两组建筑群组成。大王府主体建筑共有4幢,坐北朝南,并排建成。大王府是请中原工匠来新

---

① [美]克利福德·格尔茨:《文化的解释》,韩莉译,南京:译林出版社,1999年,第16页。

疆修建的砖木建筑，府前回廊由12根红漆圆石柱构成，其中6根立柱镶入大殿墙体，青砖青瓦与红色回廊、栏杆、门窗形成鲜明对比。木制波纹花格窗户与清代官邸修建的四合院建筑门窗相似，室内多是木制家具，陈设基本采用中原风格布置。小王府位于大王府正南方，建筑面积略小。从整个建筑形制看，采用的是中原式官府建筑形制。该建筑经过历代翻修逐渐改变了室内原有的布局和陈设，既有中原文化的痕迹，又融合了当地民族的生活习惯。从王府建筑群的总体形象看，特色鲜明，风格迥异。库车王府建筑构造既适应了当地严寒酷暑的气候特点，符合当地人的生活习惯，又保留了原有建筑风格，是中原与本土建筑完美结合的典型实例。

哈密回王府修建于清代康熙年间，位于今哈密市回城乡，坐落于回城东北角。整体建筑规模甚大，建筑布局宏大，高台土墙，飞檐斗拱，琉璃瓦顶，园林交错，是一座独具特色的中原式宫廷建筑，被誉为"西域小故宫"。王府的整体建筑分为内外二宫，内宫的地面与城墙同高，外部整体属于中原宫殿式城楼。外宫建在平地上，数院并排建成，功能齐全。外宫的楼梯旁壁上有中原传统的花格窗装饰，纹样形式多样。大门通体施以红漆，极其庄严。门楼飞檐起脊，雕梁画栋，瓦顶施以绿色琉璃瓦。凉亭后有一长廊通往王爷台，其正门的上半部分为花格装饰，下半部分用木制镶板装饰，属于典型的中原式建筑。礼拜寺则采用中原与蒙古族风格相结合的建筑形制，屋顶采用三重檐的琉璃瓦建筑，上层为八角形，八角形尖屋顶的檐口起翘较为平缓。下层屋檐为方形，遵循了"天圆地方"的中原建筑理念。王府中还建有一座万寿宫，属于中国传统庙宇式建筑风格，回王及哈密官员每逢春秋时节到此祭礼，以表忠心。哈密回王府既是民族智慧的积淀，又是中国历史的见证。

乌鲁木齐陕西大寺始建于清代，采用了传统殿堂式的建筑形制。大殿主体建筑为砖木结构，单檐歇山式殿堂。大殿飞檐兽脊，雕梁画栋。外部殿顶施以绿色琉璃瓦，由几十根红漆木柱构成回廊，内部殿顶有二龙戏珠的木雕造型，大殿后部的八角亭为上八下四的重檐式构造。鄯善县的回族东大寺与乌鲁木齐陕西大寺极为相似，也属于殿堂式建筑，大殿前的十八扇格子门、南北两侧的雕花窗亦为传统中原木结构。整个乌鲁木齐陕西大寺将中原建筑装饰手法融会贯通，无论是绘画艺术、雕刻技艺，还是木、石技艺都能看到中原文化的痕迹。

香妃墓，又称阿帕克霍加墓，建于清代。其建筑整体布局呈长方形，属于拱顶式土木结构，建筑的四角各有一个嵌入墙体的砖砌圆柱，外表通体施以绿色琉璃砖，间或用蓝色和黄色琉璃砖。香妃墓讲经堂建筑群的柱式由柱托、柱头、柱身、柱裙、柱础组成，柱式样态不一，造型新颖，运用各种雕饰和彩绘技法。建筑中的十四根柱体纹样雕饰各不相同，其装饰风格采用与中原传统纹样的有序组合，整体造型协调美观。香妃墓西侧的加满礼拜寺回廊由62根精雕细刻的柱式组成，每根柱体都运用雕刻、彩绘技艺，精雕工艺精细，彩绘图案丰富。有些柱体的雕刻是从四方形柱础到八角形柱身逐渐过渡完成的，其造型美观大方，类似于哈密王府清真寺三重檐屋顶的下层构造，四方形的柱础在中原地区蕴含一种"天圆地方"的文化内涵。

建筑与人们的生产生活息息相关，见证了历史的发展和时代的进步。新疆各民族文化受中原文化影响，逐渐形成具有地域性特征的文化形态。中原传统建筑遵循自然和谐、天人合一的理念，其在美学上讲究对称，要求建筑符合自然特征，中轴至上，这种建筑理念在上文提到的清代新疆建筑中得到了印证。

（二）中原文化在新疆地区建筑技艺中的应用

技艺是指工具和材料使用中的才智、技术或品质性手艺，其操作过程是一个充满想象力的创作过程。建筑技艺反映了工匠艺人的艺术灵感、艺术技巧，符合其所处的时代特征。

从历史沿革看，新疆地区自汉代开始便有中原各地的人士迁居于此，他们带来的先进建筑技艺逐渐被当地人接受。历代中原建筑不断兴起，中原文化与新疆地区建筑技艺日趋融合，形成了新疆地区特有的建筑风貌。汉至唐代受中原文化影响的新疆地区建筑技艺主要是土木结构，即生土夯筑、地表下挖和土坯垒砌三种类型。其建造材料主要有土坯、生土或岩石等，汉代生土是最便捷、最廉价的建筑材料，这种建筑技艺也最适宜新疆地区的气候、材料和施工特点。唐代已将烧制的砖、瓦用于建筑中。宋辽金时期延续砖、瓦与土木结合的建筑技艺，中原的木构殿宇式建筑取代砖砌拱顶式建筑，采用中原木构建筑的四合院布局，结合当地的建筑材料进行改建。清代以砖木为主的中原式建筑技艺不仅仅用在城市商号、官邸府衙的建筑中，会馆、民居也开始出现一砖到顶或半砖半土式建筑，园林式建筑此时也已经在新疆地区出现。新疆地区比较典型的土木平屋顶式建筑是宋辽金之后至清代以来逐渐转型的一种建筑技艺，即覆麦草保温，抹草泥平顶，这种建造技艺的形成与当地的地理环境息息相关。新疆南部地区常年干旱少雨，因有大面积的沙漠，常年风沙不断，河流小且少，因此比较适合这种建筑类型。清代修建的喀什香妃墓礼拜寺与讲经堂亦属土木平顶式建筑，其结构承重方式有两种：一是利用木柱和土坯墙混合承重，即外墙作为承重墙，与殿前、殿中木柱共同承担梁架平顶的荷载；二是木柱单独承重，墙体仅起围护作用，类似于清代中原木结构的建筑原则，香妃墓礼拜寺和讲经堂都采用了第二种结构承重方式。另外，梁架与木柱之间以柱托作为过渡，用来减轻立柱的承受力，这与中原早期建筑的斗拱作用极为相似，这也是土木平顶式建造技艺的一个重要特征。

新疆地区建筑文化的美学价值还体现在制作技艺的多样性，如雕刻、彩绘、翻制、打磨、烧制等技艺，其中雕刻和彩绘技艺尤为突出。雕刻种类多样，木雕是用于建筑雕刻技艺形成装饰的主要手段。宋代李诫编著的《营造法式》，按照雕刻技法把木雕分为五类，分别是：混雕、线雕、隐雕、透雕、剔雕。[①] 不同木雕雕刻技法呈现出不同的风格，具有各自的韵味。木雕工艺类型多种多样，即使在建筑的同一部位中，也常采用两种或两种以上的形式。例如，香妃墓建筑群中清真寺、讲经堂的柱头木雕按照工艺变化可以分成五种类型，分别为：倒台式、八棱柱式、钟乳拱式、椎体式、瓜棱式。木柱柱身断面雕刻主要有方形、八边形和圆形三种，以八边形为多见。柱裙多为一个带束腰的柱体和若干个扁鼓体组成，体块交接处都有明确的交接，或加一个多面体作为过渡。柱础断面多为四方形和圆形，以四方形居多，这和中原柱础极其相似，东疆地区四棱柱础也较常见。从香妃墓木雕柱体的其他特征也可以看出其借鉴了中原精湛的建筑工艺。例如，柱裙上的壶形雕花就是一种典型的中原木雕技艺；又如，柱体平面阴文的线雕，借鉴了早期的中原木雕雕刻手法。除此之外，整个木雕彩绘中的退晕法与中原建筑彩绘也有相似之处，即先将一种颜色调成不同的深浅度，然后再逐层绘制预先设计好的形象，这样就产生了一种自然的层次，给人一种视觉上的凹凸感。这种退晕技法按照一定的比例绘制，要求严谨规矩。香妃墓建筑群上的木雕技艺和彩绘工艺融合了中原、新疆地区不同的工艺技法，按其工艺类型、图纹用意及彩绘装饰等应用于不同类型的建筑构件中，给予民众丰富的感受。

清代修建的喀什香妃墓麻扎，外表通体用绿色琉璃砖，间或用蓝色和黄色琉璃砖贴面，乌鲁木齐陕西大寺、哈密回王府等建筑外部殿顶也施以绿色琉璃瓦，说明彩釉琉璃烧制技艺在清代已经广泛应用于新疆地区的建筑中。琉璃技艺通常用于建筑物屋面、墙体、地面等部位，并施以彩釉的烧制建筑材料，这种营造技艺在我国古代被广泛用于皇家建筑。琉璃制作技艺随着时代进步而不断改进，砖、瓦都是经

[①] （宋）李诫：《营造法式》，方木鱼译注，重庆：重庆出版社，2018年，第534页。

过二次烧造成形的：首先，烧成坯，烧成后呈白色或浅黄色；其次，在瓦坯上涂釉料，烧出釉色。"我国现知最早的施釉琉璃是公元前 7 世纪陕西宝鸡西周遗址发现的青绿色管状琉璃项链，属石灰釉类"[①]，说明我国在春秋时期就已经具备了比较原始的琉璃施釉技术。西汉刘歆编著的《西京杂记》，其中有琉璃匣的记载，武威雷台东汉墓中明器的楼院、谷仓及灶上，均施以黄绿色釉料，这种施釉琉璃工艺在其他汉墓明器中都可以看到。据《北史·西域传》记载："大月氏国，太武时，其国人商贩京师，自云能铸石五色琉璃，于是采矿山中，于京师铸之。乃诏为行殿，容百余人，自此国中琉璃遂贱，不复珍之"[②]，这是我国琉璃技艺用于建筑中的最早记载。元代游记作家刘郁在其所著的《西使记》中记载："城居肆闾间错，土屋窗户皆琉璃。"[③]可见新疆地区工匠已经掌握制作琉璃的技术，并且可以大规模生产。西域与中原琉璃技艺的完美结合，使得我国琉璃技艺水平在唐代达到高峰，清代日臻成熟。

由此可见，新疆地区的建筑技艺一方面受中原制度、文化的影响；另一方面受本土物质条件、生态环境、民俗习惯、审美心理的影响。新疆地区建筑技艺在吸收与摈弃中形成了自身特有的文化体系，这正是空间与时间、地方文化与主体文化之间相互交往交流交融的结果。

（三）中原文化在新疆地区建筑装饰纹样中的应用

"纹样是装饰花纹的总称，又称花纹、花样，也有泛称纹饰或图案的。纹样是装饰的属性，一般与装饰联系起来探讨。"[④]建筑装饰纹样作为中华文化的一部分，贯穿于中华文化发展的整个进程。它既能直观地再现某一地域的独特性，又能间接地反映其文化属性、社会功能、审美特征、哲学思想等较为深层的内涵信息。中原传统建筑纹样种类繁多，按装饰题材大致分为：植物纹样、动物纹样、几何纹样等。中原建筑装饰纹样在新疆地区建筑中的应用主要体现在植物纹样和动物纹样中。

植物纹样是以喜闻乐见的植物为原型，加以概括、抽象形成精练的装饰纹样。植物忍冬有凌冬不凋、越冬而不死的特性。明代李时珍撰写的《本草纲目》中提道："忍冬，久服轻身，长年益寿"[⑤]，故忍冬纹样用在建筑、绘画、雕刻等艺术品中，有

[①] 常青：《西域文明与华夏建筑的变迁》，长沙：湖南教育出版社，1992 年，第 186 页。
[②] （唐）李延寿：《北史·西域传》，北京：中华书局，1974 年，第 3210 页。
[③] （唐）刘郁：《金元日记丛编·西使记》，顾宏义、李文整理标点校注，上海：上海书店出版社，2013 年，第 145 页。
[④] 田自秉、吴淑生、田青：《中国纹样史》，北京：高等教育出版社，2003 年，第 2 页。
[⑤] （明）李时珍：《本草纲目》，张凤娇译，北京：北京联合出版社，2015 年，第 56 页。

延年益寿的吉祥寓意。忍冬纹早期以卷草饰样出现在我国西汉的铜镜装饰中，东汉武威汉墓壁画及器物中也有忍冬纹装饰，当时称"卷云纹"，实际是忍冬纹的前身；南北朝时期，佛教盛行，忍冬纹成为石窟艺术中主要的装饰纹样之一；及至唐代，则演变为繁复的卷草，人称"唐草"，常与牡丹为母题，构成适合纹样，装饰于建筑中，显得更加华丽；明代则演变为枝蔓或者藤蔓作为骨架，形成波状纹样，被称为"缠枝花"；清代以后又逐渐演变为"香草"纹样。据史料考证，新疆尼雅遗址出土的古代木椅上有忍冬纹装饰，四条腿的上方都是用四瓣双层花做方形适合，四周是连珠纹装饰。椅的两侧是以大型忍冬花蕾在连珠三角形中做饰，上两角为叶纹装饰。高昌阿斯塔纳墓葬出土的一双丝线编制的鞋，也绘有忍冬纹，其编制细致，工艺精湛。龟兹都城出土有大量莲花、忍冬纹饰的铺地花砖、蓝红砖、筒瓦板等建筑材料，砖的纹饰与唐代长安出土的铺地砖大致相同。

库车县唐王城城内高台建筑遗址中出土有高浮雕忍冬纹的柱头装饰，借鉴了唐代中原建筑构件装饰。香妃墓建筑群中清真寺立柱的装饰纹样主要有忍冬、云头如意、宝相花、喜相逢、莲花、回形等装饰纹样。忍冬纹作为中原文化符号在新疆地区建筑装饰中大量出现，足见中原文化对新疆地区建筑装饰的影响。香妃墓中立柱建筑装饰中的喜相逢纹样，在中原地区较常见，是一种吉祥纹样。所谓吉祥纹样是用具有吉祥意义的图形或文字组成的装饰纹样。早期喜相逢纹样在民间广为流行，以中心点为坐标轴，两两相对，彼此呼应；或以 S 形为骨架，顺时针旋转对称，与其他辅助纹样形成一个完整的适合纹样，犹如太极图形，常用于建筑木雕和彩绘装饰中。喜相逢纹样兴起于唐末至五代时期，兴盛于宋朝，发展至清代最为流行，所占比重极大。随着时代的进步，人们既注重装饰纹样的形式美，也重视纹样的寓意美，因此中原纹样都是"图必有意，意必吉祥"。世界上许多地区都较早地使用莲纹，我国中原地区也盛产莲，从现有的考古资料看，中国"早在距今7000年的河姆渡文化中，就发现有荷、菱等的花粉化石；河南郑州大河村仰韶文化遗址中，发现有两颗莲子，经测定已有5000多年"[①]。汉代已有文字记载的莲花纹出现，并有造型写实的莲纹用于建筑装饰。北魏时期，山西大同的云冈柱础上就有仰莲瓣纹饰；北齐时期，河北响堂山石窟中也有仰覆莲檐柱装饰；清代修建的香妃墓柱式中的莲花造型与中原的莲纹造型极为相似，可见受中原文化的影响较大，这是中原文化回授的结果。

---

① 田自秉、吴淑生、田青：《中国纹样史》，北京：高等教育出版社，2003年，第191页。

"动物纹样包括现实动物和想象动物,它几乎占了我国古代的一半,即自夏商周到六朝时期。"① 动物纹的艺术表现,既有真实存在的动物形象,也有想象中的非现实动物形象。人们常选择富有力量的动物形象,它具有活动性和神秘性,因而被赋予神话色彩和神秘的意义。在汉代,动物纹发展为与季节、方位、色彩等多种意义相联系。汉代的建筑已经普遍使用鸟形、鱼形的鸱吻装饰物,汉代以后鸱吻造型逐渐转变成龙形,鸱吻相传为龙之九子,这种装饰物一般用于等级较高的官式建筑屋顶的正脊上,是一种皇权的象征。例如,故宫太和殿正脊的鸱吻,是我国现存古建筑中最大的鸱吻装饰物;新疆伊犁惠远城钟鼓楼屋顶正脊两端也有鸱吻装饰。李诚编著的《营造法式》中记载:"鸱吻实际是古人出于一种迷信观念,借它以除祸免灾。" 事实上,鸱吻不仅具有一种神秘的象征寓意,起到装饰作用,其作为一种特殊的建筑结构,在一定条件下还能起到防止雷击起火的效果。哈密王府王爷台前的照壁两边各有"猛虎跃岗"的彩绘壁画,有奋起向上的寓意。虎纹在中国原始时期就已经出现,商代得到大量应用,明清时期广泛应用于建筑彩绘中。哈密回王府凉亭的栏杆上雕刻的四只"三足金乌"围绕太阳飞行,体现了自由、美好、团结向上的寓意。"二龙戏珠"木雕纹饰是中原建筑的装饰特征之一,该图案装饰于乌鲁木齐陕西大寺殿内,说明中原民间崇龙习俗早已传入新疆地区。

建筑纹样是建筑内在素质的间接表达,不仅仅是为了美观、装饰,还具有一定的象征寓意。纹样的形式不是静止、一成不变的,而是在历史的发展中不断变化的。新疆地区的建筑无论是建筑布局、技艺,还是装饰纹样都或多或少地受益于中原文化的浸润,在吸收与融合中,形成适合自身环境和文化生态理念的文化特征,这种文化特征反映了新疆多民族地区文化共享、相互包容的时代精神。

四、结语

文化是时代的产物,任何一种文化都不是亘古不变的,而是受主流文化和特定地域环境的长期影响形成的。一种文化在与其他多种文化的接触中,先是模仿与嫁接,然后交融与变异,最后往复与回授,先后经历了从艺术借鉴到艺术创造的发展历程。中原文化与新疆地区文化在长期交流交往交融中形成了你中有我、我中有你

---

① 田自秉、吴淑生、田青:《中国纹样史》,北京:高等教育出版社,2003年,第5页。

的文化包容、文化交融的关系，对新疆地区建筑布局、形制、技艺、纹样等各方面都产生了深远影响。新疆各民族文化思想观念在与中原文化交往交流交融的历程中，趋同性日益增强，差异性日益减少，同心力、归属感俱增，促进地方文化不断发展和进步。中原是中华民族和华夏文明的重要发源地，首先中原文化在中原地区产生和发展起来，先后经历了区域内文化长期传承积累的过程。中原文化以自身的文化底蕴为基础，与周边文化相互交往交流交融，是历史发展的时间和地理环境的空间的结合体，在不同时代和空间下具有鲜明的时代特征，具有特定的文化含义。中原文化在漫长的中国历史上长期居于正统地位，中原文化一定程度上代表着中国传统文化。中原文化和新疆地区文化交流交融对中华文化发展做出了重要贡献。

艺术人类学视域下水彩创作探索*

郭世杰 **

（新疆师范大学历史与社会学院，新疆乌鲁木齐 830017；
河北北方学院艺术学院，张家口 075061）

艺术人类学运用人类学视角、概念、方法来探究艺术现象和艺术问题。它强调对世界不同区域、不同历史的文化和艺术形态进行全貌性分析，透过社会文化表象对深层文化结构进行剖析和阐释。它重视艺术生成与社会文化（诸如社会环境、风俗习惯、生命体验）的内在关联，在情境之中把握行动与思维的统一性，从而表达具有多维价值观念的意涵。艺术人类学之于水彩创作，不仅具备理论指导意义，而且在其艺术实践中也极具操作价值。仅就水彩创作而言，如果忽略了民族文化古今沿袭与个人生命艺术体验的张力，那么，我们对艺术的感知、理解和诠释无疑是有缺损的。水彩创作者应当避免落入"唯科学主义"的窠臼，沦为现代美术知识技工的奴役。否则，水彩创作将会衍生成单一且缺乏灵魂的艺术形式，这与艺术的多元化隐性特征是背道而驰的。就水彩艺术的社会功能、生存环境、族群特征、双向互动等多维视野做出宏观和微观、原理与应用等不同层面的掘井式研究理应成为当下水彩艺术研究的重要命题。

---

* 文章的早期版本曾公开发表在《美术观察》2020年第12期。文章在收录时，略有改动。

基金项目：本文系河北省社会科学基金项目"视觉文化艺术教育思想对中国美术教育发展影响研究"（HB19YS044）和河北省高等学校人文社会科学研究项目"象征主义理论对河北高校美术学科建设影响研究"（SQ191153）的阶段性成果。

** 作者简介：郭世杰（1987—），男，河北邯郸人，新疆师范大学历史与社会学院博士生，河北北方学院艺术学院讲师，主要从事艺术人类学研究。

一、水彩创作的在场性

　　艺术人类学倡导实地情境并关注"他者"文化实践逻辑。情境是社区生活诸方面因紧密联系而构成的一个整体性"场域",人的行为只有在社会网系中才能得到有效解读。艺术审美的"场域"注重从社会、文化、地理、意识等不同面向进行在场的情感与行为的综合研究,从而构成具体的审美情境。优质的水彩创作,需要通过长期深入田野来获得对"他者"内在性省思。习近平主席在文艺工作座谈会上着重指出文艺创作最根本的办法是扎根人民、扎根生活。田野工作与采风写生有共通之处:田野工作希冀通过参与观察和居住体验进入到研究对象的生活中,以当事人的文化逻辑理解文化事项和行动意义,从主位与客位的多重视角梳理其文化脉络并加以阐释。水彩采风写生创作的习以为常之弊在于以局外人之眼分析品评他者的文化表达,田野调查在场性的"他者"视角恰是对研究对象进行"本我"文化的调适。艺术家既是文化观察者,又是文化的践行者。水彩创作只有注重文化发生的在场、事件与情感的在场、"他者"的在场,才有基于文化表象之下深层精神结构挖掘的可能性。笔者在创作水彩作品《界》时,曾多次深入邯郸武安市周边钢铁厂,对工业厂区采风并对钢铁工人进行深度访谈。作为一名艺术创作者,我既是工厂工人的观察者,又是工作劳动的参与者。由此,才能对钢铁工人从纵向历史文化濡化和横向文化涵化进行学术创作和艺术反思。身心言的在场有助于更好地描绘勾勒工业文明带来的生态困境和心灵创伤。

二、水彩创作的文化整体观

　　人类学擅长从时间(历时与共时)、空间(具体性空间和抽象性空间)、文化事项(复合的整体)关照人的社会性和文化性。艺术人类学视野下的水彩创作其整体观可以从两个维度出发:首先是人的文化属性。文化心理学派的本尼迪克特认为文化对人的性格、认识、行为塑造有着决定性的作用,而人也会反作用于文化。作为文化属性的创作者,在进行水彩绘画过程中需要明晰文化对人的塑造功能,文化之于人的重要性及其价值。首先,水彩创作理论体系的建构需要共时性的文化观。水彩发轫于西方,其理论体系长期以西方美学理论为主轴,以西方美术标准为准绳,却忽视了非西方世界的优秀文化价值体系。其次,在水彩理论体系建构过程中的确缺乏跨学科的沟通与互赏。作为文化观念所呈现的艺术样态,画地为牢的文化观势必导致水彩艺术发展的驻足不前。水彩艺术理论的创作空间完全可以从多学科中汲取营养,不断丰富和完善水彩艺术理论体系的创新性建设。笔者在《界》的创绘过程中积极吸取人类学、生态学和社会学的理论思考,从而脱离了直接性的表现对象,强化了作品的人文性思考。再次,水彩艺术作为一种审美活动,既处于艺术创作群体的审美系统中,又要尝试把握画作之中人物所推崇的审美旨趣。正是借由水彩技艺作为跨文化的桥梁,来透视审美活动与文化表达的主体间性之思。是故,水彩创作者对文化整体性的把握应当兼具一种文化自觉。

其次是水彩艺术的功能性分析。艺术作为一种文化行为,水彩创作如何透过文化视点来探索文化现象,在文化价值中寻求对文化功能的展演。这是摆在艺术创作者和学术研究者面前不能回避的诘难。英国功能主义学派马林诺夫斯基和拉德克里夫-布朗将文化放置于错综复杂的社会关系网中,分析文化系统中各个要素所扮演的角色和功能。水彩创作的文化性思考要明确水彩在文化整体结构中所发挥的功能。既在文化表象中寻找文化结构,也要分析文化模式的本质性内涵。由此,水彩艺术在整个社会文化中的价值和意义得以彰显,就不仅仅是个人审美的创作展现。在《界》这幅作品中,笔者以水彩为创作媒介,以现代化进程中环保议题为创作主题,阐述社会、工业、环境、家园、个人之间的复杂性关系,以期引发人们关于生态环境破坏对人类发展的遐思。

图 2-1　郭世杰《界》水彩　130cm×85cm　2014

图 2-2　郭世杰《丝路物语》 水彩　80×120cm　2017

三、水彩创作的探索性

　　就水彩作品固有的艺术属性而言，无可回避的首要问题是内容与形式的关系。形式美是绘画艺术探索性范畴中的一个重要维度。水彩艺术的形式美离不开内容的设定，即一定的创作内容制约着艺术的呈现形式。然而，创作内容又必须恰如其分地形式化，以融入水彩艺术的形式之中。形式兼具表现和塑造内容的功能，以致内容能得到深化甚至产生新的审美特质。在水彩创作中，形式的创造是对艺术内容内在结构的重组和解构，需要运用语言、材料及表现手法生成内容并使之呈现外在形态的构拟。《丝路物语》是笔者近年在水彩创作上的一幅探索成果，曾入选全国第三届青年水彩作品展。面对漫长而又厚重的丝绸之路，艺术创作者可以从哪些视角挖掘文化符号之外的深层精神内涵，同时寻找出独特合理的艺术形式面貌？一是如何就丝路文化这一内容找到合适的形式语言，进而表达在历史情境里中西方文化交流的文化特点。丝路文化是多线交流交融的结果，草原、沙漠、高原构成了地理生态和文化生境的语汇线索。笔者在作品中强化了线的运用，融入了石窟作为文化符号。二是拓展了材料媒介的运用范围，在水彩本体语言基础上开展实验性探索，借用诸多不透明的水性材料结合透明的水彩颜料进行大胆尝试，最终呈现出全新的画面机理效果。三是借用象征性的色彩强化创作形式美感和表达对丝绸之路的文化思考。

诚然,在当代多元文化语境中,水彩艺术要想摆脱自身思维的羁绊,就需要以全景式的人类文化视角进行深层的文化剖析。毋庸置疑,艺术人类学将为水彩绘画提供新的创作思路。

语言文化传播

武汉来华留学生创业过程中语言服务现状调查研究

周萍英*

一、绪论

（一）研究背景

随着中国对外开放的不断深入，全球经济一体化的持续发展，中国与世界上其他国家联系得越来越紧密。据中华人民共和国教育部官方网站2019年4月发布的数据统计，2018年来华留学生达49,2185人，来自196个国家和地区，按省市排序前10名的城市和人数为：北京80,786人，上海61,400人，江苏45,778人，浙江38,190人，辽宁27,879人，天津23,691人，广东22,034人，湖北21,371人，云南19,311人，山东19,078人。人数超过10,000的省（区）还有广西15,217人，四川13,990人，黑龙江13,429人，陕西12,919人，福建10,340人[①]。虽然截至2020年5月7日，2019年来华留学生数据尚未公布，但湖北武汉地区拥有89所高校，是中国的科研教育重地的科教大省地位不变。在湖北武汉，在校大学生多达130万，从2011年起，就是全世界大学生最多的城市。[②] 据湖北省人民政府网公布的数字，2015年湖北高校外国

---

* 作者简介：周萍英（1981—），女，湖北日报传媒集团《楚天都市报》时政部记者，新疆师范大学国际文化交流学院汉语国际教育硕士研究生，主要从事语言与文化传播研究。

① 中华人民共和国教育部：《2018年来华留学统计》，中华人民共和国教育部门户网站，2019年4月12日。
② 柯美杰：《世界大学生最多的城市》，《长江商报》，2014年10月9日。

留学生在校生人数达1.8万人，相较于2010年的数据翻了一番。①从高校分布来看，这些留学生主要在华中师范大学、武汉大学、华中科技大学就学，这三所高校囊括了湖北省近七成的来华留学生。其中，华中师范大学来华留学生规模达2,435人，是当年湖北省内高校中外国学生最多的学校，武汉大学、华中科技大学分别为2,300人、2,200人，分列第二位、第三位②。2017年，湖北又宣布将实施六大国际教育合作计划，到2020年秋季留学生开学季，外国来湖北留学的学生将达到3万人。③武汉的来华留学生规模位于全国前列。

在"大众创业，万众创新"的政策鼓励推动下，创新创业逐渐发展为一股热潮。而对于众多看好中国市场的来华留学生来说，庞大的中国市场有更多的机会，出于对未来发展的期待和自我价值实现的需求，来华留学生也期望利用这一政策积极进入中国市场。另一方面，伴随着"一带一路"倡议，国内外企业对中国市场活力与发展越发看好，各类投资也持续增加。商务部公布的数据显示，2019年中国货物贸易进出口总值31.54万亿元人民币，比2018年增长3.45%。中国仍有望继续成为全球货物贸易第一大国。欧盟仍然是中国第一大贸易伙伴，但东盟成为中国第二大贸易伙伴。中国对"一带一路"沿线国家进出口9.27万亿元，增长10.8%，高出整体增速7.4个百分点。④来华留学生在语言、跨文化生活经历等方面存在先天优势，是复合型人才的天然资源，也将是促进中国贸易和经济发展的重要力量。自20世纪80年代我国开始推行改革开放，我们一直坚持"引进来""走出去"战略不动摇。在当今社会，来华留学生便是一种特殊性质的"引进来"，做好来华留学生的人才安置工作，能够更好地推动我们"走出去"，两者相辅相成，将共同作用于我国国际竞争力的提升。对于在华创业的留学生来说，他们的商业行为对于进一步打开中国开放的大门，促进与本国商贸文化交流同样具有重要意义。在这种经济全球化、信息化和文化多元化的前提下，服务来华留学生的语言服务，也将成为我国现代化进程中一种重要的语言生活现象，并在经济建设、政治建设、文化建设、社会建设和外交发展等关键方面起到重要作用。《国家语言文字事业"十三五"发展规划》也将"提高

---

① 湖北省人民政府门户网站：去年湖北有1.8万名外国留学生，2016年1月25日。
② 湖北省人民政府门户网站：武汉部分高校留学生人数创新高 留学之城初具雏形，湖北省人民政府门户网站，2013年1月15日。
③ 郭文杰：《我省将实施六大国际教育合作计划 力争3年内在鄂留学生达3万人》，《楚天都市报》，2017年7月10日A02版。
④ 李琳：《2019年中国外贸进出口总值突破31万亿元》，中央广电总台国际在线，2020年1月14日。

国家语言文字服务能力"列为重点任务之一,语言服务在国家语言文字事业发展中地位被明确。

而在武汉,伴随着武汉市政府"百万人才留汉"工程如火如荼地开展,一系列优惠措施的出台,一大批外国留学生在武汉创业实现梦想,搭建起促进武汉与世界沟通的桥梁。针对来华留学生和其他外籍人士这一特殊创业群体,作为创业服务的重要组成部分,语言服务成为他们在创业过程及日常生活中一项必备课题。

(二)研究意义

1. 理论意义

诚如时任中国外文局副局长、中国翻译协会常务副会长郭晓勇在 2010 中国国际语言服务行业大会上的主旨发言中所称:"中国的语言服务行业在 20 世纪 80 年代随着我国的改革开放而萌芽,90 年代随着信息技术的发展而初步形成;进入 21 世纪后,全球化和服务外包行业的发展极大地促进了语言服务市场的繁荣,中国语言服务行业迎来了快速发展期。"① 由此可见,语言服务行业在中国也仅经历了 40 年的发展历程,更不用说语言服务行业的理论研究了。

另一方面,创业一直是影响社会经济活动的一项重要因素,能带动整个国家的经济发展。中国的"大众创业万众创新"是在 2014 年来才提出的,创业成为近年来出现的新兴现象。对国内创业者尚是如此,外国留学生在中国创业更是处于萌芽期。外国留学生创业这一议题随着中国经济化进程的进一步加大而成为社会发展过程中一个新兴话题。目前,来华留学生创业停留在相关具体环节上的研究,比如创业大赛、投融资洽谈以及相关政策解读推广等方面,在相关创业需求、特别是创业实操中语言服务需求的调查与研究尚显单薄。中国在语言服务细分领域,即创业语言服务领域的学术研究并不多,尚未形成系统理论。

由此,本研究将丰富来华留学生群体在武汉甚至在中国创业语言服务方面的研究,为该领域从业者、学者提供参考。

2. 现实意义

多年来,中国针对外籍留学生在就业创业行为方面的管理政策尚处于探索阶段,前期就业创业签证方面并不便利。在某种程度上,这种"一刀切"行为无疑将具有创新创业想法或具备创业潜力的外籍人才拒于中国市场之外。

---

① 郭晓勇:《中国语言服务行业发展状况、问题及对策——在 2010 中国国际语言服务行业大会上的主旨发言》[J].《中国翻译》,2010 年第 31 卷,6 月刊,第 34—37 页。

在武汉，外国留学生出于何种原因开始在华创业，使用何种语言服务，如何在语言上适应中国的创业及生活环境？以往大多通过培训机构、翻译机构、语伴学生、自学等方式，而随着时代发展和互联网的普及，语言服务对象的改变，语言服务将被赋予更多的时代意义。

中国目前还没有一个对来华留学生就业创业提供专门服务的平台，更不用说武汉地区，笔者期望通过对在武汉地区外国留学生创业过程中语言服务现状的调查与研究，更好地促进来华留学生和其他外商在武汉甚至全国创新创业，增强其在中国的文化适应，促进高校针对有创业意愿的来华留学生加强学校管理并在课程设置上适当改革，同时加强毕业后后续跟踪服务，政策层面政府能更加开放包容，以提高中国吸纳世界人才的服务能力和水平，进一步加快武汉乃至中国的国际化进程增强全球吸引力。

（三）研究目的

本研究以武汉来华留学生为访谈对象，调查其在武汉创业过程中语言服务方面的现状，通过对现状的分析以及访谈者反映的问题提出对策。本研究将丰富来华留学生创业过程中语言服务理论研究，从实际操作来讲，如何更好地为来华留学生创业提供语言服务，搭建专业化的服务平台是本研究的意义所在。

（四）文献综述

语言是社会生活的一部分，是为了满足人们的交际需要而产生的，说到底就是服务人类的。《国家中长期语言文字事业改革和发展规划纲要（2010—2020年）》提出了语言"服务体系"的概念，在文中指出："把服务国家经济社会发展大局作为语言文字事业改革和发展的基本原则。"①

1.关于语言服务的文献梳理

国内对语言服务概念的看法大体分为宏观、微观两类。语言服务宏观概念大多从国家角度出发，侧重国家与人民之间的服务。语言服务微观概念则更加强调活动性与个体性，是人与人之间，不同个体之间按需展开的个人或者团体活动。

语言服务宏观研究要追溯到19世纪。斯大林认为语言"作为人们交际工具的服务作用，不是为一个阶级服务，损害另一个阶级，而是一视同仁地为整个社会、为

---

① 中华人民共和国教育部，国家语言文字工作委员会：《国家中长期语言文字事业改革和发展规划纲要（2012—2020年）》[N].中国教育报，2013年1月3日。

社会各阶级服务"①，这种从大视角看语言的服务功能或可称为语言服务宏观说。在中国，徐大明也从宏观角度定义语言服务，他说："语言服务应该是指国家为人民提供的语言服务，它是国家全部服务的一部分。"②

语言服务微观研究，叶蜚声在1981年在其著作中不仅对语言服务的概念进行阐述，并前瞻性地定义了语言服务的特点以及在社会环境中的应用范围。这是笔者梳理到的中国国内较早的关于语言服务较全面的理论著作。他指出，语言服务一般来讲包括四个方面的内容，第一个是语言翻译服务（language translation service），这可能是目前使用语言服务这个概念最多的一个领域，它以翻译为手段，向人们提供一种不同语种间进行沟通的服务。国内外已经有许多这种语言翻译服务的公司与业务。从更广一点的意义上讲，所谓的双语服务也就属于这种性质的语言服务。第二个是语言教育服务，这种语言服务也可以叫语言培训（language training），它依托各种教育机构而存在，比如说新东方语言教育机构，还有一些大学，提供的是一种能使人们获得某种新的语言能力的服务。三是语言支持服务，这里主要是指种种依托互联网技术平台建立起来的一种网络语言服务，比如说Yahoo!Messenger（雅虎通）提供的技术，帮助网民更好地利用语音聊天室、超级视频进行交流。包括现在腾讯的微信等App也都提供在线翻译语言转换功能。四是特定行业领域的语言服务，这里主要是指在社会的各种行业场景中，为了提高交际效率，达到行业运作的目的而实施的一种语言服务，如广告语言服务、导游语言服务、销售语言服务、医疗语言服务、法律语言服务等。可以说百行百业，只要涉及用语言做事，就会涉及语言服务问题。这其中就包括创业语言服务。③

从宏观和微观两方面结合起来，是语言服务理论研究发展的必然。李现乐（2010）从社会语言学的角度对解释语言服务的宏观和微观意义都进行了解释："微观层面主要是指一方向另一方提供以语言为内容或以语言为主要工具手段的有偿或无偿、并使接收方从中获益的活动；宏观层面的语言服务是指国家或政府部门为保证所辖区域内的成员合理、有效地使用语言而做出的对语言资源的有效配置及规划、规范。"④他把语言服务当作一种语言行为来考察，体现出语言服务的实践意义。随着

---

① 叶蜚声、徐通锵：《语言学纲要》[M]．北京：北京大学出版社，1981年，第11页。
② 徐大明：《语言资源管理规划及语言资源议题》[J]．《郑州大学学报》（哲学社会科学版）2008年第1期，第12—15页。
③ 叶蜚声、徐通锵：《语言学纲要》[M]．北京：北京大学出版社，1981年，第11页。
④ 李现乐：《语言资源与语言经济研究》[J]．经济问题2010年第9期，第25—29页。

研究的逐渐深入，近年来对语言服务的需求越来越迫切，这也使得相关研究越来越具贴近性。屈哨兵梳理了近年来中国语言服务的发展进程，2005年9月，上海"世博会语言环境建设论坛"上提出语言服务概念，这是中国国内第一次在公开的学术行业活动中提出该概念，表明了语言服务随着时代发展具备了充分的实践意义。2007年，"语言服务"作为明确概念首次被提出。[1]

对语言服务研究的问题，是时代发展使然。学者对其研究也不再停留在概念定义方面，有的聚焦实际操作中出现的问题，比如规范性和实用性等。这其中，倾向于将语言服务与语言规范结合起来进行思考的有于根元（2000）等。于根元较早从规范的角度提出一个非常重要的概念，叫作"规范也是服务"，将语言服务观引入到一个十分具体的语言运用场景语言规划与语言规范之中。在强调语言服务的同时，也强调服务语言的规范化，认为语言作为一种服务，要与日常的语言使用相区别开来，要结合场景进行有目的的规划。[2]李宇明（2001）说："语言文字的规范化，首先有赖于一系列语言文字及其在方方面面运用的规范和标准。这些规范和标准的制定与推行，是信息化时代语言文字工作的中心任务。"所谓"规范和标准的制定与推行"，实际上也是一种利用语言手段为社会提供的一种服务，这种服务之于国家现代化信息化的建设尤其重要，这也是我们为什么试图专门厘定语言服务这个概念一个十分重要的原因。这个时代需要我们建立一种比较全面的语言服务体系，也需要我们建立一个与之相适应的语言服务研究的框架。我们会发现，李宇明更强调语言本体的规范，认为标准化的语言框架是进行语言服务的前提，是提供语言服务的一个基础。[3]

屈哨兵（2007）则从实际应用的角度，将服务性作为语言交际功能的一种属性，可以说是伴随语言的产生和发展而产生和发展的，但语言服务这个概念提出的时间或许并不长久，它与现当代社会人们对语言的特别需求分不开。[4]在一定程度上，这是在国际化、市场化、信息化、超母语化背景下才产生的一种带有定向特征的语言需求。在需求的催生下，相应的语言服务顺应而生。这是一种"定向"，也是一种"多向"。"定向"表现在所有的需求以及相应的服务都是以语言为载体，都需要发挥语言的作用。"多向"则是指相应的语言服务并不是单一的，而是多面发展的，各行

---

[1] 屈哨兵：《语言服务现状的个案分析及相关建议与思考——以产品说明书语言服务状况为例》[J]．绍兴文理学院学报（哲学社会科学版）2007年第3期，第26—34页。
[2] 于根元等：《应用语言学概论》[M]．北京：商务印书馆，2000年，第159页。
[3] 李宇明：《规范语言文字，推进信息化进程》[N]．《中国教育报》，2001年5月7日。
[4] 屈哨兵：《语言服务研究论纲》[J]．《江汉大学学报》（人文科学版）2007年第6期，第56—62页。

各业、各种情景、各种需求都能催生出独一无二的语言服务。

以上对于语言服务这一概念均属于理论层，是学者们研究思考的对象，真正进入大众观念离不开2008年奥运会的举办。当时，中国人民极力想给世界呈现一个更好的中国，大街小巷，人人都开始学习英语，想要更好地为外国朋友解决沟通问题。也就是这个时候，"语言服务"概念进入世人视野，上至政府官方，下至机构个人，都意识到了"语言服务"的必要性。

郭晓勇（2010）所著《中国语言服务行业发展状况、问题及对策——在2010中国国际语言服务行业大会上的主旨发言》对语言服务行业有了全新的定义：全球化和信息技术的飞速发展已经催生了一个包括翻译与本地化服务、语言技术工具开发、语言教学与培训、语言相关咨询业务为内容的新兴行业——语言服务行业，其范围已经远远超出传统意义上的翻译行业，成为全球化产业链的一个重要组成部分。[①] 这时的语言服务不再是概念问题，而是成了一个行业研究问题。语言服务行业更加具体化，各行各业与语言相关的，从单一语言，到多种语言，不受语种限制，都可以称之为语言服务。

我国学者对语言服务的研究起步较晚，研究大多数集中在近十年。陈怡洁（2018）在兰州教育学院学报发表一篇名为《我国近五年语言服务研究综述》的文章，归纳梳理我国该领域2012—2016年的研究发现，以"语言服务"为关键字在知网上搜索，数据显示，全学科语言服务研究论文达到322篇，其中中国语言文字学科下是145篇，占总数的45%。从时间上看，2012年、2013年发文20多篇，之后3年均为30余篇，数量呈缓慢增长态势，数据表明语言服务的实践研究从2012年才起步。[②] 随着理论研究的丰富，语言学界的研究也逐渐地扩大了"语言服务"的内涵。"语言服务"概念最初较普遍地运用在翻译界，经常被等同于翻译服务。"翻译服务、本地化服务、语言技术与辅助工具开发、翻译培训与多语信息咨询"都被划归于语言服务，[③] 袁军在《语言服务的概念界定》[④]中对语言服务定义成：通过提供直接的语言信息转换服务和产品，或者是提供有助于转换语言信息的工具、技术、技能和知识等。翻译界普遍认为语言服务是翻译服务的衍生品，概念上语言服务包含了翻译

---

① 郭晓勇：《中国语言服务行业发展状况、问题及对策——在2010中国国际语言服务行业大会上的主旨发言》[J]．《中国翻译》，2010年第31卷，6月刊，第34—37页。
② 陈怡洁：《我国近五年语言服务研究综述》，《兰州教育学院学报》2018年第34卷，6月刊，第38—41页。
③ 中国翻译协会：《中国语言服务业发展报告》[R]，2012年。
④ 袁军：《语言服务的概念界定》[J]．《中国翻译》，2014年第1期，第18—22页。

服务。语言学界的定义相对来说较全面，认为翻译服务是相对狭义的语言服务。赵世举曾表示，"语言服务是行为主体以语言文字为内容或手段为他人或社会提供帮助的行为和活动"[①]。

综上，国内学者对于语言服务的研究，大多以中国人为服务对象的角度出发定义语言服务，是为更好地理解英语、法语等外族语言，正因如此，导致初期少数学者将语言服务定义为翻译服务。

2. 来华留学生创业语言服务情况

2014年9月，李克强总理在夏季达沃斯论坛上发表了以"大众创业、万众创新"为主题的讲话。李克强提出，要在960万平方公里土地上掀起"大众创业""草根创业"的新浪潮，形成"万众创新""人人创新"的新势态。[②] 在后来的一些场合中，他多次提起这一概念，比如首届世界互联网大会、国务院常务会议和2015年《政府工作报告》等场合。在政府考察工作当中，李克强特别注意与当地年轻的"创客"群体的交流，他将民族的创业精神和创新基因寄托在新一代创业群体身上。

中国创业概念的提出尚处于初级阶段，有关创业的研究也处于起步阶段。外国留学生创业群体总体数量偏少，但不可避免地成为社会发展过程中一个新兴话题，留学生创业语言服务目前来看少有人研究。目前，来华留学生创业停留在创业过程、环境以及政策等具体环节的解读研究，缺乏对来华留学生在华，甚至在武汉创业需求、特别是语言服务需求的研究。

笔者在知网、百度百科等网络上以"留学生创业""留学生语言服务""外商创业"等关键词搜索相关文献资料，结果发现大多为中国留学生归国创业相关情况，抑或是中国留学生海外创业情景。来华留学生在中国创业的研究也有一些，比如由辽宁鞍山师范学院的何洪霞、张颖所著《留学生创业能力培养与实践教学模式构建》，发表于辽宁经济职业技术学院学报。作者在文章中提到了留学生人才培养除了语言要素，还要注重创业素养的培养，强调两者的结合，更提到理论与实践相结合对于人才培养的重要性。

其后几年陆续也出现外国留学生创业的相关研究，比如申霄（2017）立足于新

[①] 赵世举：《从服务内容看语言服务的界定和类型》[J]．《北华大学学报》（社会科学版）2012年第3期，第4—6页。

[②] 龚泓铭，靳义翠：《发展是硬道理 改革是关键词——2015年政府工作报告解读》．《祖国》，2015年3月23日。

疆这一复杂地区，将语言服务从常规的国际语言扩充到民族语言之间。① 随着来华留学生人数的日益增多，以来华留学生为主体的语言服务开始出现，理论研究开始萌芽。笔者以"留学生语言服务"为关键词在知网进行搜索，得到的相关文本共7篇，文本量偏小，这也说明在来华留学生语言服方面确实是一个亟待研究的问题。仅有的文本中，4篇是与"一带一路"政策相结合的。刘禹彤（2017）、薛斐（2017）两人分别就辽宁地区、河南地区的语言服务情况进行了探讨，提到了针对该地区来华留学生的语言教学相关的内容，②并主要反思了语言服务中本土师资不足，比如师资构成不专业、后期缺乏培训等，并论述其在针对留学生的语言服务方面带来的影响。③ 郝焕香（2018）立足语言经济学相关理论和实际语言需求，精准定位吉尔吉斯斯坦来华留学生，探讨其在高职院校学习中的语言服务情况，从个体、课堂、学院三个层面探究高职语言服务体系的构成要素，通过教学过程、补充措施等相应手段实现最终语言服务目标。④

此外，李立新，刘纯旺（2017）侧重于语言生活，并以西安市外国籍留学生为研究对象，从语言服务角度出发，着重探索他们在语言生活方面存在的问题，并提出"成立城市语高服务研究中心、提高市民语高服务能力、提高城市语高服务规范水平、培养和壮大志愿者语高服务队伍、全方位构建城市多语高服务体系和建设西安城市App"等明确的加强语言服务国际化的建议。⑤ 也有一些研究者以某个国家留学生群体为研究对象，比如甘饴（2019）侧重借鉴国外经验，主要以美国国内的留学生为研究对象，作者以其为参考，结合来华留学生普遍情况，提出了一些参考建议。⑥ 简翔（2019）侧重语言服务中的教学语言关注留学生群体教学语言，结合相关理论对特定大学的留学生教育进行了研究，结果显示，就高校本身而言，出于学生选择、经济环境、教学管理等多方面因素的考虑，总体是倾向于选择英语授课的。文章显示高校本身对于教学语言的态度在某些程度上也决定了高校为留学生提供语

---

① 申霄:《论语言服务的时代内涵与丝路核心区的语言服务》[J].《西北民族大学学报》（哲学社会科学版）2017年第6期，第124—130页。
② 刘禹彤:《"一带一路"建设背景下辽宁省语言服务研究》[D].辽宁师范大学，2017年。
③ 薛斐:《河南省语言服务研究》[D].辽宁师范大学，2017年。
④ 郝焕香:《高职吉尔吉斯斯坦留学生语言服务路径研究——基于语言经济学视角》[J].牡丹江教育学院学报，2018年第8期，第45—47页。
⑤ 李立新、刘纯旺:《西安市外国籍留学生语言生活满意度提升策略研究》[J].新西部，2017年第12期，第29—30页、第47页。
⑥ 甘饴:《美国社区学院国际留学生语言服务路径研究 以费城社区学院为例》[J].江苏经贸职业技术学院学报，2019年第5期，第82—85页。

言服务方面的不足。①

由此可发现，学者关于来华留学生语言服务的研究较为稀少，而且大多停留在高校创业素质教育等教学领域，留学生在华创业实践的具体实例研究并不多。而且进行相关研究的地区较为分散，根据笔者在知网等平台搜索显示，以武汉地区留学生为研究对象的创业语言服务相关内容截至2019年12月21日，少有相关资料呈现。

本文将留学生创业与语言服务结合起来，并将武汉地区来华留学生作为研究对象，通过相关案例更具针对性的研究，了解武汉留学生创业语言服务情况，希望通过武汉来华留学生的创业经历以及需求表述，为武汉的来华留学生或外籍创业者研究提供数据参考，希望相关建议能够切实有效地改进武汉的外籍创业环境，为来华留学生创业提供帮助，为武汉留住更多的优秀外籍人才。

（五）研究对象和研究方法

1. 研究对象

笔者通过滚雪球的方式，先后寻找到10名毕业于武汉高校、现正在武汉创业的10个来华留学生，以面对面访谈的形式了解其在创业过程中语言对其影响、语言服务方面的需求状况，并了解他们在语言服务方面的需求点和建议。这10名访谈对象中，男性6人，女性4人。生源地在非洲的4人，在亚洲的3人，在欧洲的3人。他们的年龄在25—35岁。25岁以下的只有一人，25—30岁5人，30岁以上的有4人。来华前中文水平零基础7人，初级水平懂一点儿汉语的有3人。这10人中，来华时间3年以下的3人，3—5年的1人，5—10年的有6人。通过在武汉几年的学习和生活，中文水平较来华之前有了明显的变化，现在这10人的汉语水平分布情况为：HSK1—2级3人，HSK3—4级4人，HSK5—6级3人。访谈对象中，在武汉高校时所学习的专业是与语言相关专业的有2人，均为女性，她们所学专业均为英语教学，而其他8人在校学习专业均为语言不相关专业，有机械电子工程专业、化学工程专业、食品科学与工程专业、计算机科学与技术专业、国际贸易专业、水利工程专业、临床医学专业。

作为著名的"大学之城"，武汉地区有89所高校，尽管包括武汉大学在内的武汉地区少数高校开设了商务汉语课程，但从访谈对象学习背景来看，在武汉创业的来华

---

① 简翔：《来华留学生教学语言信仰及选择研究：一项个案研究》[C].同济大学外国语学院.2019年"多语共建人类命运共同体"国际学术研讨会暨首届"海上论坛"青年学者工作坊论文摘要集.同济大学外国语学院：同济大学外国语学院，2019年，第21页。

留学生中，商务汉语专业学生较少，笔者访谈的 10 名创业的来华留学生，无一人为商务汉语相关专业学生，因此也无法享受到与创业语言服务相关的商务汉语教育资源。

2. 研究方法

在选择并确定访谈对象的过程中，笔者以报社记者的身份，通过与之前采访过的一名外国留学生耐心沟通，最终使其成为第一个访谈对象。后又通过曾经采访过的一名中国创业者打开了寻找访谈对象的通道。这名中国创业者专门做外国留学生的汉语培训业务，在留学生圈子比较有影响力。通过他找到了第二个访谈对象，再通过第二个访谈对象，滚雪球般找到了更多的访谈对象。

本文主要以访谈的形式了解在武汉创业的来华留学生语言服务现状及需求，在访谈基础上进行相关分析，提出思考和合理建议。

二、武汉来华留学生创业语言服务现状调查

本章中，笔者将对武汉来华留学生创业者的个体状况，武汉高校为留学生创业提供的语言服务、武汉政府为来华留学生创业提供的语言服务、社会力量为来华留学生创业提供的语言服务情况进行调查展示。其中，来华留学生创业者的个体状况涵盖其汉语语言水平状况、生源地背景、语言需求状况等。高校方面为来华留学生在商务汉语课程设置、创业就业指导等方面情况。武汉政府对留学生创业者提供的相关服务，社会机构、企业为来华留学生提供语言服务状况等。

（一）武汉来华留学生个体状况

透过个体可窥全貌。笔者对于武汉来华留学生创业语言服务现状的研究主要通过访谈的方式进行。据了解，大多数来华留学生到中国来，不仅仅是学习自己的相关专业，有些还会结合自己的专业，发挥自己的语言和国际人脉优势，进行自主创业。据人民网报道，2017 年由教育部留学服务中心主办的第三届来华留学人才招聘会上的一项调查显示，北美洲和拉丁美洲的来华留学生个人创业意愿很强烈，比例在 40% 左右，欧洲来华留学生希望个人创业的比例超过了 30%。[①] 除了创业意愿，来华创业的留学生在个体方面存在着差别，但在武汉创业却也面临着一些共性问题亟待解决。下面将结合访谈内容，对武汉来华留学生创业过程中的个体状况进行展示。

---

① 赵晓霞：《来华留学生："在中国工作是个好选择"》.人民网，2017 年 4 月 29 日。

1. 武汉创业的来华留学生个体情况

来华留学生在创业过程中会通过自身努力摸索，寻求社会机构的帮助，以此来实现业务成交和资金渠道。以来自肯尼亚的洛丽塔为例，她在来武汉留学之前，以本国当地的特色线材作为原材料进行手工编织品的相关创作。她现在在武汉一所学校攻读博士学位，上学期间，手工编织也一直没有放下。她发挥自己的圈子优势，广泛宣传自己产品的特色，并积极联系相关投资机构，希望获得资金上的支持，希望利用充裕的资金对产品进行推广与开发进而形成产业。在这一过程中，她与笔者熟悉的一家名为"功夫汉语"的社会机构合作，参加了创业大赛，将自己的项目推介给投资方，最后进入某创业大赛前三的角逐，但最终还是遗憾败北。笔者从合作方功夫汉语的任老师处了解到，这一次的失败很大程度上与洛丽塔的语言表达脱不开关系。洛丽塔本人也表示，在整个创业项目介绍过程当中她最需要的便是语言相关的支持，主要表现在和买主甚至是投资方的沟通当中出现障碍，进而影响交易和投资。

笔者了解到，功夫汉语是武汉地区针对外籍学生的汉语教学机构，擅长特色教学，根据学生需求进行课程安排，商务汉语便是他们的一大特色。机构与洛丽塔的合作时间并不长，创业大赛语言方面的指导时间并不充足。实际上，洛丽塔创业过程都是以她个人为主导的。她是在网上做了功课之后，主动找到该机构进行合作，商务汉语资源与来华留学生的相互需求便是他们合作的基础。

也有留学生在创业过程当中，逐步认识到了汉语的重要性，加强了汉语的学习投入，比如访谈对象费舍尔。费舍尔来自巴基斯坦，通过武汉大学的公费留学生项目来到中国，受家庭条件限制，公费项目对于他而言是最佳的选择。在来中国之前，他从没有接触过汉语。由于是研究生教学，教学语言也是全英语，所以汉语的使用并没有那么迫切。学校为留学生开设了汉语语言培训课程，但由于不是本科生，而且也不是专业的语言生，所以课程只在第一个学期有安排，每周2~3课时。除了学校上汉语培训课外，他学习中文全靠和中国朋友、同学聊天，但同时他也表示："由于研究生课程很紧，周边的同学没有太多时间来帮我专门学习语言，即便日常生活中需要用到语言沟通的，学校里的同学也都能用英语和我交流。"后来，离开了校园，在英语解决不了沟通问题的时候，他更倾向于借助翻译软件。费舍尔的研究生生活是从2017年开始的，虽然学校对留学生推出了一系列优惠政策，比如奖学金的发放，但他还是会通过自己的努力开拓副业赚钱，也由此开始了他的创业之旅。严格来说，他的创业更接近是一种副业，"毕竟目前学业更加重要"。他的创业内容是将家乡的特产运到中国这边进行销售，相当于海外代购。他代购的产品多为具有地域特色的产品，例如红花。和大多数代购一样，费舍尔的工作主要通过各种社交平台完成，最常用的就是微信平台。他说："我目前工作方面最大的困难是文字的编辑工作。"由于自身语言水平的限制，他在语言推广方面的内容编辑都是用翻译软件进行的，经常会出现翻译不准确的情况，甚至会出现一些奇奇怪怪的句子。当然，有时候，他也会寻求中国同学的帮助，让他们帮忙检查一下文案的正确性。现在他的业务做得越来越大，客户已经不限于学校里的客户，已拓展到校外甚至省外。在这种情况下，他对汉语的实际需求越来越大，今年过完元旦，他通过身边朋友的介绍，到校外一家社会培训机构进行汉语课的学习。

也有人倾向于自学，大量利用语言平台、电子软件等手段，这其中的典型代表就是访谈对象木瑟。木瑟的父亲是从事进出口贸易的，家里经济条件比较好，他是作为自费生来到中国武汉留学。2011年7月，他来到武汉大学医学院开始他的本科生涯，他就读的是临床医学专业，学制6年。

"我在来中国之前，没有任何中文基础，一句中文都不会说。"木瑟称。他对中国的了解，仅限于影视剧中的成龙和功夫电影。他介绍，在索马里，没有中文培训机构教中文。初到中国，完全不懂中文，学校上课全英文教学，但是也开设了汉语语言培训课程。他除了在学校上汉语培训课外，学习中文全靠和中国朋友、同学聊天，另外就是看电视，随身带着电子词典。"没有接受过任何学校外的汉语语言培训。"他说。

在中国逐渐适应的他，中文突飞猛进，学习5年后，也就是到2016年时，已经通过HSK5级。2017年6月，木瑟大学毕业。他不想回到自己的国家，他说，他有机会去美国等欧洲国家，但是他觉得"中国的发展机遇和空间比那些国家更多"，他选择留在武汉创业。2017年，他注册成立了武汉来华信息科技有限公司，办公地点位于武汉市洪山区大学生创新创业俱乐部。他的业务为进出口贸易，主要是地板、药材、医疗设备的进出口贸易，以及留学生招生。业务合作范围不仅限于索马里，遍及非洲很多国家。他现在公司规模有十几个员工，七成是外国人，三成是中国人。因为他的分公司设在其他几个国家，所以他的合伙人和员工以外国人居多。

在注册成立公司的时候，他因为没有学习过商务语言，遇到过很多困难。他"全部依靠中国朋友帮忙完成了注册等流程"。因为是朋友帮忙，"并没有请翻译，省去了很多费用，只花了几百元就成功了"。他说，有其他一些外国朋友注册，因为中文不好，又不懂中国国情，光是找机构代办和请翻译完成注册所花费用就有1万元～5万元。他说，"在中国遇到最大的语言困难是在工商注册时需要提交中文材料"。平时中文口语他已经完全没有问题，但是书写和文字对他来说还有困难，所以最终他还是请中国朋友帮忙完成材料提交。

笔者进行访谈的10人中，创业项目不尽相同。有从事医疗设备、土特产、电子机械进出口贸易的，也有经营国际旅游项目的，有做英语培训的，还有开酒吧、开法餐厅、开甜品店的，也有从事海外人力资源服务项目的。但是毋庸置疑，他们都在武汉，学习、工作、生活，一切均离不开汉语。在他们创业过程中，来华留学生也逐渐意识到汉语也是有"圈子"的，比如生活汉语、旅游汉语、商务汉语等。笔者通过与他们的交谈发现，大多数人还是倾向于在实践中去锻炼自己的汉语，除少数在校外的社会机构接受培训外，并未接受系统的商务汉语教育。

2. 武汉来华创业留学生语言水平现状

1995年12月26日，国家教育委员会颁布了《关于外国留学生凭〈汉语水平证书〉注册入学的规定》，即教外来〔1995〕668号文。1997年8月27日，根据国家教委关于成立国家汉语水平考试委员会的决定，国家汉语水平考试委员会在北京成立并召开了第一次全体会议。汉语水平开始作为留学生进入中国高校专业学习的一个基本标准，甚至在实际操作中还与奖学金的评定有直接关系。但不可否认的是，证书所体现出来的是他们的理想化语言水平，在实际交流过程中，我们发现，来华留学生的实际语言水平大多数情况与其证书水平并不完全相符。大多数实际汉语水平低于其证书水平，但也存在实际语言水平高于证书的情况，比如访谈对象伊万和木瑟。他们来武汉留学之前就已经明确了学习目标和创业目标，所以来了武汉之后，他们积极融入武汉社会生活，积极与人沟通交流，完全没有回避。根据笔者判断，他们的实际汉语水平接近HSK6级，与他们沟通交流可以完全使用汉语，没有语言障碍。不同于木瑟的来中国之前未接受任何汉语培训和其他方式的汉语教育，伊万在来中国之前，他不仅对中国有过简单了解，也知道武汉这个城市，甚至还在家通过网络课程，找中国老师学了一段时间汉语。本来他父母想给他找一个家教老师，但是并没有一个好的途径能找到一个地道的华人教汉语，大多数都是法国人在中国留学回去教汉语的。来武汉以后，借助学校的汉语课程，伊万的汉语水平提升得很快，日常基本沟通完全没问题。伊万学汉语很积极。"我会主动找中国同学说汉语，有时候还会有意识地一个人去逛小商品市场，感受各种各样的口音。"伊万说。来武汉后的前两年，长江边上几乎是他的常驻地，因为那里有很多本地人，也有很多游客，他都会主动上去聊天。也正是因为这些因素，伊万的汉语考试都进行得很顺利，而且很快就融入了武汉的生活。

　　10 名访谈对象中，有 7 人在来华前中文水平是零基础，其他 3 人则是初级水平，稍懂一点儿汉语。这 3 人中，能用汉语交流的内容大多数都与实际生活紧密相关。比如，打招呼、问好、问路、买东西这一类基础话题，即便如此，同一主题的语言内容也都是很固定的句型，一旦变换表达形式或者语速稍快一些，便会难以理解。比如，易缪就在自己的创业过程中碰到过这类问题。易缪说来武汉之前，他没有接触过汉语，只偶尔听自己妹妹谈起过中国的"爱豆"，看她逛 YouTube 的时候会听到里面的人在说汉语，但他表示听着好奇怪，完全听不懂。来武汉之后，汉语学习主要是前期的语言课程，内容也十分基础，主要是日常交际的内容，是为他们的留学生活服务的。基础课程完成以后，他便没有花太多精力在汉语上，主要也是因为他的专业是国际贸易，采用的教学语言是英语，他完全是无障碍学习。身边的同学也是留学生偏多，日常沟通也完全没有问题。偶尔与中国同学沟通，对方也是英语基础比较好的。当走出校园需要采购或者出门玩的时候，也会碰到语言障碍，他一般是采用翻译软件解决。虽然依靠手机软件能解决日常生活中简单的问题，但是在创业过程中，手机软件的作用变得十分有限。易缪介绍，他毕业以后和朋友合资在武汉开了一家酒吧，一开始的设定是针对在武汉的外国人，后来发现外国人一多，吸引的中国人也多，总不能把顾客拒之门外，所以酒吧走上正轨之后，他发现很多时候都需要老板出面进行沟通协调，甚至有时候会跟中国的一些老板做合作推广，而这个沟通过程并不能完全靠英语解决，他有限的汉语也不足以支撑他的沟通。在这种情况下，易缪通过朋友介绍，开始了到社会培训机构付费学习汉语的过程。易缪聊到了他创业过程中由于沟通不到位产生的问题。他说，有一次一个培训外国人说汉语的机构找到他，想和他的酒吧进行一场活动合作。对方全程是用汉语进行沟通的，易缪说，"对方说话很慢，应该也考虑到我是个外国人吧"。易缪很自信，便自己去用汉语和对方进行沟通对接。当时沟通的是办一场活动，需要根据人数多少确定场地，易缪和对方的沟通在数字上出现了问题。对方需要的是能容纳四十人的场地，但易缪听成了十四，易缪很自信，忽略了与对方的再次核定。到了约定的日期，对方提前过来验收，才发现场地过小，并不能满足这次活动。也幸亏对方提前来，他们迅速更换场地，临时找人去为宾客引路。

易缪说:"对方很善良,理解我是个外国人出现了语言误差情况,但是,我也意识到,自己不标准的汉语,尤其是听说能力部分,对于自己的创业过程有很大的影响,要想在武汉立足并把酒吧开好,学习汉语是必然的。"他说,他已经在功夫汉语学了两个月了,感觉很有用。而且他主动要求老师给他的汉语课上加入一些做生意相关的语言。

他表示,他发现自己与人谈商务相关的事的时候,很多时候"说的话,和平常不一样,有些话,平常不说",还举了一个例子,"发票",他说与他谈合作的人都会要求开"发票",有时还会对"抬头"有限定。虽然这部分是由财务负责的,但这些都会在谈业务的时候约定,一开始,他完全不懂,只能借助翻译软件,或者向身边的朋友求助。现在有了专门商务语言的学习,他已经能大概理解了。

从10位访谈对象在武汉生活和创业的经历看来,他们经过在中国的学习生活后,现在这10人的汉语水平状况发生了改变。之前提到过,10人中7人汉语零基础,3人稍微懂一点儿汉语,而如今,他们的汉语水平具体表现为:汉语水平HSK1-2级3人,HSK3-4级4人,HSK5-6级3人。有趣的是,来华前汉语水平稍好的那3人,并不是现在汉语水平最高的这3人。

笔者分析认为,造成他们语言水平能力发生变化的原因,与他们在武汉高校学习的专业关系并不大。因为,这10名访谈对象在中国留学所学习的专业,除了李雅玉和弗兰克斯的专业是英语教学,与语言相关,其他8名学生分别学习的是水利工程、临床医学、化学工程、国际经济与贸易、食品科学与工程、机械电子工程、国际贸易、计算机科学与技术等非语言相关专业。

3. 武汉来华留学生创业过程中语言服务需求情况

笔者通过访谈的形式对在武汉创业的来华留学生进行以语言服务需求为主题的调查之后发现,他们大多对语言服务均有强烈需求,只有极个别汉语表达、生活融入完全没问题的留学生在这方面完全没有困扰。当然,其中也有一个极端案例,那就是访谈对象马丽娅。尽管她在武汉生活了5年多,但她的中文水平仍然无法满足日常沟通。且她本人透露出来的信息显示,其对语言服务的需求也非常低。笔者发现,这与受访者的学习、工作、生活圈子有着极大关系。马丽娅来中国之前,并没有接触过汉语,曾经想过在俄罗斯通过培训班学习,但是高昂的费用让她放弃了,而且,她在中国的朋友告诉她,中国人很多都会说英语,基本沟通不是问题。基于这些原因,她在出国前就没有考虑汉语学习了。同时,她也表示前两年在中国的大学学习过程中，对汉语并没有很高的要求，老师同学都能用英语沟通，即便书面作业、考试也是英语完成的。

生活中，马丽娅也发现中国的很多语言 App 用起来很方便，她尤其提到了"百度翻译""谷歌翻译"，这些是她最常用的，提到这个的时候，她竖起了大拇指进行示意，说了一句"很好"。马丽娅表示有时候碰到了沟通问题，她倾向于求助于这些软件，当软件翻译出现误差无法满足需求的情况下，她更多地会利用体态语进行补充，手舞足蹈的很喜感，"very interesting"，中国人都很"nice""patient"，对这种沟通方式很宽容，会很有耐心地倾听，也很乐意帮助她。

在我们的交谈中，马丽娅提到了很重要的一点，"I seldom communicate with the native"（很少与本地人交流），当笔者询问原因的时候，马丽娅表示虽然中国人都很"nice"，但她自己知道自己的水平，会尽量少打扰他人，有时候会主动避免语言方面的沟通。这些情况也使得她即便在中国的语言环境下，她的汉语学习动力也不强，自身的汉语水平也没有进步多少。她表示自己很喜欢做甜品，自己的专业也是食品相关的，在学校的时候，她做的甜点就很受留学生的欢迎，而且，武汉的外籍圈也有很多人，这些也是她毕业以后与朋友合作创业选择做蛋糕坊的决定因素。

马丽娅表示她的客户目前主要是针对在武汉的俄罗斯人，主要是因为她制作的口味更偏重于俄罗斯风味，带有地域性，而且她接触的圈子大多数也是俄罗斯人。有时候也会有别的国家的外国人来找她，大多是朋友介绍的。她的甜点甜度特别大，不适合大多数中国人的口味，所以与她打交道的客户里面，很少有中国人。这也使得她更没有学习汉语的必要了。

就语言服务需求的具体表现而言，主要表现为商贸过程中相关专业术语和商贸文化的诉求。文化以语言为载体，想要在中国创业，进行贸易往来，酒桌文化是一个逃不开的环节，而文化类的相关内容又是在语言当中体现出来的，所以商贸文化诉求的实质还是语言学习的诉求。与创业直接相关联的汉语语言需求直接表现为商贸汉语教学的需求，而这一点与目前高校的实际汉语教学和留学生语言学习内容是存在很大出入的。

对于语言的诉求除了与自身语言相关联的内容，武汉来华创业的留学生在翻译服务这一块也有明确的需求。笔者访谈中了解到，10 人中有 9 人明确表示对语言翻译的需求，访谈对象木瑟请了位中国秘书，负责协助其处理生意上的事务，相当于请了位本土翻译。而在碰到特别大的业务时，比如出货量达一两百个货柜时，他会花钱请专业翻译。在带中国客户去非洲或阿拉伯等其他国家考察业务时,也会请翻译陪同,担心自己汉语水平不够耽误生意。木瑟尤其强调翻译的精准性,他还提到信息传达过程中因翻译不准确带来的问题。他讲了一件在他身边发生的事情,一个外国朋友因为纠纷被带到派出所,找到他求助。他发现,派出所的翻译跟他讲的和展示给他看的笔录材料并不一致。"我是中国通,我看得懂。但是如果别人不懂,直接签字了,就可能造成很严重的后果。"他表示。由此看来,专业的、高水平的翻译人才对武汉来华留学生创业十分有帮助,他们对翻译人才提供的语言服务是有需求的。

(二)武汉高校为留学生创业提供的语言服务调查

留学生来到中国,无论学习还是创业,所就读的学校是他们来到中国的第一站,学校是他们人生关键一站,也成为他们在中国生活的依赖和信任所在。以往,留学生来中国留学,享受优质的教学资源是他们的需求,学校为留学生提供教学、完成几年的教学任务是根本。但是,随着全球经济形势的变化,中国的机遇越来越多,而中国各大城市涌动的"双创"热潮,留学生也有了留在中国创业就业的需求。因此,笔者认为,高校对留学生的服务也应顺应形势,满足留学生的需求。而所有这些需求当中,语言服务需求或该放在相对重要的位置。

1.武汉高校中商务汉语专业开设情况

武汉地区高校林立,各高校从很早之前就关注到了留学生的教育。其中,武汉大学从20世纪50年代起就对外国留学生敞开怀抱,该校是我国最早接收外国留学生的院校之一,学校经过几十年发展,已渐渐发展成我国中西部最大的国际学生留学目的地之一。据武汉大学官方网站信息,该校2015年至2016年学年人数有3500多人,覆盖30余个院(系、研究中心等)200余专业。武汉大学国际教育学院针对本科阶段的留学生开设了商务汉语课程。

武汉地区的另外一所高校——华中师范大学国际文化交流学院也是外国留学生人数比较多的大学。截至目前,共有153个国家和地区的2900多名留学生在该校留学。笔者在华中师范大学官方网站查询发现,该校国际文化交流学院2019年招生简章中明确,该校针对本科阶段留学生设置了两个中文授课的专业,这其中就有商务汉语专业。

华中科技大学也是武汉地区一所招收留学生人数庞大的高校。华中科技大学国际教育学院成立时间并不算太长,2002年才开始成立,但是势头劲猛。其官方网站公开信息显示,该校每年有来自世界五大洲150多个国家的4000多名国际学生在该校攻读学位、培训、进修或者交流。但是，该校针对本科阶段和研究生阶段留学生开设的专业均为理学、工学、管理、经济、文学、哲学、教育、法学专业，没有设置商务汉语专业。

此外，笔者还查询了湖北大学、湖北经济学院、湖北工业大学、武汉理工大学等几所留学生人数相对较多的高校，发现这些学校均未设置商务汉语专业。由此可见，商务汉语专业在武汉高校中设置情况并不理想。而笔者所访谈的这10人，大多数毕业于或就读于以上提到的几所大学。当然，不可否认的是，一些高校并未采用"商务汉语"这一名称直接命名专业，而是以间接的命名方式进行课程设置。比如上海师范大学的汉语国际教育专业（商务汉语方向），深圳大学汉语言文学专业（商务方向），武汉高校也可能出现类似情况。

以上我们所提到的是高校中与创业相关的商务汉语课程的设置情况。而另一方面，从创业角度来看，对于来华留学生创业，大多数高校没有专门的指导机构或部门对其创业就业进行指导，对于创业过程当中相关联的具体事务，高校提供的服务则相对薄弱。

通过访谈分析发现，10名访谈对象中，有9人明确表示其所就读的高校并未提供创业相关的辅导，而创业中的语言服务更是缺乏。访谈对象易缪是其中唯一一个表示学校提供过相关服务的人。易缪在武汉同朋友合伙开了一家酒吧，他在访谈中介绍，早几年前，学校基本没有针对留学生创业的相关内容，留学生若有需求只能靠自己摸索，创业十分艰难，大多也是"地下活动"。从他毕业的上一年开始，或许是为了贴合武汉"大众创业 万众创新"政策，学校为留学生提供了创业咨询服务，服务人员都是经过培训的志愿者，志愿者会根据留学生的语言需求进行语言服务人员的针对性安排，主要为留学生参加路演等创业活动提供服务。比如说，易缪的一个同学来自韩国，为他提供语言服务的志愿者就是韩语专业的中国学生，双方沟通无障碍。"这种服务在当时非常及时，留学生特别满意。"但易缪也强调说，学校所提供的内容"很大，不具体"，主要原因在于志愿者本身缺乏实际创业经验。他们虽经过培训了解了武汉市政府在政策层面的一些内容，具备指导性，但是真正涉及创业实践过程中的相关环节时，结果往往不尽如人意。比如说公司注册、税务登记等。

笔者了解到，即便是易缪学校这种不具备实践意义的创业指导咨询服务，也不是每所高校都开设了的。另一位访谈对象——伊万明确提到了这一点。身为法国人，开了家法国餐厅的伊万来到武汉已经7年多，他在这7年多时间中交到很多朋友，由于自己进行创业活动,因此他对武汉高校提供创业语言服务的情况有所了解,他表示,在他那么多非中国籍朋友中,只有一个朋友学校提供了相关的创业服务,但他自己所在院校并没有这一项服务。他希望高校在创业服务方面能够有所普及,能够提供高质量的、更有针对性的服务,而这些服务中,语言服务应当成为重中之重。

笔者通过访谈了解到,武汉各大高校尽管开设商务汉语专业的学校不多,但大多数高校都会为留学生开设专门的汉语课,但目前为止,以留学生为对象的汉语教学大多集中于日常生活会话教学,目的是满足留学生的日常生活需要,帮助他们更好地融入学习生活。而具备创业意向的留学生对于高校的汉语课程有自己的想法。伊万明确提出,学校的汉语课程是一种普遍化的课程,不具备特殊性,尤其是像他这种具备创业意向的留学生。他说,日常生活用的汉语与商务汉语是不一样的,生活语言可以在生活中去学习、去加强,但是,商贸过程中使用的汉语要求高得多。"我们不可能在自己水平达不到的时候冒险使用汉语去做生意,商业谈判来不得半点疏忽。我不能因为自己的语言准备不充分,而让自己错失一个交易机会。"伊万同时提到一个关键信息,之所以出现这种状况,是因为很多创业的留学生并不是商贸汉语专业的学生。正因如此,希望高校也能多多参考留学生的意见,有针对性地提供语言课程,考虑商务汉语课程,紧密结合留学生的创业需求。

2. 留学生创业理念在高校普及状况

"以教师为中心、以课堂为中心、以教材为中心"的"三中心论"是目前国内大多数高校仍然坚持的传统教育理念。该理念指导下的教学模式最大的特点便是强调知识性,认为学习过程中专业知识胜过一切,这也直接导致了学习过程中学生的主观能动性以及创造性被忽略,或者主观能动性与创造性的培养没有得到重视。

该理念反映到来华留学生创业方面,直接表现为对创业意识、精神以及业务能力培养等方面的忽视。高校对来华留学生的就业、创业并不关注,或者说没有引起足够重视,使得创业教育在留学生课程中显得比较鸡肋。高校不重视留学生的创业发展,自然不会重视部分有创业需求的留学生的诉求,相应的语言服务也不会提上日程。伊万的学校生活充分体现了这一点,在学校不提供创业咨询指导的前提下,留学生明确提出商务汉语学习的需求,仍会被拒,学校并没有关注或者说重视留学生的创业需求。

当然,高校之间存在差异,我们不能以一所高校来否定所有武汉高校。笔者相信,在武汉政府外籍人才引进政策的大力推动下,各大高校都会越来越关注留学生创业需求，在方方面面为留学生提供方便。

3. 高校中创业理论和课程体系建设情况

来华留学生的创业与本国高校毕业生的创业虽然本质一样，但具体的表现内容还是存在很大区别的，比如具体的创业目标与定位，国际与国内贸易形势等。这些也意味着留学生的创业教育首先要明确自己的目标定位，继而完善相关内容体系，并在实践操作环节加强监督、指导。以弗兰克斯为例。弗兰克斯来自孟加拉国，她来武汉九年多了，在武汉读的大学。她的专业是英语教学，课程也都是英文授课，她在学校的时候汉语并没有很大长进，一直处于一个单纯满足日常交际的状态。工作之初，她在培训机构从事外教工作，后来开始自己创业。她特意了解了武汉市场与孟加拉国市场，最终选择把服装贸易作为一个突破口。创业之初，她充分发挥自己的语言优势，以中介的形式在双方交易过程中赚取差价。在了解了具体流程，并有了充足的资金之后，弗兰克斯与中国的朋友合作，开设了自己的门店，在武汉做起了服装贸易，她的汉语水平也是在这个过程当中逐渐练出来的。弗兰克斯的创业项目，是她在了解国内外情况之后做出的决定，这个过程花了她几年时间，而这个过程的实质就是弗兰克斯的市场探寻过程、调研过程。笔者认为，如果政府或者其他社会机构在进行外籍创业宣讲时，能够有效结合各个国家实际情况进行与武汉市场相关联的讲解，并进行具体的行业分析，将理论与实践相结合，给予创业者实质性的帮助，相信创业者会少走很多弯路。

和弗兰克斯一样，访谈对象雅普的创业想法和实践都是他自己思考后的结果。雅普来自埃塞俄比亚，现在在武汉工程大学读大三，他所学专业是国际经济与贸易。他说："我的国家比较穷，我想在中国多赚点钱。"于是，他到武汉没多久就寻思创业赚钱。看中埃塞俄比亚廉价劳动力和中国的市场需求，他开始从事人力资源服务项目。在这过程中，他寻找中介、寻求合作单位等行为都是他自己思考之后，自己主动开展的。他表示，学校并没有相关的课程告诉他应该怎么做，他的学校课程都是专业相关，但与目前他的实际所需不相符。学校没有提供相应的创业理论课程体系和创业指导。

4. 留学生创业语言师资建设现状

教师一直是教育行为中最为关键的一环，来华留学生的创业教育亦是如此。但就当前情况而言，高校创业教育普遍面临很多问题，比如，教师本身在创业教育方面没有接受过系统的学习，无法理解创业教育的内涵和培养目标或者理解流于表面，创业教育过程中缺乏有效的教学手段,甚至,目前高校的创业教育普遍存在"老师未创业,却指导学生创业"这种情况。如果任课老师不达标,将影响整体创业教育的开展。不可避免地,也将极大程度上会忽略留学生创业过程中所需要的语言服务。

因为语言与文化的障碍,来华留学生的创业教育师资捉襟见肘。高校创业教育课程中,语言与专业知识之间的衔接是我们考虑的重点。笔者认为,留学生的创业教育不属于理论课程,应该属于理论与实践的结合,或者说更倾向于实践。在这一课程当中,寻求具备实践经历的老师,远比关注授课老师的学历更加重要。

高校中,在语言方面不缺乏优秀师资,但是既懂语言教学又具有创业实践或实际商业操作经验的师资相对缺乏。而另一个重要的问题是,从受访对象的专业背景来看,大多数创业的来华留学生所学专业并非语言相关专业,因此,他们很难享受到符合其创业需求的优质的教学资源。

(三)武汉政府为来华留学生创业提供的语言服务

武汉来华留学生的创业行为脱离了学生的母语国,跳出了语言适应圈,相应地也会有各种问题出现。但从政府角度而言,是愿意积极推动的,相应的服务政策也应运而生。

屈哨兵(2007)认为语言服务具有利他性、规约性、主导性。利他性是从获益角度出发,强调最终自身是作为受益者存在的,但从形式上仍然显示为对他人的利益铺设。索取和给予是语用学对人类语言功能的总结,认为语言服务便是对语言的给予功能进行了充分的利用,并会结合相应的场景显示出自身特征,即将语言本身作为给予的内容,而不是通常情况下单纯将语言作为一种媒介。规约性强调各类原则对语言系统的约束,具体表现为可根据服务目的的不同进行量身定制,产生各种环境下的规范。与语言本身的形式规则相比,规约性下所产生的具体规约更具有显性特征,具有易操作性、标准统一性的特点。在经济社会中,更加追逐效率与市场,对情感与个性的表达略显压制。主导性强调在言语交际中考虑说话人与听话人的双向互动。语言服务涉及服务需求方、服务提供方双方主体,是一种双向交流的过程。

综合考虑语言服务的特点,我们将之与武汉来华留学生享受到的相关政策服务相结合,对现有的各方面政策进行细致分析。

目前,"全武汉市共有1.2万名外国留学生"[①],这批留学生将形成留汉创业人才的

---

① 肖娟、黄琪:《我市邀约外国留学生留汉创业》,长江日报报业集团官方网站,2017年6月7日。

基数，优秀人才是每个城市目前急迫需求的，优秀人才也将作为新时代创新力量连接武汉与世界。武汉政府在语言服务政策方面主要体现在针对外籍留学生的创业计划上，就语言服务而言，具体表现会根据不同的计划产生变化。以首届中国光谷国际青年创业计划为例，所针对的服务对象是在中国就读的外国留学生及毕业5年内在华居住的外籍青年。相关创业者除了能够获得现金奖励外，还可以受邀入驻，以中方提供的免费工位为据点开始创业。

在这一创业计划中，政府也有明确要求，得到中方政府支持的创业者必须在语言方面有一定基础，这意味着创业者自身的汉语素养在实际创业过程中占有较大比重。中方政府支持往往意味着相当的资金流、靠谱的渠道、展示的平台等，这些对于在中国创业的外籍人士来说是很必要的帮助，这也意味着创业个体拿到了官方推广。如果创业者缺乏基本的汉语素养，即便有好的创业项目，也无法得到中方政府的支持。同时，政府将创业与语言相结合的态度无形中也促进了汉语的学习推广，这也与我们一向推崇的汉语走出去战略不谋而合。

针对创业计划活动本身，政府也考虑到一些外籍人士语言不通的情况，有针对性地提供了语言服务项目。比如，活动过程中的一些资料和标识语都是采用的中英结合的方式；在进行政策宣讲时，也是采用的全程英语，零障碍沟通交流；考虑到不是每个外籍人士都会说英语，或者说英语理解完全无障碍，会场甚至还准备了一些高校志愿者帮助进行语言翻译等。正是因为做了充分的准备，尽最大可能缩小语言障碍，这次的创业活动非常成功，有效帮助了外籍创业人士。

对外籍人士的语言服务，也体现在重大国际性活动中。比如第七届世界军人运动会（简称军运会）就是个很好的案例。军运会于2019年10月18—27日在武汉举行，如此大规模的国际盛会，有来自109个国家的将近1万名军人参加这次活动，当中语言的多样性也更能凸显。根据历届举办相关大型国际活动的经验，正确使用外语是成功的重要保障。据了解，军运会所设的翻译中心的39个体育单项竞赛委员会的专业译员在6月底接受了岗前培训，为了更好地服务大多数与会人员，考虑到国际社会英语使用更加广泛这一客观事实，启用了军运会专用英语规范使用手册。也成立了军运会外语专家委员会，体现了政府对语言服务重要性的认识，这也将为武汉军运会各项翻译工作的质量达到国际水准提供保障。

政府的语言服务与项目相伴而生，而且会伴随着资源整合。以这次的军运会为例，在政府所提供的专业语言服务以外，还有以政府为主导、高校为机动要素的志愿者服务，这其中就包括了志愿者语言服务。笔者从湖北工业大学研二留学生 Hafit（海飞）那儿了解到，很多留学生都报名成为军运会志愿者，他们发挥自身的语言优势，充当英汉之外的语言之间的翻译，部分汉语素养较高的留学生则直接充当汉语翻译，协助与会人士的在汉生活、旅游等。

事实上，语言服务这一概念也正是伴随着奥运会、军运会、世博会等这样一些国际性的大型交流活动应运而生，但它所覆盖的范围远远不止赛事展会翻译会务等业务。语言服务中的"语言"指的是内容，而不是形式。赛事当中的翻译是口头的、即时的、当下的，是真正的"语言"，而我们日常生活当中，很多"非语言的"语言服务也是我们应该关注到的。

对于公共场所的语言服务，访谈对象木瑟认为，不仅要在大型活动时有所体现，更应该体现在日常必需的生活工作中，对外籍人士，尤其是创业人士需要办理业务的场所，如税务、工商等机构，提供语言服务非常必要。他提到，身边很多外籍创业人士很容易碰到语言沟通产生的问题。外籍人士在武汉创业离不开最基本的生活，以交通为例。"在武汉坐飞机、搭火车、乘地铁，这些公共场所也提供语言服务，但是目前大多数仅限于英语，其他语种的窗口服务没有或很少。"他说，"在我看来，即便是一个小小的双语路牌也是很贴心的，武汉在这种细节方面做得还不够，或者说，政府可能没有关注到这一方面吧。"他介绍，武汉公交路牌等基本公共信息大多是以纯中文汉字表达，较少考虑到外国人，只有在机场，火车站等大型场所，指示牌才会有双语提示。"我在中文读写方面有点弱，这会给我造成困扰。"他说。

我们可以看到，在以政府为导向的语言服务项目中，目的性、功利性以及大局意识都是涵盖在内的，但是，人性化的缺失也是很重要的一个方面。笔者认为，贴心的语言服务，人性化的语言服务，这些都将成为吸引外籍人才留汉的重要突破口。

政府部门相关政策对来华留学生创业的影响，主要体现在创业信息和渠道两个方面。创业信息具备实时更新的特点，甚至是与国家发展紧密关联的。留学生的学习主要以专业课程为主，基于个人特殊需求的创业部分往往较难展开进行研究，尤其是在信息获取方面。这无疑给留学生在华创业带来一定困难，某种程度上来说，这对于留学生的创业是不公平的。

通过访谈笔者发现，大多数受访者错误地将学校提供的相关政策等同于国家或政府政策。尽管从某种意义上说，高校的举措就是政府政策的反映，但由此可见，来华留学生对武汉市人民政府的相关政策掌握得不够，政府在政策宣传方面有待提高。

笔者认为，政府部门可以综合社会、高校甚至机构的力量，为留学生提供全方位的创业信息服务。这其中涉及的沟通等问题也要主动协商，确保能够提供相应的语言服务，或者我们可以对留学生进行语言技术操作方面的培训，比如实用翻译软件的具体操作，这都将为创业信息的交流打造一个良好的运行空间。在笔者访谈的这些在武汉创业的留学生当中，大多数人希望政府不仅能出台更为宽松的政策让他们能合法留下来创业，同时更希望政府能够组织一些官方活动，为他们的创业行为提供更好的支持。比如开展官方的外国创业留学生联谊、沙龙等交流活动，以便于他们能够结交更多同在武汉创业的外国人，以便于他们更好地进行商务合作；同时，他们还建议武汉市政府能够开设公益的商务语言课程，有针对性地提高其商务交流能力。还有留学生建议武汉市的电视台或网络新闻频道，能够有多语种的新闻，让他们能够及时迅速地掌握当地政策以及新闻动态。

（四）社会力量为来华留学生创业提供的语言服务

为帮助来华留学生创业，武汉市为他们提供的语言服务主要表现在社会机构，主要是来自产业园区孵化机构和武汉市民两个方面。

产业园区孵化机构作为现代企业加速器，在资源整合方面具有集中、有效的特点，机构以自身为原点，以企业发展所需为半径，将尽可能多的资源整合周围，将园区以及相关企业整合到一个圈子当中，建立一个综合性平台，为政府、产业、高校及研究机构、中介机构等各个主体提供有效的渠道和接口，形成点面结合，广泛展开的局面，共同创建现代企业创新网络。资源整合能力突出的背后，也意味着企业能够具备突破自身，达到单纯依靠自身能力所无法达到的高度，站在巨人的肩膀上进行资源利用。企业与园区之间形成了部分与整体的关系，双方互相成就，互相促进。在企业获得资源与平台的同时，园区在政府、企业、各方服务等一系列资源的整合过程中也进一步提升了其资源整合能力，实现了双赢。

创业园区一直是社会鼓励创业发展，为创业人士提供的一条资源捷径的企业成长助推器，但是，在武汉地区，历来的创业园都没有明确的对象针对性。服务对象没有明确的针对性，也意味着所提供的服务项目也没有针对性，尤其是在语言服务方面，这也使得之前的一些创业园合作的创业人士大都是中国人，少有外籍。

近年来，随着政府鼓励外籍人才留汉创业相关政策的实施，社会力量也越发重视外籍人士的创业发展。在这一背景下，2018年，武汉市在江夏区成立了第一个以外籍留学生为服务对象的创业园，并于当年12月17日正式开园。该园区主要为江夏区的外籍学生提供创业方面的支持，包括项目、资金、平台等，考虑到留学生由于语言、文化等因素会出现对中国的创业政策不熟悉的情况，创业园还贴心地为留学生提供工商登记等代办服务。创业园适应时代发展潮流，紧跟国家发展大趋势，以"互联网+"为主题，以文化创意，智能发展等为主线索，强调信息化服务的发展，并结合平台优势，为有需要的留学生提供创业帮助。

苏曼来自索马里，他想发挥自己的语言优势，在武汉创办一个英语培训机构。笔者通过访谈了解到，他的这个想法的萌生以及最后得以实践，都离不开创业园对他的支持。在前期的调研了解过程中，园区考虑到语言障碍问题，会优先安排汉语素养比较好的外籍留学生。而随着对有创业意向留学生了解的深入，园区会综合创业意向、创意、实施信心等因素对留学生进行综合评估，满足他们要求的留学生，即便是汉语水平并不足以适应创业需求，园区也会给予政策支持，苏曼就是其中之一。苏曼说："园区会配备专门的志愿者，他们大多是语言专业的，可以当我们的翻译。我们谈业务的时候有了他们的帮助，沟通交流就简单多了。后期实际交易环节，志愿者也会用心帮助我们。"同时，园区也考虑到外籍人士在武汉创业最终还是要脱离创业园这个舒适区，为他们准备了贴合实际的汉语公益课程。"尽管量不多，但很精准。"苏曼拿自己作说明，"我的创业意向确定为办一家培训中心，因此为我设计的课程里面会涉及最基本的教学用语。"

江夏区的留学生创业园是相关部门在留学生创业领域走出的第一步，他们将立足于外籍留学生的实际创业所需，会一步步辐射全武汉，并与各大高校广泛合作，实现以高校为据点进行校园辐射的分园区建设。[①]

此外，来华留学生创业过程中，在汉语环境下，留学生作为外籍人士往往会在沟通交际方面得到中国人的妥协，我们会倾向于去迁就他们的表达，甚至是用英语与他们沟通，这就直接导致了来华留学生在创业时缺乏汉语表达方面的需求。这也意味着，在实际的外籍留学生创业过程当中，语言服务是贯穿于始终，这种特殊的语言服务表现在每一个与他们发生交集的中国人身上。

但是另一方面，笔者通过对访谈对象的了解，发现来华创业的留学生大多数有很强烈的语言服务需求，而且愿意为提高汉语语言水平而买单。这里所说的买单内容，是校园之外的、创业相关的语言培训服务。在10个访谈对象中，已经为语言服

---

① 周雯、王承：《武汉"留学生创业园"开园 为外籍留学生当好创业管家》，人民网湖北频道，2018年12月18日。

务买单的有 6 人，分别为木瑟、费舍尔、李雅玉、易缪、雅普、伊万。特别是木瑟和伊万，他们的合伙人均为中国人，而且他们都在创业过程中请过专业翻译为业务服务。可见大多数来华留学生创业过程中对语言服务需求较强。

三、武汉来华留学生创业语言服务方面存在的问题

创业过程是复杂而艰辛的，成功与失败都需要时间来检验。留学生的创业首当其冲的便是语言问题，笔者将根据实际访谈，从以下几个方面对留学生创业过程中的语言服务问题进行分析探讨。

（一）创业中的挫折和动机影响语言能力

来汉留学生在创业语言服务方面的需求以及存在的问题都离不开留学生个人的主观因素，主要表现在动机与态度两个方面。

动机是一种内驱力，是一种心理状态，强调对有机体行动的激发和维持。相关理论认为，依据引起动机的原因，可以分为内在动机和外在动机两种。内在动机强调有机体自身的内部动因，外在动机则强调有机体的外部诱因。

以访谈对象李雅玉为例，她与同学们共同进行的与旅游相关的创业完全是出于外部动机，她的初衷还是自己的英语教学，只是当下更多地考虑市场以及资源等其他因素，在综合考量下，她选择了旅游相关的创业方向。笔者了解到她个人是更倾向于选择特定的合作伙伴的，比如英语好的，也就是说她在选择合作方时，就把语言障碍尽量排除在思考范围之外。就目前来看，在必要时她更多的是选择翻译服务。在她的创业过程当中，碰到的语言问题会有主动规避和寻求翻译人才两种解决途径。她个人不太喜欢使用翻译软件进行交流，在她看来，冰冷的机器表达不了旅游行业的热情，缺乏情感沟通互动。

态度是指个体对特定对象或者事物的一种稳定心理倾向，主要通过个体的主观评价进行展示。笔者对话的几名访谈对象，他们都在创业过程中发现语言对各自业务的影响，进而主动学习汉语以提升创业过程中的业务谈判或表达能力。访谈对象马丽娅是笔者碰到的比较特殊的一种情况，她在中国的创业是一种很私人的方式，而且她不认为汉语不好是她创业的阻碍，也没有精进汉语的打算。笔者了解到，马丽娅对语言方面的拒绝态度并不是因为民族情感等一些因素，更多的是她实践之后

的选择。她的俄罗斯甜点客户是特定的外籍人群，很少有与中国人打交道的机会。这种情况在她看来是很没有必要学习汉语的，因为她的工作圈、生活圈接触的都是自己国家的人，只是经营地点在武汉而已，即便是迫不得已与中国人进行交流的时候，大多数中国人也会倾向于用英语满足沟通需要。正因为其在创业过程中，没有遭遇过因语言带来的挫折，导致其对提高汉语的意愿不强烈。和她形成鲜明对比的是丽贝卡。丽贝卡2008年来中国留学，来中国之前，她为了打好基础，通过家教形式学过一段时间汉语。申请到武汉的大学以后，来到这边才开始HSK课程的学习。四年本科完成以后，她又回到自己国家，申请了国内的研究生，继续工程专业的学习。完成研究生学业以后，参加工作，她对电子机械类的更加了解了，再结合之前在中国学习时了解的情况，她看到了其中的商机。于是，在2016年的时候，她又回到中国，发挥自己的语言优势，继续电子机械贸易活动。丽贝卡说，公司业务尤其是外贸交易过程中，与中方人员打交道，并不是完全的口语交际，有时候也涉及一些文书，甚至是政府的公文，其中一些比较专业的名词术语在一开始会造成很大的困惑，比如"成本""完税"等。丽贝卡说，"因为这些很专业的词，我错过了很多机会，错过了很多钱。但现在这些对于我来说，小菜一碟"。强烈的学习愿望和动机，促使她对汉语学习有积极的态度，而这也直接体现在她HSK6级的汉语水平上。

（二）来华留学生视域下高校存在的问题

就业指导课程一直是各大高校的必修课，不论任何专业，都有学习的必要。经过多年的发展，各大高校针对国内学生的就业服务体系也是日渐完善，对于国内学生的就业、创业等未来发展具有很强的指导性、帮助性。但是我们也要认识到，针对来华留学生的就业指导等相关服务却少有涉猎，或者说这一体系仍有待完善。

1. 观念淡薄

武汉地区高校林立，大学生就业问题一直比较突出，整体就业形势不容乐观。大多数高校只考虑到了针对中国学生的就业服务，而忽略了留学生越来越多的情况下，来华留学生也将面临就业问题。究其根本，还是因为很多高校缺乏来华留学生就业指导意识，"没有意识到来华留学生就业服务体系构建的重要性"，[1]进一步导致对留学生进行就业、创业教育的忽视，形成了来华留学生毕业后无奈"回家"、少有

---

[1] 蒙仁君：《高校来华留学生就业服务体系构建》，高教论坛，2015年第8期，第127—129页。

人才留下来的局面。

2.态度保守

我国《高等学校接受外国留学生管理规定》中的第二十六条规定："高等学校组织外国留学生进行教学实习和社会实践时，应当按教学计划与在校的中国学生一起进行；但在选择实习或实践地点时，应当遵守有关涉外规定。"第三十六条又规定："外国留学生在校学习期间不得就业、经商，或从事其他经营性活动，但可以按学校规定参加勤工助学活动。"这些规定限定的内容都较宏观，最初的目的是避免外籍人士把来华留学当作一种商贸途径，而且规定并没有进一步的实施细则和操作规程。但也正是这种"一刀切"的规定，使得一些高校都以一种格外谨慎、避免犯错的保守态度来处理来华留学生实习、就业、创业方面的问题。

3.缺乏针对性

来华留学生的语言学习很大一部分是要依赖学校的语言教学，他们只有语言过关之后才能进入相关专业的学习。高校的语言教学往往以生活为导向，强调现实生活的交际性、实用性，当然，这一点从语言学习角度出发是完全没有问题的，甚至是很成功的，值得提倡。但是不可否认的是，对于持有创业想法的来华留学生而言，从表达专业性问题出发，语言教学内容的生活化对于后期的创业远远不够。生活化的语言教学确实涵盖了大多数，甚至对于来华留学生在学习和生活方面尽快融入中国也有很大帮助，但是课程安排的单一性也是值得深思的，从某种程度来说，是对学生个性化需求的忽略，甚至是忽略了学生个体的未来发展。在笔者访谈的10个对象里，只有一位访谈对象明确表示，其所在的学校为留学生提供了创业相关的服务。易缪所在的湖北大学为留学生提供了创业咨询服务，服务人员都是经过培训的志愿者，志愿者会根据留学生的语言需求进行语言服务人员的针对性安排，主要为留学生参加路演等创业活动提供服务，减少交流障碍。

此外，高校针对来华留学生语言政策更多是考虑到本科学生，要求他们最低有HSK4级水平，但对于来华攻读硕士、博士学位的留学生，我们是缺乏相关硬性要求的。这一点从我们日常交流中就能发现，往往是直接过来读硕、博的留学生汉语水平相对较差，本科生情况反而会好很多。

教学和生活是来华留学生必然经历的两个方面，但在这实际接触中，笔者发现，与来华留学生接触的中国人都会持有练习英语口语的想法，即便是来华留学生要求说汉语、可以说汉语，我们也会无限迁就，这直接导致来华留学生缺乏汉语学习的必要动力。

在武汉来华留学生的创业过程当中,他们生意伙伴也存在这种情况。访谈对象伊万的创业实践凸显了这一点。在他开设的法国餐厅中,来往的客人都喜欢与他说几句英语,甚至还和他用法语进行沟通交流。当他表示自己的汉语很好,可以说汉语的时候,中国客人也都是很惊讶,但是,仍然不会或极少用汉语与他进行沟通。

(三)政策成为制约留学生创业瓶颈之一

笔者了解发现,相当数量的来华留学生有意愿留在武汉就业,甚至大多数也是有能力进行创业的。但现实情况却是,武汉地区来华留学生的创业往往处于边缘化阶段,他们很难发挥自己的创业才能,尤其是他们自身的优势无法得到发挥。这其中的原因当然是多样化的,但是政府缺少有力度的开放包容的政策,却是问题的根源所在,是主要的制约瓶颈。而即使武汉市有相关政策,而在各个区具体执行时,又会碰到无法落地的情况。

随着中国开放程度日益增强,中国相关部门也意识到为外国人在中国就业、创业,或是开展一系列商贸或文化交流等活动提供服务并打开大门的必要性。笔者从中华人民共和国司法部中国政府法制信息网上了解到,2019年下半年,国家司法部就《外国人永久居留管理条例》开始立法调研,并于2020年2月27日发布《外国人永久居留管理条例(征求意见稿)》,向全社会公开征求意见。笔者了解到,征求意见稿列举了外国人可以申请中国永久居留资格的几种情形。在经济、科技、教育、文化、卫生、体育等领域取得国际公认杰出成就的外国人,可直接申请永久居留资格。为中国经济社会发展做出突出贡献的外国人,经国家有关主管部门或者省、自治区、直辖市人民政府推荐,可以申请永久居留资格。因国家经济社会发展需要引进的外国人,如国家重点发展的行业、区域引进并经主管部门推荐的急需紧缺人才等,也可以申请永久居留资格。征求意见稿还要求,国务院有关部门和地方各级人民政府应根据本部门、本地区实际情况,逐步推进永久居留身份证社会化应用,为永久居留外国人凭外国人永久居留身份证在中国境内办理医疗、交通、金融、外汇、教育、财产登记、电信、社会保险、住宿登记、机动车驾驶证申领等事务提供便利。根据征求意见稿,永久居留外国人出入境时,可从中国公民专用的通道通行。永久居留外国人可以按有关规定在中国境内购买自用的、自住的商品住房,可以按照住房公积金管理有关规定去缴存和使用住房公积金。适龄永久居留外国人或随迁的未成年子女可在中国接受义务教育，不收取国家规定以外的费用。这些意见稿内容都十分充分地表明，外国人在中国永久居住的大门越打越开，政策层面将会越来越宽松，外国人享受和中国公民同等权利的程度越来越大。如果说以前外国人在中国就业创业还稍有制度牵绊的话，那么一旦该条例正式地出台，外国留学生在中国创业的制度问题即将全面解决。

1. 政策缺乏普适性

教育部在回答《来华留学生高等教育质量规范（试行）》中明确提出，中外学生在教学、管理和服务方面要着重趋同化发展，各高校要注重留学生教育质量，并促进各高校将其纳入全校的教育质量保障体系中。

趋同并不意味着等同，一视同仁是我们各教育部门应该有的态度，但是我们也要尊重来华留学生在风俗习惯、语言、文化等方面存在的差异，甚至我们应该注重留学生群体的特殊需求。

笔者发现现阶段武汉各高校针对来华留学生的教育主要出于学习专业知识的目的，更多的是侧重于知识性教学。中国的相关方面课程，除了日常交流语言教学之外，大多注重传统文化教学。这种方式确实能让来华留学生更好地了解中国，而且了解的内容也都是多层次、全方位的。但是这种模式保证了数量却失去了针对性。

来华留学生的学习最终是为了他们未来的生活工作服务的，此时，个人的需求应该被看到。以创业人士的语言需求为例，生活汉语可以是补充，但不能是全部，商务汉语才是他们最需要的。

2. 推广宣传力度不够

来华留学生的语言问题大多数集中于硕、博阶段，由于大多数专业授课采取纯英文教学，学生在学习上没有学习汉语的必要，生活上也由于中国人的迁就态度而缺乏学习汉语的动力。但实际上，从政府角度出发，我们确实有相关政策来弥补这一缺陷的，比如一些官方汉语学习活动等。访谈对象瑞贝卡在与笔者的交流中明确提到这一点，她是以韩国官方政策作为切入点的。笔者认为，如果武汉政府能够将韩国语言推广的方法适当运用到创业语言服务当中，为外籍创业人士提供来自官方的商务汉语课程，这不仅能很好地促进创业人士的语言学习，减少商贸过程中的语言障碍，还能凸显政府的人文关怀，为外籍人才留汉增添吸引力。

政府在实际操作过程中会通过倡导共荣学习的方式来鼓励来华留学生与中国学

生多交流、多互动，但实际情况是，这种行为大多停留在一个院系之内，仅限于国际交流学院的内部沟通。这种情况相当于是互助咨询局限于一院之内，而忽略了院系间、学校间，甚至是学校与社会的互通。

很多时候，我们的政策是立足于来华留学生服务的，想让他们更好地在中国生活、学习，甚至工作，但我们往往忽略了相关政策的宣传，虽说"酒香不怕巷子深"，但在这个信息爆炸的时代，前期宣传是很必要的。

同时，从政府角度出发，更应该发挥官方作用。在访谈对象弗兰克斯看来，如果政府能够以官方力量为外籍创业人士提供互帮互助的平台是再好不过的。在笔者访谈的10个对象里，只有一个访谈对象明确表示，对武汉市政府为留学生提供创业相关的服务比较满意，也知道政府为他提供了什么样的服务。可见政府对外国来华留学生创业或是更大范围的外籍人士创业的参与度有待提高。

（四）社会机构对来华留学生关注度待提高

无论是中国学生还是外国来华留学生，良好的社会氛围是促使其创新创业的利器。自从中国提出"大众创业 万众创新"的双创政策以来，全国上下纷纷绽放双创之花。在上海，有21.5万名外国留学生留在当地创业，成为全中国外籍人士创业最活跃的城市。为什么是上海而不是武汉？一项调查显示，上海之所以成为外国留学生创业的"宝地"，与其先行先试的地方制度分不开，这表现在上海充分发挥上海自贸区的试验田作用，结合深化"放管服"改革，聚焦市场准入、市场环境、人才发展等突出问题，全力突破制约"双创"发展的体制机制障碍。另外一方面，上海推动杨浦区、徐汇区、复旦大学、上海交通大学、上海科技大学、中科院微系统所、宝武钢集团等7个国家双创示范基地建设，打造带动全市"双创"发展的新地标。这些新特点显示出上海的创新创业环境和氛围正变得更开放、更具有市场活力。

而对比上海，武汉有着全国第一的教育资源，也有着就省通衢的优越地理位置，同样有光谷自贸区政府"放管服"一系列改革等先天优势，虽通过"青桐汇"等优质的社会双创活动也搅热了武汉的创业血液，但是对于外国来华留学生来说，就像看一场精彩的表演，自己登台参与的机会并不多。社会上很多机构针对中国学生创业抛出了橄榄枝，提供一系列的服务，包括创业指导、平台对接、办公场地、金融贷款等方方面面，但是针对来华留学生的却寥寥可数。来自社会的关注远远不足以推动留学生跨出创业的脚步。

四、武汉来华留学生创业语言服务对策

武汉来华留学生在创业过程中会受到来自社会、国家政策、学校以及个体本身的影响。在本论文的上述部分中，笔者通过访谈形式了解到武汉来华留学生因个体、高校、政府、社会四方面因素对其在武汉创业形成的影响，本章针对这四个方面提出相应对策。

（一）学生个体主动融入

无论是在武汉也好，还是在中国其他地区也好，作为外国来华留学生，如果有长期在中国创业生活的需求，首先应该自己确定人生发展目标，明确自己需求。在学习阶段就应该早做打算和规划。从目前现状来看，大多数高校提供的语言方面的服务十分有限，在这种情况下，来华留学生应主动融入中国，不要自己将自己圈定在留学生的小圈子里，主动和中国学生交往，积极参加校内外的各项活动，有意识地提高生活用语的基础上，寻找其他途径学习商务汉语或其他创业目标相关的专业汉语。通过对这10位访谈者的分析，能够主动融入中国的学生往往掌握汉语语言的能力较强，即使缺少商务汉语的专业性，但是在交流方面也比那些相对封闭的学生表现更好。融入程度越大，中国朋友也越多，对他们的创业帮助程度也更大。

（二）学校加强后期跟进

作为留学生来华的第一站，学校扮演着至关重要的角色。在过去很长一段时间里，由于种种原因导致对留学生的就业、创业或是适合其毕业后人生发展的相关服务大致处于空白，大家都只强调知识的学习，很少关注留学生毕业之后的发展。但是现在，出于提高留学生的培养质量和综合素质的目的，为了更好地为外籍创业人士服务，让更多的外籍人才留在武汉，我们在关注教学的同时，目光也应逐渐投向来华留学生就业、创业服务体系的相关建设。

1. 更新服务意识与观念

在考虑和处理来华留学生就业、创业服务方面的问题时，我们首先应重视学生的个体需求和未来发展，立足于他们的实际需求，将眼光放长远，关注他们的发展需要。在发展过程当中，我们应打开思路，更新观念，紧跟时代发展，顺应时局变化，在认识到就业、创业服务重要性的基础之上，发挥创新精神，用实际的内容来

丰富来华留学生服务体系的内涵，探索出一条贴合留学生长远发展规划的路。在为来华留学生提供相应指导时，我们要注重专业性，强调理论与实践的结合，切忌空谈。就业、创业服务方面的问题不仅仅关系到留学生个人，还与整个大环境息息相关，我们要注重两者的紧密结合。同时，目光要长远，"走一步想三步"，要将留学生的未来发展纳入思考范畴。校际间也要积极互相学习，综合考虑各种新情况。

2. 在校期间需加强管理

我们在建立相关服务体系的同时，有条件的话可配备专门的办公人员和设备。在解决来华留学生就业问题的同时，我们还要关注到部分留学生的创业需求，加强创业指导建设，用专业化的创业服务团队、及时的网络信息技术，搭建留学生创业服务平台。[①] 创业不同于就业，创业更加需要实践性质的指导。体制的健全不仅仅是内部的健全，还要注重与外部社会的协调运作，加强与外籍在武汉创业校友的联系，让他们"现身说法"，用最具针对性的创业经验来进行指导。

立足于来华留学生的需求实际建立的服务体系不应是"昙花一现"，在之后的运行过程当中也要秉持最初的理念，要切实发挥其应有的作用，这也意味着各大教育部门需要用行动说话。

3. 毕业后继续跟踪服务

在明确服务对象为外籍留学生的前提下，我们要时刻坚持服务的针对性，做好面对面的指导，秉持具体问题具体分析的原则，充分考虑个性化需求，在开发其潜力提高相应技能的基础上，根据留学生的自身特点与优势量身打造相适应、相匹配的创业或者就业机会。更重要的是，我们要考虑到来华留学生创业服务中更具体化的语言服务问题，要从硬件、软件两方面进行保障。首先是硬件问题，比如最基本的翻译设备、传讯设备等；其次是软件问题，最突出的便是人才问题，在安排相关问题时，要结合具体的语言需求进行安排，同时，人才质量也要有所保障。

当前的整体情况表现为，健全的服务体系对来华留学生的支持大多集中在校园阶段，当学生完全毕业，脱离学校，相应的服务也随之终止，甚至对来华留学生创业后期出现或即将出现的问题也采取封闭姿态。这一点表现为相关服务的短期性、短时性，这是不利于留学生创业的长期发展的。

针对这种情况，我们可以采取无差别对待开展校友跟踪调查的方式进行即时跟

[①] 蒙仁君：《高校来华留学生就业服务体系构建》，高教论坛，2015年第8期，第127—129页。

踪。这不仅仅能够很好地维系和巩固校友与母校感情、给予身处异国的留学生温暖，更重要的是能够了解学生创业的实时情况，在必要时提供相关帮助。学校是一张大网，网内有各式各样的资源，后期来华留学生创业的语言服务支持，比如翻译等，是可以由学校就近解决的。而且从另一方面讲，这种为留学生提供语言服务的方式，也能为校内在读的中国学生或留学生提供实践机会，或许是一场双赢。

（三）政策层面提供支持

随着我国经济实力的强大发展，越来越多来华留学生想要留在中国，武汉地区留学生留在武汉的意愿也越来越强烈，他们愿意发挥自己所学进行创业活动。但是当下针对来华留学生的相关政策并没有"活力"。最直观的表现就是来华留学生创业必须面对的签证问题。

当前，我国针对来华留学生大多颁发的是留学生签证，仅用于学习，若是持学生签证进行工作，是属于非法用工，一经发现，大概率会被遣返。对于毕业的来华留学生我们仅提供为期1个月的停留签证，意味着这一个月的时间是他们处理相关事情甚至是解决工作签证问题的最后时机。但在其他国家，这些政策都相对宽松一些。对于很多来华留学生来说，签证政策的变化能够直接影响甚至决定他们的毕业去向。那么，我们关于来华留学生的签证政策是否能够有所改变呢？

我们也要意识到，当下的中国处于经济结构转型的重要阶段，"结构性失业"问题固然要引起重视，但我们也要意识到，对来华留学生的相关创业进行鼓励以及语言政策更为完善，可以为我们的经济发展带来新的增长点，并不会因为所谓的"外来者就业竞争"加速当前"结构性失业"的进程。这一点在上海已有相关的实践，上海出台的《关于深化人才工作体制机制改革促进人才创新创业的实施意见》，就以更积极的态度进一步放宽了对海外人才的引进政策，探索向毕业后直接在上海创新创业的留学生发放工作类或私人事务类居留许可。[①]

（四）社会注重延伸服务

来华留学生在中国创业，离不开社会力量的参与。翻译服务、培训教学、活动平台搭建、语言智能产品开发等，无论哪方面的提升，都将给来华创业留学生群体带来质的飞跃。

---

① 李琳莎、孟令春：《高校留学生在青年创新创业中的"火石"效用》，新疆社科论坛，2016年第3期，第70—73页。

1. 加强语言与文化的互通

近年来，来华留学生人数的广泛增加离不开我国推动的"一带一路"倡议。国家发展和改革委员会、外交部和商务部发布的《推动共建丝绸之路经济带和21世纪海上丝绸之路的愿景与行动》指出，"一带一路"倡议的核心内容是"政策沟通、设施联通、贸易畅通、资金融通、民心相通"。[①]而语言作为人与人之间沟通交际的桥梁，在实现"五通"过程当中是"奠基石"一般的存在，核心部分体现在语言与文化的互通关系上。有效的沟通能帮助我们获得彼此的信任，而信任是一切经济往来的基础。

针对来华留学生我们更应该眼光长远，语言表层的关注是立足于当下的需求，我们更应该加强语言与文化的融合，为他们未来的创业服务。

2. 综合考量语言人才

"一带一路"沿线国家想要更好地与中国合作，他们的汉语素养是很大的影响因素。根据我们的调查，近年来，"一带一路"沿线国家来华留学的人数逐年增加，这些人员除了自身专业课的学习，在语言上下的功夫相较其他国家而言明显更多。当然，其他国家地区也不乏这种需求，比如非洲国家，他们的汉语学习很大程度就是为了与我们做生意，发展经济。这些都意味着，各个行业语言人才都需要进行针对性培养。

根据现实情况我们发现，语言不仅仅是出于简单的生活交际，相关语言人才也是当下考量的重点。专门语言人才是我们思考的一个重点方向，来华留学生想要发展为专门的语言人才，那他们的汉语学习就不能仅仅停留在生活交际，更应该与专业方向相结合，加强专门化的语言学习，形成"专业+语言"的复合型人才。表现在外籍创业过程当中，便是强调语言专门化，语言行业化。

3. 积极开发相关产品

首先，需要各式语言学习产品。国家汉语国际推广领导小组办公室成立以来，汉语的国际推广一直没有中断，我们的专家团队也设计了各式各类的汉语教材来满足各国人士汉语学习的需要，比如综合类教材《新实用汉语》《汉语教程》等，口语类的有《汉语会话301句》等，但实际情况是，汉语类教材以及相关资料的开发大多集中于生活汉语，专业类的教材也主要是旅游主题、商贸主题。虽然商贸主题是来

---

① 赵世举：《"一带一路"建设的语言需求及服务对策》，《云南师范大学学报》（哲学社会科学版）2015年第4期，第36—42页。

华留学生创业所需语言服务最为重要的一点,但这一类教材的出发点也侧重于我们商贸场合下的大体方向以及一些普遍用语,比较粗放,在具体分行业方面并没有太大的发展,比如服装行业、电子行业等。

其次,需要方便实用的语言应用等相关的产品。汉语相关的应用在当今的市场上有很多种类,尤其是汉语翻译服务相关的内容尤其多,最常用的比如百度翻译、有道翻译等,这一类翻译应用拥有强大的离线功能,即便没有网络支持,也能提供翻译服务。便携式多语言翻译器的发展也有很大的便利性,比如科大讯飞公司研发的便携式翻译器,机器娇小易携带,而且能够在多种语言之间自如切换,还带有强大的拍照翻译、语音翻译功能。语言文化产品也是需要着重考虑的一个方向,语言是文化的载体,文化能够通过语言进行讲解传承。来华留学生的语言教学也应加强文化内容教学,从文化角度加强他们的理解融入,为他们的未来更好地服务。

五、结语

(一)研究结论

本文立足于当下武汉来华留学生的实际情况,参考相关文献,以《武汉来华留学生创业过程中语言服务现状调查研究》为题,有针对性地考察武汉来华留学生在创业过程中语言服务方面存在的问题,并针对存在的问题提出可行的解决办法。

文章调查了武汉来华留学生创业语言服务现状,从来华留学生个体、学校、政府、社会等方面阐述武汉来华留学生创业语言服务方面存在的问题,针对这些语言服务问题提出了应该如何在语言服务方面进行改善和调整,最后针对来华留学生在创业过程中语言服务甚至创业相关方面提出建议。

通过访谈调查发现,目前武汉来华留学生创业过程中的语言服务市场存在多主体的特点。社会、政府、学校以及学生个体等都是提供语言服务和接受语言服务的相关主体,各主体之间的联系是非常紧密的,各个主体思考的方向也存在差异。

社会主体在考虑社会服务的同时,更多的还要看重经济利益,紧密结合市场发展,所以语言服务内容紧密结合具体需求进行,比如更加重视创业孵化园的建设,不仅仅是建设孵化器孵化园,关键的是要提供满足来华留学生创业需求的语言服务。另外,各商业机构可重视外籍人士创业需求,开发适合商务汉语的互联网产品,如翻译App、小程序、在线商务汉语课堂等。信息是来华留学生创业极为重视的，政府层面的政策、商业活动中的供需信息、中国人生活的方方面面，都可能为来华留学生创业提供意想不到的商业便利或是商机，但是目前来看，他们缺乏了解的渠道和平台，因此，社会机构可了解这一群体的需求，开辟英语甚至多语种的网络信息平台，广播电视媒体、公益机构也可对接此项服务，增加来华留学创业者了解中国的途径。

政府站在官方角度眼光更加长远，将来华留学生的语言服务与国家未来发展的人才需求紧密结合。政府行为代表的是国家，是否可以适当借鉴他国的成功经验，是值得思考的。正如访谈者所反映的，除了在政策层面解决签证等大的制度问题外，政府还可以更积极主动，如在搭建平台做好服务方面下功夫，除了武汉官方每年举办的现有的法国周等活动外，根据武汉来华留学生人数具体情况，可多频次举办官方外籍人士交流活动，拓展在武汉创业的来华留学生的交际圈、业务圈，使其更有归属感获得感。笔者建议，政府可作为中间桥梁，将各国驻武汉使领馆和在武汉留学生联系起来，组织联谊活动、读书活动、创业指导活动等。另外，政府也可考虑开设公益性的分类别的语言课堂，比如商务汉语课堂、社会服务中文课堂等。以提供语言服务的形式增强中华文化的吸引力和武汉城市吸引力。因此，政府成立专门部门统一对接对来华留学生就业创业或有必要。

学校作为来华留学生的首要接触单位，在语言服务方面直接表现为语言教学。学校所提供的语言教学服务侧重于解决学生的实际生活所需，对于创业需求几乎处于忽略状态，尤其是学校的就业创业管理部门，针对来华留学生的创业管理服务都处于萌芽状态。学生个体差异性过大，不同的人各自需求不一样，单纯就创业而言，创业语言服务的需求并不是人人都有的，但有需求的人几乎处于这种需求被忽略状态。实际教学中，我们是否可以考虑开设专业需求班级，有针对性地提供创业语言指导，为学生的未来创业生活做好铺垫。在学生学习结束后，更应关注其去向，对有意愿在武汉创业的，应积极站出来"扶一把"。他们碰到困难仍旧可以找学校，需要资源也可以找学校，学校不应该只是他们学习几年的中转站，而应该成为其可信赖的"自家人"。

作为来华创业的留学生本人，则应更积极主动地融入中国融入武汉，扩大交际圈，参加社会机构的语言培训，多交中国朋友，在成为"中国通"或"武汉通"后，创业之途或将顺畅许多。

（二）研究局限

由于新型冠状病毒性肺炎疫情影响，笔者未能对更多的武汉来华创业的留学生进行访谈，最终仅选取了10个在武汉学习过，并在武汉创业的来华留学生作为访谈对象，了解到这一群体在创业过程中语言服务方面遇到的问题，并提出了相应的建议。通过对在武汉创业的来华留学生这一群体的访谈发现，为其提供相应的语言服务在其创业过程中具有一定的必要性，也凸显了来华留学生在武汉继续深化的迫切需求。但是由于样本数量存在局限性，因此，本研究能够展现武汉来华留学生的一角，难以反映其全貌。此外，本研究在研究方法上是访谈方式的质性研究，如能将质性研究结合量化研究，在访谈方式上提高理学思考，则研究将更为科学、稳健，为留学生来华创业语言服务领域的学术研究发挥更大的作用。

此外，武汉来华留学生创业当中的语言服务当前存在的问题很多，笔者所能想到的处理方法偏向于理论化，最终的实践操作环节当中可能遇到更多问题，本研究还比较片面，有些情况无法预测。比如在问题设计环节，在访谈对象选择环节等各环节都存在着局限性，对影响来华留学生创业语言服务的政府、高校方的调查不够全面，这些也势必会影响到本研究的结果和科学性。

再次，由于笔者个人文献梳理能力不强、理论基础不够扎实，导致论文理论支撑度不足，论文理论水平稍显欠缺。

（三）研究展望

语言"软实力"离不开经济"硬实力"，强有力的经济发展会更好地推动汉语在国际社会的发展，提高外国学生来华的吸引力，同时提升武汉在世界留学目的城市的国际地位。而对于尚未来到武汉的外籍学生来说，已在武汉毕业甚至在武汉创业的留学生，则是他们了解武汉的相对较好的途径。因此，做好武汉的存量留学生的服务工作至关重要，期待武汉成立专门的政府组织专门对接来华留学生就业创业相关事宜。

对于来华留学生的学校教育，汉语学习或将在原有基础上更上一层楼，不仅开设满足来华留学生基本学习、生活所需的汉语课程，更应重视对这群学生的长远教育，开设针对性的商务汉语选修课程，就业指导部门能提供就业创业辅导。相信具备高水平汉语能力的外籍创业者将越来越多，而具备高水平的商务汉语水平的人士留在武汉的创业之路也将更顺遂，随之也将推动武汉的经济、政治、教育、医疗等各领域的发展。

于外部而言,语言服务需求多样化发展趋势越来越明显,尤其是在外籍创业群体中的展现,吸引优质的语言服务人才,重视来华留学生的创业服务,公共领域重视来华留学生语言服务,将更好地展示"敢为人先、追求卓越"的武汉精神。

中亚留学生手机汉语词典 App 使用现状调查研究

刘霁莹[*]

（新疆师范大学国际文化交流学院，新疆乌鲁木齐 830054）

摘　要：本文以新疆师范大学国际文化交流学院中亚留学生为调查对象，采用问卷调查与访谈相结合的方式对其手机汉语词典 App 的使用现状进行调查。文章描述手机汉语词典 App 使用过程中出现的问题，从教和学的角度提出针对性建议，以期更好地服务汉语教学。

关键词：手机汉语词典 App；中亚留学生；使用现状

一、绪论

（一）研究背景

随着时代的更迭，使用智能手机已成为普遍现象。根据美国皮尤（Pew Research Center）[①]研究中心的最新报告，全球约有 50 亿人拥有移动设备，韩国成年人拥有智能手机的比例以 94% 位居榜首，以色列（83%）和澳大利亚（82%）分别位居二、三。瑞士、荷兰、黎巴嫩并列第四（80%），西班牙第五（79%），美国第六（77%）。智能手机已成为人们生活、学习中必不可少的日用品，在学习中发挥的作用也越来越大。

---

[*] 作者简介：刘霁莹，女，汉语国际教育硕士研究生，主要从事语言与文化教学工作。
[①] 皮尤研究中心（Pew Research Center）是美国的一间独立性民调机构，其总部位于华盛顿特区。该中心提供影响美国乃至世界的问题、态度与潮流的信息资料。

移动通信技术的发展和无线网络的普及，使移动学习成为可能。"移动学习是指利用无线移动通信网络技术及其设备获取教育信息和服务的一种新型学习形式。其目标是希望学习者能随时随地，以任何方式学习任何内容。"[①] 学习者以手机为载体，通过手机汉语词典App随时进行汉语学习是移动学习理论的具体体现。

本次调研以新疆师范大学中亚留学生为调查对象，研究其在学习汉语过程中手机汉语词典App的使用现状。通过问卷和访谈相结合的形式对其使用过程中出现的问题深入探究并提出建议，帮助其提高汉语学习效率，能够对中亚留学生汉语教学有所反馈，为新疆师范大学的对外汉语教学实践提供新思路。

（二）研究目的及意义

1. 研究目的

本文的研究目的是通过调查，了解目前中亚留学生手机汉语词典App的使用现状，探究其使用过程中出现的问题并提出建议。研究内容主要集中在以下几个方面：

首先，新疆师范大学的中亚留学生，具体在使用哪些手机汉语词典App，他们是如何得知并使用这些手机汉语词典App的，一般会在什么场合使用手机汉语词典App进行查找。

其次，中亚留学生使用手机汉语词典App后的效果如何，对其汉语学习有哪些方面的帮助。

再次，中亚留学生为什么使用手机汉语词典App，他们对手机汉语词典App的评价如何。

最后，在中亚留学生使用手机汉语词典App过程中出现了哪些问题，这些问题能否通过教学的方式加以解决。

2. 研究意义

（1）理论意义

智能手机的普及、移动通信技术的发展及以智能手机为载体的应用软件大规模涌现，为移动终端教育和在线（远程）教育平台提供了源源不断的养分，这些都丰富了现有的教学资源。学习者可以充分发挥自主性，运用智能手机最大化地利用零碎时间，学习并进行针对性训练，从而提高汉语水平。

手机汉语词典App相较纸质词典而言，利用了电子数据的优势，使其内容不断

---

① 刘建设、李青、刘金梅：《移动学习研究现状综述》[J].电化教育研究，2007年第7期，第21—36页。

扩充，而不增加物理重量，故携带方便。同时，还整合了多部纸质词典内容，发挥其综合效应。并对已有内容进行扩展，融入多媒体及游戏设计，这既是对词典学的继承与发展，又契合了移动学习时代的碎片化学习方式，使得留学生可以在任何时间任何地点进行自主学习。

（2）实践意义

笔者以新疆师范大学的中亚留学生为调查对象，通过调查问卷和访谈等形式了解其使用现状，对数据进行整理分析，了解其手机汉语词典 App 的使用问题，并提出针对性建议。

本文以问卷调查研究的结果为基础，以学习者使用过程中出现的问题为依托，针对其使用问题提出建议，这有利于提高中亚留学生的汉语水平和学习效率，从而对中亚留学生汉语教学有所反馈，为新疆师范大学的对外汉语教学实践提供新思路。

（三）文献综述

1. 相关概念界定

（1）App 的定义

App 是英语 Application（应用程序）的简称，包括但不限于手机、平板电脑等移动设备上的第三方应用程序。笔者在本文研究的 App 特指以智能手机为载体的应用，包括 IOS 和 Android 操作系统上的应用程序。

（2）App 的现状

以苹果公司的 App Store 为例，App Annie（移动数据分析平台）发布了中国大陆 App Store（移动应用市场）在 2020 年二月份前两周（2月2日—2月15日）的相关数据，其中显示中国大陆 IOS 市场的周均 App 下载量比 2019 年均值高出了 40%。

具体来看，今年二月份前两周每周的平均下载 App 数量为 2 亿次，比一月份高出了 10%。而按照 App 种类来看，游戏类、教育类、工具类、娱乐类应用成为最受欢迎的应用，其中教育类应用由于受到疫情的影响，在这段时间里有着翻倍增长的表现。

据笔者调查，App Store 里，有 1674 个汉语学习类 App（截至 2020 年 4 月）分别属于教育、参考、儿童、娱乐、文字游戏等类别，其中以"词典"为关键词进行检索可得到 681 个相关应用，包括软件和游戏两大类，而以"汉语词典"为关键词进行检索，可得到 104 个手机汉语词典 App。在移动学习时代，学习者可使用汉语学习类App随时随地进行汉语学习，汉语学习类App的应用市场也将不断繁荣。

（3）手机汉语词典App的定义

手机汉语词典App，即移动学习背景下，借助移动互联网络多平台的应用商店，下载到智能手机终端上的汉语词典应用程序。使用者可通过已下载的汉语词典App随时随地进行汉语学习。（智能手机：本文以下简称为手机）

（4）手机汉语词典App的现状

2007年，苹果公司推出了可以下载使用App Store的iPhone手机和MacBook平板电脑，谷歌公司推出了安卓移动操作系统。苹果和安卓两大系统凭借其优势迅速占领了大部分手机市场。

使用手机汉语词典App学习汉语的过程中，不同学习者使用的应用程序各不相同。目前手机应用市场内受使用者喜爱的手机汉语词典App主要有Train Chinese和Google Translate。

Train Chinese是由中国香港公司（Molatra Limited）开发的手机汉语词典App，其最新版本（9.59.0）于2020年7月23日更新，内存占用249.2MB。该App操作界面简单大方，支持多种输入方式。同时，提供英语、俄语和西班牙语的对照版本，且支持离线查询。

Train Chinese包含上千个词汇表，涵盖旅行、求职、去超市购物等多种情境下的话题。使用者可以根据需要，学习不同话题的生词。此外，还包含HSK等级词汇和中国台湾开发的TOCFL（华语文能力测试）词汇。

该词典的闪存卡系统十分强大，不但可以帮助学习和记忆新单词，还可以对已学内容进行练习测试。使用方法也十分简便，学习者只需对遇到的生词创建卡片，即可通过该系统反复练习生词。

Train Chinese还包括一些子软件，如：Chinese Writer、Chinese Audio Trainer、My Chinese Library、Pinyin Trainer等，供学习者练习汉语的听说读写技能。

Train Chinese在使用初期，需要学习者进行个人账户的注册，以便将其学习记录同步到手机、平板和电脑等多种移动设备上。

Google Translate是由美国谷歌公司（Google.Inc）提供的手机汉语词典App。作为一款免费的翻译App，其功能十分强大，支持108种语言的互译。还支持任意两种语言间字词、句段以及网页页面的翻译。2020年8月5日，更新了最新版本6.11，占用内存84.7MB。该App支持多种输入方式：手写、拼音、英文输入、中文（简/

繁）输入和语音识别等。支持多达38种语言的即时翻译，即使未连接到互联网，也可在60种语言间进行互译。

该词典可识别字符，并迅速将其转换为指定语言。查询便捷，只要输入生词，就可将其翻译成指定语言。对生词的词性和同义词也进行了标记。同时，还具备发音功能。Google Translate 可以对字、词、短语以及句子进行翻译，而且不受文字数量的限制。翻译十分迅速，译文效果也较为接近人工翻译。

但作为一款手机汉语词典App，Google Translate 的缺点也十分明显，如：检索后未提供相关的例句；操作界面过于简洁，且缺少练习部分的设置；除中英文互译外，其他语言之间的离线翻译还需下载相关安装包；缺少对生词用法的讲解等。故其使用人数相较 Train Chinese 更少。

2. 手机词典研究现状

随着时代的发展，留学生学习汉语的工具逐渐从以往的纸质词典过渡到了如今的手机词典，学者们从多种视角对手机词典进行了研究调查。

卢华国（2010）认为"在移动学习时代，传统纸质词书已逐步向电子化与移动化相结合的方向发展，成为词典学研究和移动学习研究交叉地带的一道亮丽风景"[①]。文章对智能手机词典的讨论引起了学界关注。同时，以具体实例进行讨论，针对智能手机词典在实现词库开放等特色功能，可能会有哪些问题存在，针对这些问题又可以采取哪些措施进行应对，为学界针对手机词典方面的研究开拓新范式。

冯俊宇（2012）对现有的国内外各类词典进行归纳概述，结合问卷调查和案例观察的方式，了解汉语学习者词典使用情况并分析特点。同时，对现有数字化词典加以描述并进行归纳整理，提出了"外向型数字化汉语学习者词典建设特征"[②]，为新时代的词典建设提供研究范式。

郝永梅（2013）分析了六款不同的移动汉语学习软件，针对不同的软件所具备的特点加以总结，指出"学习者可借助移动汉语学习软件以提高其汉语水平"[③]。该学者创造性地将移动学习与语言教学相结合，并指出将移动学习应用于语言教学的优势。同时，采取问卷调查的方法，从微观的角度观察学生对软件使用情况的反馈，为今后的软件开发提供思路。文章肯定了移动汉语学习软件的发展潜力和广阔的市

---

① 卢华国、张雅：《移动学习时代的移动词典——以词库开放型智能手机词典Mdict为例》[J]. 现代教育技术，2010年第6期，第115—117页。
② 冯俊宇：《移动学习时代汉语学习者词典设计特征研究》[D]. 浙江大学，2012年。
③ 郝永梅：《基于智能手机的移动汉语学习软件调查分析》[D]. 北京大学，2013年。

场前景。并呼吁学界予以重视，加快推动对外汉语教育信息化建设的进程。

张尚可（2016）在分析了移动汉语学习产品特点后，提出"要设计开发移动手机词典，发挥移动汉语学习软件的辅助学习作用"[①]。文章聚焦相关基础理论的研究，对目前移动学习的研究特点进行总结分析。文章对移动学习领域的研究前景持乐观态度。

宋思霖（2018）通过问卷调查法，深入探究西安地区的留学生使用手机词典现状，对其使用软件的学习情况进行充分了解，在此基础上对手机词典学习的特点加以介绍。同时，通过问卷调查的方式了解学生的学习状况，并就此对手机词典开发者提出改进意见。文章认为，"移动学习的特点就是随时随地都可以学习，不受时间和空间的限制，但这需要移动设备的支撑才能够实现，移动设备可以很好地显示相关学习内容。移动学习也是学习，只不过是对存储方式下的学习资源进行学习"[②]。

综上所述，目前学界关于"手机词典"的研究，不仅关注词典本体，还关注移动学习理论和手机词典的结合，从理论高度对手机词典的使用现状加以分析。

3. 汉语 App 研究现状

随着移动学习的兴起，汉语 App 不但作为软件设计开发人员需要关注的新事物，而且以其独特之处走进了对外汉语教学研究的视野。

常乐（2015）在对已有的汉字 App 教学资源梳理后，选取了五款汉字 App 辅助其汉字教学，通过教学实践的方式对各教学资源的优缺点及教学可行性进行研究。还通过访谈和问卷的形式对"海外少儿汉字教学及其汉字 App 资源建设"[③]进行分析并提出建议。

张雨晨（2016）从共时研究和历时研究两方面，对目前汉语 App 的整体概况进行分析。同时，对经典的汉语 App 进行了案例分析。文章创新性地使用了 SWOT 分析法（优势、劣势、机遇、威胁），对外国留学生使用 App 汉语学习情况进行分析，以期对未来 App 的发展提供参考。文章认为，目前留学生使用 App 学习汉语的劣势有以下几个方面：第一，App 市场的资源内容繁杂且大多相似；第二，学习者的自制力和自觉性还有待提高；第三，以 App 为载体的学习方式，作为新兴事物其经验略显不足；第四，汉语学习类 App 开发队伍的专业素养有待提高；第五，收费混乱。[④]

---

① 张尚可：《基于智能手机的移动汉语学习软件初探》[D].中央民族大学，2016 年。
② 宋思霖：《留学生移动汉语学习软件使用情况探究》[D].西安外国语大学，2018 年。
③ 常乐：《移动学习环境下对汉字 App 教学资源的分析与思考》[D].中央民族大学，2015 年。
④ 张雨晨：《外国留学生运用 App 学习汉语情况考察》[D].华中师范大学，2016 年。

周可依、周原、刘钰森、赵宁宁（2017）分析留学生在汉语学习过程中使用移动辅助语言学习工具的情况和效果，并针对现状提出意见。第一，加强移动辅助语言学习类型与功能的研发力度；第二，增强其内容的专业水平；第三，将其融入日常对外汉语教学中；第四，转变使用该工具的学习观念。[1]

代金赢（2017）对"三款学习者常用的词典类汉语App"[2]进行了评介，通过问卷、访谈等方法对留学生使用词典类汉语App的现状进行说明。同时，针对现状中存在的问题，提出软件的优化及设计建议，文章还设计了一款词典类汉语App的主页面。该研究的逻辑框架对本文的书写有很大启发。同年，该学者针对现有词典类汉语App质量不足且难以满足学习者需求的现象，设计出词典类汉语App框架[3]，对本文的词典学习框架设计有很大启发。

李颖骅（2017）从四个维度对汉语App软件进行划分：综合资源类、文化资源类、学习工具类和课程辅导类。[4]并对汉语App与英语App分别进行调查分析，通过二者对比，发现汉语App的不足之处：内容建设方面有所欠缺；推广开发存在问题。针对不足，为其开发提供建议。同时，对学习者的需求进行了一定描述，文章还大胆预测了移动对外汉语学习的未来发展趋势。该文章的汉语App的维度划分，为今后的研究打开了视野。但该文章研究的范围较大，本文将从留学生使用手机汉语词典App的现状出发，深入了解其背后的原因。

肖秀琴（2018）梳理分析已有的汉语App，并结合问卷调查的形式以了解留学生使用现状，并对汉语App的功能进行分析。同时，在了解用户体验过程中发现问题，提出针对性建议。

王茹、任美琪（2018）通过留学生汉语学习的四个维度：困难性、时间特征、实际需求、情绪特征[5]，分析其汉语学习App的使用现状，并从用户体验方面对该界面提出建议。而后，对用户满意度进行实证考察。该研究丰富了留学生使用汉语App进行汉语学习的实证研究，为后续研究提供新思路。

付丽（2018）认为汉语App是移动学习时代下，汉语国际教育专业教学发展的

---

[1] 周可依、周原、刘钰森、赵宁宁：《留学生移动辅助汉语学习的需求分析》[J]. 现代教育论丛，2017年第5期，第87—96页。
[2] 代金赢：《留学生词典类汉语学习App的应用现状及优化建议》[D]. 渤海大学，2017年。
[3] 代金赢：《词典类汉语学习App框架设计》[J/OL]. 北方文学（下旬），2017年第3期，第116页。
[4] 李颖骅：《对外汉语学习类App软件的调查与研究》[D]. 郑州大学，2017年。
[5] 王茹、任美琪：《留学生汉语学习App界面的用户体验提升策略研究》[J]. 包装工程，2018年第39卷第22期，第246—250页。

重要工具："第一，信息技术的发展为其应用提供了客观条件；第二，学习主体的新特征，即数字时代特征。同时，也体现了学习者随时随地自主学习的需求；第三，教学资源的丰富，使之成为新时代的必然选择。"[1]文章认为，在教学中使用汉语App进行学习很有意义："第一，有利于促进教师、学生和信息工具之间的教学互动；第二，有利于推动本专业程序教学的实现；第三，有利于提高汉语国际教育专业的教学效能。"[2]文章对使用汉语App教学背后的理论基础探讨，为本文的撰写提供了理论支撑。

王珣、王帆、史贝贝（2019）通过研究四十个对外汉语App的现状及存在问题，根据数据分析制作出可操作性设计原则框架[3]，并以此为基础开发出乐学汉语App，对今后的学习软件研发有一定的借鉴意义。

赫鹏、孙岩、孙丹（2020）总结目前汉语App的基本情况及分类，将常见汉语App分为工具类（如：Pleco）、技能训练类（如：Chinese Skill）和语言文化类（如：你好中国）三类。[4]结合南非汉语教学现状，为汉语学习类App在南非的推广提出建议。

目前学界对汉语App的研究，多聚焦于App的开发、软件的用户需求及如何提高用户体验等方面，在汉语App的使用过程中发现问题，并从汉语App的设计方面加以改进，从而提供解决方案。该研究范围需要更多信息技术方面的人才参与。

4. 手机汉语词典App研究现状

越来越多的留学生采用手机汉语词典App的形式进行汉语学习，针对这一现状，学者从多个角度针对不同App、不同国籍的学生进行调查研究。

唐紫昕（2015）通过定量定性相结合的方式，对学生手机汉语词典App的使用现状进行分析，以《汉语水平词汇与汉字等级大纲》为依据，对其中三款使用频次较高的手机词典进行深入研究，从"检索、注音、释义、词性标注、结果呈现"[5]等方面为手机汉语词典App的编写提出建议。

---

[1] 付丽：《论App移动学习在汉语国际教育专业教学中的作用》[J]．《哈尔滨学院学报》，2018年第39卷第5期，第133—136页。

[2] 付丽：《论App移动学习在汉语国际教育专业教学中的作用》[J]．《哈尔滨学院学报》，2018年第39卷第5期，第133—136页。

[3] 王珣、王帆、史贝贝：《对外汉语移动学习平台设计原则与实例研究》[J]．软件导刊，2019年第18卷第7期，第213—217页。

[4] 赫鹏、孙岩、孙丹：《常用汉语学习App状况分析及南非推广建议》[J]．电脑知识与技术，2020年第16卷第5期，第61—62页。

[5] 唐紫昕：《以智能手机为载体的汉语学习词典研究》[D]．华东师范大学，2015年。

于晓丽（2015）从软件开发的角度对手机汉语词典 App 提出建议，"不同 App 在产品规划、数据准备以及功能设计方面应具有差异性，以充分满足用户需求"。[①] 针对外国人这一用户群，应考虑其母语和汉语水平，设置便于其使用的检索方式，如汉语拼音。同时，也可潜移默化地融合简体字和繁字体，为增加其学习兴趣，应在软件设计方面考虑多媒体的融入。

彭淑莉（2016）针对留学生手机汉语词典 App 的具体使用情况，进行多方面考察并给出几点开发建议，如：第一，释义方面参考权威纸质词典，做到准确规范；第二，释义语言除英语外，还应增加多种语言并尝试用简单的汉语进行解释；第三，增强汉语词典 App 与网络的互联互通，及时更新，便于学习者对新词的理解；第四，词库设置应满足不同学习需求，如：根据不同情境或 HSK 等级分设词库；第五，通过音频、图片、视频等途径进行释义。第六，开发更多功能，帮助学习者汉语学习的各方面。[②]

周雪（2016）通过对韩国学习者手机汉语词典 App 的使用现状分析调查，对其常用手机汉语词典 App 进行评介，发现韩国学习者使用过程中的需求。在此基础上，设计出"针对韩国学习者的手机汉语词典 App 特征模型建构"[③]，文章还对其使用过程中出现的问题提出针对性建议，为本文的撰写提供写作思路。

刘香君（2016）通过访谈和问卷相结合的方式，针对汉语词典 App 在华文教学中的应用情况展开调查。同时，针对现状提出针对性建议，其问卷题目的设计借鉴了科技接受模型。文章的现状描述部分对"手机汉语词典 App 的使用频率和功能分布、查阅目的、影响手机汉语词典 App 选择的因素以及所用手机汉语词典 App 能否满足需求"[④]这四个具体方面进行了描述分析，该文章的现状描述部分思路清晰，值得笔者借鉴学习。

雷妤（2016）从手机汉语词典 App 对二语学习影响的角度进行分析，通过二语学习者的使用现状，分析手机汉语词典 App 的翻译功能对二语学习的影响：有利影响：帮助学习者输出可理解的语言；有利于提升学习者在真实情景中的交际能力；

[①] 于晓燕：《互联网思维的本质：差异性——以外国人学汉语词典 App 开发为例》[J].出版广角，2015 年第 2 期，第 25—27 页。
[②] 彭淑莉：《外向型汉语词典 App 使用情况考察及开发建议》[J].新丝路（下旬），2016 年第 12 期，第 232—245 页。
[③] 周雪：《韩国孔子学院学生手机汉语词典使用及需求调查研究》[D].山东大学，2016 年。
[④] 刘香君：《手机汉语学习词典在华文教学应用中的调查报告》[J].世界华文教学，2016 年第 00 期，第 34—42 页。

有利于提高学习者的自主学习能力。不利影响：学习者翻译固化、机械化；由于词条选择、用法说明以及近义词方面的不足而产生偏误。①由此反思手机汉语词典App具备的翻译功能，为本文的撰写提供思路。

段舟扬（2017）分析了"Train Chinese智能手机汉语词典App的主要功能和特点"②，并提出针对性改进对策。

杨芬（2017）通过对照实验的研究方法，探究手机汉语词典App是否能够对使用者的词汇学习产生学习效果，还针对如何利用手机汉语词典App提高汉语词汇学习效果提出建议。文章指出"使用手机汉语词典App学习词汇是对自然课堂词汇学习的补充，通过该方式辅助汉语词汇教学，能够弥补其不足，提高学生的学习效果"③。

程娟、蔡欣芬、洪阳晨（2018）对市场上的对外汉语App进行了分类，包括：娱乐型、交互型、工具型和汉语水平考试应用型。④文章对工具型App进行了梳理，并对八款不同的工具型App进行基本信息以及优缺点的评判，针对其缺点提出改进建议。文章的手机汉语学习App分类及概念界定为本文的撰写提供了思路。

何姗、朱瑞平（2018）对学习者使用Pleco进行汉语自主学习进行了质性研究，并通过对材料的分析梳理，总结出自主学习研究的要素，即"自我监控、社会环境、内容与目标、时间与地点、方法与策略和结果"⑤。该研究对手机汉语词典App使用的理论建设提供了研究范式。

李明丽（2018）调查泰国大学生手机汉语词典App的使用现状，通过数据分析对学习者手机汉语词典App的使用情况、认知态度、选择因素及评价进行了解，以此归纳学习者的诉求，搭建对泰手机汉语词典App的编纂框架，⑥为词典的编纂提供参考意见。

丁贵珍（2018）通过对"云南师范大学留学生外向型手机汉语词典App的使用现状"⑦调查分析，了解其使用过程中出现的各种问题，并对相关人员提出针对性建

---

① 雷妤：《汉语词典App翻译功能对CSL学习者的影响与思考——以Pleco和Train Chinese为例》[J]．《太原城市职业技术学院学报》，2016年第9期，第117—118页。
② 段舟扬：《智能手机汉语词典App评介》[J]．产业与科技论坛，2017年第16期，第53—54页。
③ 杨芬：《手机词典对汉语词汇学习效果的影响的实验研究》[D]．广西民族大学，2017年。
④ 程娟、蔡欣芬、洪阳晨：《工具型对外汉语学习App调查研究》[J]．文学教育（下），2018年第5期，第160—161页。
⑤ 何姗、朱瑞平：《汉语学习者使用词典App进行自主学习的质性研究——以Pleco为例》[J]．鲁东大学学报（哲学社会科学版），2018年第35卷第1期，第59—64页。
⑥ 李明丽：《泰国大学生手机汉语词典使用及需求调查研究》[D]．山东大学，2018年。
⑦ 丁贵珍：《留学生汉语外向型词典App使用情况调查研究》[D]．云南师范大学，2018年。

议。该文章的问题与建议紧密结合，为本文的书写框架提供思路。

张伯荣（2018）通过对"美国大学生 Pleco 的使用现状"[1]进行问卷和访谈的调查，研究该手机汉语词典 App 的优势与不足，针对学习者使用中出现的问题提供相关建议。

李翠芳（2019）通过研究"学习者对手机汉语词典 App 的使用情况、满意度、使用问题及需求"[2]，为印尼地区的手机汉语词典 App 使用提出建议。

张皓（2019）以学习者的角度，调查山东大学预科留学生的手机汉语词典 App 使用现状，调查研究了解学习者的使用需求，并在此基础上，构建具有针对性的"手机汉语词典 App 特征模型"[3]，为本文的研究亮点提供范式。

综上所述，关于"手机汉语词典 App 的研究"，研究者多将学习者与手机汉语词典 App 作为一个整体去研究，了解不同国家或地区的学习者使用手机汉语词典 App 的现状及需求并针对现状采取一定措施。

5. 中亚留学生手机 App 使用现状研究

梁云、石慧（2014）调查了新疆师范大学的中高级汉语水平留学生即时通信工具（如微信、QQ、社交网络、电子邮件等）语言使用情况，了解到"留学生即时通信工具语言的使用会受交流对象、熟悉的语言、通信软件类型及受众的影响"[4]。该研究以手机和电脑为主要媒介，为笔者的研究打开了新思路。

王莎莎（2015）对传统意义上的掌上电子词典以及个别以手机为载体的汉语词典 App 进行了调查研究，通过"中亚留学生使用电子词典的种类、技能、态度、策略、评价及期待"[5]发现问题，并从词典编纂和教学的角度提出针对性建议。

李海芳（2017）对国外学者关于移动学习理论的定义进行了梳理概括，"基于 Android 手机对留学生汉语辅助学习 App 加以设计开发"[6]，从软件使用者的角度分析功能特点以了解使用效果，分析该软件设计存在的不足，并提出未来的改进方向，为留学生手机汉语词典 App 研究提供了技术方面的支持。

杨勇、赖如、任鸽（2018）针对"外派汉语教师困难及海外本土教师的汉语水

---

[1] 张伯荣：《移动汉语学习软件 Pleco 研究》[D]．中央民族大学，2018 年。
[2] 李翠芳：《印尼大学生汉语学习手机词典使用及需求调查研究》[D]．山东大学，2019 年。
[3] 张皓：《来华预科留学生手机汉语词典使用及需求调查研究》[D]．山东大学，2019 年。
[4] 梁云、石慧：《新疆师范大学留学生即时通信工具语言使用调查》[J]．中国社会语言学，2014 年第 1 期，第 79—91 页。
[5] 王莎莎：《中亚留学生电子词典使用情况调查研究》[D]．新疆师范大学，2015 年。
[6] 李海芳：《基于 Android 的对外汉语辅助学习 App 设计与实现》[D]．新疆师范大学，2017 年。

平有限"[①]等问题,设计并开发了面向中亚的大学汉语辅助学习工具,其课程资源可通过云平台进行更新。从本质上缓解了师资力量匮乏的现状,有利于提高学习者的汉语学习质量和效率。

随着时间的推移,研究者对手机汉语词典App的研究不断聚焦,针对中亚留学生这一群体的手机汉语词典App讨论也不断深入,笔者将聚焦其使用现状,了解学习者在手机汉语词典App使用过程中出现的问题,并提出针对性建议,这将有利于帮助其更好地进行汉语学习。

本文将聚焦中亚留学生手机汉语词典App的使用现状,通过问卷和访谈相结合的形式,通过对现状的梳理分析发现问题,并提出针对性建议,帮助中亚留学生更好地使用手机汉语词典App并提高汉语水平。

(四)研究设计

1. 研究思路

首先,通过问卷调查法对中亚留学生手机汉语词典App的使用现状进行调查。调查分为对手机汉语词典使用者现状、学习者的手机汉语词典App的使用现状、学习者的手机汉语词典App的使用效果、学习者的手机汉语词典App的使用原因、以及学习者的手机汉语词典App的使用评价等五个方面。在这些调查结果的基础上,笔者对学习者的手机汉语词典App的使用现状进行总结。

随后,从学习者的手机汉语词典App的使用现状、使用效果、使用原因以及使用评价四个方面发现问题。

最后,分析学习者的手机汉语词典App使用过程中出现的问题,对留学生和教师提出针对性建议,包括留学生应避免盲目,批判使用;提高自控力,养成良好学习习惯;提高汉语水平,培养汉语思维能力。教师应正确引导,鼓励思辨;敦促学生培养良好学习习惯;培养汉语猜词能力,培养汉语思维方式,增加课堂有效输出等建议。

2. 研究内容

本次调查以来自塔吉克斯坦、吉尔吉斯斯坦、哈萨克斯坦、乌兹别克斯坦、巴基斯坦、蒙古、俄罗斯、土库曼斯坦、土耳其、阿富汗等10个国家的130名新疆师范大学中亚留学生为研究对象,基于学习者使用手机汉语词典App的使用感受进行

[①] 杨勇、赖如、任鸽:《面向中亚的大学汉语辅助学习软件设计与教学应用》[J].计算机与现代化,2018年第5期,第111—115页。

研究，通过问卷、访谈相结合的形式对其手机汉语词典 App 的使用现状进行调查研究，并通过 SPSS 软件进行数据的梳理与分析，了解中亚留学生手机汉语词典 App 的使用现状及问题，并提出针对性建议。

3. 研究方法

（1）问卷调查法

笔者以新疆师范大学国际文化交流学院的中亚留学生为研究对象，以山东大学周雪的硕士论文《韩国孔子学院学生手机汉语词典使用及需求调查研究》[①]中的调查问卷为参考，其信度较好（克隆巴赫系数为 0.812），故以此了解中亚留学生手机汉语词典 App 的使用现状，分析学习者问卷调查结果，研究分析中亚留学生手机汉语词典 App 使用过程中出现的问题，并针对问题从教师和学生两个维度提出建议，以帮助其汉语学习。

本调查具体研究汉语学习过程中，中亚留学生使用手机汉语词典 App 这一辅助性工具的现状分析，更加全面准确地把握其使用现状并制定科学的策略。根据研究需要，具体由以下三部分的内容构成：

第一部分是信息收集和整理。具体就性别、国家、汉语学习时间、学习水平等方面的信息进行收集，在科学分析的基础上准确把握研究对象的使用习惯，同时对各相关因素的内在关系进行分析和把握。

第二部分为量表内容。根据调查目标和研究需要从五个量度出发完成调查题目的设计工作并明确题目答案所对应的得分。答案具体表现为"5 非常同意""4 同意""3 无所谓""2 不同意""1 非常不同意"等判断标准。这一部分以科学、准确的题目对研究对象进行考察，通过信息收集和分析，明确其就手机汉语词典 App 使用过程中所表现出来的使用情况以及满意水平并加以调研分析。

第三部分则由单选题、多选题两项内容构成，更加具体、系统地考察分析中亚留学生在学习过程中使用手机汉语词典 App 的具体情况，主要把握其使用现状、使用效果、使用原因和使用评价。

（2）统计分析法

本文借助于 SPSS 软件（23.0）对调查结果进行了数据的录入和分析，并通过数据分析结果，对学习者手机汉语词典 App 使用中的现象进行描述，从中发现问题并

---

① 周雪：《韩国孔子学院学生手机汉语词典使用及需求调查研究》[D].山东大学，2016年。

试图寻求解决方案。笔者利用该软件进行了如下分析：

描述统计分析：这是本篇文章中使用最多的数据分析方法，一般是针对单选题的描述，如：留学生的性别、国籍以及其汉语学习时长等问题。（具体操作步骤为：选中需要分析数据所在的一列—描述统计即可得出图表）；

多重响应分析：文章针对多选题会采取该分析方法，一般是针对使用手机汉语词典 App 的个数、原因、场合等问题的描述，因其原因是多方面的，每个被调查者选择的内容均不相同，故需要运用多重响应加以分析。（具体操作步骤为：数出最多选择数—赋值录入—分析—多重响应—定义变量集—选中变量。例如：手机汉语词典 App 个数 1/2/3/4 个—类别（赋值为 1 到 22）名称输入—手机汉语词典 App 有几个—分析—多重响应—频率—选中命名的名称）；

相关性描述分析：该分析方法是为解决任意两项变量之间是否具有相关性的疑惑，汉语学习时长与手机汉语词典 App 使用时长、汉语水平与希望何种语言释义、例证个数与能否帮助学习者理解词语等问题。（具体操作步骤为：分析—相关—双变量—选择需要检测的两项内容，看皮尔逊相关性是否双尾。

（3）访谈法

访谈对象：来自不同国家的八名留学生，其汉语水平均高于 HSK 四级。教授不同的汉语课程的七名汉语教师。

访谈形式：采用半开放式的结构化访谈，参考访谈提纲，并根据实际情况调整提问顺序及内容，引导受访者阐述较为详尽的内容。访谈时应提前告知受访者需要录音并提供俄汉互译的纸质版访谈内容。最后，将录音材料进而转写并整理访谈结果。

访谈提纲：从"是什么—用什么—为什么—怎么用—效果如何（好/坏）—怎么解决"六个维度对留学生手机汉语词典 App 的使用现状进行探究，从知行的维度考察汉语教师对该现状的认知、态度和行为，详见附录。

（五）创新之处

本文的创新之处在于，紧紧扣住问卷内容调查分析中亚留学生手机汉语词典 App 的使用现状。通过对访谈内容和问卷数据的梳理，归纳其使用过程中出现的问题，从教和学的角度提出建议，有利于改进中亚留学生使用手机汉语词典 App 的方法。而后，通过对问卷及访谈内容的梳理分析，了解其使用需求，并在此基础上设计出针对中亚留学生需求的手机汉语词典 App 特征模型建构。

二、中亚留学生手机汉语词典 App 使用现状

（一）调查对象分析

本文以新疆师范大学国际文化交流学院的中亚留学生为调查研究对象。为确保问卷结果的全面性与代表性，研究选择不同国家、不同性别、不同汉语水平的留学生开展问卷调查工作。问卷发放数为 150 份，回收了 148 份问卷调查，但其中有 10 份问卷的回答前后矛盾，8 份问卷填写不完整，故作废，还有 2 名被调查者表示并不使用手机汉语词典 App，拒绝填写。因此，有效问卷为 130 份，问卷的有效率约为 87.84%，调查数据分析见下文。

（二）调查数据分析

1. 手机汉语词典 App 使用者的现状描述

表 2-1　手机汉语词典 App 使用者的汉语学习时长

	频率	百分比	累计百分比
三年及以上	39	30.00	30.00
两年及以上	29	22.31	52.31
四年及以上	28	21.54	73.85
五年及以上	12	9.23	83.08
一年及以上	12	9.23	92.31
一年以下	8	6.15	98.46
六年及以上	2	1.54	100.00
总计	130	100.00	

由表 2-1 可知，在 130 名被调查者中，学习汉语的时长跨度主要分布在两到四年，学习时长在一年以下及六年以上的人占极少数，学习时长在一年以上及五年以上的人占少数，与笔者的实习情况一致。学习汉语时长在两到四年的一般为本科生，本科生在我校留学生中占比较高，学习时长在一年以下及六年以上的预科生及研究生数量不占多数。

表 2-2 手机汉语词典 App 使用者的国籍

	频率	百分比	累计百分比
塔吉克斯坦	37	28.46	28.46
吉尔吉斯斯坦	29	22.31	50.77
哈萨克斯坦	26	20.00	70.77
乌兹别克斯坦	15	11.54	82.31
巴基斯坦	8	6.15	88.46
蒙古	6	4.62	93.08
阿富汗	4	3.08	96.16
俄罗斯	3	2.31	98.47
土耳其	1	0.77	99.24
土库曼斯坦	1	0.77	100.00
总计	130	100.00	

由表 2-2 可知，来自塔吉克斯坦的留学生最多，占总数的 28.46%，来自吉尔吉斯斯坦的留学生次之，占比 22.31%，接下来是来自哈萨克斯坦的留学生，占比 20.00%，占比最少的学生分别来自土库曼斯坦和土耳其。区别于北上广深等地的高校汉国教专业，我校占据地缘优势，故生源主要来自中亚地区，并致力于建设"一带一路"周边国家关系的睦邻友好。

表 2-3 手机汉语词典 App 使用者的二语情况

	频率	百分比	累计百分比
俄语	108	83.08	83.08
英语	22	16.92	100.00
总计	130	100.00	

根据表 2-3 可知，学习者的二语大多为俄语，少部分学习者把英语作为第二语言，原因不言而喻，俄语在中亚各国都具备较强的影响力，英语作为世界通用语也在学习者的二语学习中占据了一定地位。

表 2-4　手机汉语词典 App 使用者所在班级

	频率	百分比	累计百分比
中级	55	42.31	42.31
高级	40	30.77	73.08
初级	35	26.92	100.00
总计	130	100.00	

由表 2-4 可知，学习者的汉语水平分布较为均衡，分别是中级班 55 人，高级班 40 人，初级班 35 人。能够跟表 2-1 学习者的人员分布形成对应。学习者所在班级一般以其 HSK 汉语水平等级为基准进行划分。

表 2-5　手机汉语词典 App 使用者汉语水平

	频率	百分比	累计百分比
HSK 五级	64	49.23	49.23
HSK 四级	37	28.46	77.69
HSK 未达到四级	26	20.00	97.69
HSK 六级	3	2.31	100.00
总计	130	100.00	

如表 2-5 所示，130 名被试中，有将近一半（49.23%）的被调查者考取了 HSK 五级，HSK 四级达到了 37 人，占比 28.46%，而未达到 HSK 四级的人也同样不可忽视，占比（20.00%）。同时，有 3 人通过了 HSK 六级的考试。由此可见，大部分留学生的汉语应试水平还是不错的，这得益于老师和学生们的共同努力。

2. 学习者手机汉语词典 App 的使用现状

（1）学习者手机汉语词典 App 的使用个数及名称

表 2-6　中亚留学生手机汉语词典 App 的使用个数

	频率	百分比	累计百分比
用一个	56	43.08	43.08
用两个	50	38.46	81.54
用三个	22	16.92	98.46
用四个	2	1.54	100.00
总计	130	100.00	

表 2-6 显示的是，中亚留学生手机汉语词典 App 的使用个数，占比最高的是拥有一至两个手机汉语词典 App 的被调查者，而正在使用三个、四个手机汉语词典 App 的留学生比重则相对较低，同时，使用四个手机汉语词典 App 的调研对象数量仅有两人。

由此可见，大多数情况下，一个功能完整的手机汉语词典 App 就能够满足学习者的使用需求，而各手机汉语词典 App 的内容、呈现方式相差不多，故有一个手机汉语词典 App 的被调查者居多。

之所以使用两个词典 App 的被调查者也不少，笔者认为与其掌握多种语言不无关系，假如学习者既会俄语又会英语，在手机汉语词典 A 上用英语查询，觉得难以理解后，转而使用手机汉语词典 B 用俄语进行理解也未为不可。

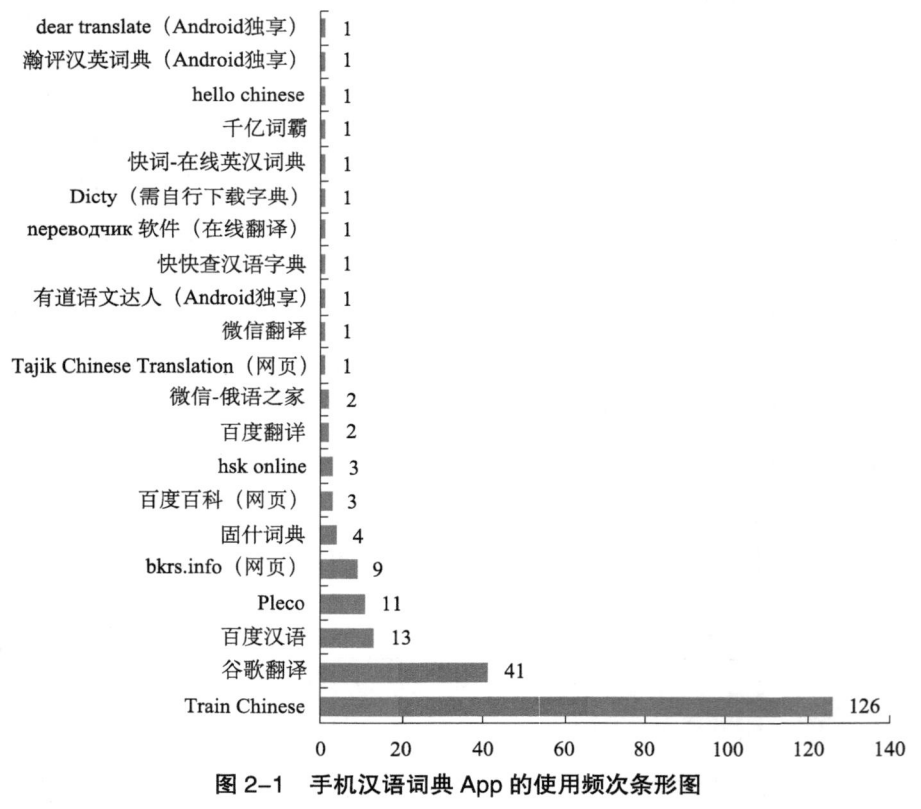

图 2-1　手机汉语词典 App 的使用频次条形图

由图 2-1 可知，中亚来疆留学生共使用了 21 种不同的手机汉语词典 App 帮助其汉语学习，使用最多的手机汉语词典 App 是 Train Chinese，共有 126 人在使用，从调查结果可知，有 41 人在使用 Google Translate，另有 13 人使用百度汉语帮助提高汉语水平，以及 11 人使用 Pleco 进行汉语学习，还有极少数学习者在使用的手机汉语词典 App，如固什词典、快快查汉语字典、千亿词霸、百度翻译等，其中还有一些仅针对 Android 机型的手机汉语词典 App，如：有道语文达人、瀚评汉英词典、Dear Translate 等。

表 2-7　中亚留学生手机汉语词典 App 的使用频次统计表

	个案数	百分比	个案百分比
Train Chinese	126	56.00	96.92
Google Translate	41	18.22	31.54
百度汉语	13	5.78	10.00
Pleco	11	4.89	8.46
bkrs.info（网页）	9	4.00	6.92
固什词典	4	1.78	3.08
百度百科（网页）	3	1.33	2.31
HSK Online	3	1.33	2.31
百度翻译	2	0.89	1.54
微信-俄语之家	2	0.89	1.54
微信翻译	1	0.44	0.77
快快查汉语字典	1	0.44	0.77
快词-在线英汉词典	1	0.44	0.77
千亿词霸	1	0.44	0.77
Hello Chinese	1	0.44	0.77
Tajik Chinese Translation（网页）	1	0.44	0.77
переводчик 软件（在线翻译）	1	0.44	0.77
Dicty（需自行下载字典）	1	0.44	0.77
有道语文达人（Android 独享）	1	0.44	0.77
瀚评汉英词典（Android 独享）	1	0.44	0.77
Dear Translate（Android 独享）	1	0.44	0.77
总计	225	100.00	173.08

表 2-7 是对学习者手机汉语词典 App 使用频次的统计分析，使用 Train Chinese 的 126 名同学的使用频次最高，占总频次（225 次）的 56.00%，占学生持有率（130 人）的 96.92%，由数据分析可知，被调查留学生使用最多的手机汉语词典 App 为 Train Chinese。Google Translate 的使用率次之，占比分别为总频次的 18.22%，以及

学生持有率的 31.54%。有部分同学使用百度汉语 App 进行汉语学习，其占比为总频次的 5.78%，以及学生持有率的 10.00%。Pleco 也有一定的使用率，占比分别为总频次的 4.89%，以及学生持有率的 8.46%。还有一些使用率占比不高的手机汉语词典 App，在此不做赘述，具体内容见上表 2-7。

（2）学习者手机汉语词典 App 的使用方式

手机汉语词典 App 的选择是他人传播与个人体验相结合的产物。那么，面对市场上种类繁多的手机汉语词典 App，学习者又是如何得知目前所使用的手机汉语词典 App 的呢？

表 2-8　如何得知手机汉语词典 App

	频率	百分比	累计百分比
同学、朋友推荐	67	51.54	51.54
老师推荐	28	21.54	73.08
主动上网查找	28	21.54	94.62
通过广告	7	5.38	100.00
总计	130	100.00	

由表 2-8 可知，73.08% 的调研对象是经他人推荐，选择目前所用手机汉语词典 App 的，可见手机汉语词典 App 的用户体验度较好，且能够通过使用者的口碑对未使用者进行传播与推荐。

有 21.54% 的调研对象自行对相关产品进行了解和比较从而确定所使用的产品，这体现了一种主动学习行为，可见手机汉语词典 App 能够满足学习者随时随地学习的需求。通过广告了解并使用词典 App 的人数较少（5.38%），由此可知，广告在手机汉语词典 App 的推荐导向上不占优势。

表 2-9　如何学会手机汉语词典 App 的使用

	频率	百分比	累计百分比
自己摸索学会	73	56.15	56.15
汉语老师上课讲授	34	26.15	82.30
询问同学或朋友	21	16.15	98.45
其他	2	1.54	100.00
总计	130	100.00	

而学习者又是如何掌握手机汉语词典 App 使用的呢？由表 2-9 可知，56.15% 的留学生通过"自己摸索学会"的方式掌握了手机汉语词典 App 的使用，由此可见，学习者具有较强的自主学习观念。

对外汉语教师在留学生使用手机汉语词典 App 过程中也发挥了一定的辅助作用（26.15%），但学习最终还是要靠学习者自身，毕竟教师无法时刻陪伴其左右，留学生终究还是需要亲身实践从而掌握手机汉语词典 App 的使用。

表 2-10　手机汉语词典 App 使用检索方式的频次统计表

	个案数	百分比	个案百分比
拼音	67	37.43	51.54
手写	57	31.84	43.85
俄语	38	21.23	29.23
笔画	17	9.50	13.08
总计	179	100.00	137.69

由表 2-10 可知，留学生目前手机汉语词典 App 的检索方式多依赖拼音和母语。具体而言，拼音查询是留学生最常用的检索方式，在得知生词发音后，留学生就可根据拼音对该词进行查找。采取拼音查询的 67 名同学的使用频次最高，占总频次（179 次）的 37.43%，占学生持有率（130 人）的 51.54%。

手写查询也是留学生常用的检索方式，采取手写方式进行查询的 57 名同学的使用率次之，占总频次的 31.84%，占学生持有率的 43.85%。目前手机的输入法几乎都会提供手写，甚至还可以根据所写进行智能联想，手写查询生词有利于学习者训练汉字的写法，使其在知道字形的前提下照猫画虎，运用手写输入法快速对生词进行查询，同时还可锻炼汉字的书写能力。

由于留学生均来自中亚，俄语作为其官方通用语言，在生词查询过程中也占据了重要位置，成为一种较为重要的检索方式。采取俄语输入方式进行查询的 38 名同学，占比分别为总频次的 21.23%，和学生持有率的 29.23%。

笔画检索的操作过程较为复杂，故对学习者的汉语水平有一定要求，需要其了解掌握汉字的笔画、笔顺，而纸质词典的使用要求学习者掌握笔画检索方式，故其使用人数较少，占比不高，在此不做赘述。由此可见，手机汉语词典 App 的普及离不开其方便快捷的使用优势和简单准确的检索性能。

（3）学习者手机汉语词典 App 的使用目的

表 2-11　中亚留学生使用手机汉语词典 App 的目的

	频率	百分比	累计百分比
知道词语的基本词义、读音、写法即可	66	50.77	50.77
希望知道一些例证及搭配	41	31.54	82.31
详细了解如何使用该词语（语境、语体）	23	17.69	100.00
总计	130	100.00	

由表 2-11 可知，中亚留学生使用手机汉语词典 App 最主要的目的是想了解词语的基本词义、读音和写法，该使用目的占比最高（50.77%）。可见，超过一半的学习者对词语的要求十分基础。而随着词语难度的提高，留学生对理解该词语的需求就逐渐降低，有 31.54% 的留学生希望了解一些例证及搭配，仅有 17.69% 的留学生想详细了解如何使用该词语（语境、语体）。后两项加起来的比例十分接近 50%，说明有接近一半的留学生在了解词汇的基本词义、读音和写法之后，对词汇学习还有更多需求。

表 2-12　中亚留学生使用手机汉语词典 App 查询内容的频次统计表

	个数	百分比	个案百分比
词语意义	118	20.70	90.77
汉字写法	108	18.95	83.08
读音	108	18.95	83.08
例证	72	12.63	55.38
词语用法	69	12.11	53.08
惯用语、俗语	35	6.14	26.92
语体和情感色彩	29	5.09	22.31
词义辨析	17	2.98	13.08
文化含义	14	2.46	10.77
总计	570	100.00	438.46

由表 2-12 可知，学习者在手机汉语词典 App 使用过程中常用的功能排列如下：词语意义＞写法＞读音＞例证＞词语用法＞惯用语和俗语＞语体感情色彩＞词语辨析＞文化含义。

具体而言，在留学生使用手机汉语词典 App 的过程中，查询最多的内容是：词语意义、汉字写法、读音、例证、词语用法。

（4）学习者手机汉语词典 App 的使用时间

表 2-13　手机汉语词典 App 的使用时长

	频率	百分比	累计百分比
三年及以上	39	30.00	30.00
两年及以上	29	22.31	52.31
四年及以上	28	21.54	73.85
一年及以上	12	9.23	83.08
五年及以上	12	9.23	92.31
一年以下	8	6.15	98.46
六年及以上	2	1.54	100.00
总计	130	100.00	

由表 2-13 可知，使用手机汉语词典 App 时长在三年及以上的学习者最多，接着是使用时长在两年及以上的，而后是使用时长在四年及以上的，接着是使用时长在一年及以上和五年及以上的并列，而后是使用时长在一年以下的，最后是使用时长在六年及以上的。这与上文提到的学习者汉语学习时长具有一定的关联性。

表 2-14　汉语学习时长与手机汉语词典 App 使用时长的相关性分析

		使用时长	汉语水平
使用时长	皮尔逊相关性	1	.557**
	显著性（双尾）		.000
	个案数	130	130
学汉语时长	皮尔逊相关性	.557**	1
	显著性（双尾）	.000	
	个案数	130	130

**. 在 0.01 级别（双尾），相关性显著。

由表 2-14 可知，汉语学习时长与手机汉语词典 App 的使用时长之间的相关系数为 0.564，具有较强的相关性。我们可以认为随着汉语学习时长的增加，手机汉语词典 App 的使用时长也在增加，二者成正相关。由此可见，手机汉语词典 App 的使用在中亚留学生者的汉语学习过程中占有比较重要的地位。随着汉语学习时长的累积，学习者使用手机汉语词典 App 的时长也在不断增长。

（5）学习者手机汉语词典 App 的使用场合

表 2-15　留学生使用手机汉语词典 App 的场合频次统计表

	个案数	百分比	个案百分比
上课	123	21.81	94.62
翻译	88	15.60	67.69
写作业	85	15.07	65.38
阅读	77	13.65	59.23
写作	61	10.82	46.92
预习课文	52	9.22	40.00
看影视剧	29	5.14	22.31
与人交谈	18	3.19	13.85
听录音	18	3.19	13.85
听或看新闻	13	2.30	10.00
总计	564	100.00	433.84

由表 2-15 可知，学习者使用手机汉语词典 App 频次最高的五个场合由高到低依次为：上课、翻译、写作业、阅读、写作。在上述使用场合中，除上课以外的其他场合都需要较大的词汇量，故手机汉语词典 App 的使用非常必要。同时，这些场合又缺少老师和同学的帮助，大多由学习者独立完成学习任务，这有利于发挥手机汉语词典 App 在自主学习方面的优势。

3.学习者手机汉语词典 App 的使用效果

表 2-16　使用手机汉语词典 App 能够查到所需内容

	频率	百分比	累计百分比
同意	66	50.77	50.77
非常同意	43	33.08	83.85
无所谓	13	10.00	93.85
不同意	8	6.15	100.00
总计	130	100.00	

语言文化传播

由表 2-16 可知，绝大部分（83.85%）的调研对象能够通过手机汉语词典 App 获取所需信息，该数据一方面体现了大多数学习者均具备良好的工具使用能力，另一方面也表明，现有的手机汉语词典 App 能够较好地满足使用者的基本需求，使之能顺利查找到所需内容。

表 2-17 手机汉语词典 App 的释义能否帮助准确理解

	频率	百分比	累计百分比
大多数时候能	76	58.46	58.46
有时候能	47	36.15	94.61
大多数时候不能	7	5.38	100.00
总计	130	100.00	

由表 2-17 可知，绝大多数（94.61%）的中亚留学生肯定了手机汉语词典 App 的释义功能对其词语理解准确性的提升作用。结合上文研究结果可知，手机汉语词典 App 在释义方面有准确、全面、易懂、标注 HSK 等级等优点。由此可见，使用手机汉语词典 App 能够满足中亚留学生学习汉语的基本需求，同时，能够帮助其理解并掌握生词。

表 2-18 手机汉语词典 App 例证能否帮助理解

	频率	百分比	累计百分比
大多数时候能	66	50.77	50.77
有时候能	57	43.85	94.62
大多数时候不能	7	5.38	100.00
总计	130	100.00	

由表 2-18 可知，超过一半的中亚留学生（50.77%）认为手机汉语词典 App 提供的例证，在大多数情况下能帮助自己理解词语意思。接近一半的留学生（43.85%）认为手机汉语词典 App 提供的例证有时候能帮助自己理解词语意思，几乎很少的留学生（5.38%）不认可手机汉语词典 App 例证内容的有效性，认为其无益于自己理解和掌握生词。

我们常把词典作为学习一门语言的工具，留学生使用手机汉语词典 App 就是为了满足自己学习汉语的需求，希望能够提高自己的汉语水平，那么目前的手机汉语词典 App 究竟能否满足其汉语学习的需要呢？

表 2-19　手机汉语词典 App 能排除学习障碍，扩大词汇量，提高汉语水平

	频率	百分比	累计百分比
同意	68	52.31	52.31
非常同意	38	29.23	81.54
无所谓	17	13.08	94.64
不同意	5	3.85	98.49
非常不同意	2	1.54	100.00
总计	130	100.00	

表 2-19 是对学习者使用手机汉语词典 App 使用效果的认同度描述。52.31% 的留学生认为使用手机汉语词典 App 能帮助其排除学习障碍，扩大词汇量，从而提高汉语水平；29.23% 的学生对手机汉语词典所具备的辅助学习功能给予了肯定，共计有 81.54% 的学习者对手机汉语词典 App 在提高汉语水平方面的作用表示认同。

在数字化时代，信息的获取随处可得，自主学习能力变得尤为重要。庞维国（2001）认为，"如果学生具备良好的自我控制、选择和决策能力，将充分保障其学习的自主自觉，并实现较好的学习效果"。

自主学习能力的优势特征表现在以下几个方面：1.学习动机强烈能积极有效地进行自我鞭策；2.根据自身需要选择具体的学习内容；3.根据需要自主调整学习策略；4.独立制订学习计划并进行自我管理；5.主动创造学习条件，并对学习结果做出判断和评价。①

自主学习是移动学习时代的重要能力，通过使用手机，随时随地地运用手机汉语词典 App 查找所需内容，更是移动学习的体现。目前了解到的留学生大部分为成年人，成年人在学习上更具备自主性，因此对其自主学习能力的要求也较高。相比于纸质词典和电子词典，手机汉语词典 App 在发音方面独具优势，学习者可随时跟读并自我检测学习效果，这有利于留学生自主学习并掌握汉语的标准发音，且不需要过多地占用教师课堂以外的时间。

市面上有很多手机汉语词典 App 都提供生词本的服务，有利于留学生随时记录生词并自行检测生词的掌握程度，这使得学习者能够随时得知自己汉语水平是否有

---

① 庞维国：《论学生的自主学习》[J]．《华东师范大学学报》（教育科学版），2001 年第 2 期，第 78—83 页。

所长进。手机汉语词典 App 能够对汉语的技能学习中的听、说等技能进行针对性训练，并对结果做出及时反馈。

表 2-20　对手机汉语词典 App 能培养自主学习能力的认可度

	频率	百分比	累计百分比
同意	59	45.38	45.38
非常同意	40	30.77	76.15
无所谓	25	19.23	95.38
不同意	6	4.62	100.00
总计	130	100.00	

由表 2-20 可知，大部分（76.15%）被调查者对"使用手机汉语词典 App 能培养自主学习能力"的说法表示认同，只有 4.62% 的留学生不认同该说法。表 2-21 的调查结果表明，学习者对"手机汉语词典 App 能够培养自主学习能力"比较认同。

4. 学习者手机汉语词典 App 的使用原因

关于学习者为何使用手机汉语词典 App，也在调查问卷中设计了题目进行考察。

表 2-21　使用手机汉语词典 App 原因的频次统计表

	个案数	百分比	个案百分比
查询方便快捷	103	19.85	79.23
便于携带	90	17.34	69.23
有发音	83	15.99	63.85
免费或购买费用低	76	14.64	58.46
可以跟读录音，并检查自己的发音	61	11.75	46.92
随时更新	49	9.44	37.69
有生词本，可以经常复习	45	8.67	34.62
有链接，便于查看相关词语	12	2.31	9.23
总计	519	100.00	399.23

由上表 2-21 可知，留学生使用手机汉语词典 App 最主要的三个原因是：查询方便快捷、便于携带及有发音。

相较其他类型的词典，手机汉语词典 App 携带方便且查询快捷。对于纸质词典这一学习工具而言，若想保证词典内容的完整性和充分性，则必然会要求其加大词典的印刷规模，导致词典过于厚重，难以随身携带，而且费用也会更加高昂。

从实际情况来看，留学生在学校虽然有固定座位，但如果没课教室的门就会锁上，要想随时随处地使用纸质词典就得随身携带，十分不便。很多留学生是奖学金生，很大一部分花销都由奖学金承担，一本纸质汉语词典的价格动辄需要100~200元人民币，可能不适用于所有学生。更何况，纸质词典的查词过程对词典使用不熟练的留学生而言会比较复杂。

虽然电子词典在携带性方面表现出巨大优势，但是其功能不够完善和丰富，难以满足多元化的使用需求，因此逐渐退出了历史舞台。网络词典则表现出强大、丰富的使用功能，但大部分需要通过网页这一特殊载体加以实现，相比于智能手机，其便携性呈现出显著劣势。

综上所述，手机汉语词典App是留学生辅助汉语学习的首选工具，具有携带便利、查询便捷的优势，还可以真人发音。虽然电子词典和网络词典也具备发音功能，但前者收词不全面、发音不规范，而后者又难以携带。

留学生使用手机汉语词典App还有两个比较重要的原因是：免费或购买费用低和可以跟读录音并检查自己的发音，结合之前占比较高的有发音来看，汉语学习者对词典的发音功能产生很高的期待。

手机汉语词典App如果能够实现标准化、规范化的生词发音功能，将有利于留学生进行跟读练习，在不断练习的过程中提高汉语发音水平。留学生可以在课后运用手机汉语词典App，自觉进行汉语技能训练和汉语学习，从而提高其汉语水平，这种优势也是其他词典难以企及的。

此外，大多数的手机汉语词典App都是免费下载和使用的，部分专业性较强或具备功能较丰富的手机汉语词典App可能选择收费模式。但是无论何种形式，其购买和使用的成本费用都要低于纸质词典，手机汉语词典App在使用成本方面表现出显著优势。

同时，手机汉语词典App还具备随时更新、生词本随时复习的优势，编纂修订纸质词典则需要一个漫长的过程，而手机汉语词典App可以连接网络，对词条信息随时更新拓展，补充说明。

人们常说"好记性不如烂笔头"，应该将学习过程中遇到不会的词加以记录，手机汉语词典App可以随时将不会的词语记录在生词本中，以供未来的不时之需。以上是学习者手机汉语词典App的使用原因，这些原因都与其优势相符合。

表 2-22 手机汉语词典 App 下载原因的频次统计表

	个案数	百分比	个案百分比
词典提供的内容，如释义、例证	85	19.36	65.38
查询是否方便快捷	82	18.68	63.08
是否收费	76	17.31	58.46
其他社交关系人的评价情况	67	15.26	51.54
需不需要联网使用	66	15.03	50.77
生词在解释时所选择的语言	63	14.35	48.46
总计	439	100.00	337.69

表 2-22 显示的是，留学生在下载某一具体手机汉语词典 App 时会考虑哪些方面，较为突出的两个影响因素是手机汉语词典 App 的内容及其查询是否便捷。

对于"词典提供的内容，如释义、例证"这一问题所得到的关注比例达到了 65.38%，说明学习者在手机汉语词典 App 的使用过程中十分关注基本内容，手机汉语词典 App 要努力完善收词、释义、例证，从而满足学习者最基本的需求。

"查询是否方便快捷"成为留学生下载手机汉语词典 App 的第二个重要原因，占比 63.08%，查询的便捷性是手机汉语词典 App 的一大特征，同时还支持多种输入方式。结合上文，拼音和手写是中亚留学生普遍使用的检索方式，相比于纸质词典的复杂查询方式，拼音或者手写的便捷使留学生的查词耗时更短。

关于是否收费这一问题的关注度排名第三（58.46%），留学生之所以关注这一问题与手机汉语词典 App 的研发公司不无关系，市面上的手机汉语词典 App 大部分是免费提供的，个别软件一旦收费，必然会影响其下载、使用量。

老师、朋友、同学或网上评价占比 51.54%，结合上文提及的了解途径就不难理解，部分学习者下载手机汉语词典 App 是经由他人推荐的，那么推荐人对其评价及态度必然会对学习者是否下载该手机汉语词典 App 造成一定影响。

表 2-23 手机汉语词典 App 很重要

	频率	百分比	累计百分比
非常同意	79	60.77	60.77
同意	37	28.46	89.23
无所谓	10	7.69	96.92
非常不同意	4	3.08	100.00
总计	130	100.00	

手机汉语词典 App 的使用伴随留学生汉语学习生涯的始终，表 2-23 的研究表明，留学生认为其很重要。89.23% 的调查对象肯定了手机汉语词典 App 这一工具对其汉语学习的重要意义。如此之高的比例，是对其手机汉语词典 App 的依赖程度的反映，同时也肯定了该工具在其汉语学习过程中的重要作用。

5. 学习者手机汉语词典 App 的使用评价

通过分析学习者手机汉语词典 App 使用评价可知，留学生认为目前的手机汉语词典 App 在收词查阅、释义以及例证等方面既有优点又有不足，如下所示。

（1）收词查阅的优点

表 2-24　手机汉语词典 App 在收词及查阅方面优点的频次统计表

	个案数	百分比	个案百分比
检索方便	84	23.66	64.62
实时翻译	70	19.70	53.85
收词全	62	17.46	47.69
收词实用	53	14.93	40.77
收词新	30	8.45	23.08
能查到该词的百科知识	27	7.61	20.77
链接内容丰富	24	6.76	18.46
链接方式快捷	5	1.41	3.85
总计	355	100.00	273.08

由表 2-24 可知，留学生认为手机汉语词典 App 在收词及查阅方面具有：检索方便、收词全以及收词实用的典型优势。

对手机汉语词典 App 在收词方面的以下优势认可度不高：收词新、能查到该词的百科知识、链接内容丰富以及链接方式快捷。

（2）释义的优点

表 2-25　手机汉语词典 App 在词条方面优点的频次统计表

	个案数	百分比	个案百分比
释义易懂	110	30.81	84.62
释义准确	69	19.33	53.08
标注 HSK 等级	56	15.69	43.08
标注词性	54	15.13	41.54

续表

	个案数	百分比	个案百分比
释义全面	39	10.92	30.00
提示近义词反义词	25	7.00	19.23
有繁体字选项	4	1.12	3.08
总计	357	100.00	274.62

由表 2-25 可知使用者认为手机汉语词典 App 词条方面的优点主要有：释义易懂、释义准确、标注 HSK 等级等。

在手机汉语词典 App 使用过程中，大部分留学生倾向于用母语对汉语生词的含义进行解释，以此提高其理解和生词的掌握速度及效果。

由调查结果可知，手机汉语词典 App 的释义满足了准确和易懂的基本原则。兼有 HSK 等级的标注，有利于留学生了解词汇的难度，帮助其应对 HSK 考试。

（3）例证优点

表 2-26　手机汉语词典 App 例证方面优点的频次统计表

	个案数	百分比	个案百分比
例证很实用	75	27.37	57.69
例证很多很全面	69	25.18	53.08
例证易懂	58	21.17	44.62
例证很新	45	16.42	34.62
提供常用搭配	27	9.85	20.77
总计	274	100.00	210.77

表 2-26 统计了手机汉语词典 App 在例证方面的优点。由数据可知，优点方面占比最高的是：例证实用（57.69%）、例证很多很全面（53.08%）。

（4）收词查阅方面缺点

表 2-27　手机汉语词典 App 在收词及查阅方面缺点的频次统计表

	个案数	百分比	个案百分比
查阅后提供信息过于繁杂，有干扰项	77	28.21	59.23
扩展词语过偏过难	75	27.47	57.69
收词不全	69	25.27	53.08

续表

	个案数	百分比	个案百分比
收词较旧或较偏	24	8.79	18.46
不能通过照相机扫描来识别并查阅生词	2	0.73	1.54
总计	273	100.00	210.00

表 2-27 是针对手机汉语词典 App 不足的研究，在收词查阅方面：信息繁杂、缺乏明确清晰是主要问题。

基于现代数字技术的手机汉语词典 App 与纸质词典相比，不受具体使用环境的限制和制约，能够全面充分地获取所需信息。但为保证信息的完整性，可能会导致其相对繁杂的问题，这会加大学习者对有效信息进行筛选的难度。因此，为避免信息繁杂导致的使用困难，应根据信息的使用频率对查阅后的信息进行重要度排序，并分别展示各个义项。

排在第二的是扩展词语过偏过难，在 Train Chinese 中检索"学习"一词，可得到"学习年限"与"学习形态"这两个扩展词，但这并不是学习"学习"这一词汇时必须掌握的词语，既不实用也不常用，增加了留学生理解的难度，手机汉语词典 App 在选词方面应考虑词典的服务对象，扩展词的收录不宜过偏过难。

综上所述，手机汉语词典 App 在收词及查阅方面的优点是检索方便、收词全，其缺点是查阅后提供信息过于繁杂，有干扰项和扩展词语过偏过难。

（5）释义缺点

表 2-28　手机汉语词典 App 在词条方面缺点的频次统计表

	个案数	百分比	个案百分比
不提供褒贬色彩信息	83	26.60	63.85
不提供语体信息（正式、非正式）	72	23.08	55.38
释义不全面	54	17.31	41.54
释义中有古义或生僻义	45	14.42	34.52
没有汉字写法	33	10.58	25.38
释义不准确	25	8.01	19.23
总计	312	100.00	240.00

如表 2-28 所示，使用者认为手机汉语词典 App 释义方面的缺点中最为突出的问题是：不包含词语褒贬色彩信息、语体信息等方面的内容。

同时，有约 8.01% 的留学生认为释义不准确。"对外汉语单语词典的易懂、易学的目标是通过释义、示例等实现的"①，手机汉语词典 App 最重要的部分就是释义，而释义的基本要求就是准确、易懂。

综上所述，手机汉语词典 App 在释义方面的优点是准确易懂，标注 HSK 等级，缺点是缺少词语褒贬色彩信息、语体信息等方面的内容。

（6）例证缺点

表 2-29　手机汉语词典 App 例证方面缺点的频次统计表

	个案数	百分比	个案百分比
例证的语境不明确	62	19.14	47.69
无法体现所查词的用法	55	16.98	42.31
例证不能解释词条	45	13.89	34.62
例证难懂	38	11.73	29.23
例证比较少、不全面	37	11.42	28.46
例证有错误	33	10.19	25.38
例证很旧	29	8.95	22.31
例证不实用	25	7.72	19.23
总计	324	100.00	249.23

由表 2-29 可知，手机汉语词典 App 例证缺点方面占比最高的有：例证语境不明确（47.69%）、无法体现所查词的用法（42.31%）以及例证不能解释词条（34.62%）。

语境包括了许多部分，如：谈话发生的时间和空间、上下文的篇章义、谈话对象、大的文化背景等，学习者只有明白例证发生的语境，才能在输入环节理解正确，以便其未来进行正确的输出。

综上所述，手机汉语词典 App 在例证方面的优点是例证全面且实用，其缺点是语境不明确。从语言本体上看，学习者的汉语输出水平由其汉语学习水平所决定，并且受到其造句能力的直接影响。

---

① 鲁健骥，吕文华：《编写对外汉语单语学习词典的尝试与思考——〈商务馆学汉语词典〉》编后［J］. 世界汉语教学，2006 年第 1 期，第 59—69 页。

三、中亚留学生手机汉语词典 App 使用问题

（一）手机汉语词典 App 使用现状问题

1.手机汉语词典 App 了解途径问题

根据留学生使用手机汉语词典 App 的现状可知，目前留学生几乎都具备 1~2 个手机汉语词典 App，但通过访谈的深入了解，笔者发现了一些问题，比如留学生发现他人推荐的手机汉语词典 App 不一定能够满足自己汉语学习的诉求，访谈内容记录如下：

笔者 L：你的手机里有什么手机汉语词典 App 吗？

受访留学生 M：我的手机里有好多 App，你看。（根据笔者记录有：Google Translate、Pleco、translate foto scan、Train Chinese、百度汉语、固什词典）

笔者 L：哇，居然有这么多手机汉语词典 App，你都会经常使用吗？

受访留学生 M：我不是，有的好用，有的不好用就不多用。

笔者 L：那有没有你经常使用的手机汉语词典 App？

受访留学生 M：我喜欢固什词典，还有 Train Chinese。

笔者 L：你为什么喜欢用它们呢？是因为它们好用，还是因为什么？

受访留学生 M：你看，固什词典是蒙语的，我是蒙古人，看着不累，一下就懂了。

笔者 L：那 Train Chinese 呢？我看好多人都在用，是因为同学推荐的吗？

受访留学生 M：我自己用发现它有句子，好多都没错，都是对的，写作业很容易，同学也跟我说好用，然后我一直用。

笔者 L：我刚刚看到你手机里面有 Translate Foto Scan，也是用来查汉语的吗？

受访留学生 M：对，是我朋友跟我说的，我觉得不好用。

笔者 L：Translate Foto Scan 从名字上看，它可以扫描，它可以传图识字吗？

受访留学生 M：我不知道传图识字是什么意思，它可以翻译图片里的字。要拍照，加上联网，比如我一篇课文不会，要先拍照，还要联网，它才会翻译。

笔者 L：这个就是传图识字的意思，你发图片给它，然后它告诉你图片里的信息。这听着很方便啊，你这样使用得多吗？

受访留学生M：我不喜欢，有的时候网不好，等好久，翻译字好小，看着累。

笔者L：这个是你朋友推荐给你的吗？她用得多不多？

受访留学生M：我不知道的，她说这个可以拍照查意思，我觉得好玩，不知道不好用。

笔者L：那你用得多的固什词典和Train Chinese也都是这个朋友推荐的吗？

受访留学生M：固什词典是我自己网上找的，用了觉得好，然后我一直用，她没跟我说固什词典，她不是蒙古人。

笔者L：那Train Chinese也是你网上查找，自己使用后觉得不错，才一直使用的吗？

受访留学生M：是，我自己查，然后用的时候，发现同学都在用，里面查词有句子，容易我学习。

由访谈内容可知，这位来自蒙古国的女留学生，她的朋友给她推荐了名为translate foto scan的手机汉语词典App，可以进行图像识别。但是必须拍照，必须联网，只有拍下照片并且联网才可以进行翻译。而她目前使用多的手机汉语词典App是Train Chinese和固什词典，都是她自己在手机应用商店查找并下载的。使用原因如下：第一，固什词典是针对蒙古国开发的手机汉语词典App，用蒙语对词典内的信息加以解释说明，母语释义能够方便其理解汉语意思；第二，Train Chinese虽没有用蒙古语加以释义，但其较高的正确率以及丰富实用的例句，能够满足汉语学习者使用手机汉语词典App进行汉语学习的基本诉求。

另外一名被访者表示，他现在遇到不会的词语用手机汉语词典App进行汉语学习没有问题，但在其汉语学习初期，没有教师对手机汉语词典App进行推荐和引导，访谈内容记录如下：

笔者L：你是如何了解到现在所使用的手机汉语词典App的？

受访留学生H：At start, I don't know about any App, and no one teach us there are some good Apps（to learn Chinese better）. But I use QQ App. It's international vision has translate. After that, I use Wechat translate and Google translate. when I buy iphone, I know Pleco from App store, and I can learn Chinese by this App.

（最早的时候，我不知道任何一个手机汉语词典App，没有人告诉我们可以通过这种方式更好地学习汉语。但我会使用国际版QQ里的翻译功能，后来又使用微信翻译、谷歌翻译，直到我买了iPhone手机，才从应用商店里了解到Pleco，帮助自己的汉语学习。)

笔者 L：所以在最开始的时候，没有人告诉你们可以使用一些手机汉语词典 App，帮助汉语学习吗？

受访留学生 H：Yeah, It's very important for foreigners to download some dictionary Apps. But most of the time, students ask the senior students when they come to China to recommend some good dictionary Apps.

[确实，(对初学汉语的)外国人而言，下载一些手机汉语词典 App（帮助汉语学习）是非常重要的，但更多的时候，留学生刚来中国的时候，会寻求学长学姐的帮助，希望他们能给自己推荐一些手机汉语词典 App。]

笔者 L：你认为教师应该给你推荐一些手机汉语词典 App 吗？

受访留学生 H：I hope, if they did so, students can use App to learn Chinese earlier, and their Chinese level will be better.

（我希望教师能推荐合适的手机汉语词典 App，这种做法，有利于学生更早通过手机汉语词典 App 学习汉语，他们的汉语水平也会更好。）

由访谈内容可知，这名来自巴基斯坦的男留学生，在汉语学习的初期，通过自己摸索和向学长学姐询问的方式了解手机汉语词典 App，这一过程中教师的参与度有待提高，他希望教师能够向他们推荐一些手机汉语词典 App，减少他自己查找的时间，提升汉语学习效率。

2. 手机汉语词典 App 使用场合问题

根据问卷调查结果可知，留学生使用手机汉语词典 App 的场合频次最高的五个场合由高到低分别为：上课、翻译、写作业、阅读、写作。

笔者在实习过程中发现，部分留学生会在上课期间利用手机汉语词典 App 查词，并且在不同的班级听课后通过对教师进行访谈，也证实了这是一个较为普遍的现象。由于汉语水平的差异，或是汉语听说读写技能发展不均衡的原因，留学生在上课期间或多或少地会遇到不理解的词语，而面对中亚留学生的随时提问，对个别词语加以解释也还好，但要是对所有学生的提问一一进行解释，必然会耽误教学进度。

访谈内容记录如下：

笔者 L：您认为留学生使用手机汉语词典 App 查词这个行为怎么样？

受访教师 J：我觉得挺好的啊，他查词至少说明心里还是想学的嘛，证明他有学习的主动性和积极性。

笔者L：嗯，确实，那我们分情况看，他们课下查词确实是学习态度认真，那如果有学生在课上查词，您觉得他们这种行为又如何呢？

受访教师J：我在课上基本不希望学生去查词，不会鼓励他们在课上查词，但课下肯定是鼓励学生去预习。同时我也会反思，为什么明明不鼓励课上查词，学生还是会去做，是不是我对课堂的规划不够好：比如，讲解中为什么会造成学生经常查词的现象发生；讲课当中是不是出现了很多新的词语；举出的例子、例句中是不是有很多新词语；也可能是教师没有让学生认真预习生词，导致了他们在课上查词。

笔者L：那您如果在课上发现学生在利用手机汉语词典App进行生词的查询，您会采取什么措施呢？

受访教师J：一般不会采取什么措施，总不能把手机没收吧，学生查就好。（该教师回忆其课堂上学生查词现象很少，极个别汉语学习不自觉，不主动预习的同学会在课上查词，教师就会让他去查。如果想检验该生的查词效果会问一个词语相关的问题），但如果学生一直在查词影响到听课，我就会问他在查哪些词，是在查我们学的词（如果是，我会建议他课下多花时间在预习上），还是在查与课文内容无关的词？（我会建议他先听课，把那个词语标记下来，课后再进行查询）

通过与该教师的访谈可知，该教师班级内留学生课堂上查词的现象较少，一方面跟教师的严格要求和鼓励学生认真预习有关，一方面跟该教师是班级的班主任也不无关系。可见教师的敦促有利于学生上课认真学习。

但从手机汉语词典App的使用频率上来看，留学生对手机汉语词典App的依赖很高。

表3-1 使用手机汉语词典App的频率

	频率	百分比	累计百分比
每天使用	69	53.08	53.08
经常使用	37	28.46	81.54
有时使用	16	12.31	93.85
很少使用	8	6.15	100.00
总计	130	100.00	100.00

由表3-1可知，81.54%的学习者会较为频繁地使用手机汉语词典App，其中53.08%的学习者每天使用，28.46%的学习者经常使用，而很少使用手机汉语词典

App 的人只占了 6.15%。可见，在其汉语学习过程中，使用手机汉语词典 App 查询生词是一个普遍现象。这一方面反映出学习者对生词的理解掌握有需求，另一方面则反映出留学生对手机汉语词典 App 过于依赖，缺乏独立思考的能力。

3. 手机汉语词典 App 使用习惯问题

根据笔者的实习及听课记录，留学生在课堂上利用手机汉语词典 App 进行查词的现象还是较为普遍的，同时还出现一些因为不记笔记，而造成生词反复查询的问题，访谈记录如下：

笔者 L：你一般会在什么时候使用手机汉语词典 App？

受访留学生 Q：我不会的时候查手机。

笔者 L：什么情况不会呢？是上课的时候不会，还是翻译、写作业、阅读、写作文的时候不会？

受访留学生 Q：都不会，上课时候听不懂，去查，写作业不会，去查，做 HSK 的题不会的词，也去查。

笔者 L：那就是，无论什么时候，只要遇到了不会的生词你就会去查。

受访留学生 Q：对。

笔者 L：假如教师在讲 A 词的时候你不会，在你低头查词的过程中，教师又讲到 B 词了，错过了老师的讲解，B 词又不会怎么办？

受访留学生 Q：所以我快快地查嘛。

笔者 L：那你查完这个意思会立刻听老师讲课吗？

受访留学生 Q：嗯，有的时候听，有时候会看下手机，看微信消息，我然后听老师的。

笔者 L：老师会要求你们上课不可以玩手机吗？

受访留学生 Q：说了，查词不是玩手机，我在学习。

笔者 L：老师看到你们上课查词会提醒你们认真听课吗？

受访留学生 Q：我快快查，老师没说我，我就查完了。

笔者 L：你在查词之前会想一想这个词是不是学过或者查过吗？

受访留学生 Q：不用想，查了就知道了。

笔者 L：会不会出现词语查完后，发现这个词是你以前查过的情况？

受访留学生 Q：会，好多次，查了才想起来。

笔者 L：你查完词会及时做笔记吗？

受访留学生 Q：为什么做笔记，查词我会做这个题，会用这个词造句，不用记笔记啊。

笔者 L：课后你会预习新课，或复习今天的学习内容吗？

受访留学生 Q：我下课好好做作业，预习会看书，好多问题等老师讲。

由访谈内容可知，该留学生对待生词的态度是不会就查，具有一定的学习主动性，但其查词行为不分时间和场合，查词只是为了完成当下的学习任务，不会对词语的意思进行记录和深入学习。根据新疆师范大学国际文化交流学院的课堂管理办法，学生上课不允许玩手机，教师也对这一行为做出了要求。但留学生认为自己用手机查词是在学习，不属于玩手机。实际上，在其查词行为结束后，又无法尽快回归课堂，偶尔也会被手机里的其他程序所干扰。学生会在课后进行一定的预习，但仍存在许多问题，需要听教师的讲解，可到了上课时，遇到问题还是会不假思索地去查，可见其缺乏自控力和猜词能力。

表 3-2 是否认同查完生词后做笔记或加入生词本的行为

	频率	百分比	累计百分比
同意	51	39.23	39.23
无所谓	49	37.69	76.92
非常同意	20	15.38	92.30
不同意	7	5.38	97.68
非常不同意	3	2.31	100.00
总计	130	100.00	

表 3-2 展示了留学生对查阅生词后记笔记或加生词本的认可度，查词后会做笔记或加生词本的被调查者仅占 39.23%，不足被调查者的一半。手机汉语词典 App 的查询便捷，一方面让留学生尝到了快速查询的甜头，另一方面也带来了快餐文化的恶果。一味地追求快速，会让学习者忘记怎样踏实地去学习、巩固、记忆。

手机汉语词典 App 使用后不做笔记是普遍现象。笔者试图从一些角度进行分析：一方面，学习者没有"好记性不如烂笔头"的意识，尚未形成良好的汉语学习习惯；另一方面，部分手机汉语词典 App 没有生词本功能，提供了生词本功能的词典 App 又难以满足学习者的需求，如 Train Chinese 未提供生词本功能，而提供了生词本功能的 Google Translate 在词语例证方面又没有足够的解释力。

4. 手机汉语词典 App 使用方式问题

由上文可知，留学生目前手机汉语词典 App 的检索方式多依赖于拼音和母语。

这可能会导向机械化翻译。

手机汉语词典 App 的翻译功能，应该在留学生的汉语学习过程中起辅助作用，而不可以完全依赖其功能。但目前，很多中亚留学生却不假思索地使用手机汉语词典 App 的翻译功能，忽略了课堂中对语言知识的理解与掌握。

而在语言知识储备不充分的前提下，使用手机汉语词典 App 的翻译功能，容易造成学习者产生机械化的翻译思维。一旦出现翻译思维，并长期加以刺激，很容易造成其思维模式的"化石化"。反映在汉语学习课堂中，具有机械化翻译思维的留学生会特别在乎某一具体生词乃至语素的翻译，执着于了解其细节，甚至会"打破砂锅问到底"，不利于教师教学工作的开展，也可能造成教师的教学向"语法翻译法"偏移。访谈内容如下：

笔者 L：你平时是怎么使用手机汉语词典 App 进行查词的？

受访留学生 Y：直接查啊，不会就查。

笔者 L：是用拼音查还是俄语查，还是什么别的方式？

受访留学生 Y：我用英语，还有拍照，不会的手机对着照，不要太潦草，可以知道意思。

笔者 L：你如果上课的时候遇到不会的生词会怎么办？

受访留学生 Y：我查手机，不会就问老师。

笔者 L：为什么不认真听老师的讲解呢？

受访留学生 Y：汉语不太懂，手机可以翻译，我好懂。

笔者 L：那为什么还会存在查词不会，问老师的现象？

受访留学生 Y：因为嘛，老师讲，我会 40%，加查手机，我会 60%，再问老师，我会 90% 这个样子。

笔者 L：所以你理解生词一定要明白 90% 的意思，而不是了解到 60%，知道一个大概，然后去猜词。

受访留学生 Y：对，我猜不对，问老师都对的。翻译成俄语我大概懂，但不清楚，想知道老师给我讲意思。

笔者 L：你是课下查词，课下问老师还是课上查词，课上问老师。

受访留学生 Y：我上课下课都查，好多不会，只能课上问老师。

笔者 L：那你具体是怎么查词的呢？

受访留学生 Y：我用 Google Translate 翻译成英语，看意思，不懂的话，用这个英语复制到 Train Chinese 里面翻译，会出来句子。

笔者 L：为什么这么麻烦呢？

受访留学生 Y：因为 Train Chinese 有例句，都对的，Google Translate 可以直接文字识别，我就不用打字了，可以 copy 到 Train Chinese 里面看造句学习。

笔者 L：你上课的时候看到生词，是如何理解它的汉语意思并且跟教师互动的？是直接想它的汉语意思，还是把它翻译成英语，再翻译成汉语，然后说出来？

受访留学生 Y：比如，老师问水果包括什么，我想 fruit，想 fruit 里面有 Apple，pear，banana，最后想 Apple，pear，banana 用汉语怎么说。

由访谈可知，该留学生通过俄语或者图像识别的方式进行生词的检索，而在教师讲解的过程中，一旦出现了生词，他就会停止听课，转而寻求手机汉语词典 App 的帮助，但仅凭借手机汉语词典 App 的翻译进行释义，他可能无法完全掌握该生词的具体用法，这时他又会转而寻求教师的帮助。了解一个词，只了解基本意思还不够，还要掌握其 90% 的意思，才会放过这个词，不擅长进行猜词和联想，一定要了解清楚，可见其学习过程是非常耗费时间的。同时，该生的思维方式也采取了翻译的方法，没有扭转成汉语思维模式。

（二）手机汉语词典 App 使用效果问题

由上文可知，留学生运用手机汉语词典 App 能够对其汉语学习的各方面有所帮助，能培养自主学习能力，排除学习障碍，扩大词汇量，并提高汉语水平。但也有学习者反映在其手机汉语词典 App 使用中，存在一些难以查找的内容，如：文化含义、习惯用语、同、近义词、多义词等。

表 3-3 使用手机汉语词典 App 难以查找的内容频次统计表

	个案数	百分比	累计百分比
文化含义	75	20.95	57.69
习惯用语	65	18.16	50.00
同义、近义词的区别	55	15.36	42.31
口语化较强的词语	53	14.80	40.77
多义词的不同义项	43	12.01	33.08
新词语（网络用语等）	36	10.06	27.69
词语用法	31	8.66	23.85
总计	358	100.00	275.38

由表3-3可知,学习者认为难以查找的内容分别是:文化含义>习惯用语>同义、近义词的区别>口语化较强的词语>多义词的不同义项>新词语(网络用语等)>词语用法。

语言是文化的载体和表现形式,词汇中的文化含义对汉语的理解很有帮助。而文化含义具体有直接、委婉等不同的形式。前者以传统文化节日"中秋节""端午节""清明节"等为典型代表,Train Chinese和Google Translate都只提供了释义,而没有对节日的传统习俗做进一步的解释说明。

委婉的文化含义如一些颜色词:"红包""红人""红袖""红军""眼红"等词中"红"字背后的意蕴各不相同,而这些不同含义在提及的两部词典中均未涉及。

汉语中的一些习惯用法,诸如惯用语、俗语(一时半会、一是一,二是二、飞机上挂暖瓶)等在Train Chinese中均有涉及,但例句方面的内容比较少,不利于学习者了解具体情境中该如何使用,手机汉语词典App在此处只起到了一个翻译的简单作用。

同义、近义词的区别使用是汉语教学的重难点。"留学生遇到的困难主要有:相同语素的干扰、一词多义、词与词之间的复杂关系。"[①]目前手机汉语词典App无法满足学习者在同、近义词辨析方面的全部需求。

口语化较强的词语和新词语属于词典收词方面的内容,基于网络优势Train Chinese和Google Translate收词较全,如:"打酱油""给力"等词均有涉及,但仍存在一些特别新,所以暂未涉及的词汇,如:"祖安人""塞班"等流行词汇,这些词汇虽然变动大,但在一段时间内却十分流行,学习者对该词汇的理解力不够,不利于其汉语新词的使用和交际。

多义词也属于汉语教学的重难点,实际上手机汉语词典App针对多义词给出的例证是相对完善和具体的,目前存在的困难主要是由于手机汉语词典App给出的义项过于冗杂,难以区分,故不知道多义词的义项该如何排列或删减。

(三)手机汉语词典App使用原因问题

由上文可知,留学生之所以使用手机汉语词典App,一方面,是出于对手机汉语词典App特点的认可(查询方便快捷、便于携带);另一方面,是由于其实用性得到了学习者的认可。但笔者在调研中发现,个别手机汉语词典App存在例证错误、释

---

① 刘缙:《对外汉语近义词教学漫谈》[J].语言文字应用,1997年第1期,第20—24页。

义过旧等情况，学习者也对此有所察觉，问卷数据如下：

表 3-4　手机汉语词典 App 错误多不多

	频率	百分比	累计百分比
不太多	65	50.00	50.00
很少	34	26.15	76.45
不知道	20	15.38	91.83
很多	11	8.46	100.00
总计	130	100.00	

由表 3-4 可知，大部分学习者认为手机汉语词典 App 存在一些问题，但认为错误不太多或很少的学习者占大多数。同时，也有部分学习者不知道手机汉语词典 App 中是否有错误。由于留学生汉语水平的差异，在其使用过程中不一定能清楚地得知其所给信息的正误，故有 15.38% 的学习者不知道手机汉语词典 App 中是否有错误。这也造成了留学生对已有手机汉语词典 App 的满意度低的问题，如下表所示：

表 3-5　对已有手机汉语词典 App 的满意度

	频率	百分比	累计百分比
同意	52	40.00	40.00
非常同意	49	37.69	77.69
无所谓	25	19.23	96.92
不同意	3	2.31	99.23
非常不同意	1	0.77	100.00
总计	130	100.00	

相较上文认为手机汉语词典 App 很重要的比例（89.23%），表 3-5 中仅有 77.69% 的调研对象认可已有的手机汉语词典 App，另有 20% 左右的被调查者选择了无所谓或者不同意。可见，对现有手机汉语词典 App 满意的留学生人数少于认为手机汉语词典 App 很重要的留学生。

（四）手机汉语词典 App 使用评价问题

由上文手机汉语词典 App 的使用评价可知，留学生认为手机汉语词典 App 在收词查阅和释义方面，都存在一些问题。关于收词提供信息过于繁杂，有干扰项造成学生理解困难的访谈内容如下：

笔者 L：你用手机汉语词典 App 查词时，一般会联想出几个词条信息？

受访留学生 T：三个差不多

笔者 L：那你查的时候，能明白哪个是你想了解的意思吗？

受访留学生 T：给的意思如果不多，有我学过的，然后试其他的意思，能明白。

笔者 L：你能回想一下最近查的句子吗？

受访留学生 T：比如说"明"，第一个意思"明天"，第二个意思"明明"，第三个意思"明白的意思差不多"。

然后他们给我一个句子，里面写了"我明明知道"，当时我不知道"明明"是什么意思，我就知道那个"明天"的意思，就是那个有"明"。

然后我读的时候"我明明知道"，当时"明"，哪个"明"（的意思）我明白知道？应该不对是不是，句子不对。

我来，词典里面我查一下，我看到第二个意思，所以我知道。

笔者 L：一般你都可以通过词条信息理解意思吗？

受访留学生 T：嗯，少的话可以，因为要一个一个意思去代，如果太多了，有的意思这样也行，那样也行，我就不记得上个意思了。

笔者 T：所以，你认为词语意思不能太多，或者词语意思多，但是大部分你都学过，这样才方便你理解意思，否则可能会造成理解上的困难？

受访留学生 T：是，我就知道（明有）明天的意思，我不知道那边"明明"是什么意思，因为里面用的是"我明明知道"，应该不是明白的意思，也不是明天，所以我不知道明明的意思，我就去查，如果我知道意思，句子懂了我就不查了。

由访谈内容可知，该留学生在查阅手机汉语词典 App 时，可以进行简单的猜词，将词语的解释放在句子中方便理解，但如果给出的信息过于繁杂，而此中他们学过的意思不多，再把词语解释代入句子的过程中可能会引起干扰，造成其理解上的困难。

针对释义不提供褒贬色彩信息，影响学生理解汉语意思的访谈内容如下：

笔者 L：你用手机汉语词典 App 查到的词，都会用吗？

受访留学生 A：嗯，大部分会，但有的我用不对。

笔者 L：能回想一下最近用错的词语吗？

受访留学生 A：结果和后果，我不明白，用不对。

笔者 L：有去问老师怎么用吗？

受访留学生 A：一个有好有坏、一个是坏的。

笔者 L：那就可以用了啊，好的用结果，坏的用后果。

受访留学生 A：还有个成果也是好的。

笔者 L：你不是都知道用法了，坏的时候可以用后果，也可以用结果，好的时候用成果，也可以用结果。

受访留学生 A：那都说结果，为什么要分成果，后果？

笔者 L：因为结果有好有坏，好的结果是成果，它是褒义词，坏的结果是后果，它是贬义词，结果这个词有好有坏，它是中性词。

受访留学生 A：我不明白，词典查不到这个词好还是不好，不知道什么时候怎么用。老师不教我不会，教了还有点不明白，汉语好难。

由访谈内容可知，手机汉语词典 App 在词语的褒贬色彩方面有所欠缺，留学生对汉语中的褒义词贬义词理解还存在一定困难，首先是概念的不理解，他认为有中性词对事物描述就足够了，但实际交际过程中，人们对事物的评价常常伴有感情色彩，一般而言，褒义词用于表示喜欢和肯定，而贬义词用于表示厌恶和否定。

四、中亚留学生手机汉语词典 App 使用建议

（一）手机汉语词典 App 使用现状的建议

针对中亚留学生手机汉语词典 App 的使用现状，本文试图从其手机汉语词典 App 的了解途径、使用场合和习惯、使用方式、使用效果、使用原因和使用评价等方面提出针对性建议。

1. 手机汉语词典 App 了解途径的建议

（1）避免盲目，认真实践

留学生在手机汉语词典 App 的选择和下载方面应做到避免盲目、认真实践。可以就手机汉语词典 App 的选择和下载问题与老师、同学多交流，听取老师、同学、朋友的建议和推荐，但不可以盲目信赖。

要通过亲身实践，去体验他人推荐的手机汉语词典 App 操作，其释义语言有没有运用自己的母语，或者运用其他自己熟悉的语言进行释义，例句能否方便理解。勇于试错，提高手机汉语词典 App 的甄别力，选择适合自己汉语学习的手机汉语词典 App。

（2）不偏不倚，正确引导

由问卷和访谈可知，留学生的内心期待教师对其手机汉语词典 App 的使用进行引导，教师在留学生手机汉语词典 App 的选择和下载方面应做到不偏不倚、正确引导。

表 4-1 教师有必要引导手机汉语词典 App 的使用

	频率	百分比	累计百分比
同意	59	45.38	45.38
非常同意	31	23.85	69.23
无所谓	27	20.77	90.00
不同意	8	6.15	96.15
非常不同意	5	3.85	100.00
总计	130	100.00	

表 4-1 的设计是对"教师是否有必要引导手机汉语词典 App 的使用"的考察。由上文的现状可知，留学生大都是自己学会手机汉语词典 App 的操作。然而，当提及教师是否有必要教授如何选择和使用手机汉语词典 App 时，超过一半的学习者（69.23%）认为教师有必要教授如何选择和使用手机汉语词典 App。

可见，留学生们虽然已经通过自学掌握了手机汉语词典 App 的使用方法，但其内心深处依旧渴望教师的参与。结合访谈可知，留学生认为教师参与到手机汉语词典 App 的推荐和教授中来，有利于帮助缩短其掌握手机汉语词典 App 的时间，使之能够更快掌握汉语学习方法，提高学习效率。

教师引导对留学生手机汉语词典 App 的使用而言，能够起到"加速器"的作用，有固然更好，但缺少教师的引导也不会对其手机汉语词典 App 的掌握造成太大影响。

表 4-2 教师的教与学生使用频率相关性

		教师有必要教 如何选择及使用	使用手机汉语词典 App 频率
教师有必要教 如何选择及使用	皮尔逊相关性	1	.210**
	显著性（双尾）		.016
	个案数	130	130
使用手机汉语词典 App 频率	皮尔逊相关性	.210**	1
	显著性（双尾）	.016	
	个案数	130	130

**. 在 0.01 级别（双尾），相关性显著。

由表 4-2 的数据分析可知，教师教授如何选择和使用手机汉语词典 App 与学生的手机汉语词典 App 使用频率具有相关性，教师针对手机汉语词典 App 的教学有利于学生理解和掌握手机汉语词典 App 的使用方法与技巧。

综上所述，教师应当了解手机汉语词典 App 的选择与使用以备不时之需，教师甚至不需要以专门的课堂教学形式对其用法进行介绍和说明，仅需通过晚自习开展集体学习或者单独解答等方式，就能帮助留学生掌握手机汉语词典 App 的用法。也可根据学生的需求差异，为其推荐一些适合汉语学习的手机汉语词典 App 以帮助学生提高学习效率，更好地满足其使用需求，实现学习效果。

2. 手机汉语词典 App 使用场合和习惯的建议

（1）注意场合，提高自控力，养成良好学习习惯

关于留学生使用手机汉语词典 App 场合的问题，留学生应注意查词的场合，提高课堂上的自我管控能力，降低自己对手机汉语词典 App 的依赖。

留学生应该注意学习场合，课后认真预习，上课时就专心聆听教师的讲解，避免上课查词行为的出现，有疑问及时跟教师沟通。

同时，留学生应该学会独立思考，遇到生词在查询之前，先对脑内已有知识进行梳理和搜寻，或与已学知识做串联，看能否找到概念意义相近的词，通过对已学知识的梳理，试图推测未学习的汉语生词意思，再通过手机汉语词典 App 的使用加以验证。

留学应该养成良好的学习习惯，查完生词后及时记录，或使用手机汉语词典 App 中的生词本功能加以记录。培养"好记性不如烂笔头"的意识，时常复习查阅过的生词，温故而知新。

（2）明确规定，敦促预习，帮助学生培养良好学习习惯

关于留学生使用手机汉语词典 App 场合的问题，教师应当对与学生共同制定课堂规则，加强对学生学业的敦促。结合上文针对教师的访谈，笔者认为教师是否对学生上课查词行为做出严格要求，与学生上课是否查词有很大的关系，教师首先应与学生做出约定，明令禁止上课用手机汉语词典 App 查词的行为，有问题不会可以及时寻求教师帮助。

同时，敦促学生预习，备课期间针对学生难以理解的词，利用多媒体，做出不同维度的梳理，将有利于学生理解生词，缓解其上课查词的现象，使学生更专注于课堂。在教授过程中，有任何问题都可以及时提问。必要时，可以考虑由班主任组织购买班级手机收纳袋，上课前就将手机收起来。

教师可以引导学生逐步学会知识的梳理总结和巩固,教授生词本的使用,并敦促学生及时加以记录。鼓励并帮助其养成良好的汉语学习习惯,让学生明白"眼过千遍,不如手过一遍"的道理,在课余时间对学生手机汉语词典 App 的使用进行检验,在学生使用手机汉语词典 App 查词后,让其使用该词语组词造句,来验证学生能否通过其掌握汉字的基本用法。同时,应考虑在教室内配置《汉语大词典》,以满足学生深度掌握词语意思的需要。

3. 手机汉语词典 App 使用方式的建议

(1)培养汉语思维能力

针对手机汉语词典 App 使用方式的问题,留学生应该转换思维方式,培养汉语思维能力。学生应当摒弃以往的翻译式思维过程,先把汉语词汇想出母语意思,再用母语意思加以理解,最后将理解的意思翻译成汉语。

当听到教师提问,或者看到不会的汉语词汇,应努力联想已知的汉语知识,唤醒脑内储备的中文知识,直接用汉语进行交流和理解。同时,还应扩大自己的汉语词汇量和中国文化知识储备,增加汉语信息的输入,加强汉语知识的学习和汉语听说读写的技能操练,才有利于更好地输出汉语。

(2)增加课堂有效输出

语言学习过程是一个"输入—理解—输出"的过程,留学生通过教师的讲解和自己的阅读对汉语知识进行内化吸收和理解,通过理解输出汉语进行交际。

针对手机汉语词典 App 使用方式的问题,教师可以在课堂中扩大汉语知识的输入量,并引导学生进行有效输出。

教师一方面应在备课阶段准备大量的相关文化知识,在课堂上进行汉语知识的输入,同时把握好"i+1"[①]的输入标准,既能让学生理解,又比学生之前所学内容有所提升;另一方面,教师也应在备课阶段,合理安排课堂内容,增加一些交际环节,引导学生对所学知识进行针对性的操练,增加课堂的有效输出。

(二)手机汉语词典 App 使用效果的建议

1. 提高汉语水平,提升专业素养,关注热点消息

针对手机汉语词典 App 使用中,存在一些难以查找及理解的内容这一问题,留

---

① 美国心理学家、教育家克拉申的输入假说理论,"i"代表学习者目前的语言知识水平,"1"代表学习者语言知识现状与下一阶段的差距。克拉申认为语言信息的输入要把握尺度,既不同于其现有水平"i",又不能远远超出学习者现有水平。

学生应专注于课堂，认真学习汉语基础知识，扩大自己的汉语词汇储备量，对已学知识进行梳理，多与汉语教师讨论那些令自己困惑的问题，努力提高自己的汉语水平，通过辨析理解同、近义词。

同时，也可以在学有余力的前提下，通过一些经典的中文影视作品和文学作品的赏析，提升自己的汉语阅读能力和汉语理解能力，努力学习中国文化知识，提升专业素养，从而更好地理解汉语中的文化词。

最后，留学生可以通过社交网络关注中国的热点消息，或通过新闻联播了解时政要闻，与中国学生多交流，提高自己在句子中理解新词的能力，亦可参考一些网络汉语词典，如"小鸡词典"帮助新词的理解，从而更好地进行社交。

2.加强词语辨析，拓展文化知识，引导新词讨论

针对手机汉语词典 App 使用中，存在一些难以查找及理解的内容这一问题，教师应该扩大近义词教学的范围，引导留学生逐步掌握词语辨析的方法，可以从词语的搭配对象、语素义、以及相近义项间的差别这几个方面对留学生进行针对性训练，不断提升留学生汉语水平。

教师既可以在课堂中为留学生拓展相关文化背景知识，又能够在留学生的课余时间推荐利于其汉语学习的文艺作品或影视作品，理解词语背后的文化含义，这有利于留学生更好地掌握词语用法，尽可能地避免低级错误，更好地融入当地生活。

同时，针对一些难以理解的新词热词，教师可以每月抽出一个晚自习的时间，对这一阶段的时政热词、网络新词进行汇总并与学生集中讨论，逐步引导学生通过上下文语境理解新词的大概意思，激发其汉语学习兴趣。

（三）手机汉语词典 App 使用原因的建议

1.批判借鉴，为我所用

针对手机汉语词典 App 使用中可能存在错误的问题，留学生一方面要用批判的眼光看待自己目前已有的手机汉语词典 App，尤其针对手机汉语词典 App 给出的例证及释义，要仔细甄别，切勿盲目迷信，有疑问的地方可以询问教师，或是结合权威纸质词典帮助理解；另一方面，留学生也要加强对手机汉语词典 App 的了解，在使用前多找老师、同学或中国学生了解不同手机汉语词典 App 的优点、缺点及特点，通过实际操作，寻找适合自己的手机汉语词典 App，当遇到不确定正误的释义时，可以尝试用不同的手机汉语词典 App 进行检索，而不应盲目信任某一个手机汉语词典 App。

2. 鼓励思辨，合理推荐

针对手机汉语词典App使用过程中可能存在错误这一问题，一方面，教师要培养学生的问题意识，鼓励其大胆质疑，通过合作交流与探讨，潜移默化地影响学生，培养其汉语感知力，培养其思辨精神；另一方面，教师可以主动了解学生手机汉语词典App的使用现状，鼓励学生自行了解其已有手机汉语词典的功能及特点，并系统地向学生介绍手机汉语词典App的类型、特点、功能和实际操作，从微观和宏观两个角度对已有手机汉语词典App进行评介，提高学生对其的甄别能力，并根据不同学生的实际情况，推荐适合其汉语水平的手机汉语词典App。

（四）手机汉语词典App使用评价中的建议

1. 自己锻炼猜词能力，培养语感，主动交际

针对手机汉语词典App在收词查阅和释义方面存在的问题，留学生首先应打好汉语学习基础，在尽可能多地了解词语基本义的前提下，不断锻炼自己的猜词能力，当手机汉语词典App给出的信息过于繁杂时，将已学汉语知识代入例句，验证是否合适，不断强化汉语猜词能力。

同时，也应该加强汉语词性方面的理解力，了解褒义词贬义词的基本概念和适用场合，揣摩使用时的心理认同差异，如褒义词是肯定、欣赏，而贬义词是否定、批判，培养汉语语感。

最重要的是，留学生应该采取多种方式，多使用汉语进行真实交际，在交际中提高自己的汉语交际能力，比如，留学生可以考虑加入汉语学习社团或寻找外语角，积极寻找机会，不断操练汉语的各项技能。

2. 培养学生猜词能力，课堂操练，拓展交际

针对手机汉语词典App在收词查阅和释义方面存在的问题，教师在教学中首先应该把握对词语基本义的讲解，引导学生使用基本义进行操练，并逐步拓展引申义，在此期间，着重培养学生的猜词能力。

针对褒义词贬义词的教学，在词义讲解前应对学生进行基本概念的解释，对使用褒、贬义词背后的原因加以说明，让学生能够知其然并知其所以然。同时，也应该对这一类型的词语进行大量拓展，鼓励学生在日常生活中加以积累。

最重要的是，教师可以在课堂教学中，设计更多真实场景交际的操练，引导学生注意语境，也可在班内组织学习帮扶小组，为留学生寻求语伴或班内同学的帮助，使其更好地参与到实际的交际场景中。

（五）手机汉语词典 App 小结及特征模型建构

由上文可知，中亚留学生使用最多的手机汉语词典 App 是 Train Chinese，在被采访的 130 人中使用人数占据绝对优势（96.92%）。同时，学习者对手机汉语词典 App 具有很高的评价，但也存在一些问题，一方面可能是由学习者使用不当所引发的，另一方面笔者也在思考手机汉语词典 App 是否能对学习者使用过程中出现的一些问题进行反馈。笔者对 HSK 等级达到六级的吉尔吉斯斯坦留学生 B 进行了深入访谈，了解到她除了使用 Train Chinese 以外，还有使用其他手机汉语词典 App，如：大 БКРС 和百度汉语，通过对其个人的使用感受的分析，有利于了解 Train Chinese 为什么在中亚留学生的汉语学习中受欢迎，访谈内容如下：

笔者 L：你现在正在使用什么手机汉语词典 App？

受访留学生 B：我个人比较喜欢用 Train Chinese，我还用百度汉语和大 БКРС。

笔者 L：你是怎么了解到 Train Chinese 的？

受访留学生 B：是朋友推荐的，而且下载和使用都是免费的。

笔者 L：一般情况下，除了新华字典和现代汉语词典 App 以外，很多汉语词典 App 都是免费的。

受访留学生 B：对，百度汉语也免费，但是大 БКРС 的 App 要收费，我都用网站。

笔者 L：大 БКРС 是网页免费，手机汉语词典 App 收费吗？那你喜欢用是因为 Train Chinese 免费所以才用的吗？

受访留学生 B：一方面，而且查起来很快，很方便，还可以用俄语查，但是我喜欢看中文的解释。

笔者 L：啊，那你汉语水平还真挺不错的，是觉得俄语翻译有不对的地方还是什么？

受访留学生 B：一般都对，但有时候我用俄语查的意思和老师讲的有时候会不一样，我直接看中文，因为我中文已经过了六级，我能够看懂这个该怎么用，然后直接用就是。有时候词语排得顺序很乱，最上面的不好用，我的同学他们汉语没我好，可能就不会用，用错了的。

笔者 L：意思就是有时候生词查询结果出来，没有按照义项的常用度和重要性进行排序，容易造成误会。

受访留学生 B：对，但是按顺序排，或者给一些用的搭配和环境，我的同学也会用，不会出笑话。就好像我有的时候想说这个俄语意思，但是汉语表达出来的意思不一样，因为搭配的对象不对，所以我的俄语也是不对的。

笔者L：那如果在解释里加上说话场合（语体语境）、固定搭配就能够便于你们知道使用的情境和场合了。

受访留学生B：对，或者没有这个，但是人们可以自己评论在哪儿用这个也行，就像抖音下面的评论一样。

笔者L：你的意思是词典如果加入讨论区，学习者就能在讨论区里进行交流和学习，有利于你们合作学习，更好地掌握汉语的使用。

受访留学生B：对的，我们就可以互相学习，下课也能学汉语，不用一直问老师，也不用等到课间问。

笔者L：但是这样做的话，手机汉语词典App可能会变大或者要更新，你愿意为了这种类似的功能更新软件吗？

受访留学生B：我觉得可以，不卡就行。

笔者L：好，那既然说到抖音，抖音里刷到的新词你都能明白意思吗？

受访留学生B：有时候可以，有时候不太明白，要猜意思。

笔者L：那不明白的时候怎么办，这些新词语用Train Chinese可以查到吗？

受访留学生B：不可以，但可以查网上词典，或者问老师同学词语的意思。

笔者L：网上词典是网络词典的意思吗，为什么不用Train Chinese了？

受访留学生B：对，就网页里用百度查，还有别的网站里的词典，查不到啊。

笔者L：好，那总体来说，你觉得Train Chinese好用吗？

受访留学生B：好用啊，大家都在用。

笔者L：嗯，比如哪些方面觉得好用？

受访留学生B：俄语的可以用，拼音手写也可以，不联网可以查，他们好多人用谷歌的要联网才能识图查字，有笔画顺序可以跟着练字，句子一般都是对的。

笔者L：那你觉得有没有哪里是需要改进的？

受访留学生B：要注册，有的人觉得麻烦就不弄了，句子不发音，没有近义词反义词辨析，但是这个百度有，那个Train Chinese还有个HSK词汇表特别好，方便我们考HSK。

根据对以上访谈内容的梳理总结，笔者认为针对中亚留学生的手机汉语词典App应该具备以下特征，如下图所示：

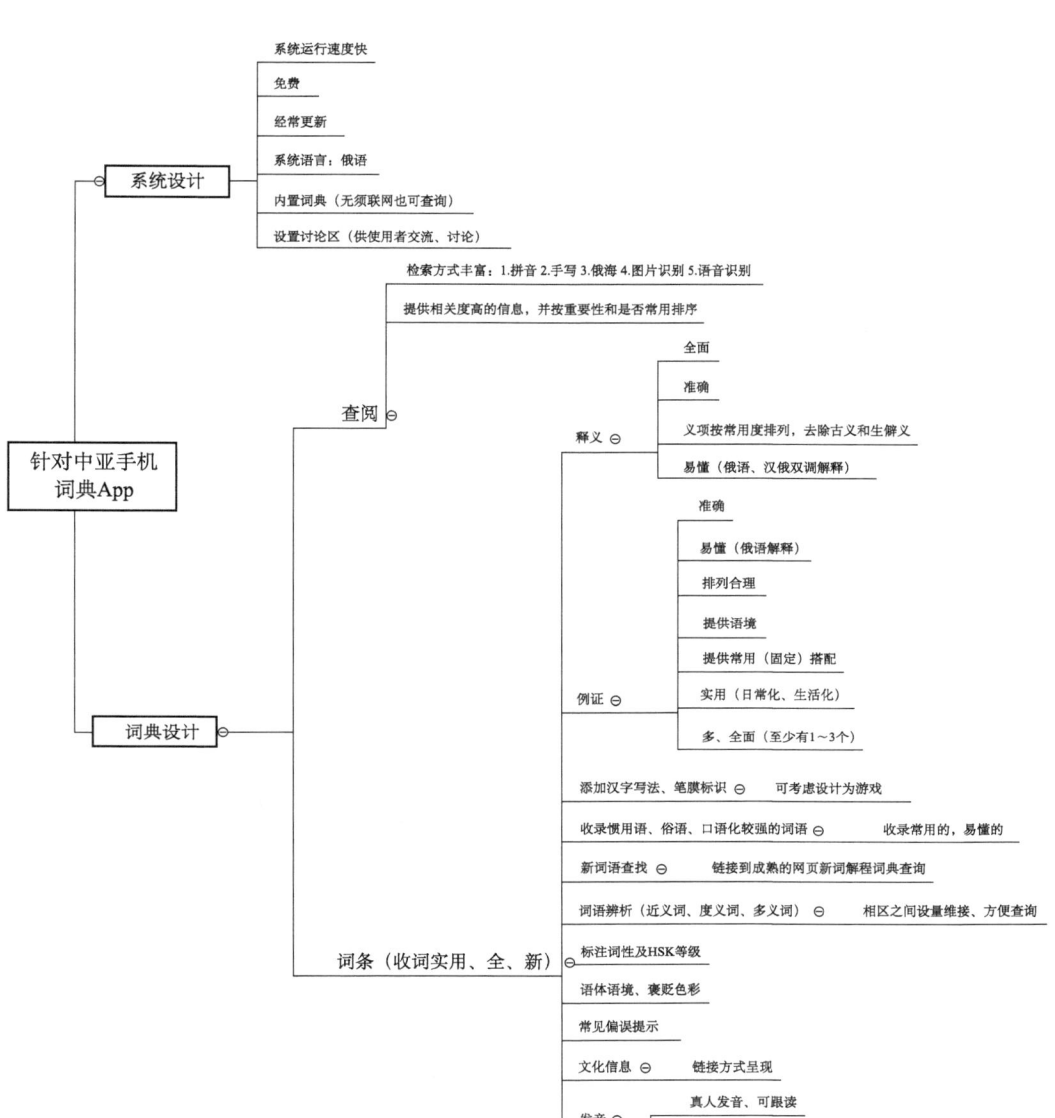

图 4-1 针对中亚的手机汉语词典 App 特征模型建构

手机汉语词典 App 是时代发展的必然选择，也是移动学习时代对词典学的继承和发扬，因此在其特征方面既要满足词典学的基本要求，又应结合时代的发展，听取使用者的建议并在此基础上加以完善。

首先，在系统设计上，既要发扬本来具备的优势，如：免费、系统运行快、可选择的语言丰富、内置词典等。又要针对不足进行改进，结合时代的发展，应该考虑开发社交板块，如设置讨论区，让学习者可以在词典释义下方的讨论区对有疑惑的地方进行学习交流。同时,笔者对学习者指出的"希望软件经常更新"这一需求持观望态度,随着新词汇的产生和沉淀,词汇的使用必然会发生一些变动,但手机汉语词典App的更新应该要采取适度原则,既不能过于频繁,也不能一成不变,这有待软件开发者进行斟酌。

其次,在词典设计方面学习者主要有两方面的需求:一是在查阅方面,二是在词条方面。在查询方面,首先是查询检索方式的多样性,除了要保有基础的拼音、手写、俄语查询方式外,学习者对拍照识字以及语音输入查询也产生极大的兴趣和期待。在词条收录方面,应追求词条收录的实用性,在此基础上尽量做到全和新。由访谈和问卷内容可知,学习者希望义项在全面、准确的基础上能够按照常用度排序,去除古义和生僻义,如果能采用俄语或汉俄双语对义项进行释义将更加便于理解,如果能提供褒贬色彩信息和语体信息(正式、非正式)就更便于交际。例句方面除了已有的准确、全面以外,更希望提供语境和固定搭配巩固其汉语学习效果。同时,在发音方面,不仅提供生词发音,例证也应提供发音,有利于学生进行跟读训练。目前Train Chinese有针对学习者考级需要设置的HSK汉语等级考试词汇,但针对一些文化词汇背后的文化信息未作出简单的普及,对新词语的文化意义未进行及时的收录和更新。由访谈内容可知,学习者目前对词语辨析方面产生很大需求,应考虑对同义词、近义词、反义词在查询后进行联想、链接并附上辨析。

五、结语

在信息技术不断发展的今天,人们的学习观念也发生了翻天覆地的变化,手机汉语词典App的出现为人们随时随地地进行学习提供了可能,成为第二语言学习者学习汉语的重要工具。

(一)研究结论

1. 手机汉语词典App的使用现状小结

本文以部分中亚留学生为调查对象通过问卷与访谈相结合的方式,对中亚留学生使用手机汉语词典App进行了调查研究,调查分为:第一,手机汉语词典App使用者的现状;第二,学习者手机汉语词典App的使用现状;第三,学习者手机汉语词典App的使用效果;第四,学习者手机汉语词典App的使用原因;第五,学习者手机汉语词典 App 的使用评价。

调研结果表明，在所有的词典类辅助学习工具中，手机汉语词典 App 所特有的查询方式便捷性以及自带发音的特点，使之成为了中亚留学生最爱使用的汉语词典。针对手机汉语词典 App 是否能够帮助汉语学习，超过 80% 的留学生选择了同意或非常同意，这说明使用者对手机汉语词典 App 在提高汉语水平方面的作用表示认同。绝大多数留学生认为使用手机汉语词典 App 能够培养其自主学习的能力并提高汉语水平。

在留学生手机汉语词典 App 的使用现状方面，拥有 1 个手机汉语词典 App 的留学生占多数，其中使用人数最多的手机汉语词典 App 是 Train Chinese。第二语言学习者使用手机汉语词典 App 的时间较长，一般会贯彻其整个学习过程，其使用频率也很高，最受中亚留学生喜爱的检索方式为拼音输入、手写输入及俄语检索。

在手机汉语词典 App 掌握方式方面，超过 50% 的留学生是通过自己摸索掌握的手机汉语词典 App 查询方式，但仍有一小部分留学生是通过汉语教师的引导学会使用的，这说明在自主学习过程中，教师的参与度不高，仅作为一种辅助的手段出现。建议如果有必要，教师可以利用课后的时间，对手机汉语词典 App 的使用进行针对性指导。

在留学生选择手机汉语词典 App 的原因方面，留学生选取哪一款手机汉语词典 App 作为其常用工具，最为重要的是该 App 的内容质量。如释义、例证和查询是否方便快捷。留学生使用手机汉语词典 App 就是想要了解汉语的基本用法，所以对其提供的内容很看重。关注查询是否方便快捷是为了更快得到所需内容，进而更好地理解汉语，手机汉语词典 App 只有满足使用者的基本诉求，方能被承认并使用。

实际需求和评价结果的调研内容表明，大多数留学生对手机汉语词典 App 的评价比较高：首先，方便的检索条件是收词、查阅功能的优势所在，而信息繁杂则是其缺点表现；其次，词条释义相对简单准确便于理解，缺点是不提供褒贬色彩信息和不提供语体信息（正式、非正式）；最后，在例证方面，其优点是例证全面实用，缺点是例证的语境不明确。

2. 手机汉语词典 App 的使用问题小结

手机汉语词典 App 的使用是一把双刃剑，一方面有利于留学生方便快捷地查找生词，另一方面在其使用过程中也暴露了一些问题：

在使用现状中，留学生反映通过同学朋友推荐而获取的手机汉语词典 App，不一定能够满足自己使用手机汉语词典 App 的期待，也有留学生反映在其学习汉语的初级阶段，缺少教师对其手机汉语词典 App 的选择和使用进行推荐和指导。

在使用场合和使用习惯方面，留学生对手机汉语词典 App 产生了较强的依赖，查阅生词不分场合，不会就查，但又未形成查完生词做记录的良好学习习惯，看到不会的生词就用手机汉语词典 App 查阅，很少进行思考，甚至会出现学过的生词，或是查阅过的生词反复查询的现象。

在使用方式方面，留学生一般使用拼音或母语的方式对生词进行查询，根据访谈内容记录，学生一旦长期使用这种查询方式，会产生机械化的"翻译思维"并逐渐固化。

在使用效果方面，留学生反映虽然使用了手机汉语词典 App，但仍存在一些难以查找，难以理解的内容，如：汉语的文化含义、习惯用语、同近义词、多义词等。

在使用原因方面，部分留学生反映手机汉语词典 App 中存在问题，但并不影响使用，也有极个别留学生甚至不知道手机汉语词典 App 中会出现错误，这也引发了留学生对现有手机汉语词典 App 的满意度相比其重要度更低的问题。

在使用评价方面，根据访谈内容可知，留学生认为手机汉语词典 App 在收词查阅方面信息繁杂，存在一定的干扰项，影响其汉语意思的理解，同时在释义的褒贬色彩方面缺乏提示，不利于自己进行交际。

针对以上问题，笔者将从留学生和教师两个角度寻求一些解决问题的建议，希望能够对中亚留学生使用手机汉语词典 App 进行汉语学习提供些许帮助。

3. 手机汉语词典 App 的使用建议小结

针对中亚留学生手机汉语词典 App 使用过程中出现的问题，笔者试图从留学生和教师两个维度寻求问题解决的途径。

一方面，留学生在手机汉语词典 App 的了解途径上要避免盲目，对他人推荐的手机汉语词典 App 进行操作尝试和体验，不可人云亦云。在使用场合和使用习惯方面，应注意提高自我管控能力，分场合查词。同时，也应养成良好的汉语学习习惯，对生词进行记录。在使用方式方面，应着重培养自己的汉语思维能力。在使用效果方面，应努力提高汉语水平，提升专业素养，关注热点消息。在使用原因方面，应对已有的手机汉语词典 App 进行梳理，批判借鉴，为我所用。在使用评价方面，应锻炼汉语的猜词能力，培养汉语语感，主动与中国学生多交际。

另一方面，教师在留学生手机汉语词典 App 的了解途径上应对其进行正确引导，不偏不倚。在使用场合和使用习惯方面，应做出明确规定，限制学生上课期间的查词行为，敦促学生课后预习及时做笔记，帮助学生养成良好的汉语学习习惯。在使用方式方面，应增加课堂的输入量，帮助学生内化吸收理解所学内容，从而增加其有效输出，避免其产生翻译思维，锻炼学生用汉语进行思维的能力。在使用效果方面，应加强学生的词语辨析能力，拓展文化背景知识，引导学生对新词语进行讨论。在使用原因方面，应引导学生对现有的手机汉语词典 App 进行优缺点的评鉴，并根据学生水平合理推荐。在使用评价方面，应培养学生的猜词能力，在课堂中不断操练，并鼓励学生进行交际。希望以上建议将有利于中亚留学生使用手机汉语词典 App 进行汉语学习。

（二）研究局限与展望

本文存在一些不足，由于笔者的信息技术相关知识储备不足，仅设计出针对留学生使用需求的手机汉语词典 App 模型特征，但无法呈现出具体的设计方案。同时，笔者的 SPSS 软件掌握不够熟练，仅对数据进行了简单分析：描述统计、多重响应和相关性分析。

移动学习是新时代的学习方式，手机汉语词典 App 的发展是移动学习时代自我学习的体现，随着学习者能力的提升，他们对手机汉语词典 App 的期待越来越多，手机汉语词典 App 已成为留学生学习汉语的重要辅助工具。但目前而言，中亚留学生使用手机汉语词典 App 的过程中还存在许多问题，留学生对手机汉语词典 App 还存在许多未被满足的期待，手机汉语词典 App 应顺应时代的脚步不断更新发展。希望移动学习理论和词典学的碰撞能够产生良好效果，帮助学习者使用手机汉语词典 App 进行更加便捷的汉语学习。